유대교와 기독교의
신학적 비교연구

최 한 구 지음

도서출판 한글

Comparative Studies in Judaism and Christianity
by Hanku B.Chei.PH.D

유대교와 기독교는 같은 뿌리에서 다른 방향으로 성장 발전한 신학적 차이를 가지고 있다. 뿐만 아니라 엄청난 오해와 갈등을 지닌 채 이천 년을 지내오다 최근에 어떤 대화가 가능해지고 있다.

서로의 바른 이해를 통해서 자신을 더 정확히 알 수 있게 된다. 미묘하고도 서로 양보할 수 없는 여러 주제를 통해서 서로의 차이와 동일성을 나누는 시도를 한다.

하나님, 그리스도, 메시야, 선민, 성령, 종말, 교회, 회당, 사후 등 35개의 주제를 심도 있게 다루었다.

본서의 머리말

　기독교는 유대교의 뿌리에서 자라난 한 가지이다.
　어떻게 보면 친형제 같은 가까운 사이임에도 유대교와 기독교 관계는 원수처럼 이천 년을 반복하며 지내 왔다. 이 이천 년 동안 유대교와 기독교의 관계는 증오와 죽음의 연속이었다. 무참히도 많은 사람이 죄 없이 죽어갔다. 유럽 전체가 유대인을 쥐 잡듯이 온갖 근거도 없는 죄목을 씌워 죽였다. 같은 뿌리에서 자생한 형제 사랑 같은 것은 찾을 수가 없었다. 유대인을 향한 기독교의 잘못된 오해로부터 생긴 것이다.
　기독교가 유대교로부터 받은 유산은 적지 않다. 아니, 유대교의 유산 없이는 기독교 자체가 성립되지 않을 만큼 많다. 유대교의 토양이 없이는 오늘 기독교는 존재하지 않는다. 먼저 우리 구주 예수 그리스도는 유대인이며 유대교도였다는 것을 알아야 한다.
　우리가 가진 경전의 5/4는 유대인들의 것이며 신약마저 거의 대부분이 유대인들의 손에 의해 기록되어졌다. 아무리 부인해도 유대교는 기독교의 뿌리요 모판이었다. 그런데도 우리는 그들에 대한 이해심이나 경외심을 갖지 않고 오히려 독실한 크리스천일수록 그들을 더 악인으로 취급한다.
　타종교와도 대화를 하며 세계의 공동관심사와 미래평화를 의논하고 협력하면서도 유대기독교의 동일한 가치관을 가진 우리가 이대로 가서야 되겠는가? 부인을 하던 긍정을 하던 지금도 하나님은 선민 이스라엘을 완전히 버리지 않으시고 징계하시면서도 축복하시는 것을 이 시대-전 인류를 향해 예수 그리스도를 통한 기독교의 사명이- 우리는 역사 속에서 보고 있다. 세속의 악의 세력을 물리치기 위해서도 우리는 서로 깊이 이해하며 유대 기독교의 가치관을 확립해야 한다.

우리 기독교는 우리 자신을 위해서도 우리의 뿌리가 되는 유대교에 가까이 가서 그들의 생각을 한번 살펴볼 필요가 있다. 그들에게서 배울 것이 너무 많다. 우리가 그들과 재분할 때 챙겨 나오지 못한 것을 지금이라도 받아와야 한다고 믿는다.

여러 분야의 대화 소재가 있지만 조직신학적으로 중요한 주제를 통해 서로의 생각의 동일성과 차이를 살펴보았다. 이런 노력으로 인하여 우리들의 믿음과 신학의 새로운 이해로 다가갈 수 있다고 믿는다.

지금까지 그러했듯 이 책의 모든 교정과 건설적 비평을 해준 차용훈 목사의 수고와 멕시코시티의 두란노 교회의 국요한 목사의 도움이 없었더라면 이 세상에 나오지 못했을 것이다. 아동문학가 심혁창 사장님께 심심한 감사를 드린다.

목 차

본서의 머리말 ··· 5
  목 차 ··· 7
1. 유대교와 기독교의 신학적 대화 ··· 15
    1. 유대교의 주장 ·· 15
      유대교와 기독교의 신학적 대화 ·· 18
    2. 기독교의 주장 ·· 18
      유대교와 기독교의 신학적 대화 ·· 24
    3. 요약 : (유대교의 주장) ·· 24
    4. 요약 : (기독교의 주장) ·· 25
2. 성경 Bible ·· 26
    1. 유대교의 주장 ·· 26
    2. 기독교의 주장 ·· 32
      성경 The Bible ··· 36
    3. 요약 : (유대교의 주장) ·· 36
    4. 요약 : (기독교의 주장) ·· 37
3. 하나님 God ·· 38
    1. 유대교의 주장 ·· 38
      하나님 GOD ·· 46
    2. 기독교의 주장 ·· 46
      하나님 GOD ·· 52
    3. 요약 : (유대교주장) ·· 52
      하나님 GOD ·· 52
    4. 요약 : (기독교 주장) ·· 52
4. 하나님의 아들 Son of God ·· 54
    1. 유대교의 주장 ·· 54
      하나님의 아들 son of God ··· 59
    2. 기독교의 주장 ·· 59
      하나님의 아들 son of God ··· 64
    3. 요약(유대교의 주장) ·· 64
    4. 요약 : (기독교의 주장) ·· 64

5. 메시야사상 Messiah 66
   1. 유대교의 주장 66
      메시야사상 Messiah 72
   2. 기독교 주장 72
      메시야 사상 79
   3. 요약 : (유대교의 주장) 79
      메시야사상 80
   4. 요약 : (기독교의 주장) 80

6. 율법 할라카 Law Halaka 81
   1. 유대교의 주장 81
      율법 할라카 Law -Halakah 87
   2. 기독교의 주장 87
      율법 할라카 92
   3. 요약 : (유대교의 입장) 92
      율법 할라카 93
   4. 요약 : (기독교의 입장) 93

7. 사람이란 무엇인가? Personhood 94
   1. 유대교의 주장 94
      사람이란무엇인가? 101
   2. 기독교의 주장 101
      사람이란 무엇인가? 107
   3. 요약 : (유대교의 주장) 107
      사람이란 무엇인가? 108
   4. 요약 : (기독교의 주장) 108

8. 죄란 무엇인가? Sin 109
   1. 유대교의 주장 109
      죄(Sin)란 무엇인가? 114
   2. 기독교의 주장 114
      죄란 무엇인가? 118
   3. 요약 : (유대교의 주장) 119
   4. 요약 : (기독교의 주장) 119

9. 믿음 Faith 121
   1. 유대교의 주장 121
      믿음 FAITH 125
   2. 기독교의 주장 125
      믿음 131
   3. 요약 : (유대교의 주장) 131

    4. 요약 : (기독교의 주장) ··· 132
10. 구원 Salvation ·· 133
    1. 유대인의 주장 ··· 133
       구원 Salvation ··· 141
    2. 기독교의 주장 ··· 141
       구원 ·· 148
    3. 요약 : (유대교의 주장) ··· 148
    4. 요약 : (기독교의 주장) ··· 149
11. 회당과 교회 Synagogue and Church ································ 150
    1. 유대교의 주장 ··· 150
       회당과 교회 Synagogue & Church ······························ 154
    2. 기독교의 입장 ··· 154
       회당과 교회 ··· 157
    3. 요약 : (유대교의 주장) ··· 157
    4. 요약 : (기독교의 주장) ··· 158
12. 종말론 Eschatology ·· 159
    1. 유대교의 주장 ··· 159
       종말론 Eschatology ··· 165
    2. 기독교의 주장 ··· 165
       종말론 ·· 170
    3. 요약 : (유대교의 주장) ··· 170
    4. 요약 : (기독교의 주장) ··· 170
13. 사후의 세계 After Life ··· 172
    1. 유대인의 주장 ··· 172
       사후의 세계 After Life ··· 177
    2. 기독교의 주장 ··· 177
       사후세계 ··· 183
    3. 요약 : (유대교의 주장) ··· 183
    4. 요약 : (기독교의 주장) ··· 184
14. 선민사상 Chosen People ·· 185
    1. 유대교의 주장 ··· 185
       선민사상 Chosen People ··· 191
    2. 기독교의 주장 ··· 191
       선민사상 ··· 195
    3. 요약 : (유대교의 주장) ··· 195
    4. 요약 : (기독교의 주장) ··· 195
15. 바리새인Pharisees은 누구인가? ······································· 197

1. 유대교의 주장 ·· 197
   바리새인 Parisees은 누구인가? ································ 201
2. 기독교의 주장 ·· 201
   바리세파는 누구인가? ·· 206
3. 요약 : (유대교 주장) ·· 206
4. 요약 : (기독교의 주장) ··· 206

16. 언약 Covenant ·· 208
1. 유대교의 주장 ·· 208
   언약 Covenant ··· 214
2. 기독교의 주장 ·· 214
   언약 ··· 219
3. 요약 : (유대교의 주장) ··· 219
4. 요약 : (기독교의 주장) ··· 220

17. 교리 Dogma ··· 222
1. 유대인의 주장 ·· 222
   교리 Dogma ·· 226
2. 기독교 주장 ··· 226
   교리 ··· 229
3. 요약 : (유대교의 주장) ··· 229
4. 요약 : (기독교의 주장) ··· 230

18. 반셈주의 Antisemitism ······································· 231
1. 유대교의 주장 ·· 231
   반셈주의 Antisemitism ·· 236
2. 기독교의 주장 ·· 236
   반셈주의 ··· 241
3. 요약 : (유대교 주장) ·· 241
4. 요약 : (기독교의 주장) ··· 242

19. 영성 Spritualty ·· 243
1. 유대교의 입장 ·· 243
   영성 Spritualty ··· 252
2. 기독교의 주장 ·· 252
   영성 ··· 261
3. 요약 : (유대교의 주장) ··· 261
4. 요약 : (기독교의 주장) ··· 262

20. 사랑 Love ·· 263
1. 유대교의 입장 ·· 263
   사랑 ··· 266

  2. 기독교의 주장 ·· 266
   사랑 ·· 269
  3. 요약 : (유대교의 주장) ··· 269
   사랑 ·· 270
  4. 요약 : (기독교의 주장) ··· 270
21. 전승 Tradition ··· 271
  1. 유대교의 주장 ·· 271
   전통, 전승 Tradition ··· 277
  2. 기독교의 입장 ·· 277
   전통, 전승 ··· 285
  3. 요약 : (유대교주장) ·· 285
  4. 요약 : (기독교의 주장) ··· 286
22. 보편주의 Universalism ·· 287
  1. 유대교의 주장 ·· 287
   보편주의 Universalism ·· 293
  2. 기독교의 주장 ·· 293
   보편주의 universalism ··· 299
  3. 요약 : (유대교의 주장) ··· 299
   보편주의 ·· 300
  4. 요약 : (기독교의 주장) ··· 300
23. 유랑 Exile ··· 302
  1. 유대교의 주장 ·· 302
   유랑 Exile ··· 307
  2. 기독교의 입장 ·· 307
   유랑 ·· 312
  3. 요약 : (유대교의 주장) ··· 312
  4. 요약 : (기독교의 주장) ··· 313
24. 계시 Revelation ·· 314
  1. 유대교의 주장 ·· 314
   계시 Revelation g11 ··· 317
  2. 기독교의 주장 ·· 317
   계시 ·· 319
  3. 요약 : (유대교의 주장) ··· 319
  4. 요약 : (기독교의 주장) ··· 320
25. 선교 Missions ··· 321
  1. 유대교의 주장 ·· 321
   선교 Mission ··· 324

    2. 기독교의 주장 ··· 324
       선교 ·· 327
    3. 요약 : (유대교의 주장) ···························· 327
    4. 요약 : (기독교의 주장) ···························· 328
26. 성스러움, 거룩 Holiness ·························· 330
    1. 유대교의 주장 ··· 330
       성스러움, 거룩 Holiness ······················· 334
    2. 기독교의 주장 ··· 334
       성스러움, 거룩 ······································ 338
    3. 요약 : (유대교의 주장) ···························· 338
    4. 요약 : (기독교의 주장) ···························· 339
27. 기도란 무엇인가? ···································· 340
    1. 유대교의 주장 ··· 340
       기도란 무엇인가? ································· 343
    2. 기독교의 주장 ··· 343
       기도 ·· 347
    3. 요약 : (유대교의 주장) ···························· 348
    4. 요약 : (기독교의 주장) ···························· 348
28. 이스라엘 Israel ······································ 350
    1. 유대교의 주장 ··· 350
       이스라엘 Israel ···································· 354
    2. 기독교의 주장 ··· 354
       이스라엘 ··· 357
    3. 요약 : (유대교의 주장) ···························· 357
    4. 요약 : (기독교의 주장) ···························· 358
29. 성례 Sacrament ···································· 359
    1. 유대교의 입장 ··· 359
       성례 ·· 362
    2. 기독교의 입장 ··· 362
       성례 ·· 365
    3. 요약 : (유대교의 주장) ···························· 365
    4. 요약 : (기독교의 주장) ···························· 366
30. 창조 Creation ······································· 367
    1. 유대교의 주장 ··· 367
       창조 ·· 371
    2. 기독교의 주장 ··· 371
       창조 ·· 373

3. 요약 : (유대교의 주장) ·· 373
   4. 요약 : (기독교의 주장) ·· 374
31. 순교 Martyrdom ·· 375
   1. 유대교의 주장 ·· 375
     순교 Martyr ·· 379
   2. 기독교의 주장 ·· 379
     순교 ·· 382
   3. 요약 : (유대교의 주장) ·· 382
   4. 요약 : (기독교의 주장) ·· 383
32. 영지주의 Gnosticism ··· 384
   1. 유대교의 주장 ·· 384
     영지주의 Gnosticism ··· 393
   2. 기독교의 주장 ·· 393
     영지주의 ··· 398
   3. 요약 : (유대교의 주장) ·· 398
   4. 요약 : (기독교의 주장) ·· 399
33. 회개 Repentance ·· 401
   1. 유대교의 주장 ·· 401
     회개 repentance ·· 405
   1. 기독교의 주장 ·· 405
     회개 ·· 407
   3. 요약 : (유대교의 주장) ··· 407
   4. 요약 : (기독교의 주장) ·· 408
34. 랍비문학이란 무엇인가? ··· 410
   1. 랍비문학 총론 ·· 410
   2. 구전토라(Oral Torah) ·· 417
   3. 랍비문학의 세계 ·· 422
     1) 역사적 상황 ··· 422
     2) 정치적 상황 ··· 423
   4. 랍비 문학의 서막 ·· 427
     자료들 ·· 429
   5. 랍비적 교육 체제 ·· 430
     1) 총론 ··· 430
     2) 팔레스틴의 랍비적 교육 상태 ···························· 432
     3) 바벨론 랍비 학원들 ··· 434
     4) 히렐의 일곱 가지 해석원리 ······························· 437
색 인 ··· 438

1. 유대교와 기독교의 신학적 대화

1. 유대교의 주장

　유대인과 기독교인들은 같은 하늘 아래 같은 지구에 살고 있다. 우리는 본래 한 집안 한 식구였다. 예수 그리스도 이전 3000년의 성서 역사를 함께하고 있음에도 불구하고 서로를 멀리하는 소원한 관계 속에서 지내왔다. 예수 이후 유대인과 그리스도 교인들과는 뿌리 깊은 반목과 신학적 냉전 관계 속에서 지내는 과정에서 엄청난 비극을 당하기도 했다. 개인적인 학문적 대화는 간헐적으로 있긴 했으나 서로는 전혀 대화 없이 2000년간 따로 발전해 왔다.
　유대인과 기독교의 소원한 관계는 예수의 선교사역, 하나님의 소명의 부르심, 메시야 선포와 그 사명 수행에서부터 시작했다. 그 당시 예수의 가르침은 많은 특이성을 보여주었지만 유대인의 뿌리에서 나온 한 가지로 받아들여졌다. 여러 과정을 거쳐 유대교와 기독교는 그 차이점이 1세기 이후부터 두드러지게 나타나기 시작했는데 그 차이의 요점은 신학적인 문제였다.
　바울의 이스라엘에 대한 새 해석과 예수를 그리스도로 주장하는 타협 없는 일방적 주장에서부터이다. 바울에서 시작한 반유대적 신학의 주장은 교부 그리고 중세의 신학자들에 의해 굳어졌다. 바울의 로마서 4장에서 그 핵심은 대체로 이스라엘은 하나님의 구원 계획에서 소외되어지고 기독교가 새 이스라엘이라는 주장이다. 이것은 신학의 문제인 동시에 현실의 문제로 유대인 박멸로 발전했다. 하나님의 증인으로서 이스라엘의 기능은 다 끝났을 뿐만 아니라 오히려 하나님의 구원 계획에 훼방꾼이 되었다는 것이다.
 또 다른 소원하게 된 이유는 정치적인 문제였다. 4세기 초 콘스탄티누스 대제가 기독교를 인정하고 국교로 받아들이고 후일 서구 사회가 기독교화 되고부터 유대인의 운명은 삼류 종족으로 전락됐다. 유대인은 하나님의 아들 메시야 예수를 죽인 악종으로 낙인 찍혀 이천 년간 짐승 취급을 받는 박해의 세월을 보냈다. 결론적으로 이야기하면 갈릴리의 자유 해방자는 자기 종족의 압제가 되었다.
 인류 구원에서 이스라엘의 사명은 끝났다고 가르친 기독교의 교리는 이스라엘을 이 세계에서 완전히 없애 버려야 할 메시야를 죽인 악종, 자기들만 아는 국수주의적 외골수로 만들었다. 그래서 유대인들은 게토(ghetto)라는 버려진 지역에서 죽음의 배지를 달고 살아야 했다. 유대인들은 인정받는 공공장소에 갈 수도 없고 제대로 갖춘 일터에서 일할 수도 없었다. 정치적인 권리는 말할 것도 없고 시민으로서 활동할 수도 없었다. 신학적인 편견, 십자군의 살인, 온갖 유언비어를 통한 살인사냥, 탈무드와 성서의 분서갱유, 600만의 집단 살인으로 유대인들을 온 세계로 흩어 버려 2000년을 유랑하게 만들었다.
 불란서의 시민혁명과 영국의 산업혁명은 유대인의 삶에 지대한 영향을 끼쳤다. 이 혁명들은 중세봉건사회를 흔들어 새로운 사회계급 즉 중산층 기술자의 시대를 열었다. 이러한 변화는 사회가 버린 소외 계층도 기술과 자본이 있으면 누구나 쓰임을 받는 새 시민사회의 새 길을 열어 주게 되니 유대인들에게도 하나의 기회가 된 것이다. 20세기의 유대인 대학살 나치의 광란은 서구사회가 얼마나 깊은 편견과 유대인에 대한 증오심을 가졌는지를 보여준 실례라 할 것이다. 이것은 인류역사에 있을 수도 없고 또 있어서는 안 될 일이었다.
 최근에 유대교와 기독교의 대화는 첫째 경멸과 반목을 떠나 동등한 입장에서 서로의 이해, 믿음의 공통성과 차이, 하나님에 대한 신학적 차이 그리고 미래의 문제들을 주로 다루었다. 모든 차이를 서로 인정하기 때문에 토론은 하되 반목은 하지 않는 것이었다. 그중 가장 주요한 주제는 기독교인들이 갖는 유대인에 대한 편견이었다. 이것은 주로 복음서가 기술한 유대인에 대한 숱한 오해에 기인한다. 유대인들에게 있어서 이 문제들은 2000년 동안 쌓여온 깊은 상처였다. 특별히 부정적인 편견은 역사에 대한 바른 이해와 유대교에 대한 연구를 통해서 극복되어야 할 것이다.

아픈 고통의 세월이 너무나 깊고도 길고 생생하여 그 기억을 지운다는 것은 거의 불가능할 것이다. 유대인들이 당한 경멸과 박해의 세월, 죽음과 환멸 그리고 절망의 끝없는 터널을 어떻게 잊을 수 있겠는가? 유대인과 기독교의 대화는 먼저 서로를 이해하고 받아주는 진실 그리고 우정을 보여주지 않는 한 전혀 어떤 발전도 불가능할 것이다. 신앙의 이름으로 기독교로부터 받은 처절한 박해와 불신의 치유는 진실한 이해와 우정을 필요로 한다. 그렇지 않을 경유 유대인과 기독교의 또 다른 상처로 남을 것이다.

20세기는 유대교와 기독교가 공동적으로 대적할 수밖에 없는 사회악이 세계적 사건으로 일어났다. 아우슈비츠의 참살, 이스라엘의 국가 회복, 유대인의 귀향, 두 차례의 세계적 대전쟁, 식민지의 독립과 소수 민족의 인권 같은 문제는 유대교와 기독교가 함께 고민해야 할 공동적 관심거리기 때문에 서로 만나 협의할 수밖에 없다. 이러한 문제는 예언적 정의 차원에서 다루어야 했기 때문에 유대교와 기독교가 함께 할 수밖에 없었다. 왜냐하면 여러 신학적 차이에도 불구하고 우리는 유대기독교의 공통된 윤리적 가치관에서 일치하기 때문에 미래의 세계책임자로서 함께할 수밖에 없는 것이다. 그중에 나치의 대학살 사건은 유대 기독교인은 물론 세계인이 함께 해결해야 할 인류의 문제이기도 하다. 아우슈비츠의 참살과 홀로코스트의 공포 속에 하나님은 숨어 계셨다.

유대인에 대한 기독교의 가장 큰 오해는 유대인이 예수를 죽였다고 하는 근거 없는 모함이다. 언급했듯이 기독교의 입장에서 기록된 복음서의 기록에 의한 크리스천들의 모함이 2000년의 증오와 살인극을 만들었다고 하면 기독교인들은 또 다른 분노를 보일 것이다. 기독교의 문서에만 의존할 것이 아니라 유대의 문서나 일반 역사를 참조하여 함께 연구해 보아야 할 문제이다.

유대인들은 기독교를 박해자로 간주하고 대해서도 안 된다. 유대인의 메시야로서가 아니라 신성과 인성을 소유한 인류의 선생으로 대해야 할 것이다. 끈끈한 새로운 친구, 새 언약을 나눌 우정을 가질 때 2천 년 동안 쌓인 오해와 분노의 응어리가 풀릴 것이다. 유대인과 기독교는 형제로서 서로 받아들임으로 편견과 상처투성이의 기억들을 조금씩 치유할 수가 있을 것이다. 그러므로 우리는 다시 한 번 마틴부버(Martin Buber)의 전승에서 빌려온 이야기를 상기할 필요가 있다.

아버지가 준 세 개의 똑같은 반지를 세 형제가 끼고 있다고 해서 진정한 아들이 아니라, 아버지의 사랑을 행사하는 사람이 진짜 아들이라는 것이다. 유대 기독교의 우열이나 적자가 누구냐 하는 논쟁보다는 누가 아브라함의 믿음과 모세의 계명을 더 절실하게 실천하느냐가 진정한 후사의 자리에 갈 수 있을 것이다. 대화야 말로 진정으로 하나가 되는 길이다. 대화를 통해서 하나님께로 나아가 하나가 되는 길이다.

유대교와 기독교의 신학적 대화

2. 기독교의 주장

다른 종교와의 대화와 마찬가지로 유대교와 기독교와의 대화 역시 상대를 인정하고 동등한 종교 대 종교로서 만나야 한다. 다른 종교와의 대화는 서로의 주장을 인정하고 함께 뜻을 나눌 수 있는 공통적 소재에서부터 시작한다. 이것이 종교간의 대화의 한 원칙이다.

법적으로 합당한 일은 아니지만 기독교가 자교의 선교 확장을 위해 유대인들에게 엄청난 경제적, 심리적, 사회적 압력을 부당하게 행사한 것은 사실이다. 종교간의 대화는 상호 인정하고 고백적이어야 한다. 서로의 역사와 관계에 대해 진솔해야 한다. 교리와 주장 그리고 신앙의 전승은 각기 다르다는 것을 인정하고 받아들여야 한다. 과거의 신앙 경험은 서로에게 도전이 된다. 지난 일이지만 기독교는 과거에 대해 변명해서는 안 된다.

개인적인 교류는 있었지만 유대교와 기독교의 대화는 2000년 역사에서 최근에 시작된 사건이다. 모든 일에 예외가 있지만 대체로 유대교와 기독교의 관계는 악의와 증오 불신이었다. 대화를 통해서 알게 된 사실은 성서시대 이후 유대교와는 달리 기독교는 엄청나게 성장하여 민족의 담을 뛰어 넘는 보편성을 가진 종교가 되었다는 사실이다. 대화를 하면 할수록 유대인의 신앙에 대한 이해가 깊어지고 우리의 오해가 풀려지기 시작했다. 가장 중요한 이슈의 한가운데는 유대인이 예수를 죽였다는 문제였다. 세속문헌을 통해 많은 학자들의 새로운 발견은 로마가 유대를 점령하여 그들이 모두를 결정하고 시행했다는 사실이다. 유대인은 겉으로 드러난 명분뿐이었다.

지난 2000년 동안의 유대인의 삶과 눈물을 이해하면 할수록 유대인에 대한 오해도 사라지게 될 것이다. 이것은 유대인에게나 모든 사람에게 마찬가지이다. 유대인과 맺은 하나님의 계약은 완전히 파기된 것은 아니다. 하나님과 맺은 유대인의 언약은 영원성이 있어 지금도 하나님이 유대인의 삶을 간섭하고 계심이 그들의 역사 속에 나타난다. 극단적인 예가 되겠지만 지금 유대인이 예수를 죽인 대가의 벌을 받고 있다고 한다 해도 벌을 받는 그 자체가 하나님이 간섭한다는 증거가 되는 것이다.

유대인의 2000년의 역사를 뒤돌아보면 세계사적 사건과 고난 속에서도 하나님이 인도하시고 토라를 통해서 말씀하고 계심을 본다. 유대인은 토라 이후 탈무드의 전승을 따라 살아 왔다. 비록 완벽하지는 않았다 해도 유대인들은 토라와 탈무드 속에 머물기 위해 몸부림쳐 왔다.

토라를 지키고자 한 유대인의 노력을 단순히 율법주의라고 단정할 수는 없다. 율법을 지킨다는 것은 하나님의 뜻에 따르고자 한 노력이지 하나님을 버린 것은 아니다. 오늘날 크리스천들도 구약의 요약인 십계명을 중히 받아들여 지키고 있다. 바울 선생님도 그의 서간 속에서 새로운 율법이라 부른 신계명의 준수를 힘주어 강조하셨다. 유대인들이 토라를 준수한 삶을 살았다는 것은 절대 허물이 아니다. 뿐만 아니라 크리스천들도 유대인의 율법을 자기들의 경전으로 받아들여 지키고 있는 것은 율법의 위대성을 인정한 셈이다.

유대인에 대해 기독교가 발견한 가장 큰 두 번째 이슈는 바리새인의 문제이다. 신약성사에 묘사된 바리새인은 대단히 비판적이다. 예수의 증언을 확연하게 하기 위해 바리새인을 부정적으로 확대해 해석했다. 뿐만 아니라 바리새인에 대한 예수의 비판은 그래도 건설적이라 할 수 있다. 왜냐하면 바리새인의 가르침은 그래도 비판할 가치가 있다는 점이다. 더 나아가서 예수 자신도 바리새파에 속한 선생이었다.

앞에서 언급했듯이 세계사의 모든 사건 속에는 하나님의 계시적인 뜻이 있다. 그러할진대 지난 2000년 동안 유대인과 관련된 사건 속에 하나님의 뜻이 없었겠는가? 디아스포라의 끝없는 수난 대학살과 유랑인들이 꿈에 그리던 나라, 이스라엘의 재탄생 등등을 계시적 관점에서 볼 수 있게 된 것도 기독교가 발견한 새 이해이다. 유대인들이 그들의 옛 고토 팔레스타인에 집착하는 것도 이해할 만하다. 20세기는 식민지에 벗어나 자유로운 신생국가들의 탄생 시대였다. 그렇다고 해서 이스라엘의 탄생을 그러한 현상으로만 볼 수는 없는 것이다. 이스라엘의 재탄생에 대한 유대인들의 해석에 귀 기울일 성서적 근거가 없는 것은 아니다. 2000년 동안 열망한 유대인들의 나라 재건, 이스라엘의 탄생은 유대인들의 민족적 열망만은 아니다. 하나님의 약속 성취라는 그들의 주장에 적지 않게 기독교도 동의하고 있다.

기독교가 유대교의 역사를 바로 이해함으로써 기독교가 유대교를 향해 어떤 부정적인 행위를 해 왔는지를 유대인의 입장에서 받아들일 수 있게 되었다. 뿐만 아니라 기독교가 유대교에 얼마나 많은 빚을 지고 있는지도 깨닫게 되었다. 기독교의 바른 이해를 위해서 유대교의 이해가 선결되어야 한다는 것도 깨닫게 되었다.

첫째로 우리 기독교는 히브리 성경을 기독교의 경전으로 가지고 있고, 그보다 더 우리 주 예수 그리스도께서 유대인이란 사실이다. 한 가지 더 예수의 모든 제자들이 유대인이고 초대교회의 중요 멤버들의 대부분이 유대인들이었다.

유대인들의 경전과 전승의 자양을 먹고 자란 기독교는 유대인의 제 이 성전에서 유아기를 보낸 셈이다. 또한 유대교의 부활, 영원한 생명, 천국, 자선, 이웃사랑, 봉사 등 거의 모든 주요 사상을 그대로 전수 받았다. 예수의 가르침인 비유 역시 유대인의 히브리 성경과 그 전승에 빚지고 있다. 신약성경의 모든 가르침은 유대인의 것들을 재해석한 것이니 기독교는 유대인의 토양에서 자란 셈이다.

유대교의 토양에서 자라난 기독교의 가르침과 전승을 깊이 연구하면 지금부터 기독교가 어떤 방향으로 나아가야 할지를 재 방향 설정 할 수가 있을 것이다. 이 말은 기독교가 반유대적이나 반셈적이라는 뜻은 아니다. 유대교와 기독교와의 대화가 상호간에 도전과 자극이 되어 진리를 찾아가는데 풍성한 경험을 공유하는 것이 될 것이다. 따라서 현재에서 미래로 나아가야 할 유대교와 기독교에 반성과 새로운 통찰력을 주어 다시는 같은 과오를 저지르지 않는 상호간의 타산지석이 될 것이다. 유대인의 죄관(罪觀)과 기독교의 죄관의 차이는 분명하다. 아담의 죄가 전 인류에 끼친 영향, 그리고 그리스도의 속죄로 인하여 인류가 완전히 회복된다는 것을 유대교는 동의하지 않는다. 기독교가 양보 없이 강조하는 것은 이것이다. 의로운 하나님의 기준에서 볼 때 인간은 완전한 타락이다. 이것을 조직신학에서 인간의 전적 타락, 그리스도의 죽으심과 부활을 통해서 영원한 생명을 회복한다는 것이다. 어떤 교리적인 미사여구로 미화한다 해도 인간은 여전히 죄의 속박 속에 있다.

그러나 하나님은 그리스도의 보혈 속죄로 인하여 인간을 의롭고 희망찬 자녀로 인정하신다. 로마 가톨릭마저도 아담의 죄악으로 인해 인간은 타락했고 그리스도의 속죄 행위를 통해서 의인으로 회복되었다는 교리에 전적으로 동의한다. 물론 죄악의 흔적이 인간 속에 남아 있다 할지라도 인간은 존귀하고 성결화되어진다. 인간이 존귀 성결화 되기 위해 하나님은 인간에게 인내와 절제 그리고 훈련의 덕, 즉 영성의 길을 주었다.

개신교에서는 인내와 도덕적 절제가 인간을 존귀하게 하고 성화시키는 조건으로 말하는데 인색하다. 물론 구교에서 인간 존귀와 성화를 인내와 절제라는 공덕 도식으로 진리를 너무나 단순화한 느낌이 없지 않으나, 이것은 바울이 강조한바 죄가 많은 곳에 은혜가 더 많다고 한 것은 하나님의 은혜의 보살핌이 없이는 인내 절제는 불가능하여 성화에 이르지 못한다는 뜻이다.

기독교가 사회에 보급되고 난 후 죄의 용서문제, 특히 세례를 받고 난 후에 지은 죄의 문제가 논란거리가 되었다. 사랑하므로 실수한 문제들, 순결의 문제 그리고 인간의 온전성의 문제가 대두되었다. 쉽게 설명하자면 하나님을 향한 신앙은 확실한데 행동은 믿기 전의 모습 그대로 나타날 때 교회는 난처해질 수밖에 없었다. 요한서신과 야고보서가 주제로 삼는 문제이다. 당시 가톨릭교회에서는 그 같은 문제는 전부 고해성사의 예전으로 해결해 버렸다. 성직자에게 죄를 고백하고 성찬에 참여함으로써 모든 죄를 사함 받았다고 가르쳤다.

인간의 죄 문제를 도덕 신학의 관점에서 해결하려는 시도가 없었다. 위에서 내리는 은혜로 단번에 속죄되고, 또는 고해성사나 성찬에 참여함으로써 해결된다고 하므로 인간 죄와 악습의 문제를 초월적 내지 예전화해 버렸다.

성찬과 고해성사 참여로서 모든 죄가 사해진다고 믿는 천주교는 책임을 져야 하는 크리스천의 도덕철학을 해이하게 만들었다. 도덕철학에서 죄란 하나님을 향한 반역과 이웃 인간을 향한 법적 침해를 가한 것이다. 도덕철학에서 죄라는 것은 행해야 할 의무와 책임을 말하는데, 고해성사에 참여하여 하나님께 고하기만 하면 된다고 믿었다. 우리에게는 두 가지의 책임이 있는데 하나님을 향한 원죄, 인간을 향한 사회 책임인데 원죄는 그리스도의 속죄 사역으로 사함 받고 인간의 사회적 책임이란 인간의 삶에 관한 모든 것을 포함한다.

인간의 사회적 책임에 관한 도덕적인 죄는 아주 치명적인 범법에 관한 것이다. 물론 용서 받을 수 있는 범죄지만 치명적인 내용들이다. 가톨릭에서 말하는 이러한 범죄는 하나님과의 관계와 인간과의 관계를 완전히 혼란 내지 파괴하는 것이다. 치명적인 범죄란 대체로 이런 것이다. 살인·간음·근거 없이 중상 모략하는 것, 남을 속이는 것들이다. 이러한 문제에 대해서 범죄인은 이것이 얼마나 사회적으로 치명적인 범죄임을 깨달아야 한다. 그리고 어떤 방법으로든 보상해야 한다는 책임을 인식해야 한다.

첫째 범죄인은 꼭 그렇게 할 수밖에 없었느냐를 자성할 수 있도록 교육하는 것이다. 물론 상황은 여러 변명이 될 수도 있을 것이다. 면밀한 조사를 통해서 악의 없는 거짓말과 고의가 아닌 실수도 가려내야 할 것이다. 근본적인 의미에서 죄란 죽음으로 속죄할 수밖에 없는 것이다. 최근 가톨릭 도덕 신학자들은 가장 엄중한 죄를 이렇게 규정했다.

신과의 관계를 단절하는 행위, 인간 삶의 질서를 파괴하는 일, 그리고 하나님의 법을 파괴하는 일들이다. 그러나 개신교의 죄관은 가톨릭의 죄관과는 다르다. 개신교의 죄관은 가톨릭의 죄관처럼 세목화하지 않는다.

개신교의 의의신학(Theology of Righteousness). 어떤 죄는 가볍고 어떤 죄는 무겁다고 규정하지 않는다. 인간의 의란 인간의 행위에서 오는 것이 아니라 하나님을 향한 믿음에서 오는 것이기 때문에 크든 작든 인간의 행위는 믿음에 근거하지 않는 한 모두가 죄악이다. 크든 작든 인간의 공덕은 구원의 길이 되고 개신교의 죄관은 크든 작든 모든 죄악은 하나님의 용서와 피 흘림의 속죄를 받아야 한다.

둘째로 생각할 문제는 천주교의 죄에 대한 세목 구분이다. 죄의 경중을 구분하는 이유는 고해성사와 성례 집행으로 죄가 사하여질 수 있다는 교리를 주장하기 위함이다. 고해성사나 성례 집행으로 인간의 죄는 결단코 사하여지지 않는다. 여러 가지 성서적 이유로 개신교에서는 그 같은 주장에 동의할 수가 없다.

셋째로 개신교는 자연법이나 도덕적 율법에 대해서 강조하지 않는다. 성경의 계시법 외에도 자연 인간에게 주어진 보편 타당원리와 양심법이 있는 것을 인정하는데 인색하다. 바울은 자연 양심법을 인정했음에도 불구하고 개신교는 계시법에 너무 의존하는 것 같다. 뿐만 아니라 성령 충만만 하면 인간의 모든 죄는 다 해결된다고 믿는 것이다. 유대교에서 주장하는 율법에서 구원 받았다고 하는 것과 맥이 유사하게 보인다. 개신교는 죽을 수밖에 없는 죄에서 믿음으로 속죄 받아 새롭게 된다고 믿기 때문이다.

유대교와 기독교의 대화에서는 유대교의 선과 덕목에 대해 먼저 들어 보아야 한다. 두 번째로 죄, 특히 사회적인 죄와 그 원인을 토론함으로써 사회정의를 향한 공동 대처가 가능하리라고 본다. 세 번째로 바리새주의에 대한 공동 연구를 통해 율법에 대한 새로운 이해와 예수의 율법 해석에 대한 차이를 발견 할 수 있게 될 것이다. 이것은 유대교나 기독교에 있어서 공동 관심사가 될 것이다.

유대교와 기독교의 신학적 대화

3. 요약 : (유대교의 주장)

1. 유대 기독교는 같은 뿌리에서 태동한 형제이다.
2. 바울의 아브라함의 후사 논쟁에서 각기 다른 길을 가게 되어 유대

인이 메시야 예수를 죽인 살인자로 낙인 찍혀 2000년의 유대인 비극이 연속됐다.
3. 모든 비극은 잘못 이해한 복음서의 논술 때문이니 다른 제이 제삼의 문서들을 객관적으로 연구함으로 새로운 이해의 자리로 나아가야 한다.
4. 혼란한 세계의 문제들을 유대 기독교 윤리가치관에서 힘을 합쳐 해결해 나가야 한다. 이런 과정을 통해 서로의 차이점 속에서 일치점을 찾아 형제의 우정의 자리로 나갈 수 있게 된다.

4. 요약 : (기독교의 주장)

1. 전혀 악의적인 의도는 아니었다 할지라도 기독교의 발전에 정치와 함께하면서 유대교와 기독교와 차별화의 명분으로 유대교에 엄청난 피해를 준 것을 인정해야 한다.
2. 기독교는 복음서 외에 세상 문서에서 예수 죽음에 대해 기술하는 것을 참조하여 복음서가 왜 그렇게 기록될 수밖에 없었는지에 대하여 연구해야 한다.
3. 지금도 하나님이 유대인과의 계약 속에 있음을 구약의 기록이 오늘날 역사에 나타난 사실들을 통해서도 인정해야 한다.
4. 유대 토양에서 자란 기독교는 유대인의 경전과 역사를 재 연구함으로써 기독교가 나아가야 할 미래 방향을 재설정해야 한다.
5. 원죄와 율법의 문제는 서로 상이한 것을 인정하면서 서로 보충 배워나가는 노력을 해야 한다.

2. 성경 Bible

1. 유대교의 주장

성경 즉 The Bible이란 말은 본래 히브리들이 사용했던 말은 아니다. 헬라말로 종이 내지 책이란 뜻으로 4세기부터 사용된 것인데 유대인의 언어에 동의는 없다. 유대인들은 율법을 토라(Torah) 예언을 네비임 (Nebiim), 성문서를 케투빔(Kethubim)이라 하며 토라 네비임 케투빔이란 긴 이름을 사용하였다. 알려진 대로 토라는 삶의 기본 안내서요, 네비임을 하나님의 정의를 나타내는 예언서, 케투임은 삶을 지혜의 길로 안내하는 성문서들이다.

유대인들은 고정된 교리서를 가지지 않고 토라를 그들의 삶의 교사로 인정해서 그 말씀을 따라 사는 것에 신앙의 중점을 둔다. 실상 우리가 범하는 가장 큰 오해는 성경을 종교서로 받아들이는 것이 아니라 유대인들은 하루하루 살아가는 일상생활의 지침서로 생각하는 것이다. 토라는 유대인의 삶을 기록케 하는 것이기에 오늘 그들의 삶속에 적용하며 살아가는 것이 토라의 뜻이라고 생각한다.

그러나 모세가 시내산에서 율법을 받아 백성들에게 선포했지만 일부 지도자들만이 그것을 받아들였을 뿐 오랜 세월 동안 대부분의 유대인들은 그 내용이 무엇인지 그것을 어떻게 해야 하는지를 모르고 살아 왔다. 토라가 일반 대중들에게 널리 알려져 그 가르침대로 살아야 한다는 인식이 들기까지는 아주 오랜 세월이 필요했다. 최소한 바벨론 포로기에 가서야 대중화되기 시작했는데, 좀 더 구체적으로 설명하면 모세가 토라를 선포한 지 500년이 지난 BC 621년 야심만만한 젊은 왕 요시아가 종교

2. 성경 Bible

개혁의 깃발을 들었다. 이것을 신명기적 개혁(deuteronomic reformation) 또는 요시아적 혁명이라고 하는데 성전 수축을 하던 중 발견된 신명기서를 전 백성들에게 선포하고 그렇게 살아야 한다고 요시아왕(King Josiah)이 전국적인 운동을 일으켰기 때문이다. 이스라엘 역사에 전무후무한 영적 청결 작업이었다. 신명기서로 추정되는 이 책이 신명기의 어느 부분인지 전체인지는 알 수 없으나 종교적 엄청난 반향을 일으킨 것만은 사실이었다. 율법을 대중화시켰다는 점에서 요시아는 제2의 모세로 추앙 받아 마땅하다.

신명기 개혁 또는 신명기와 요시아 왕과의 관계에 대한 여러 학자들 간에 다양한 주장들이 있다. 기록된 경전이 포로기 이후에 그 모습을 드러냈다는 말은 설득력을 잃는다. 물론 대중화되지는 않았지만 이미 요시아 시대에 기록된 경전이 존재했음이 밝혀졌기 때문이다. 그러나 그 경전이 어떤 모습이었는지에 대해 구체적으로 확인할 수 있는 방법은 없다. 지금 우리가 가지고 있는 형태인지 아니면 원시적 상태로 있다가 포로후기 에스라 시대에 재정리되었는지 알 길이 없다.

구약성경이 정경화되기까지는 긴 세월이 필요했는데 주전 250년 경 70인 역(Septuagiant)을 희랍 세계를 위해 번역할 때 정경화된 성경의 숫자나 순서가 확정되어 있지는 않았다. 70인 역은 오늘날 우리가 가지고 있는 성경과는 다른 숫자와 순서로 되어 있었는데 300년이 훨씬 지난 주후118년 얌니아에서 모인 얌니야 제2차 회의에서 성경의 숫자, 그리고 그 배열이 확정되었다.

히브리 성경의 숫자나 분류 그리고 그 배열 순서를 보면 히브리인들의 신학적인 영향이 크게 작용했음을 알 수 있다. 앞서 언급했듯이 성경을 삼 분류한 것은 유대인들의 신앙의 중요성과 그 전승의 발전과 그 흐름을 보여준다. 모세의 가르침인 토라가 예언으로 진화되고 삶의 영원한 지혜인 다양한 성문서로 발전한다.

토라는 삶의 기본적인 규범, 예언서는 왕·농부·군인·제사장·가난한 자들의 입을 통한 율법의 실천적 정의와 사랑의 선포, 과거·현재·미래를 하나님의 계획 속에서 하나로 보는 인간 종합 시장 같은 지혜로운 삶의 길을 가르치는 성문서로 진화된다.

히브리들은 하나님의 말씀을 책(Bible)이란 이름으로 받아들이지 않고 토라 네비임 그리고 케투넴으로 받아들였다고 했다. 그들에게 있어서 하나님의 말씀은 단순한 책, 즉 바이블이 아니라 하나님 자신의 현현으로 받아들였다.

성문서(Hagiographa)는 삶의 지혜의 총집합일 뿐만 아니라 삶의 긴 과정을 정리하여 미래를 지혜롭게 살고자 한 역사서가 포함되어 있는데 이것은 유대인 역사에서 아주 종장에 이루어진 작품들이다. 종장이란 유대인의 바벨론 포로 후기를 두고 말한다. 역대기 에스라, 느헤미야는 유대인 경전에 하나의 책으로 되어 있었다. 이래서 유대인의 성경은 고레스의 귀향 선포로 인한 히브리인들의 자유 환국이 제2 성전시대가 되는데 이설이 다소 있지만 여기서 성경 기록은 끝이 난 것으로 간주한다.

히브리들의 정경화 작업은 두 가지의 큰 의미를 가진다. 율법을 신학화 했다는 점이다. 유대인들은 특별한 교리를 가지지 않는다. 뿐만 아니라 발전된 신학도 그들은 좋아하지 않는다. 그러나 정경화 작업에서 토라는 양보할 수 없는 유대인들의 삶의 표준으로 받아들이게 했다. 토라는 히브리들의 신학이요, 교리로서 양보 없이 하나님의 말씀으로 생활 속에서 지켜나가게 되었다. 그러나 성서는 특수한 상황에 놓여 있던 유대인들에게 주어진 고대의 문서이기 때문에 시대가 지날 때마다 끊임없이 랍비들이 해석을 해야만 했다. 성서의 깊은 본뜻은 분명히 변함없이 한 포인트 속에서 나타나는 것이지만 인간들의 삶의 정황이 다르고 시대 또한 변하기 때문에 어떻게 그 가르침을 적용하는가의 문제는 랍비들의 몫이었다.

히브리 정경화 작업이 갖다 준 두 번째 의미는 경의 거룩함을 덧입혀

준 것이다. 인간이 만든 귀한 문서로서가 아니라 영감으로 승화된 말씀이라는 것이다. 전도서(Ecclesiastes)나 아가서(Song of Songs)는 세속 문학으로 생각해도 하나도 이상할 것이 없는 내용이지만 경전화 작업 이후 구별된 책으로 분류되었다. 에스겔서 속에도 조화될 수 없는 모순의 두 설화가 그 가치를 떨어뜨린다. 성전 재건과 성전 희생물은 그 재건을 꿈꾸는 에스겔의 열성을 보여준다. 모세의 토라에 대한 노스탤지어에서 그것을 재건하고픈 마음을 나타낸다. 그리고 네 얼굴을 가진 바퀴 달린 신비한 마차는 환상이다(겔7:4-28). 하늘의 신비 체에 대한 열망, 창조물에 대한 영적 탐구 같은 것은 반 히브리적이다. 히브리 세계에서는 이단적인 요소라 할 수 있는 내용이 함께 들어 있다.

히브리들은 요나서의 내용을 결단코 용납할 수 없다. 내용적으로 볼 때 요나서는 반 히브리적이다. 요나의 니느웨 전도는 유대인들의 바람은 아니었지만 정경 속에 포함됨으로 더 이상 논쟁을 끝내게 했다. 유대인의 실수로 인하여 성서가 우주적 보편성을 지니는 완벽한 책이 된 셈이다. 모세의 가르침인 토라 종교가 바벨론 포로 이후 민족종교인 유대교를 형성하면서 유대인의 민족감정을 표현한 책이 오바댜와 나훔서이다. 이렇게 뿌리 깊은 논쟁서들이 서로 모순을 가진 채 정경 속에 포함됨으로 논쟁을 종식시킨 셈이다. 국수주의적인 협소한 단견들이 있지만 히브리들은 모든 것을 포용하는 용광로 같은 정신을 가지고 있었다.

유대인들의 경전화(Canonization) 과정을 보면 앞에서 약간 언급했듯이 엄격한 신학적 작업이었음을 알 수 있다. 어느 책이 정경에 들어가고 어느 책을 앞에 둘 것인가 뒤에 배열할 것인가를 결정하는 표준은 유대인들의 신학이었다. 주후 70년 예루살렘성전이 불타 버린 후 얌니아에서 2차에 걸친 정경화 결정회의를 했다. 그들이 하나님처럼 의지하고 기대했던 성전이 없어지자 그들이 의지할 것이라고는 하나도 없게 되었다. 뿐만 아니라 다윗의 직계손인 그 유명한 가마리엘(Gamaliel)이 로마정부에 의해 파직당하고 집안의 붕괴 위기가 오자 유대인들은 부모 잃은 어린아이 처지가 되었다. 그 후 가마리엘의 신분이 회복하게는 되었지만 그들이 믿고 의지할 수 있는 것이라고는 성경밖에 없다고 믿게 되었다. 성전과 나라가 없어진 그들이 민들레 씨앗처럼 온 세상에 흩어질 위기를 당하게 되자 서둘러 경전화 작업을 끝내게 되었었다. 그러나 이 때 일반 대중들에게 인기가 있던 벤시라서(Ben Sira), 아카비서, 솔로몬의 지혜서 같은 많은 책들이 제외되었다.

   신학화 작업의 중요성을 언급했지만, 더 중요한 역할을 한 것은 슬기로운 랍비들이었다. 히브리 사회의 랍비의 권위와 역할은 대단하여 성서 해석뿐만 아니라 재판권까지 가지고 있었다. 랍비 중에서도 가마리엘은 대 랍비(Rabbai Gamaliel)로서 결정권의 최고책임자였다. 경전화 작업을 하던 그들은 토라 예언 성문서만을 취급한 것이 아니라 유대인의 제2의 경전이라 할 수 있는 구전(Oral Law)까지도 다루었다. 이 경전화 작업의 영향은 후일 구전은 미쉬나(Mishna)란 이름으로 정리 편집되어지고 그 후 미드라쉬의 발전 작업을 통해 탈무드(Talmud)가 나오게 되었다.
   유대인들은 성문법 토라를 받을 때 구전 율법도 동시에 받아 그것이 토라를 상세히 설명하고 적용하는데 절대적인 도움이 된다고 여겼다. 따라서 유대인들은 탈무드 역시 제2의 토라로 경전으로 받아들인다.

   토라 외에 토라 다음의 권의를 가진 것이 구전 미쉬나, 그리고 미드라쉬라고 말했다. 미드라쉬란 '찾는다'는 뜻으로 경전해석에 중요한 도구 내지 보충물이 경전인 하나님의 말씀은 우리가 생각하는 것처럼 선명한 문서만은 아니라 히브리의 경전은 코드(Code)를 가진 문자이기 때문에 그 속에 하나님의 깊은 가르침이 엔코딩(Encoding)되어 있다. 이 엔코드를 반드시 해설(Decode)해 주지 않으면 이해할 수 없는 책이다. 망치로 철반석을 치면 여러 색깔의 섬광이 여러 갈래로 흩어지듯이 하나님의 말씀이 우리의 심장을 치면 다양한 반응이 일어난다. 깊은 뜻의 목적은 한

2. 성경 Bible

포인트로 통일되지만 다양한 반응의 해석과 적용을 구전과 미드라쉬가 가르쳐 준다. 유대교 안에도 다양한 신비주의 집단이 있다. 그들의 신비체험이 아무리 다양하고 황당해도 그들의 신비신앙도 경전의 표준 하에서 만난다. 흥미 있는 일은 어떤 신비가들도 유대인들은 경전과 랍비들의 가르침을 뛰어 넘지를 않는다. 이러한 통일의 여맥을 위해 경전에는 설화·비유·예화·우화·풍류 등으로 그 의미를 다양하고도 깊게 한다.

유대인의 예배 시 랍비의 가르침에 따라 예배가 집전되고 성서가 공포된다. 예배 때 세 파트로 나누어 성경을 읽는데 토라 예언 성문서 가운데서 선택한다. 기도 역시 이 세 파트로 나누어진 성서의 의미를 따라 기도를 하게 되어 있다. 이 모든 절차에서 빠지지 않는 것이 쉐마(Shema)이다. 토라 가운데 쉐마 속에는 성경구절이 몇 군데 있는데 세 개를 뽑아서 예배 시는 말할 것도 없고 모든 개인이 하루에 두 번, 아침, 저녁으로 기도를 드린다. 그 대표적인 구절이 신명기 6:4-9절인데 다른 경에도 여러 쉐마가 있다.

랍비는 어떤 권력의 상징이 아니라 가르침, 지혜의 상징이다. 경을 읽고 기도를 할 때 예배를 드릴 때 모두 랍비적 가르침 속에서 진행된다. 어떤 논쟁을 하다가도 랍비의 결론적 선포가 떨어지면 모든 것이 중단된다. 랍비들은 경을 맡아 가르치는 책무가 있는 사람으로 유대인들 모두가 그 권위를 인정하고 있다.

유대교와 기독교가 성경구절을 가지고 해석할 때 그 내용에서 거의 일치할 수밖에 없다고 생각되는 간단한 내용이라 할지라도 유대교도들은 그 구절의 이해와 삶에 적용에서 전혀 다른 방향으로 간다. 보수적 정통 기독교도들의 해석이라 할지라도 유대교의 해석과 그 적용은 전혀 다르게 간다. 기독교인들이 유대교도인 당신들이 왜 그렇게 성경을 해석하느냐고 물을 수도 있겠지만 유대교도들은 우리 유대인들의 성경을 가지고 기독교인들 당신들이 아전인수식으로 해석하고 있다고 말한다. 이것은 시내산에서 시작되는 토라의 가르침과 구전의 전승과 유대인의 삶을 지키며 그것을 가르쳐 온 랍비들의 신학 때문이다. 랍비적인 전통과 그들의 신앙적 투쟁을 이해하지 않고는 결단코 유대교와 기독교의 대화는 불가능하다. 유대교에 있어서 랍비들의 책임이란 그만큼 중요하다. 민족의 생사 갈림길에서 미래의 길을 열어준 랍비의 책임과 권한은 특별히 성경 가르침에서는 절대적이다

대화라는 것은 서로의 일치점을 찾아 그 의미를 통일하자는 것이 아니라 서로가 다르다는 것을 인정하고 존경하는 것이다. 서로가 다를 수 있다는 것을 인정함으로 대화의 시작이 가능하다. 이것은 유대교와 기독교뿐만이 아니라 모든 종교 간의 대화에서도 마찬가지일 것이다.

2. 기독교의 주장

성경이란 하나님의 영감으로 기록된 책을 교회가 결정하여 수집한 것들이다. 성경이란 말은 본래 헬라 말 책들이란 Biblia에서 나왔다. 이 책들은 하나님의 영감으로 되었기 때문에 케논 즉 경전(Canon)에 속한다. 캐논이란 말 역시 헬라말로서 갈대 자, 치수를 재는 도구를 말한다. 캐논으로 인정받은 책들은 신앙의 잣대로 교회가 사용했고 크리스쳔들의 신앙과 생활의 규범으로 여겨 왔다.

유대인들이 성경이라고 부르는 구약(Old Testament)에 대한 입장은 가톨릭 정교회, 그리고 개신교는 각각 다른 견해를 가지고 있다. 특히 신명기적 문학이나 외경들에 대한 입장에서 그렇다. 개신교의 구약에 대한 입장은 유대인들과 동일하나 배열의 순서에서는 차이가 있다. 가톨릭은 39권의 구약성서에 신명기 문학이라 할 수 있는 토빗(Tobit), 유딧(Judith), 지혜(Wisdom), 시락(Sirach), 바룩(Baruch), 예레미야서신(Letter of Jeremiah) 1,2 마카비(Maccabees) 헬라판인 에스더 다니엘을 더 첨가한다.

정교회는 칠십인 역(헬라 사람들을 위해 72명의 번역가가 만든 구약성경 B.C 250)과 앞서 언급한 신명기 문학을 받아들인다. 신명기 문학이란 말씀의 현재성 즉 오늘의 정신이 가장 생생하게 나타나는 예언적 역사서와 예언서를 두고 하는 말이다. 거의 모든 예언서와 사무엘상하와 열왕기 상하를 포함한 신명기적 신학정신을 가진 책들을 말한다.

경전에 대한 각 교회들의 입장은 복잡하고 그 역사는 장구하다. 유대인들의 경전은 2세기에(118) 얌니아에서 결정을 보았지만 그 확정은 3세기 초에 하였고 개신교는 교회의 형성과 로마정부의 박해로 인하여 모세 오경과 예언서들을 쉽게 받아들여졌지만 그 외의 책들은 오랜 논란이 필요했다 .

마르틴 루터(Martin Luther)와 그 밖의 종교 개혁가들은 팔레스타인 유대인, 히브리 성경을 그대로 받아들였다. 루터는 외경들을 의미 있게 사용하였는데 성경의 가장 뒷장에 외경(Apocrypha)이란 이름으로 첨부했다. 그러나 후기 개혁자들은 그것을 단호히 거부했다. 가톨릭교회는 16세기 트렌트회의(Council of Trent)에서 확정했는데 신명기 문학을 그대로 받아들였다. 가톨릭교회가 이렇게 결정한 이유는 바른 신학적 원리에서가 아니라 관행상 써 오던 것이 편리하기 때문이었다. 잘 알려진 대로 가톨릭 교회는 진실보다는 관행을 더 중시하기 때문에 옛날에 쓰던 그대로 사용하는 것을 좋아했다.

기독교 신자들은 27권의 신약성경을 정경으로 받아들이는 데는 별 이론이 없었기 때문에 신약성경은 히브리 구약 성경처럼 그렇게 복잡하지가 않다. 5세기경에 라틴교회에서는 정경을 확정지었고, 희랍정교회에서는 10세기경, 시리아 교회나 에티오피아 교회들은 오랫동안 확정을 짓지 못한 체 지내 왔다.

성경을 영감 받은 하나님의 말씀이란 관점에서 신앙과 삶의 규범이었다. 영감(Inspiration)이란 성경기록자들에게 하나님의 영향이 있었다는 것을 뜻한다. 하나님의 영향이 집필자의 글 속에 들어 있기 때문에 우리는 하나님의 말씀(Word of God)이라 부른다. 하나님의 영향이란 성경 집필자의 심정적인 문제를 말한다. 하나님이 집필자의 지적 감정적 활동 전체를 통해서 영향력을 행사했다는 뜻이다. 그렇다고 해서 성경 집필자가 하나님의 영감적 영향 하에 있다는 것을 인지하고 있었다는 것은 아니고 자신도 모르는 사이에 집필 중에 하나님의 영향을 통해 자신이 움직였다는 사실이다.

영감이란 말은 성경 집필자의 집필 내용 속에 믿음의 오류를 범하지 않았다는 뜻이다. 오류란 성경 속에 잘못이 없다는 뜻인데 이것은 하나님의 말씀이기 때문이다. 또한 오류란 집필자의 의도와 메시지의 진정성(Authentic)을 뜻한다. 어떤 표현을 하더라도 그 표현의 핵심은 하나님의 진실성만 나타내었다는 뜻이다. 물론 집필자가 시간이나 장소나 또한 문화적 문제에까지 오류가 없다는 것은 아니다. 오류에 대한 바른 이해가 없이는 성경을 제대로 이해할 수가 없다. 저자의 의도, 그리고 메시지의 진정성이란 관점에서 이해하지 않으면 어떤 시편이나 예수님의 비유는 저자의 의도대로 해석되지 않는다. 그래서 학자들은 성경의 원어적 형태, 역사 속에서 전승되어 온 과정을 면밀히 연구한다. 베드로의 글 속에 나타나는 바벨론이란 말의 저자의 의도가 무엇인지를 깨닫지 않으면 우리는 베드로서를 바로 이해했다고 할 수 없을 것이다. 다른 예를 들면 창세기1장은 창조가 하나님께로부터 나왔다는 뜻이지 창조에 대한 과학적인 보고서가 아니라는 점이다. 이것이 저자의 의도임에도 과학적으로 그 사실을 공격하게 되면 성경은 더 이상 말하지 않는다. 뿐만 아니라 그 당시의 과학적인 표현을 오늘의 시각에서 비평하는 것도 옳은 방법은 아니다.

성경은 하나님 말씀이다. 말씀은 영감으로 씌어졌고 과오 없는 진실이다. 그렇지만 개신교 안에서도 성경은 다양하게 해석되고 있다. 그러나 개신교가 통일성 있게 주장하는 것은 말씀이 선포될 때 각 개인의 심령에 하나님께서 직접 말하시는 것이다. 그리고 성령께서 그 말씀을 해석해 주신다. 정교회와 가톨릭교회는 교회의 해석권위를 강조한다. 두 교회가 강조하는 것은 믿음의 공동체에 주어진 말씀이란 것이다. 그러므로 성경은 개인의 심령에 성령이 해석하시고 설득하시지만 믿음의 공동체, 즉 교회를 통해서 해석하고 말씀하신다고 주장한다. 이것은 그들의 전통적인 견해이다.

전통 내지 교회의 전승(Tradition)이란 믿음과 신앙의 관습이 한 세대에서 다른 세대 간 옮겨가는 과정 속에 만들어지는 습관을 말한다. 성경의 곡해가 없는 한 어떤 가르침과 교훈이 교회 속에 계속 전승되어 내려간다. 그러던 중 성경이 말하지도 않고 중요하지도 않은 것이 교회 안에 생겨 그것이 진짜인 양 계속될 수가 있다. 특히 가톨릭교회의 경우 전통에 따라 성서를 읽고 해석해야 한다고 가르치게까지 되어 버렸다. 전통이 성경의 규범 아래에 있어야 하는데 성서 위에서 군림하며 성서를 전통대로 이해하고 가르치는 것이다.

성경은 특히 구약성경은 유대교와 기독교가 만날 수 있는 유일한 지점이 된다. 성경의 무오성, 영감성, 정경성, 교회의 기능 같은 것이 거의 일치한다. 그러나 기독교는 구약성경을 반드시 신약성경의 관점에서 읽고, 또 신명기 문학들 중 외경들을 정경으로 인정치도 않고 잘 읽지도 않는다. 실상 신명기 문학들 또는 외경이라 부르는 히브리작품들은 주로 구약과 신약의 가교 역할을 하는데도 기독교는 전혀 무시하는 태도를 가진다. 뿐만 아니라 구약성경, 즉 유대인의 유일정경을 기독교는 신약을 해석하기 위한 방편 정도로 생각함으로써 그 본래의 뜻을 망각하고 기독교적으로만 해석하는 경향이 있다. 진정한 대화를 위해 구약과 신명기 외경문학까지도 유대인의 귀로 듣고 이해할 필요가 있다. 유대인의 귀로 듣는다는 것은 그 말씀이 선포될 당시의 유대인의 입장과 그 말씀의 핵심에 참여한다는 뜻이다. 그렇다고 해서 그것이 기독교인의 신앙을 상처나게 하지 않는다는 사실을 유념해야 할 것이다.

성서는 유대교와 기독교가 만날 수 있는 유일한 거점이다. 구약이 엄청난 신앙의 자료를 제공하여줌과 동시에 신약 역시 유대교의 시작과 제2성전시대의 유대인 상황을 전달해 준다. 유대교의 전승은 신약과 초기 기독교를 이해하는 데 없어서는 안 될 유일 자료가 된다. 두 교회가 함께 모여 토론함으로써 성경종교의 본질, 그것이 사회에 미친 영향력 세계사의 방향을 바꿀 수 있었던 신비한 힘, 그리고 성령을 깊이 이해하는 데 큰 도움이 될 것이다.

지금까지 발전해 온 신앙과 신학이 더 이상 다른 학문의 도움을 받을 곳이 없는 이 상황에서 유대교의 신학과 기독교의 신학의 만남 그리고 서로의 소중한 성서 자료들을 나누어 선입견 없이 읽고 이해함으로써 내일의 세계를 새롭게 만들 원동력이 될 것이다.

성경 The Bible

3. 요약 : (유대교의 주장)

1. 유대교에 있어서 성경(THE BIBLE)은 책이 아니라 하나님의 현현으로 종교서가 아닌 삶의 지침서이다. 성경이 대중서로 정착되어진 것은 포로기였지만 성경이 모든 하나님의 백성들의 책이란 것은 주전 621년 요시아 개혁 때부터이다.
2. 유대인들은 성경이라 부르지 않고 세 개의 다른 성격을 지닌 토라 네비임 케투빔이란 이름으로 불렀다.
3. 유대인의 정경화 작업은 랍비들의 지혜로운 신학적 업적인데 이견이 있을 수 있는 내용도 정경인 이상 어떤 논쟁의 주제로 삼지 않는다. 정경화가 최고의 신학 작업이었다.
4. 구전인 미쉬나와 탈무드도 유대인들은 제2의 경전으로 삶의 지혜로 받아들인다.

5. 정경의 문제뿐만이 아니라 유대교와 기독교의 대화는 서로 다르다는 것을 인정하는 데서 시작한다.

4. 요약 : (기독교의 주장)

1. 구약과 신약의 경전은 우리 기독교인의 신앙과 생활의 표준이다라는 말은 무슨 뜻인가?
2. 경전은 신의 영감으로 기록된 것인데 영감이라 함은 저자의 의도나 표현에 상관없이 하나님의 뜻을 함축하는데 영향력을 행사했다는 뜻이다
3. 가톨릭과 기독교는 각기 다른 견해를 가지는데 기독교는 우리가 성경을 읽을 때 성령이 역사하여 하나님께서 지금 하고자 한 말씀을 하신다고 믿는다.
4. 유대교와 기독교는 서로가 더 깊은 이해와 이 시대적 사명을 완수하기 위해서는 성서에 들어 있지 않은 유대 문헌을 기독교인이 읽고, 유대인은 랍비문학의 시작시대인 신약문헌들을 진솔한 마음으로 읽어야 한다.

3. 하나님 God

1. 유대교의 주장

유대교 신학과 신앙의 중심 사상은 유일신관(Monotheism)이다. 하나님의 단일성과 하나 되심은 유대교의 어떤 사상보다도 중요하고도 모든 것의 그 한가운데 있다. 유일신관은 하나님은 단 한 분으로 어떤 것도 그를 흉내 낼 수 없는 독특성이 있고 그 신성은 어떤 신들보다 초월하여 계신다. 유대교의 유일신관은 창조주로서 이 우주의 모든 것, 빛과 어둠을 창조하시고 존재하는 모든 것의 극과 극을 통합하시고 운행하신다. 그렇다면 그 유일신 하나님은 인간이 있는 곳에서 먼 곳 아니면 아주 가까운 곳에 계시는가?(렘23:3) 옛적에는 어디에 계셨고 지금은 어디에 계시며 무엇을 하고 계시는가?

12세기의 유명한 시인 유다 할레비(Judah Halevi)는 하나님을 의미심장하게 시적으로 표현했다.

> 만유하시고 초월하신 신께서
> 유일하시고 특이하시면서
> 모든 존재들과 긴밀하게 가까이 계시고
> 또 멀리 계시면서 우주를 운행하신다

유대교의 유일신관은 단순하면서도 복잡하여 신성의 깊이와 신비는 불가해하여 인간이 충분히 납득할 수도 없고 설명할 수도 없다. 유대교의 신학자들은 유일신 하나님의 성격을 이렇게 설명한다. 물론 성경 전체를 통해서 파악한 하나님의 성격이다. 하나님은 자비하시고, 의로우시고 능력이 충만하시고 지혜로우시며 무한하시고 영원하시고 계시지 않은 곳이 없는 무소부재하신 분이다. 이것은 하나님의 본질은 아니시고 외부로 나타난 하나님의 모습이다. 다시 말하면 인간이 이해할 수 있는 한계이다. 하나님의 본질적 성격은 하나님의 독특성과 마찬가지로 숨겨져 있어 헤아릴 수가 없다. 이런 하나님의 성격이 그의 이름 속에 나타나 있다. 그의 이름은 말할 수 없고 발음되어지지 않는다. 유대교 신비주의자들마저도 하나님의 실체는 무한 불가해하기 때문에 신이라고밖에 말할 수 없다고 한다.

역사에 강열하게 간섭하시고 긴밀하게 계신 하나님을 YAHWEH라고만 파악하고 있다. 엘로의 복수형인 엘로힘(Elohim)이란 이름은 만유, 세상 만물 위에 계시므로 하나님은 살아 있는 존재(Becoming) 그리고 실재하는 존재(Being)이시지만 살아있는 존재 이상이요, 실재하는 존재 그 이상이다.

존재(Being) 되어 가고 있는 존재(Becoming)란 본질상 다양한 특성을 지니고 있다. 하나님의 성품 가운데 가장 특이한 것은 스스로 자기를 나타내시는 것이다.

즉, 자기 현현이다. 자기를 숨기고 베일에 감추어 놓고 인간을 혼란스럽게 하시는 잡귀신이 아니고 하나님은 신비한 자기의 본질 성격을 스스로 나타내 보여주신다. 우리가 하나님을 이해할 수 있는 것도 시대마다 인류의 역사 상황마다 달랐는데 그의 성격과 그의 뜻을 보여주신 것을 종합하여 하나님을 이해한다.

유대인들은 하나님의 존재를 증명하고 보여주기 위해 노력할 필요가 없다고 주장한다. 하나님은 그들의 삶과 함께 해 왔기 때문이다. 우리의 뜻과 상관없이 하나님은 역사의 필요에 따라 인간에게 스스로 자기를 나타내어 왔기 때문이다. 성경의 처음부터 끝까지 하나님이 나타나신 현장을, 그리고 역사 속에서 우리가 수없이 많이 찾을 수 있다. 또한 인간 삶의 그곳에 반드시 하나님이 나타나서 말씀하시고 역사하신 것을 볼 수가 있다. 이것이 우리 인간이 이해한 하나님의 본질상 성격이다.

　이 세상의 어떤 잡신들과 비교해 볼 때 유대인의 하나님은 모든 것을 창조하신 창조 위에 계시고 운영하시는 모든 창조물을 향하여 도덕적이다. 정의의 기준을 가지고서 도덕적인 운영 간섭을 하시며 우주를 운행하신다. 어떤 신도 그 성격에서 창조와 도덕성(율법)을 가짐에 있어서 유대인의 하나님에 필적할 수가 없다.

　모든 창조물, 그 가운데 특히 인간은 하나님의 형상을 본떠 창조되었다. 하나님의 형상을 지닌 인간, 하나님을 닮은 이 형상 때문에 인간은 하나님과 교통할 수 있게 되고 하나님과 대화할 수 있게 된다. 인간이 이 땅에 살아가는 가장 큰 목적은 하나님과 이 교통과 관계를 통해 하나님을 더욱 가까이 닮아가도록 자기를 교육시키고 발전하여 가는 것이다. 하나님을 닮아간다는 것은 불가해한 하나님의 신비의 속성보다는 나타나신 하나님의 성품을 닮아가는 것이다. 그러나 보이는 하나님의 성품과 가려져 있는 하나님의 성품은 우리가 충분히 이해하지 못해도 통일되어 있다. 그래서 나타나신 하나님의 성품으로 보이지 않는 하나님의 성품도 이해할 수 있게 되는 것이다.

　유대인 신학자 가운데 가장 큰 이단 엘리사 벤 아부야(Elisha Ben Avuyah, 2세기)는 신의 속성의 단일성과 죽은 자의 부활, 그리고 안식일을 불경케 했다. 유대교 신학은 어떤 잘못도 용서되나 유일신 하나님을 부정하는 것은 용서받을 수 없다. 그런데도 아부야는 그랬다. 역사 이래 지금까지 유대교의 가장 큰 이단을 기독교에서 배신의 대명사로 유다의 이름을 말하는 것처럼 아부야의 이름을 거론한다. 왜냐하면 그는 창조주이신 유일신 하나님을 모독하고 부정했기 때문이다.

　모든 사람에게 모든 시대에 하나님은 다양한 모습으로 나타나시고 다양하게 활동하신다. 천지를 창조하셨는가 하면 애굽의 왕 바로에게 나타나 능력으로 보여주시고 사랑하는 다윗에게 나타나 정의로운 참된 생활을 하라고 큰 벌을 친히 내리시기도 했다. 이렇게 다양하게 나타나신 하나님의 성격을 세 가지로 정리할 수 있을 것이다. 창조의 하나님, 구원의 하나님, 경영의 하나님, 이 같은 하나님을 우리 인간이 경험하고 이해한 하나님이시다. 이 세 가지 속성, 창조, 구원, 우주 경영의 하나님은 한 분 하나님이시다. 이 세상 어떤 신과도 구별되는 하나님이시다. 하나님에 대한 인간의 경험은 다양하지만 항상 통일되고 변함없는 성품을 지녀 언제 어디서라도 우리는 하나님 속에서 창조, 구원, 경영의 역사를 경험할 수가 있다.

창조주 하나님 경험을 처음 한 사람은 아브라함이다. 랍비 문서인 창세기 주석(Genesis Rabbah)에 하나님의 창조 세계를 처음 관찰하여 불가마 위에 있는 집 같은 세계를 인식했고 그 집 주인이 화염 속에 계신 것을 보았다고 기록하고 있다. 그는 직관적으로 하나님께서 혼돈 가운데 창조 질서로서 운영하고 있음을 깨달았다. 아브라함은 여러 방면에 선구자적 인물이다. 지도도 나침반도 길도 없는 세계를 두려움 없이 장구한 긴 장도의 여행을 한 사람이요, 하나님의 세계를 창조주로 인식하고 관찰하며 그 분의 나라를 세우기로 작정한 사람이다.

히브리 철학자들은 단순한 사유나 논리적 증명을 하는 사람들이 아니라 체험하고 삶을 통해 증명하고 그리고 그 위대하심에 응답하여 맞추어 살아가는 사람들이다. 유대인들이 안식일을 지키는 것은 하나님의 창조의 위대성을 축하하는 상징적인 의미로서 인식하고 안식한다. 따라서 창조 속에 있는 하나님의 뜻, 창조의 목적이 무엇인지를 추구하며 살아가는 것을 찾는다. 하나님의 창조사역에 인간이 부정을 하고 거역하는 삶을 사는 것은 하나도 문제가 되지 않는다. 그렇게 한다고 해서 그것이 부정되는 것이 아니기 때문이다. 히브리인들은 하나님의 창조의 솜씨,

그 창조의 뜻을 생각만 해도 기쁘고 감격스럽고 용기에 차 이 세상을 담대히 살아 갈 수 있게 된다.

　창조와 안식일을 떼어서 생각할 수가 없다. 안식일은 오직 창조의 축하만은 아니다. 이 날은 역시 애굽에서 해방되어 구원과 자유를 찾은 축일이기도 하다. 하나님은 인류 전체를 위해 천지를 창조하시고 그곳에서 하나님의 자녀로 자유와 기쁨 속에서 살기를 원하셨다. 그래서 인류의 전 역사도 구원과 해방의 역사이다. 구원에 대한 유대인들의 역사는 출애굽, 노예 해방에서 시작된다. 노예 해방이란 자신이 하나님의 자녀로서 위대하게 창조되었기 때문이다. 또 위대하게 살아야 한다는 인식을 갖다 준다. 이러한 인식이 없다면 아무리 노예 해방을 해 주어도 다시 노예로 돌아갈 수밖에 없다. 히브리인들이 출애굽에서 노예 해방을 맛보았다면 그것은 하나님에 대한 인식이요, 자신에 대한 자각이다. 창조주 하나님은 나의 주시요, 나는 그 형상대로 지음 받은 자녀란 것이다. 그러므로 하나님 외엔 어떤 힘 있는 자도 인간을 속박할 수 없다는 인간 자존과 위대함을 일깨우는 사건이다.
　바벨론 포로에서 해방을 유대인은 재창조, 즉 제2의 창조로 인식한다. 이 재창조 속에서 그들은 안식을 인식했다. 어떤 점에서 안식일의 정착은 애굽의 노예에서보다 포로에서의 해방 속에서 정착되었다. 잃어버린 안식일을 바벨론에서 그 필요를 인식하여 포로에서 해방으로 이해한 것이다. 애굽에서의 안식일은 창조 기념 안식일이요 바벨론에서 안식일은 노동해방절로서 안식일이 된 셈이다.

　히브리인들은 하나님을 사유나 철학을 통해 인식한 것이 아니라 고난의 현실에서 압제받는 정치적 아픔 속에서 해방으로서 창조로서의 하나님을 인식하고 그를 따라 살아가게 되었다. 하나님과 인간을 묶는 것은 계약이라 했다. 그러므로 유대인의 하나님은 사상적 하나님도 아니고 공중에 떠

있는 하나님도 아닌 삶의 동반자로서 하나님이었다.

　노예에서 자유를 얻었다는 것은 그 내용상 네 가지 성격을 가지고 있다. 굴레에서 해방, 두 번째 새 삶을 위한 하나님의 창조 질서 인식(율법), 세 번째 약속의 땅으로 입성, 이것은 예나 지금이나 다를 바 없는 진리이다. 해방은 반드시 하나님의 인식과 자신의 자각을 깨우치는 율법과 내 나라 입성이 따르지 않으면 그것을 해방이라 할 수 없다. 마지막으로 하나님의 창조의 역사 해방의 역사를 자기들도 받아들여 매일의 삶 속에 수행하는 것이다.

　우리는 지금 유대인의 하나님의 이해에 대해 생각하고 있다. 인간이 삶의 경험 속에서 만난 유대인의 하나님은 창조, 구원 그리고 율법, 새 땅으로 발전하여 가는데 이 과정 속에서 하나님의 백성들은 정신적으로 도덕적으로 성숙해 간다. 즉 하나님을 닮아 간다는 뜻이다. 이것은 또 다른 창조요 구원이다. 우리가 구원을 너무 정적으로 해석하고 개인적인 기쁨으로만 받아들인다. 여기에서 구원이라고 하는 것은 내 속에 하나님의 형상이 이루어져 자기완성을 향해 가는 것이다. 창조적인 인간, 자유하는 인간, 율법을 받들어 도덕적인 삶을 삶으로 사회적으로나 개인적으로 정의로운 삶을 만들어가는 것이다. 구원받은 자로서 선과 사랑을 베풀고 인격으로 발전하여 가는 것이 구원이다. 하나님의 성품인 그 형상을 내 속에 완성시켜 가는 것이 창조요, 구원이다.

　인간의 역사 속에 하나님의 성품이 가장 선명하게 드러난 사건이 무엇인가? 하나님의 속성을 가장 선명하게 드러내 보인 사건은 창조와 구원인데 이 창조와 구원의 하나님이 실제적으로 히브리인들의 삶 속에 나타나신 기사가 바로 출애굽 해방 사건이다. 출애굽사건은 한 민족을 구원과 자유의 길로 인도한다는 뜻 이상의 보편적 인간의 문제를 말하는 것이다. 어떤 인간도 하나님의 창조물인 인간의 위에서 군림하면서 압제할 수 없다. 출애굽 사건은 히브리들만을 위한 해방 사건이 아니라 전 인류를 향한 해방 선포이다.

그것이 정치적 문제든 경제적 문제든 상관이 없다. 신앙이 있든 없든 그것도 관계가 없다. 모든 인간은 창조될 때부터 자유롭게 창조되었기 때문에 자유롭게 살 권리가 있다. 그러므로 출애굽사건은 이스라엘의 문제가 아니라 인간 보편의 문제로서 속박에서 자유에 대한 해방 패러다임을 제공한다. 출애굽 사건은 하나님의 성품을 가장 잘 보여주는 역사 실례이다. 그 패러다임 속에 유대인의 하나님의 성품이 드러났다. 인간을 향한 하나님의 사랑과 관심이 드러났다. 이것은 출애굽 구원 사건만이 아니라 이스라엘 하나님에 대한 경험이었다. 성경은 이 같은 하나님 경험으로 가득 차 있다. 이 해방의 하나님 사건은 지금도 여전히 계속되고 있다. 링컨과 간디에게서, 남미에서, 아프리카에서, 노동 현장에서 계속되고 있다. 하나님의 계속적인 창조역사가 오늘날에도 고통당하는 인간 속에 역사한다는 뜻이다. 히브리인들의 하나님은 이런 삶의 하나님, 해방의 하나님, 창조의 하나님이지 사유나 철학적인 또는 신학적으로 증명되는 학문적 하나님이 아니시다.

하나님의 존재를 증명할 수 있는 과학적 또는 철학적 방법은 없다. 어떤 누구도 하나님의 존재를 증명하지 못한다. 히브리의 성서는 그런 증명을 원치 않는다. 한 잔의 종지에 우주를 담지 못하듯 우리의 인간 이성 속에 하나님을 담을 수가 없다. 가령 할 수 있다면 그 것은 하나님이 아니다. 시편에서도 하나님이 없다고 하는 자는 어리석은 자라고 했다. 그러나 아무리 편견을 가진 자라 할지라도 하나님의 아들들을 통해 그들의 역사를 통해 하나님이 계신 것을 보여주어 왔다. 이스라엘의 역사를 통해 하나님이 없다고 누가 말할 수 있겠는가? 하나님은 이스라엘을 통해 창조와 구원의 사건을 보이시고 스스로 시행하셨다.

하나님의 창조와 해방의 구원사건은 옛날의 사건이 아니라 오늘날 유대인의 개인적인 삶 그리고 유대민족의 삶 속에서 매일 경험되고 있다 세계는 유대인의 애굽 악정, 굴욕적인 바벨론 포로, 로마의 박해사건, 중세의 유랑과 게토의 삶, 독일의 잔악한 유대인 말살정책 속에서도 그들은 해방과 자유를 찾아 승리했다. 이러한 사건 속에서 인류는 하나님이 그들 속에 함께 하심을 보아 왔다. 그래서 하나님은 유대인 속에 계시고 유대인은 하나님 속에 있음도 보아 왔다.

그러므로 유대교 신학은 이중성을 지닌다. 유대인의 매일 매일 삶 속에서 경험하고 임재하신 하나님과 신성의 신학적 증명이 그것이다. 유대인이 경험하고 성경에 나타난 단일신론은 신앙으로 몇 천 년 간 유대인들은 유지해 왔다. 유대교와 기독교의 분리는 바로 여기에 있다. 유대교의 하나님 이해와 기독교가 믿는 하나님의 이해는 전혀 다르다는 점이다. 유대인들은 변함없이 단일신의 신관을 주장하여 창조주 하나님 구원주 하나님 그리고 세계의 경영자 하나님을 분리하여 이해하지 않고 연합된 단일 하나님을 믿는다.

기독교는 삼위로 계신 한 하나님의 기둥을 세 개로 분립시켜 하나님의 속성을 새 인격으로 나눈다. 앞에서 언급했듯이 분립된 하나님을 주장하는 것은 유대교에 있어서 가장 큰 이단이다. 이 이단 사상에 접근할 수 있는 신학적 신앙적 접촉점은 없는데도 기독교는 한 하나님, 세 인격으로 나눈다. 여기에서 유대교와 기독교가 만날 수 없는 근본적 상이와 분리가 시작된다.

유대인들은 구원과 해방의 하나님을 매일 경험하고 있다. 이것은 크리스천들도 마찬가지다. 우리 삶 속에서 내재하며 함께하시는 하나님 경험은 크리스천들이 매일 경험하는 성령의 임재하심이다. 유대인들은 성령의 기능을 인정하지만 하나님의 속성의 하나이지 독립된 인격으로 보지를 않는다. 성육신하신 하나님의 아들 그리스도를 믿지 않고 유대인들 모두가 하나님의 아들이라고 믿는다. 이것은 유대교와 기독교가 전혀 양보할 수 없는 양극적인 문제이다.

오늘날 유대인은 하나님의 존재를 하나님의 말씀으로 이해한다. 우리와 함께하는 율법 속에 하나님이 계시고 율법 자체가 하나님의 현현이라고 믿는다. 이것을 더 발전시킨 것이 필로의 로고스 사상 속에서 본다. 하나님은 로고스로서 이 세상에 존재한다고 믿는다.

그러나 여기서 유대교와 기독교가 만날 수 있는 접촉점은 유대인들뿐만 아니라 하나님을 믿고 그 계명을 지키는 자는 하나님의 아들이 될 수 있다는 양자설에서 토론의 여지가 있다. 그리고 하나님의 본질이 하나의 연합성 속에 있다는 점이다. 본질에서 하나로 통일된 하나님께서 다양한 모습으로 역사하사 다양한 상징성을 유대교와 기독교가 동일하게 인정하고 이해하는 길이 대화의 길이다.

하나님 GOD

2. 기독교의 주장

하나님이란 용어는 초월적 존재(Supreme Being) 또 생명의 근원이란 의미로 기독교에서는 이해한다. 히브리 성서에 기초한 기독교의 하나님 이해는 지극히 개인적이고 인격적이다. 이 개인적이란 말은 체험적이라고 이해할 수 있는데 이 체험적인 하나님은 자유·사랑·능력·기쁨 그리고 스스로 교통하는 존재로 믿는다. 이 세상에 있는 것과는 확연히 다른 존재로서 창조의 근원, 생명의 근원, 모든 생성의 근원으로도 받아들인다. 이것은 기독교가 이해한 하나님에 대한 신앙의 전통적 입장이다.

성서적 전통의 입장에서 볼 때 하나님은 역사의 주인으로 이해한다. 인간을 자유케 하시고 역사의 주인이신 하나님은 역사의 현장과 인간 개인의 삶속에 계신다. 어떤 사회적 모든 사건 속에 자기를 계시하신다. 이 말은 모든 역사 현장 인간의 개인의 삶에 자기를 드러내어놓으신다는 뜻이다. 그래서 역사란 하나님이 자기를 드러내 놓으시는 현장이라고 이해한다. 모든 역사의 사건 속에 하나님이 간섭하지 않으신 일이 없다. 하나님이 모든 역사사건 속에 간섭하시고 자기를 나타내신다는 말은 역사의 목표를 향해 하나님께서 움직여 간다는 뜻이다. 역사 속에 자신을 보여 주신다고 해도 하나님은 여전히 불가해한 신비요, 절대요, 인간의 이해 능력의 저쪽에 계신다.

인간의 삶, 인간의 역사에 가까이 하시고 자기를 계시하시면서 또한 그 속에 계신다 할지라도 하나님은 신비시기 때문에 우리의 신앙, 즉 자기를 신뢰하고 믿는 믿음 위에서만 자기를 현현하시고 역사하신다. 좀 어려운 말이긴 하다. 하나님은 창조와 역사 속에서 만날 수 있다. 성서의 기록은 간접적이긴 하나 창조와 역사 속에서 인간이 하나님을 대면한 기록들이기 때문에 오늘도 하나님은 여전히 자기를 믿는 자를 만나 주신다는 뜻이다. 다시 말하면 그 성서적 만남은 오늘도 계속되기 때문에 지금의 창조, 지금의 역사 속에서 우리는 그를 다시 만날 수 있다. 하나님의 창조는 태초에 시작했을 뿐 지금도 계속하고 계시기에 우리가 그 창조에 참여할 수도 있고 또한 창조의 연속인 역사 속에서 만날 수가 있다. 그러기에 하나님은 역사적이요, 개인적이요, 인격적으로 우리들과 함께하시는 것이다. 성서에 기록된 노아의 홍수사건, 바벨탑의 사건, 가인과 아벨의 사건, 야곱의 사건들, 그 모든 사건은 하나님의 역사 현장이요 인간, 그 어떤 개인을 만나는 장소였다. 그 역사적 개인의 삶 속에 하나님이 자기를 보이시고 그 역사 사건이 하나님의 계획대로 나아가게 하신다. 그 역사의 간섭과 만남은 지금도 계속되고 있다. 기독교의 하나님은 그러한 창조와 역사의 하나님이시다.

그럼에도 불구하고 하나님은 초월적이다. 세계의 역사와 인간의 경험을 넘어선 곳에 계신다. 그러므로 역사에서 계시되고 개인적으로 경험한 그 하나님이 하나님의 전부인 것으로 말하는 것은 잘못이다. 아브라함의 하나님 경험은 하나님의 지극히 작은 일부분이고 이삭의 하나님 경험 역시 광대한 하나님의 일부이기 때문에 자신의 경험적 하나님만 주장하는 것은 하나님에 대한 부정이라고까지 말할 수 있다. 신학은 이러한 단편적인 하나님 이해와 경험을 통합하고 정리하여 성서 전체가 말하는 하나님의 통일성, 보편성으로 가게 한다. 이것은 신학의 몫이다.

기독교의 성서 이해에 따르면 이것이 개인적이든 신비적이든 상관없이 우리의 하나님은 삼위 일체적이다. 예배 속에, 우리의 삶의 체험 속에 계신 하나님이지만 삼위로서 교통하시면서 독립적으로 그리고 연합적으로 역사하신다. 성서적 증거뿐만이 아니라 2000년 기독교 속에 하나님은 그렇게 삼위로 나타나셨다. 아버지로서 창조와 말씀의 수여자로, 그리고 인간과 함께 하시는 내재적 임마누엘 아들로, 그리고 위로와 설득과 안내자로서 성령이 바로 삼위의 하나님이시다.

유대인의 전승 속에 하나님을 아버지라 부르는데 기독교도 마찬가지로 하나님 아버지라 불러 영원하시고 어떤 존재와도 비교할 수 없는 존재의 근원으로 믿는다. 특히 기독교는 예수께서 하나님을 아버지라 부르는 신약성서의 전승을 따른다. 그리스도 예수는 하나님을 어린 아들이 아버지를 부르는 애칭적 아버지라 불렀다. 그래서 선택 받아 사랑 받고 순종하는 아들로서 그의 말이나 행동에서 그 아버지이신 하나님의 왕국이 복된 소식의 핵심 내용으로 선포했다. 그의 뜻, 그의 육체의 바람과 반대가 된다 할지라도 그는 아버지의 뜻을 먼저 우선으로 실천했다. 하

3. 하나님 God 49

나님이 아버지 되심을 가장 선명하게 나타내신 사건은 십자가의 죽음과 부활 사건이었다. 부활하신 그리스도 속에서 아버지 하나님은 죽음의 장벽도 그의 믿음이 파괴했다는 것을 보여주었다. 하나님을 아버지라고 부르고 자신을 그의 아들로 자처한 것은 전혀 모순적이거나 도에 넘치는 발언이 아니었다. 이것은 구약성경의 증거요 또한 자신과 하나님과의 관계를 보여주고 삼위일체가 되심을 선언한 것이다.

하나님의 아들이신 예수는 애초부터 하나님을 설명함에 있어서 자기와의 관계에서 말씀하셨다. 그는 하나님에 대한 지식이요, 증거요, 설명이요, 스스로 하나님과 관계하며 교통하시는 로고스였다. 하나님께서 그의 말씀·희생·충성을 완벽한 열매로 인정하셨기에 그는 하나님에 대한 로고스요 그러므로 그는 신성이셨다. 예수의 인격 속에 하나님께서 끊임없이 교통하심으로서 예수 자신이 그의 말씀이요, 그의 행동이요, 그의 모습이셨다. 이것을 우리는 성육신 즉 인카네이션(Incarnation)이라고 한다. 앞서 언급했듯이 예수는 인간의 삶과 역사 속에 계시면서 하나님과 무단한 교통을 하셨다. 하나님께서는 예수의 삶·설교·죽음·부활 속에서 그가 하나님의 아들 되심을 온전하게 증명하셨다.

하나님과 아들과의 관계는 끊임없는 교통(Communication)이었다. 생명적 교통, 사랑의 교통, 순종과 희생의 교통, 그래서 이 교통의 관계는 하나님과 예수가 일체되게 한 것이다. 이 교통의 관계를 끊임없이 형성시킨 것이 성령이다. 발전소와 큰 공장과의 사이에 전기선이 있어 끊임없이 전기를 공급하는 것처럼 아버지와 아들 사이에는 성령이 계셨다. 이 성령의 교통을 통해서 예수는 아버지의 세례, 능력 말씀을 부여받고 그 성령의 인도하심을 따라 그 삶이 이 땅에서 지속되어 왔다. 성령은 예수를 움직였고, 힘 있게 했고, 권세 있게 하고 십자가에서도 아버지를 보여줄 수 있었고 부활 속에서 아버지를 나타내었다. 그래서 성령은 아버지의 능력과 권세요 힘이었다.

　아들은 아버지와 교통한 말씀이시요 성령은 아버지와 아들 사이에 계신 사랑의 끈이었다. 성령은 아버지가 내리신 생명의 힘이셨기 때문에 **혼돈**의 세상에 사랑을 심었다. 성령은 인간을 향한 하나님의 힘이요 지혜요 사랑이시기 때문에 인간과 역사를 움직여 나가는 동인(Motive)이다. 그래서 성령은 그를 믿는 사람들 마음속에 그리고 역사 속에 계셔 인간과 역사를 움직여 나간다. 이것은 삼천년의 구약역사에서 약속한 완성으로서 완전한 사람이요 하나님의 현현이었다.

　크리스천의 삶 속에 확연이 드러나게 역사하시는 성령은 예수의 부활 사건 속에서 가장 크고도 강열하게 출현했다. 예수의 부활 사건은 천지 **창조**보다 위대한 창조사건이기 때문에 부활 속에서 그리고 예수의 부활을 체험하는 사람들 속에 부활의 삶으로 나타난다. 이 성령은 예수가 하나님 되심을 부활을 통해 증거하고 또한 성령의 강력한 권고를 통해 우리는 예수가 그리스도시요, 주님인 것을 깨닫게 되고 하나님을 아버지라 부를 수 있게 된다. 그리고 성령은 하나님을 아버지라 고백하고 사람들을 사랑으로 생명 속에 묶고, 그리고 연합케 한다. 여기에서 암시적인 삼위의 하나님은 아들을 통해 선명하게 나타나신 셈이다.

　기독교의 하나님에 대한 특이성은 앞서 언급했듯이 삼위일체(Trinity)이시며 크리스천들이 이해한바 예수는 하나님의 신비요, 동일체이다. 우리가 믿을 수도 있지만 완전히 파악할 수도 없기 때문에 교리로 신학으로 우리는 고백함으로 지식과 경험의 지평으로 나아간다. 예수가 하나님의 아들 되심의 신비를 개인적인 체험으로만 간직하는 것이 아니라 하나님의 지식으로 보편화한다는 뜻이다. 이 신비의 지평이 넓어지고 신비의 지식이 더 깊어지면 깊어질수록 우리 인간은 무한을 향해 창문을 더 크게 열 수 있게 되는 것이다. 그러므로 하나님에 대한 지식은 무한히 신비하고 무한히 창조적이고 무한히 지혜롭고 무한히 교통케 하여 우리 인간들로 하여금 무한히 상상적이고 무한이 창조적이고 능력 있게 한다. 하나 속에 셋의 인격, 하나됨의 신비는 믿음의 지혜요, 창조의 문을 여는 지식의 원천이다.

믿음의 경험 속에서 삼위 하나님과 우리 인간의 유사성, 즉 육체·정신·영 같은 것을 맛본다고 해서 하나님과 인간 동형설을 말하는 것은 아니다. 차라리 창조 기사에서 보여준 것처럼 인간은 하나님의 형상대로 지음을 받은 신적인 존재일 뿐이다.

그러므로 인간은 하나님이 전지전능하시고 만물을 사랑하시는 것처럼 인간은 만물을 알기 원하고 사랑하기를 원한다. 인간은 하나님과의 관계 속에서만이 진정한 인간, 즉 사랑과 생명과 능력이 있는 것이 필수적인 것이다. 하나님께서 그러하시기 때문에 그 하나님과의 관계 속에서만이 인간이 그렇게 될 수 있는 것이다.

우리는 하나님 아버지, 그 아들이라고 삼위일체를 말할 때 남성명사로 취급하지만 이 문법적인 문제는 그 시대의 산물일 뿐이다. 하나님은 남성도 여성도 중성도 아니시지만 그 당시 인간의 이해의 한계가 그것뿐이었기 때문에 그렇게 기록된 것이다. 그런가 하면 이사야는(사49:15) 하나님을 여성으로 묘사하기도 했는데 하나님이 여성이란 뜻이 아니라 여성과 같이 그 자녀 사랑함이 지극하다는 뜻이다. 오늘날 현대 신학에서 하나님의 성에 관한 문제로 신학적 논쟁을 불러일으키나 그것은 전혀 논쟁의 이슈가 될 수 없는 것이다.

삼위일체의 하나님이란 문제가 유대교 기독교의 성서적 대화의 걸림돌이 될 수도 있겠다고 할 수 있다. 왜냐하면 삼위일체가 삼신사상으로 오해받을 수도 있기 때문에 곧잘 기독교에서도 삼위의 하나님을 하나이신 하나님이 아니라 세 분 하나님의 뜻으로 사용하는 경우가 없지 않은 것이다. 유대교도가 기독교의 신관을 오해하는 것처럼 이것 역시 오해이다. 성경의 긴 기록을 통해 하나님을 이해하면 하나이신 하나님 속에 삼위의 인격이 존재하여 역사했음을 유대교도도 인정하지 않을 수 없을 것이다.

하나님 GOD

3. 요약 : (유대교주장)

1. 하나님은 우주를 창조하사 그 안에 그 위에 계시사 구원하시고 경영하시고 계시사 자비하시고 능력이 무한하시고 영원하시지만 이것은 그의 외적 성격으로 그의 본 모습은 불가해이다.
2. 이름 부를 수 없는 야웨 하나님은 창조의 위대함과 기쁨 속에 있어 그의 자녀들 역시 항상 창조의 기쁨과 위대함 속에 살아야 한다.
3. 인간의 사함 받지 못할 죄악은 창조 구원 경영의 하나님을 부인하는 것이다. 이 하나님의 첫 경험자는 아브라함이다.
4. 유대인의 신 인식은 이중적이다. 창조와 구원과 우주 경영의 믿음과 그리고 오늘날 삶의 현실 속에 계신 실제성이다.
5. 유대인과 기독교인이 만날 수 있는 포인트는 하나님의 계명 준수로 모든 인류가 하나님의 양자가 될 수 있다는 양자설에서 가능하다.

하나님 GOD

4. 요약 : (기독교 주장)

1. 하나님은 우주의 창조주로 생명의 근원으로서 우리와 함께 하시고 그리고 초월하여 계시는 -분, 이것은 하나님에 대한 기독교의 신앙

의 고백이다.
2. 하나님은 내재하시고 초월하여 계시지만 하나님을 믿고 인정하는 자에게 나타나시는데, 역사는 창조의 연속으로 인간 속에 함께하신다. 그러므로 믿는 자에게만 계신 것이 아니라 역사 속에 계시므로 모든 인류와 보편적인 관계 속에 계신다.
3. 예수는 하나님과의 관계 속에서 이 땅에 오셔서 하나님의 로고스의 역할을 함으로 하나님의 속성을 계시하셨다. 그러므로 예수는 완전한 인간이시며 하나님의 인카네이션이다. 그러므로 하나님을 예수를 통해 이해할 수 있지만 그 이상의 신비지혜이다.
4. 성부 성자 성령의 삼위는 기독교가 하나님을 이해하는 도식이다. 인간 구조가 육신·정신·영으로 된 것은 인간이 하나님의 형상으로 지음을 받았다는 증거이다. 그러나 이것 역시 성령의 불가해한 설득으로만 체험할 수 있는 하나님이다.
5. 하나님의 설명은 남성으로 표현되었지만 그것은 그 당시의 문화 수준에서 이해한 하나님이지 하나님이 남성이란 뜻은 아니다. 하나님은 성을 초월한 절대 존재이기 때문에 우리는 고백하고 믿어야 한다.

4. 하나님의 아들 Son of God

1. 유대교의 주장

성경에서 신화적인 존재 하나님의 아들, 또한 하나님의 아들들(sons of God)이란 말이 여러 차례 나온다. 유대인들은 전통적으로 이렇게 이해하고 있다. 거인, 땅에 하강한 천사, 괴력을 지닌 비상한 인물, 여러 성경 본문들은 이 신비의 존재를 하나님의 높은 보좌 곁에 있는 거룩한 존재, 하나님의 천사들의 모임과 연계시키고 있다. 유대인의 전승에는 존귀한 인간 또는 하나님을 경외하는 진실한 인간의 모습으로 해석한다. 시편 82편에 하나님의 재판장으로서 인간을 심판하는 모습으로 나타난다. 후기 히브리 문서에서는 초기 신화적 모습과는 다른 하나님의 독특한 모습, 하나님 주위를 둘러싸고 있는 거룩한 존재로 표현된다.

제황 시(Royal Psalms)에서는 독특한 표현, 하나님의 아들이라 했다. 전통적으로 이스라엘의 왕은 중동의 왕들과 같이 신적인 존재로 존경 받았는데 일반적으로 왕을 신의 아들이라 했다. 이런 경우 왕의 인격이나 사람됨을 두고 하는 말이 아니라 국가의 수장으로서 최고의 위치에 있는 지위를 일컫는 말이었다. 너는 내 아들이라 오늘날 내가 너를 낳았도다(시2:7), 내가 저로 장자로 삼고 세계 열왕의 으뜸이 되게 하며(시89:26-27) 나는 그 아비가 되고 그는 내 아들이되(삼하7:14), 여기서 말하는 내용은 개인이라기보다는 국가를 칭한다. 거룩한 자의 아들이라는 제황 시는 두 가지 의미를 가진다. 하나님이 왕과 국가를 극진히 호위하며 사랑한다는 뜻인데 여기 지킨다는 것은 군사적 보호와 국가적 흥망을 말한다. 동시에 택함을 받은 아들인 왕은 하나님을 향한 특별한 순종이 거기에 따른다. 하나님 아버지의 아들로서 백성들을 받들고 하나님의 뜻을 지키고 선의를 항상 선포해야 한다. 하나님을 아버지라 부르는 것은 거룩한 자식으로서 권위와 자격을 인식케 하는 것이다. 하나님이 택한 아들로서 왕은 자신의 왕권도 하나님의 명령을 따라 제한을 받기 때문에 영국의 국민권리장전(Magna Carta) 같은 의미를 지닌다. 왕이라 하여 자기의 뜻대로 함부로 할 수 없고 항상 신의 명하신 바를 따라 왕권을 행사하는 것이다.

하나님이 택한 왕, 그 아들의 사상은 이스라엘만이 가진 독특한 사상이다. 이스라엘이 하나님의 택함을 받은 아들로서 왕이란 그 뜻을 잃어버리면 나라 자체가 산산조각, 정복당하는 파괴를 맛보았다. 중동의 여러 나라들이 왕을 신으로 추앙하는 전통이 있지만 히브리인들의 택함 받은 왕 사상은 그들과 달랐다.

그러므로 이스라엘은 항상 지난 과거를 기억하고 미래를 바라보면서 그들의 국가와 왕권이 하나님의 영감으로 택함 받고 세워진 것을 깨달아야만 했다. 이렇게 됨으로써 이스라엘의 왕과 정치는 메시야적 사명과 항상 연관성을 가지게 되었다. 특히 외경인 에녹서와 에스라4서에서는 왕은 이 땅의 혁명가로서 철장으로 다 때려 부수고 새 나라를 세울 사명이 있는 것으로 가르쳤다. 특히 쿰란공동체 같은 집단은 전형적인 메시야적 사명, 메시야적 역할을 감당하므로 하나님의 아들들의 메시야 집단으로 불림을 받았다.

랍비 문학은 하나님의 아들, 또는 선택받은 왕의 개념을 왕에 제한하지 않는 보편적 의미로 완전히 바꾸어 놓았다. 그러므로 이스라엘 전부가 하나님의 자녀, 선택받은 왕으로 해석했다. 예언가들이 주장 그대로 이스라엘이 하나님의 아들로 불림을 받았다. 하나님의 율법을 따르는 이스라엘 자체가 하나님의 아들이기 때문이다. 하나님의 아들이 하는 일은 항상 하나님께서 그쪽 편이었다. 예언자들이 말한 그대로 하나님은 자기의 아들들이 승리하는 것을 기뻐하셨다. 이스라엘이 하나님의 아들 됨은 결단코 취소할 수 없는 하나님 자신의 결정이셨다. 이스라엘이 어떤 상황, 어떤 행동을 한다 해도 하나님의 아들 됨은 변함없이 연속된다. 비록 이스라엘이 불순종하여 자기의 길로 간다 해도 아들 됨은 변함이 없기 때문에 하나님은 찾아오신다. 앞서 말했듯이 이스라엘이 하나님의 율법을 지킬 때마다 그는 아들이 된다고 하였지만 한편 어떤 랍비는 그런 조건적인 관계를 부정했다. 이스라엘이 순종을 하든, 안 하든 이스라엘은 하나님의 아들이란 주장이다.

기원 초기 랍비 아키바(Rabbi Akiba)는 이렇게 말했다. 군왕이 하나님의 아들이라는 주장이 두 가지 의미를 지니듯 이스라엘이 하나님의 아들이라는 점에도 두 가지의 의미가 있다. 첫째로 유대인은 하나님의 특별한 은총 가운데 있다는 점이다. "하나님의 아들 된 이스라엘이여 하나님의 사랑 가운데 있도다"라고 했다.

앞서 언급했듯이 이스라엘은 토라를 받은 은총과 책임이 있다는 점이 두 번째 의미이다. 이스라엘이 하나님의 아들로 택함을 받은 것은 율법에 대한 책임 때문이다. 이스라엘이 하나님의 아들 됨은 토라를 순종하므로 하나님의 효자가 되어야 하는, 설령 토라를 잘못 지켰다 할지라도 항상 되돌아 살 수 있는 방편으로 회개라는 처방이 있었다. 물론 회개란 말로서 하는 것이 아니라 아픔과 눈물이 따르는 포로 유배(Exile) 같은 것이 이스라엘이 알고 행한 회개이다(신명기 랍비서 2:14).

하나님의 축복은 토라를 받은 이스라엘의 계명에 대한 책임이다. 이것은 이스라엘의 축복이며 책임으로 영구한 계약이다. 그러나 축복만 받고 책임을 다하지 않을 때는 개인적으로 또 이스라엘 국가 전체가 처벌을 받게 된다. 이스라엘뿐 아니라 느부갓네살 왕도 하나님의 아들로 특권을 누리면서 전혀 그 의무를 행사하지 않았기 때문에 엄중한 처벌을 받게 되었다.(출애굽랍비서21:5) 축복과 이 책임의 원리로 이스라엘뿐만 아니라 전 인류 모두에게 적용되어지는 원리이다. 은혜를 받아 큰 축복을 받을 경우 큰 축복에 부합하는 책임 즉, 하나님과 인간을 사랑하고 보살피는 책임을 수행해야 한다는 것이다. 그렇지 않을 경우 모든 축복을 거두어 가는 것이다. 그러므로 토라를 받고 그것을 귀히 여기며 생명을 바쳐 지켜 온 이스라엘은 축복의 민족이다. 토라의 민족, 축복의 민족, 하나님의 아들의 민족이다.

토라공동체, 토라의 민족은 유대인에게 국한된다. 이것이 유대인들이 믿고 자부하는 토라신앙이다. 그러나 랍비 사상가들은 토라를 사랑하는 모든 민족 모든 개인이 하나님의 아들이라고 가르친다. 랍비문학 가운데 이런 말이 있다. 하나님께서 애굽 사람들이 홍해에 빠져 죽어가는 것을 보시고 내 아들이 죽어가고 있구나, 내 아들이 죽어가고 있다는 천사들의 노래를 들으시고 하나님은 침묵하고 계셨다. 아담의 후사로서 모든 인류는 하나님의 거룩한 아들들이다. 랍비 아키바는 하나님의 아들을 유대인에게 국한했으나 많은 랍비 사상가들, 특히 벤 아자이(Ben Azzai)는 토라를 사랑하는 모든 인류가 하나님의 아들이라 했다.

랍비들은 아마 예수의 누가복음의 영향을 받았던 것이 틀림없다. 누가복음은 마태복음과는 달리 아담은 모든 인류의 조상이라고 말하므로 전 인류가 하나님의 아들이라는 결론이 된다. 랍비 문서인 노아법전(Noahide Code)에 율법은 유대인에게만 내리신 것이 아니라 전 인류에게 주신 것이니 전 인류가 하나님의 아들들이라 했다. 의미상으로 볼 때 여자도 하나님의 자녀, 즉 아들들이다. 이 원리에 따라 구원과 축복은 유대인에게만 주어진 것이 아니고 전 인류에게 주어졌다. 그 축복의 길은 오직 자녀로서 하나님을 순종하고 형제간에 우애를 가지고 서로를 왕처럼 존경하고 사랑으로 대하는 것이다. 기독교인들은 예수가 가르친 인류보편 축복의 원리를 강조하므로 예수가 하나님의 아들이신 것처럼 예수를 믿고 따르는 모든 인류가 하나님의 아들이라고 주장한 것은 랍비문학의 가르침이다.

이런 관점에서 볼 때 기독교인들은 제왕 사상이 가르치는 하나님의 아들 됨을 인정할 뿐만 아니라 랍비들의 가르침을 따르는 셈이다. 축복의 보편원리, 그리고 기독교의 복음의 보편성, 여기에 유대교와 기독교의 대화의 가능이 있다. 율법의 준수, 축복의 원리, 아담의 후예는 모두가 하나님의 아들됨, 예수의 보편 축복의 원리, 하나님의 사랑의 길로 가는 모든 사람은 하나님의 아들됨, 여기서 유대교와 기독교의 대화의 가능성이 있다. 유대교와 기독교뿐만이 아니라 이 세상 모든 인류와도 대화하고 화해해야 할 가능성이 있는 것이다.

유대인들은 반드시 이해해야 한다. 복음의 핵심은 축복과 구원이 빈부귀천에 상관없는 모든 사람에게 주어져 그들 모두가 하나님의 아들들이라고 주장한다. 후기 유대교 시대는 랍비시대의 서막이 오르던 기원 1세기경 예수의 가르침이다. 하나님을 향한 예수의 순종과 그의 희생에 대해 유대교는 진실된 마음으로 응답해야 한다. 기독교 역시 예수가 가르친 하나님의 아들됨이란 유대교, 상호보완적으로 특히 랍비문학의 가르침이란 것을 깨달아야 한다.

진실한 대화란 유대교와 기독교가 의견을 일치하라는 것이 아니라 유대교와 기독교가 함께 해 온 신앙의 유산, 그리고 서로 중복되어 있는 전승을 인정하는 것이다.

하나님의 아들 Son of God

2. 기독교의 주장

하나님의 아들 또는 그리스도란 초기 기독교 공동체가 나사렛 예수를 부른 칭호이다. 헬라말로 '기름 부음을 받은 자', 히브리말로 메시야(Mashiah)와 동일한 뜻이다. 공관복음이라고 부르는 마태·마가·누가복음에서 암시적인 것을 제외하고는 예수 자신이 자신을 메시야라고 부른 적은 없다. 그러나 초기 기독교 공동사회가 예수를 그리스도 즉 메시야라고 부름으로 공동체의 성격이 분명해졌다.

암시적이라고 앞서 말했듯이 예수를 따르던 무리 중에 베드로란 열심가가 예수를 향해 그리스도라고 고백했으나 예수는 함구하라고 충고한다(막8:29). 오히려 자신은 수난을 당하여 희생당할 즈음 베드로가 자신을 배신할 것까지 말씀하신다. 예수가 산헤드린 공회가 열리기 전 심문을 당할 때 대제사장을 향해 한 대답은 대단히 아이로니컬하다. 그리스도냐고 대제사장이 물었을 때 직답을 피하면서 권능자의 우편에 앉은 것과 구름 타고 올 것을 보리란 말을 하는데 퍽이나 암시적이다(막 14:61f).

유대인들은 왜곡된 몇가지의 메시야관을 가지고 있다. 유대인의 메시야관은 분명히 말해서 유대인들만을 위한 민족 메시야이다. 유대인들은 정치적 압제에서 해방과 자유, 외국인 통치에서 왕권회복을 하여 세계적 평화와 정의를 실현하고 유대인 중심의 메시야사상이다. 그토록 명석한 유대인들이 왜 이 같은 왜곡되고 편협한 민족적 메시야 신앙을 가졌을까? 메시야란 칭호는 유대인 다윗의 후손 나사렛 예수에게만 적용될 수 있는 충분한 이유가 있다.

　예수는 자기의 사명을 정치적 입장에서 이해하지 않았다. 그의 설교와 치유가 행해질 때마다 하나님 나라의 도래와 우리의 심정과 삶에서 하나님의 통치가 임박해 왔다고 선포했다. 그의 비유와 교훈 설교의 중심주제는 하나님 나라였다. 때가 찼으므로 이 나라가 매일의 생활과 생각 속에 가까이 다가오고 있다고 했다. 치유와 축사와 가난한 자와 동고동락하는 삶을 통해 하나님 왕국이 이루어지는 것을 보여주었다. 예수가 하늘나라를 선포해서 왕국 도래를 말했지만 그 나라는 미완성의 상태에서 미래의 완성으로 가고 있다고 부언했다. 세기 초 팔레스타인에서 있었던 일이었다.

　복음서는 나사렛 사람 예수를 하나님의 아들로 묘사한다. 예수 자신도 하나님을 아버지라 불렀다. 모든 일에 그는 아버지를 의지했고 순종했다. 예수 자신보다 사복음서는 한결같이 예수를 신의 아들로 공공연하게 선언하고 있다. 예수는 우리의 아버지보다 나의 아버지라 불러 하나님과의 관계의 긴밀성 즉, 친아버지라는 것을 암시했다.

　초대교회는 예수의 삶과 죽음을 그들이 경험하고 이해한 그대로 표현했다. 그들이 예수의 짧은 삶을 직접 보아온 바로는 그는 하나님의 친아들이기 때문에 죽음에서 일으켜 세워줄 것이라 믿었다. 예수가 정치적인 이유가 아닌 순수한 인간 구원이란 관점에서 메시야 행위를 했기 때문에 초대교회는 아무런 거리낌도 없이 예수를 메시야라고 불렀다. 뿐만 아니라 더 중요한 사실은 이것이다. 예수는 민족의 좁은 담을 뛰어 넘어 우주적 메시야로서 보편성을 강조했다. 지극히 작은 한 민족의 패권을 위한 정치 메시야가 아니라 이 지구 어디에 살든 여자 남자 노인 아이 노예나 자유인과 관계없는 만인의 메시야임을 분명히 선포했다. 이 점을 가장 정확히 이해하여 세계에 전파한 사람은 바로 사도 바울이다. 초대 교회공동체가　메시야 즉, 예수를 그리스도라고 부른 것은 유대인들이

상상하며 기대했던 그 메시야와는 아무런 상관이 없었다.

그래서 초기 팔레스타인 교회들은 유대인들이 기대하고 랍비 문학에서 주장해 온 메시야의 뜻을 완전히 바꾸어 버렸다. 사슬에 묶여 있는 사람을 풀어주는 노예 해방자요 정의의 실현자로 이해했다. 이 해방자가 역사의 마지막 날 넘치는 평화와 기쁨으로 세상을 채울 인류의 구원자로 믿고 기대하고 있었다. 메시야란 하나님이 친히 세상을 해방과 정의와 평화로 통치를 하시는데 예수를 통해서 하신다고 믿었다. 그래서 초대교회는 히브리인들이 읽던 방식대로 성경을 읽고 메시야를 이해한 것이 아니라 자기들이 본 대로 경험한 대로 예수를 이해하고 성경을 이해했다. 그러므로 메시야에 대한 경험과 이해가 유대인들의 그것과는 완전히 달랐다.

예수는 자신이 신의 아들이란 것을 거의 암시적으로 표현했을 뿐 공공연히 밝히지는 않았다. 자신이 신의 아들이라고 말할 때는 시편을 인용하여(요10:34-36) 자신만이 아니라 전 인류가 신의 아들이라고 완곡한 표현을 했다. 그러나 세기 초 그의 제자들, 그리고 세기 말에 가서는 공공연한 공용어가 되었다. "예수는 그리스도시요 하나님의 아들이시다" 속사도의 한 사람이요 안디옥교회의 교부인 익나티우스(Ignatius)는 그의 문서 속에서도 말했다. 이것을 그리스도론(Christology)의 발전 과정이라 하는데 그 가운데 유명한 일화가 있다.

그 당시 학문의 도시 알렉산드라의 집사 아타나시우스가 자신도 모르게 벌떡 일어나 "호모우시아"라고 한 마디 외친 것이 니케아회의 공식 결정이 되었다. 아버지와 아들이 동일체로서 하나라는 것이다. 여러 논쟁을 거쳐 681년 콘스탄티노플(Constantinople) 회의에서 예수는 하나님이시요 완전한 사람이란 확정을 했다. 예수의 신성을 주장하는 정통파와 그것을 부정하는 이단들은 신이든 사람이든 택해야 한다고 주장하기도 했다. 가장 극열한 논쟁이 451년 칼케돈(Chalcedon) "예수께서 어떻게 하나님이시고 사람일 수가 있는가?"라는 질문에 대해 이렇게 대답했다.
 "예수는 완전한 하나님이시고 완전한 사람이시다." 왜냐하면 그는 두 성품을 지닌 한 인격자로서 예수 속에 있는 그리스도시라고 결정했다.
 예수가 하나님의 아들로서 사람이시라는 고백은 하나님에 대한 삼위일체적 이해이다. 아들은 하나님과 교통하시는 영원한 말씀이시다. 하나님께서는 자신과 교통 대화하시는데 그것이 말씀이라는 뜻이다. 그래서 말씀되신 예수께서 성육신하신 하나님이시다.

 하나님께서는 예수가 그의 아들이신 것을 말씀·진리·십자가·죽음·부활·승천의 사건을 통해 증명하셨다. 그래서 크리스천들은 부활한 예수를 그리스도라고 고백했다. 크리스천들은 예수 속에서 하나님 나라가 현재하는 것을 보았기 때문이다. 하나님 나라가 현재, 지금 여기에 있다는 것은 모순적이다. 변증법적이란 뜻이다. 예수의 생활과 목회 속에서 하나님의 나라가 현재했지만 그에게 고난이 있고 상상할 수 없는 죽음이 있었고 왕국은 다가오는 완성의 시대를 기다리고 있었다. 이것은 모순이다. 인간이 하나님이 되시고 하나님이 인간이 되는 것, 천하를 지으시고 운행하시는 하나님께서 십자가에서 패하시고 패한 십자가에서 생명으로 다시 살아나는 것, 그래서 인간 예수는 하나님과 동일체요 하나님의 아들이시다.
 예수를 하나님의 아들로 믿고 고백하는 크리스천들의 메시야관은 철저히 비정치적이요 비 민족적이다. 유대인들의 메시야 사상은 철저히 정치적이고 철저히 민족적이기 때문이다. 그의 메시야 사명은 전 인류적이요, 전 민족적으로 인류의 모든 고난에 동참하는 것이다. 그럼에도 불구하고 예수의 메시야운동이 정치적인 냄새가 나지 않은 것은 아니었다. 그가 설교한 하나님의 나라는 소외당하고 압제받는 자들을 위한 해방 운동이기 때문이다. 두 번째 원수까지도 사랑하라는 희생봉사를 요구했기 때문이다. 이 두 가지 운동의 성격은 지극히 사회적이요 정치적인 성격을 띨 수밖에 없다. 예수의 메시야운동이 세계적이요, 보편적인 해방과 사랑의 운동이라 할지라도 사회적 정치적 영향력을 직접적으로 끼칠 수밖에 없었다.

　이제 유대교와 기독교의 만남의 자리를 행각해 보자. 사랑의 희생, 아가페가 보편적 사랑으로 승화되는 이곳에 유대교와 기독교의 만남이 가능하다. 이 같은 예수에 대한 깊은 이해는 유대교의 본질에 다 닿을 수 있다. 예수의 선포, 목회행위, 전 인류를 향한 보편 사랑, 보편 구원을 바로 이해하는 곳에 유대교의 본질이 있다. 예수는 완벽한 유대교 신자요 계명의 실천자였다. 자신이 산 제물이 되어 계명을 완수함으로 유대인이 율법을 행하는 모든 요구를 성취했다. 완전한 유대인 예수를 메시야로 믿는 크리스천의 고백 속에 유대교와의 대화가 가능하다.

　유대교인들이 결단코 성취할 수 없는 모든 하나님의 요구를 성취하셨기 때문에 예수를 그리스도로 고백하는 것이 크리스천 신앙의 중심이다. 크리스천의 신앙의 중심은 예수가 완전한 유대인이었다는 사실이 유대교와 기독교의 만남의 자리지만 메시야에 대한 잘못된 이해, 예수에 대한 잘못된 이해가 대화의 방해거리가 된다. 이와 같은 잘못된 이해와 오만에 찬 유대교인들의 삶이 대학살 같은 비극을 만들었다는 것을 깨닫지 못하면 대화는 힘들어질 것이다.

　궁극적인 질문은 남아 있다. 예수를 그리스도로 기독교인들이 고백하는 것을 유대교회가 어떻게 인정할 수 있겠는가? 유대교인들이 기나긴 수난과 학살 사건은 잘못된 메시야 이해 때문이라는 자각을 유대인들이 어떻게 할 수 있을 것인가? 메시야로서 예수를 유대인과 이방 세계와의 관계 회복으로 유대인들은 받아들일 수가 없는가? 유대교인들이 구약에 나타난 하나님의 아들 그리고 메시야 성구들을 바르고 정직하게 이해한다면 유대교와 기독교와의 대화는 어렵지 않게 될 것이다. 가장 어려운 대목인 동시에 가장 긴밀하게 만날 수 있는 대화의 근거가 될 것이다.

하나님의 아들 son of God

3. 요약(유대교의 주장)

1. 하나님의 아들이란 여러 제설 가운데 제황시의 사상을 따른다. 하나님의 자녀인 백성을 돌보는 왕은 하나님이 낳은 아들이라 불렀다.
2. 랍비문학에서 하나님의 아들은 아주 넓게 해석되어졌다. 하나님의 모든 백성 이스라엘이 하나님의 자녀로 해석되었다. 특히 기원 초 랍비 아키바는 하나님의 계명을 지키는 모든 사람이 하나님의 자녀, 즉 신의 아들이라 불렀다.
3. 아마 이 랍비문학 사상은 복음서의 누가의 사상에 영향을 받은 것으로 본다. 누가는 마태와 달리 아담의 후예 전부가 하나님의 자녀라 했다. 랍비문학은 복음활동 다음에 태동했기 때문이다.
4. 기독교가 말하는 믿음으로 하나님의 자녀가 되는 사상은 제황시의 영향으로 생각된다.

4. 요약 : (기독교의 주장)

1. 초기 기독교 공동사회는 시작에서부터 나사렛 예수가 하나님의 아들이심을 고백하는 메시야 공동체였다.
2. 예수는 암시적인 표현은 하셨지만 자신이 공공연히 하나님의 아들이라고 공언하지 않았다. 복음서 후기에 하나님을 우리의 아버지가 아닌 나의 아버지라고 말씀하시므로 하나님과 자신의 관계를 분명히 하셨다.
3. 그토록 명석한 유대인들이 왜 잘못된 메시야관을 가졌을까? 그것은 선택민족의 우월성과 민족 중심의 세계사관 때문이다.

4. 예수의 메시야관의 우월성은 민족의 담을 뛰어넘는 세계 보편성, 모든 민족, 남녀노소, 자유인과 노예자의 구별 없는 만인 구원자이기 때문이다. 이 사실을 가장 바로 이해하고 세계에 보급한 사람은 사도 바울이다.
5. 예수는 완전한 하나님, 완전한 사람이라는 삼위일체적 결정을 하게 된 것은 장구한 과정이 필요했는데 니케아회의에서 알렉산드리아의 아타나시우스 집사의 고백 오모우시야에서 451년 칼케톤회의를 거쳐 681년 콘스탄티노플 회의에서 최종 결정되었다.
6. 유대의 긴 수난의 역사가 잘못된 메시야, 선민의식에서 왔다는 것을 인정한다면 유대인들이 하나님의 인류 전체를 향한 아가패적 사랑이 예수를 메시야로 믿는 신앙에 동의할 것이다.

5. 메시야사상 Messiah

1. 유대교의 주장

메시야란 말은 히브리어 마시아(Mashiah)라는 말, 즉 기름 부음을 받은 자란 뜻이다. 왕이 즉위식을 할 때도 통치자로서 선택받은 것을 상징하여 기름 부음을 받는다. 기름 부음은 부패에서 방지됨으로 영원할 수 있다는 뜻으로 존귀한 자가 존귀한 위치에 오를 때 머리에 붓는 의식이다. 기름 부음을 받은 메시야는 이스라엘의 영광과 평화를 가져올 다윗 가문에서 나오실 미래의 지도자 통치자를 뜻한다.

메시야의 사상은 성서의 후기시대, 즉 포로기 시대에 구체적으로 발전했지만 그 시원의 역사는 오래다. 제일 먼저 이사야 시대에 메시야가 여자의 몸에서 태어날 평강의 왕이요 기묘자요, 모사요, 전능하신 하나님, 영존하시는 아버지라 분명히 선포했다(사9:6-7). 메시야 사상은 소급하여 올라가면 창세기의 야곱의 별(창24:17), 그리고 여자의 후손이 원수의 발꿈치를 상하게 하리라(창3:15)는 예언까지 가게 된다.

히브리어로 메시야로 부른 유대인의 구원자, 기름 부음을 받은 왕은 헬라역인 그리스도로 더 잘 알려져 있다. 그리스도란 사람의 이름이나 가문을 말하는 것이 아니라 이 땅에 오신 하나님의 기름 부음 받은 영원하신 구원자 왕을 지칭하는 이름이다. 그리스도란 이름은 하나님이 보내신 구원자에게 붙이는 메시야의 헬라 음역이다. 따라서 그리스도와 메시야란 같은 뜻의 다른 발음일 뿐이다.

유대인들이 가진 메시야에 대한 기대는 다양하다. 성경에 나타난 메시

5. 메시야사상 Messiah

야의 사상이 다양하듯 유대인들이 가진 메시야의 사상은 단순한 것은 아니다. 포로기 이후 유대인들이 가진 메시야사상은 국가 재건과 평화의 수호자로 되어 있었지만 그 후 유대인의 메시야 신앙은 여러 양상으로 나타났다. 예수 십자가 사망 이후 메시야의 기대는 충전하여 엄청난 다수의 메시야가 출현하여 유대인 사회를 혼란스럽게 했다. 유대인의 역사는 메시야 기대의 역사라 할 수 있을 것이다. 예수 사후 100년경 코흐바(Kochba)는 유대인 사회 전체를 흔드는 메시야 혼란 사건을 일으켰다. 그 이후 끊임없는 사이비 메시야가 출현했다. 그러나 모든 사이비 메시야들은 예수 이후 오늘날까지 유대인들의 메시야 기대를 충족시키지 못했다. 유명한 유대교 신학자 게르솜 쇼렴(Gershom Scholem)은 유대인들의 메시야 기대를 다음의 두 가지 관점에서 요약했다. 첫째는 국가의 회복이며 두 번째는 이상향의 건설이다.

유대인들의 국가 회복 열망은 예나 지금이나 변함없이 뜨겁다. 유대인들의 첫째 열망인 국가 회복은 이스라엘의 옛날의 영광을 다시 찾는 것이다. 다윗 왕가의 회복, 그 회복을 위해 성전이 재건되고 왕국이 복구되는 것이다. 그들의 기도 가운데서 매일 이 왕국의 회복을 하나님께 간구해 왔다. "우리의 그 옛날 영광을 회복시켜 주옵소서." 영광의 옛날 이스라엘을 회복시켜 열방의 등대가 되는 것이다. 메시야가 오셔서 하실 첫째 일이 바로 이 회복의 문제인데 신생 이스라엘이 재건되기 전까지 유대인들은 2000년 동안 한결같이 만날 때 이렇게 인사했다. "내년에는 예루살렘(Next year in Jerusalem)에서" 내년에는 예루살렘이라고 인사를 나눌 정도로 고도의 회복을 열망했다.

이 이상향의 건설은 메시야가 가져올 두 번째 사건이다. 이상향 건설은 여러 가지 설이 있지만 분명한 것은 인간의 역사 위에서 반드시 성취된다는 것이다. 메시야 시대는 기적과 경이로 나타나 자연의 법칙으로도 부정할 수 없는 묵시적 시대가 현실화되는 것이다. 묵시적 시대란 앞에서 언급했듯이 예언 시대와는 대조적으로 이 땅에서 실현 불가능한 사실 즉 비현실적인 역사를 넘어선 곳을 뜻한다. 인간의 노력이나 분쟁으로 맛볼 수 없는 어이없는 이상 세계가 이 땅에 실현되는데 계속 말해온 곡과 마곡(Gog & Magog)은 유대인을 적대하는 마지막 원수로서 적 메시야라고 믿는데 에스겔 38:39의 전쟁이 메시야 이상향의 건설 서곡으로 나타난다.

메시야 사상의 중심은 유대인이다. 하나님의 선택을 받은 선민들인 이스라엘이 선민으로서 이 땅에 영광스럽게 살아가는 환경의 회복이다. 그 내용을 살펴보면 경악스런 민족 이기주의로 가득 차 있다. 더 구체적으로 말하면 모든 인류의 공영의 회복이 아니라 다윗의 후예들만의 회복이다. 이 대격변의 사건을 위해 유대인으로 다윗의 후예인 메시야가 오시는 것으로 믿는다. 그럼에도 불구하고 메시야 기대는 시대마다 유대인들의 교단이나 사람마다 달라서 통일된 하나의 사상은 없다. 때로는 묵시적 이상향이고 어떤 때는 아주 이성적이고 합리적인 국가 재건으로 때로는 세계 보편적이요 때로는 국수적 민족주의로 표현되었다.

어떤 상황이나 어떤 믿음을 가졌는가를 불구하고 메시야의 사상이 모든 유대인들에게 주는 한 가지 공통점이 있기는 하다. 정치가든 재력가든 무식하고 가난한 사람이고를 불구하고 유대인들이 메시야 사상에서 가지는 한 가지 공통점은 좋은 세상이 온다는 희망이다. 특별히 유대인들이 압제를 받을 때 고통의 세월을 보낼 때 유대인들은 메시야 신앙을 더욱 강조됐다. 그들이 눈을 높이 들어 산을 바라보며 불원간 찾아올 메시야를 갈망했다.

하시딤의 이야기 가운데 이런 게 있다. 폴란드의 겨울은 혹독하다. 그렇지만 아무리 추운 겨울이라도 이불로 얼굴을 가리지 않고 잔다. 그 이유는 간단하다. 외부에서 무슨 일이 일어나는지 몰라 메시야가 우리 마을을 지나쳐 버리는 일이 없도록 하기 위해 이불로 얼굴을 가리지 않고 잔다는 것이다. 이 메시야가 기적적으로 오거나 아니면 자연스럽게 찾아오거나, 아니면 격변을 통해 찾아오든 간에 이스라엘에게 영광과 평화를 갖다 준다는 점이다.

역사가들은 중세의 긴 세월은 유대인에게 있어서나 기독교인에게 있어서 전쟁과 같은 암흑이었다. 진실이 숨죽이고 있었고 성경이 하나님의 말씀으로 가르쳐지지 않고 인간이 그 위에 군림하던 시대였다. 이러한 시대에 민중은 열광적으로 진정한 메시야의 오심을 갈구하며 열망했다. 이 같은 열망은 개신교가 태동할 때까지 계속되었는데 특히 유대인 사회에서는 메시야의 열망이 가득 찬 나머지 유사 메시야의 출현이 대단했다. 그 중에서도 가장 세간을 떠들썩하게 한 사건이 있었다. 앞서 말한 기괴한 행동과 경력을 가진 제비(Zevi S.1626-1676)가 이때 출현하여 유대인의 사회를 광란의 도가니로 몰아넣었다.

그러나 기독교의 입장은 조금 달랐다. 기독교는 이미 메시야가 왔다고 주장한데 반해 유대교도들도 계속해서 메시야를 기다리고 있었다. 기독교는 메시야가 영적 구원을 이미 완성했다고 주장하므로 그것이 일반적인 호응을 얻고 세계가 그렇게 생각하고 있다. 이것은 비현실적이요, 타계적이요, 공상적이다. 유대인들은 메시야는 반드시 왕국 건설의 회복이 증거로 나타나야 한다. 그리고 그는 세계의 평화를 이루는 자이므로 반드시 예루살렘에서 시작되어야 한다. 아직 다윗 왕가는 회복되어지지 않았고 유대인들은 처처에서 고난당하고 있다. 이 사실을 볼 때에 메시야는 오지 않았다는 것이다.

중세 유명한 의사요 철학자며 랍비인 모세스 마이모니데스(Moses

Maimonides)는 메시야의 신앙이 성경의 핵심 가르침이라고 믿고 신조 13 조문 속에 포함시켰다. 유대인의 기도문 가운데서 예루살렘과 성전의 회복, 성전의 재건을 위해 메시야의 오심을 기원하는 메시야 기도가 들어 있다. 메시야 사상은 유대인의 삶을 지배하는 제일 순위 중요한 신앙이다. 그러므로 유대인의 역사와 유대인의 실제적인 삶에 지대한 영향을 끼치는 사상이 메시야신앙이다. 오늘까지 유대인을 지키고 쓰러지지 않도록 버티어 온 버팀목은 바로 이 메시야신앙이라 해도 과언이 아니다. 언급했듯이 이스라엘의 역사는 메시야 기다림의 역사라고 하는 말은 무리가 아니다.

앞서 말했듯이 유대인들은 어려운 상황을 만났을 때 그들의 어려움을 해결해 줄 메시야 기대는 더욱 강해졌다. 하기야 유대인들이 어렵지 않고 평안한 세월을 보낸 예가 기록에 없기에 긴 유대인의 역사 전체에서 메시야신앙은 구체적으로 자라났다. 그 가운데서도 특히 1492년 스페인에서 가톨릭의 대학살 박해는 말로 다할 수가 없었다. 그 당시의 기록을 역사에 남긴 랍비들의 서적은 적지 않다. 그 서적 가운데 랍비 이삭 아레바넬(Isaac Abravanel)은 1503년에 메시야가 온다고 공언했다. 유대인들의 전통 가운데 하나는 메시야가 언제 온다고 추측하는 것은 금지되어 있었는데도 상황이 너무나 혹독하였기 때문에 스페인의 유대인들은 그것을 그대로 믿고 기대하고 있었다. 유대인들은 절망 가운데 버려진 폐물 인간으로 생각했다. 랍비 이삭은 메시야의 기대를 통하여 유대인들의 신앙이 회복되고 새 희망을 가질 것을 믿었다. 그 외에 많은 랍비들도 그 같은 메시야 도래의 예견을 서적으로 발표했다.

유대인들에게 메시야의 기대가 강하면 강할수록 유사 메시야의 출현도 잦았다. 유사 메시야들이 출현하여 강렬한 희망과 열정을 불러일으켜 유대인들을 통일시키는 역할을 했지만 하나 같이 나라의 회복과 평화는 갖다 주지 못했다. 이것이 가짜 메시야의 표준이 되었다. 유대인의 메시야 기대는 추위에 얼어 있는 발에 오줌을 누어 순간의 따뜻함만 갖다 주는 것처럼 오히려 고통만 더해 주었을 뿐이다.

최근에 와서 메시야의 기대와 신앙은 여러 갈래로 나누어진다. 가장 특이한 개혁파 유대교회는 아예 메시야사상을 신학 주제에서 빼어 버렸다. 그 이유로 세계적인 평화를 가르치는 일로 대신하기 때문이다. 뿐만 아니라 메시야 사상에서 아예 이스라엘 국가와 민족적 의미를 삭제해 버렸다. 유대인들이 세계평화를 위해 헌신하기로 작정함으로써 시온주의 사상을 승화시킨 것이다. 다른 정통파 유대교에서는 이스라엘 국가 탄생이 메시야 오심의 상징으로 생각한다. 2000년 동안 고대했던 메시야 기대가 성취되어 가고 있기 때문에 유대인들 자체가 집단적인 의미에서 메시야란 것이다. 바꾸어 말하면 유대인들, 그리고 이스라엘 국가 전체가 세계평화를 위한 메시야로 생각하는 것이다. 유대인들은 세계 평화를 위해 메시야의 사명을 다해야 한다고 주장한다. 이들은 이미 메시야 시대가 왔다고 본다. 국가 탄생이 성취됐고 예루살렘 회복이 눈앞에 와 있기 때문이다.

그럼에도 불구하고 일부 유대인들은 구원 받지 못한 버려진 상태에 있다고 볼 수 있다. 박해·탄압·폭격·압제·전쟁에 시달리고 있다. 유대인의 국가와 평화는 안정되지 못한 불완전한 상태이다. 오늘날 유대인의 삶을 바로 이해한다면 아직도 메시야 시대는 오지 않았다고 볼 수밖에 없다. 어느 역사가가 말한 그대로 유대인은 세계 역사의 나침반 같은 존재이다. 유대인이 평화하면 세계는 평화하고 유대인이 고난을 당하면 세계도 고난을 당한다고 했듯이 지금도 유대인은 환란과 고통의 한 가운데 있다. 그러므로 유대인들은 아직도 오실 메시야를 기대하고 기도하고 있는 것이다.

메시야사상 Messiah

2. 기독교 주장

유대인의 성경(구약)에 의하면 하나님께서 다윗 가문의 후손에게 기름 부어 안수하고 그를 통해 하나님의 영원한 통치를 성취할 것이라고 말한다. 기름부음을 받은 메시야를 통한 하나님의 통치는 물질적으로 도덕적으로 완벽하여 평화·행복·기쁨 그리고 풍성함으로 가득 찬 나라가 될 것이며 하나님을 직접적으로 대면하면서 살게 될 것이다(사 9-11). 기름부음을 받은 자, 메시야사상은 장구하고도 복잡한 역사를 가지고 있다. 뿐만 아니라 히브리 성경이 증명하는 메시야의 모습과 기능은 단순하지 않고 따라서 메시야의 기대 역시 다양하게 나타났다. 마카비 하스몬가(Hasmoneans B.C170)의 시대에는 군사적이고 제왕적인 모습으로 이해되었고 그 이후 쿰란 시대에는 이중적 메시야로 이해되었다. 다윗 왕가의 후손, 그리고 모세의 형인 아론의 후예 가운데 나타나실 구세주로 보았다.

초기 기독교 시대에 메시야는 묵시적이고 사이비적인 모습의 불성실한 인물로 이해했다. 로마가 팔레스타인을 지배할 당시 군사적이고 정치적인 인물이 나타나 로마를 격파시키고 나라를 새롭게 할 인물로 생각했다. 여기서 묵시적이란 말을 주목해야 한다. 구약성경의 묵시적인 내용의 대표적인 성경책은 다니엘이고 신약성경책은 요한계시록이다. 묵시란 말은 여러 관점에서 설명할 수 있으나 핵심적으로 한 마디로 요약하면 묵시적이란 비현실적이다. 예언은 현실에서 실현 가능하나 묵시는 이 현세에서 실현 불가능하니 저 세상에서 실현된다는 믿음이다. 그러한 내용들을 묵시적이라고 한다. 묵시란 말을 한 권의 책으로 써야 할 복잡한 것이지만 예언은 현실적 실현성에 비교하여 비현실적 초월 세계라고 구별 지어 이해해도 괜찮을 듯싶다. 어려운 시대일수록 이런 조류가 지배적이다. 일제 강점 말기 한국교회의 신앙은 지극히 묵시적이었다. 당시 한국 기독교인들의 신앙의 소망은 이 땅에서 실현 불가능하다고 믿었기 때문에 타계적인 신앙을 가질 수밖에 없었던 것, 그 같은 신앙이 묵시적 신앙이다.

다니엘서 이후에 쓰인 에녹서가 말하는 메시야는 사람의 아들, 즉 인자란 모습으로 나타난다. 메시야의 여러 모습 중 가장 지배적인 신앙은 이것이다. 다윗의 후손, 기름부음을 받은 거룩하신 분, 이스라엘의 영광의 회복자, 하나님을 믿지 않고 운명한 나라들을 박멸하실 분으로 나타났다. 위경 가운데 하나인 솔로몬의 시편17:18장에 소상한 메시야의 모습이 나온다. 이 묵시적이고 위경적인 모습의 메시야모습이 신약성경에 정리되어 다시 나타났다.

주전 후 100년경에는 아주 세련된 보편적인 메시야 사상이 정리되었다. 당시의 위대한 유대인 학자 필로(Philo)는 메시야를 로고스(Logos)로 이해하여 하나님의 대사, 만물 중에 가장 으뜸이신 빼어나신 분 또는 하나님의 제일인자로 설명했다. 묵시 문학 속에 소개되는 메시야는 생명의 원형, 생명의 본질, 만물 중의 본체, 만물의 모범되신 신비한 분이라 했다. 예수 이후에 대중화된 메시야사상은 유대의 울타리를 넘어선 보편적 수준에 다다랐다.

교회가 메시야 즉 그리스도라고 할 때 메시야 칭호는 어떤 세상의 지위와는 비교할 수 없는 것이다. 히브리어의 기름 부음을 받은 구원자 메시야의 헬라어 통역이 그리스도이다. 그리스 사람들이 메시야라고 부를 때 그 메시야 그리스도는 엄청난 신앙적 의미를 지니고 있는데 그 가운데 가장 중요한 뜻은 종말론적인 문제이다. 종말론적이란 이 세상의 통치와 신들의 나라들을 격리시켜 버리고 새로운 나라, 하나님의 나라를 출발시키는 것이다. 새로운 나라를 세우면서 그의 왕권은 온 세상을 지배하면서 백성들을 치유하고 성령의 삶을 회복시키는 일을 하게 된다. 그는 온 세상을 향한 절대 주권을 가지고(막13) 죄를 사하고(막 2:10), 가난한 자를 충만케 하고 모든 자연에게도 새 생명을 주신다.(사 8:18, 요 6:1-16), 그는 오직 하나님의 능력이신 성령으로 충만하며 모든 고난 받는 백성을 주의 자녀 양자로 다시 태어나게 하신다(롬 8:15).

예수께서 나사렛에서 하신 발언(눅 4:16-18)은 다분히 정치적이고 종말적이다. "예수께서 그 자라나신 곳, 나사렛에 이르자 안식일에 자기 규례대로 회당에 들어가사 성경을 읽으려고 서시매 선지자 이사야의 글을 드리거늘 책을 펴서 이렇게 기록한 데를 찾으시니 곧 주의 성령이 내게 임하셨으니 이는 가난한 자에게 복음을 전하게 하시려고 내게 기름을 부으시고 나를 보내사 포로된 자에게 자유를, 눈먼 자에게 다시 보게 함을 전파하며 눌린 자를 자유케 하고"(눅4:16-18). 당시의 정치 사회 상황에서 볼 때 팔레스타인은 자리도 잡지 못하고 하스몬가의 마카비는 새 왕국을 세웠으나 국민의 지지도 부족하며 바람 앞에 등불 같고 사방에 적으로 가득한 상태였다. 이러한 상황에서 백성이 억압에서 풀려난 자유를 찾은 것은 로마 정권에 대한 도전이었다. 예수는 메시야 칭호를 단호히 거절했으나 대중들은 그가 메시야이기를 바라는 마음으로 그를 추종하면서 메시야로 믿기 시작했다.

예수의 이름이 하나님의 구원자란 뜻이 있었기 때문에 인간의 해방을 위해 기름 부음을 받은 메시야 그리스도란 칭호를 단호히 거절할 수 없는 상황이었다. 필로가 말했듯 그의 가르침과 설교는 로고스 그 자체였기 때문에 부정하면 부정할수록 그의 제2의 이름 메시야 그리스도가 예수 앞에 돌기 시작했다. 시간의 흐름 속에서 너무 자연스럽게 그렇게 되어 가고 있었다. 이 같은 사실은 유대교의 문서 속에서도 그 당시의 상황과 예수의 활동이 기록되어 있다. 유대인의 상황은 메시야 없이는 어떤 희망도 찾을 수 없는 절망적 상태였기 때문이다. 따라서 유대사회가 누구의 충동 없이도 그렇게 동조하면서 그를 따르는 수많은 유대인이 나타났다고 했다. 정치·사회·경제·종교적 차원에서 예수가 그리스도일 수밖에 없다는 충분한 조건을 다 갖추고 있었다.

기독교의 경전 문서 중 예수가 메시야 그리스도임을 가장 잘 묘사한 책은 요한복음이다. 1장은 로고스로 성육신 된 그리스도로서 생명이요, 빛이요, 구원이요, 진리라고 했다. 그리스도 그는 지혜와 토라가 말한 창조의 원형이시다.

그 위에서 예수는 길이시요, 문으로서 하나님과 동등하시기 때문에 하나님이라 불렀다(요3:35,5:18,10:34-36,20:28). 지금까지 예수를 향해 붙여진 칭호들은 삼위일체의 길로 갈 수밖에 없는 내용들이다. 처녀 잉태, 그리스도 예수 속에 있는 이중적 성품(Double Nature)은 인간으로서와 신으로서 예수를 인정할 수밖에 없는 것이다. 이 같은 메시야 신앙은 초기 기독교 사회에 자연스럽게 만연한 일반적인 경향이었다.

이 같은 예수의 그리스도론에 대한 문서들을 유대교 문서 속에서 찾았다는 것은 놀라운 일이다. 유대교인이 그 문서를 준비했는지 아닌지도 확인할 길은 없지만 유대교 문서 속에 들어 있기 때문에 알만한 유대인들은 다 아는 실정이다. 뿐만 아니라 단일신론을 부정하지 않은 한계에서 하나님의 성육신을 진실되게 설명하는 신약성경은 모두가 유대인의 신앙과 성격을 선명하게 보여주고 있다. 요한복음은 말할 것도 없고 교부들의 문서들 역시 기독교가 믿고 하나님은 다신교가 아닌 단일신론 삼위일체임을 분명히 한다. 예수그리스도는 한 분 하나님의 인성적 본질일 뿐이다. 하나님의 성육신이신 인성적 본질은 벤시라 지혜서(Ben Sira's

Wisdom:정경에 들어가지 못한 유대 교리 문서)와 필로의 로고스 사상논술 그리고 랍비문서인 멤라 토라(Memra Torah) 속에서 발견할 수 있는 내용들이다.

하나님의 인간되심의 성품을 설명하는 성경 구절은 이사야 속에 차고 넘치고 스가랴서의 중심사상이기도 하다(슥12:10). 이 말씀이 마태복음 24:30에 인용되어 나온다. 그러니 보다 더 선명한 말씀은 요19:37, 계 1:7에 나온다. 스가랴서에 나오는 신비한 상징적 인물을 초대교회 때부터 예수와 동일시했다. 특별히 그 신비한 인물의 비극적 삶에서 더욱 설득력이 있다. 유대교의 성서 주석학인 미드라쉬(Midrash) 속에서 이 신비한 인물을 설명하는데 신약성경과 랍비 문서가 각기 자기들의 주장이 옳다고 주장하고 있다. 신약성경은 예수가 그리스도라고 주장하고 랍비들은 자기들이 기다리는 신비한 메시야, 의로운 선생님이 따로 있다고 주장하는 것이다. 그리고 보면 요한복음이 증거하는 예수 그리스도론은 스가랴의 본문을 주석하는 것으로 보아도 무방하다. 신약성경의 어떤 다른 책들도 요한복음만큼 예수의 인간되심과 그리스도의 신성을 구체적으로 설명하는 책은 없다. 요한복음의 이 같은 변론은 스가랴서의 신약화라고 해도 과언이 아니다.

예언서인 이사야 52:13-53:12 "여호와께서 가라사대 보라 내 종이 형통하리니 받들어 높이 들려서 지극히 존귀하게 되리라, 이왕에는 그 얼굴이 타인보다 상하였고 그 모양이 인생보다 상하였으므로 무리가 그를 보고 놀랐거니와 후에는 그가 열방을 놀랠 것이며 열왕은 그를 인하여 입을 봉하리니 이는 그들이 아직 전파되지 않은 것을 볼 것이요 아직 듣지 못한 것을 깨달을 것임이라 하시니라. 우리의 전한 것을 누가 믿었느뇨 여호와의 팔이 뉘게 나타났느뇨 그는 주 앞에서 자라나기를 연한 순 같고 마른 땅에서 나온 줄기 같아서 고운 모양도 없고 풍채도 없은즉 우리의 보기에 흠모할 만한 아름다운 것이 없도다. 그는 멸시를 받아서 사람에게 싫어 버린바 되었으며 간고를 많이 겪었으며 질고를 아는 자라. 마치 사람들에게 얼굴을 가리고 보지 않음을 받는 자 같아서 멸시를 당하였고 우리도 그를 귀히 여기지 아니 하였도다. 그는 실로 우리의 질고를 지고 우리의 슬픔을 당하였거늘 우리는 생각하기를 그는 징벌을 받아서 하나님에게 맞으며 고난을 당한다 하였노라. 그가 찔림은 우리의 허물을 인함이요 그가 상함은 우리의 죄악을 인함이라 그가 징계를 받음으로 우리가 평화를 누리고 그가 채찍에 맞음으로 우리가 나음을 입었도다. 우리는 다 양 같아서 그릇 행하여 각기 제 길로 갔거늘 여호와께서는 우리 무리의 죄악을 그에게 담당시키셨도다. 그가 곤욕을 당하여 괴로울 때에도 그 입을 열지 아니하였음이여 마치 도수장으로 끌려가는 어린 양과 털 깎는 자 앞에 잠잠한 양같이 그 입을 열지 아니 하였도다. 그가 곤욕과 심문을 당하고 끌려갔으니 그 세대 중에 누가 생각하기를 그가 산 자의 땅에서 끊어짐은 마땅히 형벌 받을 내 백성의 허물을 인함이라 하였으리요. 그는 강포를 행치 아니하였고 그 입에 궤사가 없었으나 그 무덤이 악인과 함께 되었으며 그 묘실이 부자와 함께 되었도다. 여호와께서 그로 상함을 받게 하시기를 원하사 질고를 당케 하셨은즉 그 영혼을 속건제로 드리기에 이르면 그가 그 씨를 보게 되며 그날은 길 것이요 또 그의 손으로 여호와의 뜻을 성취하리로다. 가라사대 그가 자기 영혼의 수고한 것을 보고 만족히 여길 것이라. 나의 의로운 종이 자가 지식으로 많은 사람을 의롭게 하며 또 그들의 죄악을 친히 담당하리라 이러므로 내가 그로 존귀한 자와 함께 분깃을 얻게 하며 강한 자와 함께 탈취한 것을 나누게 하리니 이는 그가 자기 영혼을 버려 사망에 이르게 하며 범죄자 중 하나로 헤아림을 입었음이라. 그러나 실상은 그가 많은 사람의 죄를 지며 범죄자를 위하여 기도하였느니라 하시니라"

역시 같은 메시야 인성의 관점을 가지고 있다. 실상인즉 12:10을 중심한 스가랴서의 핵심 사상은 이사야서를 근거하고 있는 말씀이다. 스가랴서에 이사야서가 말하는 인물이 그렇게 단순하게 설명될 수 있는 분은 아니다. 두 책이 말하는 인물은 신비한 인물은 지극히 복합적이기 때문이다. 고난 받은 종으로 상징되는 메시야, 그리스도는 인류구원의 신앙과 민족 해방자와는 분리될 수 없는 인물이다. 즉 유대인들과 분리하여 생각할 수 없는 이스라엘 백성의 구원자요 지도자란 말이다. 예수의 주변에 모여든 열두 제자들 역시 12족속들을 대표한 유대인들이다. 그들은 성경과 말씀을 함께 나누었고(요14:15) 그가 내리신 권능도 함께 나누었다. 여기에 이스라엘의 회복적 성격도 다분히 있다.

교회가 주장하는 메시야의 인물됨이 집단적인 복수인격인지 아니면 개인 인격인지 토론해 봐야 할 큰 문제였다. 크리스천들은 메시야 인격체를 개인으로 믿어 왔지만 많은 회당의 유대인들은 복수 인격체 메시야를 믿고 기다려 왔다. 그 가운데 어떤 유대교도 집단은 이스라엘 집단, 유대백성 전체가 메시야라고 착각을 하기도 했다. 여기서부터 교회와 회당은 함께 갈 수 없는 분리의 씨앗이 싹트게 된 것이다.

요한복음은 예수 그리스도는 하나님과 인간의 만남의 포인트로 설정되었다. 요한복음 당시뿐만이 아니라 그 이후 계속하여 요한복음은 하나님과 인간의 만남의 매개 역할을 하였다. 예수 그리스도는 하나님이 인간화한 장소요 동시에 인간이 하나님화한 신비한 장소였다. 위대한 유대 철학자 필로는 모세가 신적 인간적 회우의 장소라고 설명했고 모세를 로고스의 화신이라고 했다. 이러한 사상은 세기 초에 만연한 일반 대중의 신앙이었다. 모세는 로고스요 또한 하나님의 인간화였다는 것이다.

히브리인들의 비정경 에녹서에서도(에녹3서12:5) 온전한 신과 완전한 인간의 모습을 설명하면서 그는 작은 여호와라고도 했다. 에녹서는 토라에 대한 랍비적 해석인데 하나님의 로고스는 모세보다도 앞선 인격이라 설명하였다. 그러나 예수 그리스도 이전에는 모든 관심이 모세에게 집중되었다. 그것은 예수가 나타나기 이전까지의 신앙이었을 뿐이다.

5. 메시야사상 Messiah 79

유대교와 기독교의 갈림길은 성경적으로나 역사적으로 예수에 대한 그리스도 신앙에서부터이다. 예수를 그리스도로 보지 않는 결과 유대교로 남게 된 것이다. 예수의 메시야 그리스도의 문제, 여기에서 유대교와 기독교의 분파적 토론의 중심이 있다고 본다. 이것은 성경적인 문제인 동시에 역사적 연구 문제인 것은 분명하다.

메시야 사상

3. 요약 : (유대교의 주장)

1. 나무에 기름을 바르면 썩지 않는다. 메시야는 기름 부음을 받은 자란 뜻으로 영원하여 인류를 구원하는 메시야란 뜻이다. 이 메시야 사상은 성서후기, 이스라엘의 어려운 시기에 크게 발전했다.
2. 예수 출생 전후가 가장 메시야 출현의 혼란기였다. 그 가운데 주후 110년경 코흐바가 가장 큰 혼란을 일으켰다.
3. 메시야 출현의 통일된 사상은 다윗의 후예, 혼란기에 출현하여 격변을 진정시킨다. 메시야의 첫째 사명은 이스라엘의 영광 회복 그 다음은 평화의 정착이다.
4. 종교개혁 전까지는 성서가 말하는 시대가 아니라 인간의 시대였기 때문에 유대인이나 기독교인 모두가 시련 가운데 있었다. 이 시련기에 모든 사람들이 시련을 당하자 메시야를 기대했는데 그 가운데 가장 혼란스런 인물은 제비였다. 메시야법의 하나는 시기를 정하지 않는 것이어서나 이 격랑기에 메시야의 도래 날짜까지 발표하는 과오를 저질렀다.
5. 유대인의 메시야 사상은 몇 가지로 통일되는데 개혁파는 기독교의 메시야관과 비슷하다. 메시야는 도래했고 모두 메시야의 정신으로 세상을 책임져야 하고 또 다른 유대 종파는 유대의 현실이 메시야

를 기다릴 정황이라 주장한다.

메시야사상

4. 요약 : (기독교의 주장)

1. 기독교도 유대교의 구약 전승인 다윗 왕가에서 태평천국의 새 세계의 건설자 메시야의 도래를 믿는다.
2. 예언의 시대와는 달리 미래의 희망이 암담한 묵시의 시대일수록 메시야의 요구는 더 강열하여 구시대의 종말을 고하는 새 시대의 도래를 열망했다.
3. 신약의 예수, 특히 요한복음의 로고스 메시야는 구약의 메시야 조건을 모두 충족시키는 인물로, 유대교의 민족적 메시야와는 달리 만인을 위한 인류 보편의 구원자로 나타나셨다.
4. 기독교의 단일신론적 메시야 사상은 구약과 유대적이다. 이사야의 핵심은 하나님의 인간되심이요 스가랴서의 다윗왕가의 신성자는 요한복음에서 완성되었다.
5. 고난의 메시야 사상의 절정은 이사야 53장인데 개인 메시야와 집단 메시야 사상 때문에 유대고와 기독교는 분리되었다.
6. 유대 철학자 필로는 구약에서 하나님의 로고스는 모세요 신약의 요한복음에서 하나님의 로고스는 예수라고 공언했다.

6. 율법 할라카 Law Halaka

1. 유대교의 주장

토라(Torah)를 번역하면 규범(Norms, 율법)이라 할 수 있는데 부정을 저지를 때 쓰이는 척도요 도구이다. 물론 토라는 율법을 포함하는 것이지만 그 의미는 율법보다 훨씬 깊고도 넓은 것이다. 토라, 즉 노모스는 역사 종교사상 윤리적 가르침, 인간의 문제 삶의 질서와 그 이상까지도 포함한다. 토라를 율법이라고 해 버리면 토라의 의미를 너무 좁게 만들어 버리고 단순한 종교적 문제로 이해하기 쉽게 된다. 토라를 율법이라고만 번역해 버리면 믿음과 영적인 문제에 국한시켜 토라의 넓은 의미를 망각케 한다. 그래서 토라를 율법이라고 하기보다는 규범, 노모스라고 하는 것이 더 좋다. 불행스럽게도 기원전 후 얼마를 지나 일반적으로 토라를 율법이라고 번역하여 그렇게 알려져 버렸다. 토라를 율법으로 번역한 것은 원어가 가지고 있는 함축적인 의미를 잘못 이해한 실수이다.

할라카halaka를 문자 그대로 번역하면, 길이 되지만 일반적으로 유대인의 종교법 즉 공동체의 규율로 알려져 있다. 그러나 할라카는 또 다른 의미도 가지고 있다. 할라카의 넓은 뜻을 설명하면서 유대인들의 율법·삶·종교·생활을 어떻게 하는지를 살펴보겠다.

유대인의 구전인 미쉬나(Mishina)를 생활 지혜서로 바꾸면서 율법으로 전문화했다. 유대인은 성문법이나 구전법이나 꼭 같은 경전으로 인정하는데 경전은 미드라쉬(Midrash)로 주석화했고, 미쉬나는 율법으로 전문화되면서 탈무드가 되었다. 탈무드의 형성 과정을 설명하자면 이야기는 길어진다. 유대에는 두 가지의 하나님 말씀이 있었다. 글로 쓴 성문법과 구전으로 내려오는 관습법이 그것인데 구전법 없이 성문법의 해석은 거의 불가능했다. 그래서 유대인들은 성문 토라와 구전 토라를 동일하게 하나님의 말씀으로 받아들였다. 그러나 예루살렘 성전이 무너지고 모든 유대인이 세계로 흩어지게 되자 입으로 전해 내려오는 구전을 문서화할 필요를 느꼈다. 왜냐하면 구전을 다 잃어버릴 수밖에 없었기 때문이다. 구전 토라를 정리한 것이 미쉬나이고 미쉬나와 성문토라를 해석하고 설교한 모음이 미드라쉬이다. 미드라쉬에는 법체계인 할라카와 설화 중심의 하카다가 있다. 미쉬나에 첨부된 부록이 게마라인데 이 모든 것을 종합 정리한 것이 탈무드이다. 이 탈무드 작업은 1-5세기까지 그 중요한 부분이 다 정리되었지만 15세기까지 첨부 교정이 계속되어 왔다.

유대인들의 삶의 규범인 노모스 속에는 농사법 거룩한 절기법, 여성, 민형사법, 성결법, 청결 건강법 등 육법전서인데 이것이 탈무드의 내용이다. 그런데 미드라쉬와 마찬가지로 이 탈무드를 할라카와 하가다(Haggatah)로 나누는데 할라카는 주로 엄격한 법 규정이고 하가다는 설화 내지 비유 같은 것으로 형성되어 있다. 그렇다면 유대인들에게 탈무드의 목적이 무엇인가? 하고 물으면 인간의 삶의 기쁨과 지혜를 주는 것이라 한다. 여기에서는 탈무드의 하가다편이 아니고 할라카적 내용을 다루고 있다.

하나님은 이스라엘 백성들에게 토라의 가르침을 주셨다. 토라를 통해서 가르침을 받고 잘못된 인생을 바르게 교정하며 신의 선택받은 사람으로 부족함이 없도록 하라고 분부하셨다. 하나님은 토라를 주시면서 그 백성들과 언약을 맺으셨다. 그 언약은 하나님이 원하시는 바른 행동과 규범에 맞는 삶을 살아가는 것이다. 다소 반복되는 듯하지만 약간 설명을 더할 수밖에 없다. 하나님은 토라를 주실 때 두 가지 종류를 주셨다. 구전 토라(Oral torah)와 성문 토라(Written Torah)를 주셨는데 구전 토라는 누구나 이야기로 들을 수 있는 것이었고 성문 토라는 상당한 지적 노력을 필요로 하는 것이었다. 우리가 잘 아는 대로 모세를 통해 하나님이 주신 성문 토라는 조직이 없고 상당 분량 시와 토라 그리고 때로 애매한 문구로 기록되어 있기 때문에 이것을 정확히 이해하기 위해서는 구전 토라의 보충설명 없이는 불가능했다. 구전 토라 역시 모세를 통해 성문 토라와 동시에 주셨다. 그러므로 구전 토라나 성문 토라는 같은 가치와 같은 권위를 지닌 하나님의 말씀이다.

구전 토라와 성문 토라의 성격과 내용을 정의하기보다는 두 토라를 주신 목적과 기능이 무엇인지를 살펴보는 것이 좋을 것 같다. 구전 토라는 하나님과 인간에 대한 법 지식에 대한 문제가 아니라 지혜의 문제를 다룬다.

예루살렘 성전 안에 유대인의 문제를 해결하는 민형사의 대법정이 있었다. 이 법정은 성문토라를 해석하고 또 법 제정을 하는 권위를 가지고 있었다. 세월이 지나감에 따라 항상 새로운 문제들이 일어났다. 히브리 성경에 기초하여 재판이나 성경 해석을 해 왔는데 법정에서 내린 판결이나 그 과정들이 구전 토라의 한 부분이 되었다. 성문 토라 속에 포함시킬 수 없는 산출의 분량이 되었다.

성문 토라가 주어질 때 주신 구전 토라와 판결이 나올 때마다 내려진 판례들을 모아 편찬한 것이 미쉬나이다. 주전 2세기경 랍비 유다 왕자(Judah the Prince)가 당시의 권위 있는 랍비들과 토론하고 발취한 것이 있다. 유대인들이 바벨론 포로로 잡혀 감으로 이 성전 법정도 폐쇄되고 율법이 삶에 어떻게 되는지 설명하고 판결할 기능도 잃어버렸다. 그래서 랍비 유다가 구전 토라를 정선하여 책을 만든 것을 미쉬나라고 앞서 말했다. 성전 법정이 폐쇄되고 난 이후부터 율법해석이나 판결이 불가능해지자 랍비들은 긴 설명과 판결의 선례가 있는 미쉬나를 선택했다.

앞에서 언급했듯이 성경율법은 시나 노래 그리고 까다로운 법이나 설화로 구성되어 있기 때문에 애매한 부분이 적지 않아 미쉬나를 가르치고 생활 속에 적용했다. 랍비 이전의 유대인 지도자는 아모라임(Amoraim교사)들이 맡았는데 이들은 구전토라를 연구 분석하여 유대인들에게 가르쳤다. 물론 성문율법이 주어질 때 동시에 받은 구전 토라 역시 가르쳤다. 앞에서 언급한 대로 미쉬나의 분석과 해석을 게마라(Gemara)라고 했다. 이 게마라는 미쉬나의 번역, 생활적용의 이야기들인데 이 둘과 미드라쉬를 합친 것을 탈무드라 했다. 탈무드 속에는 율법, 판례, 법의 적용, 설화, 수천 년 동안 랍비들이 가르친 미드라쉬라고 하는 율법 설교들도 포함되어 있었다.

기본상 탈무드는 법으로 형성되어 있다. 우리 한국의 책방에서 쉽게 찾을 수 있는 탈무드는 탈무드의 핵심 내용들이 아닌 전혀 다른 부분인 하가다이다. 그러니 유대인들이 탈무드라고 할 때는 그들의 삶에 규범이 되는 지혜와 법률 체계이다. 천 년이 넘는 긴 세월 동안에 삶에 일어나는 질문, 유대인들의 삶과 미래에 대한 질문을 성경을 기초로 하여 대답한 내용들이다. 설교를 통해, 토론을 통해, 인간의 모든 문제들에 대해 대학자 랍비들이 구전 토라를 기초로 해답을 내린 것이다. 이것을 랍비 문서 또는 랍비 문학이라고도 하는데 그 질문에 대답해 준 랍비들을 리스폰사(Responsa:대답자)라고 했다. 랍비 중에 대표랍비에 속한 인물이었다.

모세오경 성문 토라는 원론적이고 딱딱하지만 구전 토라는 달랐다. 유대인의 삶에 실제적으로 적용될 수 있는 법적 가르침이었다. 예화에 비유를 곁들여 그 법률을 생활에 어떻게 적용하라고 설명하고 가르치는 내용이다. 대체로 탈무드의 행정은 주전 2세기에 시작하여 주후 5세기경에 끝나지만 그 편집 첨가는 계속되어졌다.

　탈무드는 모든 사람이 읽을 수 있도록 보편화시킨 사람은 중세의 이삭 알파시(Isaac Alfasi)였다. 그 후 중세기의 모세스 마이모니데스(Moses Maimonides) 야곱 벤 아셔(Jacob ben Asher) 요셉 카로(Joseph Karo), 요셉 카로는 백 만인의 탈무드를 쉽게 편집하여 모든 사람들이 탈무드를 읽어 지혜를 얻을 수 있게 했다. 탈무드의 할라카는 유대인의 삶을 지혜 있고도 영원하게 한 삶의 규범이었기 때문에 여러 가지 말로 번역되어 세계 도처에 보급되었다.

　앞서 말했듯이 할라카는 유대인이 이 세상에서 어떻게 처신하고 무엇을 해야 하는지를 가르친다. 그리고 하나님께서 선민들에게 무엇을 기대하고 계신지를 알려준다. 그러므로 선민 유대인들이 할라카를 반드시 알아야 한다. 수천 년을 통해 랍비들이 해야 할 가장 큰 사명 가운데 그 첫째로 유대인들이 할라카의 가르침대로 살 수 있도록 지도하는 것이었다.

　앞서 언급했듯이 탈무드는 율법으로 나누어져 조직적인 체계를 갖추고 있다. 토라가 단순한 율법문서가 아니라 여러 차원의 다양한 삶의 가르침을 주는 것이다. 엄격하게 법을 지켜 성결, 건강을 유지하며 농사에 정진하여 절기를 따라 축제하고 하나님께 감사하며 선민들 전체가 공동체가 되어 한 형제로서 살게 한다.

　할라카는 놀라운 힘이 있어 선민들이 오늘과 미래를 어떻게 살아가야 할 것인지에 대한 엄청난 통찰력을 준다. 온 세상에 쓰레기처럼 버려지고 흩어져 산다 할지라도 유대인들이 하나로 단결하여 살 수 있는 힘은 토라와 할라카 속에서 나왔다.

　세계 도처에 있는 유대인들이 각기 자기들의 관습과 전승을 가지고 있지만 그들의 할라카는 모두가 받아들여짐으로 선민으로 일체감을 갖는다. 할라카는 위대한 하나님의 힘을 전달하여 주는 하늘의 힘, 그 파이퍼 라인 역할을 하는 것이다. 사람이 아무리 좋은 교훈을 얻고 설교를 들어 감동을 받았다 할지라도 인간적 삶의 태도는 쉽게 변하지 않는다. 단, 한 줄의 할라카라 할지라도 그 법을 지키므로 인간은 새로워질 뿐 감동과 설득으로 인간은 새로워지지 않는다. 억지로 하기 싫다 하더라도 유대인들은 토라와 구전 율법의 할라카를 지킬 수 있도록 교육시킨다. 이것이 유대인들의 삶이요 힘이다.

현대에 와서 비 정통 유대인 교도들은 토라와 할라카 없는 신앙생활을 주장하고 있다. 그들은 성문 토라나 구전 토라를 가치 절하시켜 신성하게 받아들이지도 않는다. 특히 개혁파 유대교회는 할라카의 명령을 포기한 지 오래다. 오히려 각 개인에게 할라카의 실천 여부를 위임할 뿐 회당에서는 강요하지 않는다. 그러나 대부분의 유대교회당 특히 보수 회당에서는 할라카를 철저히 지킨다. 오히려 그들의 관심은 할라카의 어려운 법조문을 현대 생활에 어떻게 적용하는가를 연구 중이다. 왜냐하면 하나님의 법은 우리의 힘이요, 지혜요, 능력이요, 우리를 완전케 하는 등불이기 때문이다. 율법 즉 할라카야말로 우리로 하여금 하나님의 자녀가 될 수 있는 길을 가르치고 자녀답게 살 수 있도록 훈련시켜 주기 때문이다. 할라카 없이는 결단코 거룩도, 성경도, 풍성함도 하나님의 자녀의 길도 없는 것이다.

보수회당이나 정통회당에서는 할라카의 명령을 엄중히 지킨다. 할라카가 있는 곳에 삶의 위대함과 신성함이 있다고 말한다. 정통파 교회에서는 할라카의 타협이나 양보는 불가능하지만 엄격한 율법주의는 아니라고 주장한다.

오늘날 할라카의 권위는 여러 유대 회당에서 논쟁하고 있는 중요한 이슈이다. 그러나 할라카를 깊이 이해하면 하나님께서 우리를 성결케 위대케 고상하게 하는 길은 이 할라카밖에 없음을 깨닫게 될 것이다.

율법 할라카 Law -Halakah

2. 기독교의 주장

주전 3세기 알렉산드리아 유대인들이 성경을 번역하면서 토라를 율법이라고 번역했다. 토라는 실제로 규범 원칙 또는 하나님의 뜻을 따르는 삶의 길이라고 하는 것이 더 좋은 원어 번역일 것이다. 번역에 관계없이 유대인들은 토라를 삶의 전반에 적용했고 특별히 포로귀환 후 이스라엘은 율법의 땅이 되어 회당은 그것을 법제화하여 철저한 율법 민족이 되었다. 그들이 이 땅에 생존할 수 있는 길은 율법. 그것을 지키고 그대로 살아가는 것뿐이라고 생각했다. 그들은 율법을 지키고 율법은 종교나 신앙의 문제가 삶의 문제요 민족과 공동체의 문제이다.

율법은 유대인을 유대인답게 거룩하고 성결하게 만들어주는 거룩한 도구이다. 자동차를 타면 빨리 길을 갈 수 있고 비행기를 타면 하늘을 날아갈 수 있듯이 율법을 지니고 살면 인간은 성결하고 바르고 거룩하게 된다. 아무리 천하게 태어난 인생도 율법을 지키고 살면 거룩하고 존귀한 인간이 된다고 믿는다. 유대인들은 일 년이 시작할 때 일주일간 회개하며 깨끗한 심정으로 한 해를 시작하고 그 율법의 실천이 쌓이고 쌓여 하나님 뜻에 바로 서는 인생이 된다.

율법이 인간 삶을 바르게 할 뿐만 아니라 인간의 모습, 내적, 외적인 인간의 상황을 정확하게 묘사하는 중요한 역할을 한다. 인간이 먹고 마시는 문제, 안식일과 인간 육신의 휴식의 규정, 이웃과 자신의 문제와 관계, 어떻게 하면 하나님이 원하시는 수준에까지 인간이 갈 수 있는지를 가르친다. 시내산에서 하나님이 모세에게 주신 성문계명과 더불어 구전 율법을 주어 법의 바른 이해와 실천을 도와준다. 이것이 유대인들이 생각하고 지켜온 율법에 대한 입장이다.

율법은 위대하고 거룩한 하나님의 선물로서 유대인들에게 주어진 것은 사실이다. 율법의 순기능은 인간을 재창조하는 능력으로 주어진 것도 사실이다. 그러나 율법이 유대인의 삶에 십장생처럼 귀하게 받아들여진 것은 특히 예루살렘 성전이 훼파되고 나서부터이다. 그들은 생명 같은 성전을 잃었다. 나라도 잃었다. 성지도 잃었다. 민족도 디아스포라가 되어 온 세상으로 흩어졌다. 그들이 의지할 수 있는 것은 오직 하나, 토라뿐이었다. 이러한 상황에서 율법에 모든 것을 거는 것은 그들이 의지할 수 있는 마지막 몸부림이었다.

이와 같은 상황 속에서 유대인들이 가지고 있는 율법의 이해 위에서 우리 기독교가 율법을 어떻게 이해하는지를 상고해 보자. 예수께서 율법에 대한 자기의 견해를 분명히 하셨지만 기독교신학의 원초적 창시자 바울 선생님께서 율법을 어떻게 이해했는지를 살펴보자.

바울 선생님이 해석한 율법에 대한 정의는 행위로 구원을 받게 하는 몽학선생이라 했다. 율법에 대한 이 해석은 바울 선생님의 글 속 전체에 나타나는 그의 사상이다. 물론 예수님과 바울 선생님의 입장 차이는 큰데 바울선생님은 예수님보다는 율법에 대해 더 진보적이고 급진적이다.

예수님의 율법에 대한 입장은 이렇다. 율법에 대한 애증이 뒤섞인 그의 감정이 복음서 전체에 나타나고 있지만 분명한 것은 율법은 재건하고 완성한다는 것이다. 율법에 대해서도 그는 아주 실천적이고 존중하는 입장에 변함이 없었다. 그래서 그는 안식일을 지켰고 회당에도 정규적으로 출석했다(막1:21, 4:16, 13:10). 예루살렘에 절기를 지키러 친히 나갔고 복장 역시 전통적 유대인 옷을 입었다(막6:56, 눅8:44). 예수가 율법을 범했다고 바리새인들에게 공격을 받은 경우에도 유대교 지상주의를 반대한 것이 아니라 토라의 근본적인 문제에 대한 해석의 문제였다. 단언적으로 말해

6. 율법 할라카 Law Halaka

서 율법에 대한 비평 역시 율법 안에서 나온 율법의 문제였다(막2:23-26, 3:1-6, 10:2-12) 그가 분노한 것은 구전 율법을 법제화하여 모세가 시내산에서 받은 것같이 대하는 유대인들이었다(막7:5-13, 골2:8) 유대인들의 입장에서 볼 때는 유대인의 순수한 전통적 관례였다(막7:5-8) 하나님만이 가지고 계신 존경과 권위를 예수가 차지한 결과가 되어 버렸다.

예수가 비평한 것은 구전 율법의 문제뿐이 아니라 성문 율법 역시 그 깊은 뜻을 생각지 않고 관례대로 해석하고 실천하는 것을 비판한 것이다. 율법은 인간을 깨우치는 하나의 방법으로 주어졌는데 유대인들은 율법을 구원의 원리라고 생각하는 것을 비판한다(막7:15, 마5:31-38). 율법은 결단코 구원의 방편이 될 수 없음을 확실히 했다. 하나님과 유대인과의 언약 역시 유대인의 위대함 때문이 아니라 인간의 행위를 보지 않고 선택하신 하나님의 선한 자유의지에 있다(11마:7-15, 눅16:16, 막2:21). 하나님과의 언약에서 인간이 율법에 순종하는 것은 인간의 행동과 생각을 바로 하라는 것이지 그것이 구원의 길은 아니다. 비록 구원의 길은 아니라 할지라도 완전한 순종은 하나님을 한 제사로서 향한 자신을 드리는 것임과 동시에 인간을 봉사하는 길이다(눅10:25, 막10:20-22).

예수가 율법을 능가하는 가르침과 모범을 보인 것은 용서와 십자가에서의 죽음이다. 율법으로 징계하거나 정죄하지 않고 무량한 용서를 허락함으로 스스로 회개하고 새 사람이 되도록 했다. 그 위에 자신의 생명을 바쳐 모든 인류들과의 화해와 용서의 길을 연 것이다. 이렇게 함으로써 예수는 토라는 온전한 사랑을 실천함으로써만이 성취될 수 있는 것임을 가르쳤다. 이 말은 이 세상 누구도 토라를 만족시킬 수 없는 부족한 존재임을 깨달아 자신을 하나님께 제물로 드리는 삶이 되어야 한다고 주장했다(눅17:10).

율법은 몽학선생이라고 주장한 바울 선생은 율법은 위대하고 그리고 거룩한 것이라고 말씀한다(롬3:2, 7:12,14, 갈2:21, 마5:7). 그럼에도 불구하고 율법이 인간의 영적 생활에 어떤 변화를 줄 수 있는지에 대해 회의적이다. 율법은 사람의 잘못을 지적하여 죄인임을 깨닫게 할 뿐 그것이 인간의 죄악과 상처를 치유하는 것은 아니라고 했다(롬4:15, 5:20, 7:13, 갈3:19, 롬2:18, 3:19). 그래서 율법은 인간 육체의 연약함, 결심의 연약함, 영적인 상처를 밝혀줄 뿐 인간을 새롭게 하는 힘이 없기 때문에(롬8:3) 오히려 인간을 무력하게 만든다고 본다.

축복이란 하나님의 선물로서 주어진 것이고 토라는 하나님의 저주 위에 내려진 것이다. 인간은 나약한 존재인고로 금지된 과일을 먹을 수밖에 없고 우리가 원하지만 선한 일을 행하는 것은 마음에서부터 거부하는 것이 본능이다(롬7:18, 8:3-7, 마26:41). 따라서 인간은 선을 행하는데 실패하여 저주 아래 놓였기 때문이다. 율법이 필요할 수밖에 없다. 하나님 앞에서 인간이 살기 위해서는 어깨에 짊어진 무거운 굴레가 될 수밖에 없는 것이다. 인간이 하나님 앞에서 자유할 수 있는 길은 율법이 요구하는 한계 안에서이다. 율법은 하나님이 요구하는 최소한 조건이다. 이 요구를 충족시키지 않고서는 하나님과의 교제는 불가능한 것이다. 그러므로 율법은 죄악 위에 내려진 존재로서 거부할 수 없는 인간의 준수사항이 되었다. 그러므로 율법이란 인간이 행해야 할 최상의 질서, 최상의 도리는 아닌 것이다.

따라서 율법이 가르치는 최종의 방향은 정확하지만 율법 그 자체가 최종의 상태는 아니다. 쉽게 설명하면 손가락이 가리키는 것이 달이라면 율법은 그 손가락의 끝이라고 할 수 있다(갈3장, 히10장). 하나님께서 아브라함에게 약속하셨듯이 율법이란 최종적인 자리를 가르쳐주는 역할로서 예수 그리스도의 완전한 사랑으로 대치되는 것이다(갈3:23, 4:1-7, 골2:17, 히10:1). 구원의 역사에서 볼 때 구원의 완성이 예수 그리스도에게 있는 것인즉 토라는 그 출발지점이다. 예수께서 구원 자체라면 토라는 구원의 방편으로 있었던 것이다.

그러므로 예수 그리스도는 구원역사의 새로운 에폭(Epoch)이요, 하나님께서 예수 안에서 직접 역사에 참여하는 것이다. 끊임없이 성취할 수 없는 노력을 율법 안에서 거듭하는 것이 아니라 하나님께서 직접 예수 안에서 성취하여 주신다. 바울 선생님은 이것은 은혜라고 하셨다. 예수로 은혜 세계의 눈을 여신 첫 사람이요, 첫 하나님이신 것이다(롬5장).

은혜로서 나타나신 하나님 자신이신 예수님은 율법에 순종하면서도 하나님의 요구를 성취 못하는 인간의 모든 문제를 초월적 사랑과 희생으로 몸소 완성하셨다. 조건적 사랑으로 사신 그의 일생과 산 제물로 드린 그의 생의 마지막 순간의 십자가는 실로 구약의 율법이 요구한 모든 것을 성취시킨 행위이다(롬8:34). 이것은 구약의 율법이 요구하는 모든 것 중 모든 것이다(롬3:21). 인간은 어떤 방법을 사용하더라도 율법이 요구하는 조건들을 성취시킬 수 없다는 것은 율법 자체가 증명하는바 예수께서 그것을 성취하므로 모든 인류를 살리신 것이다.

하나님 앞에서 바르게 산다는 것은 바른 행위, 정당한 생각만 가지는 것이 아니다. 사실인즉 인간은 그럴 수가 없는 존재이기 때문이다. 그러므로 하나님 앞에서 인간이 사는 방법은 완전한 사랑, 끝이 없는 사랑, 무량한 사랑으로 사는 것이다. 산제사를 드리는 태도로 사랑하는 삶만이 율법을 이루는 것이다. 그렇다고 해서 예수께서 율법 없이 사신 것은 아니다. 예수님 자신이 새로운 율법이 되셔서 온 인류가 그가 사신 것처럼 사는 것이다(골3:1, 빌3:9).

애초부터 예수의 선포는 율법의 완성의 길을 가르치기 위한 율법성에 대한 항거였다. 기록된 율법과 유대교가 전승적으로 지켜 온 율법의 문자적 코드(Code)만이 거룩의 길이라고 주장하는 유대교에 대한 항거였다. 유대교의 율법성에는 하나님의 뜻과 인간 관습이 구별되어 있지 않아 인간을 율법의 굴레에 묶어 두는 것이었다. 예수는 시민법과 사회 형법을 신의 율법이라고 주장하는 그들에 대한 항거는 희생과 사랑으로 율법의 최종적인 뜻을 계시해 보인 것이다.

　율법은 위대한 가르침이다. 예수는 결단코 율법을 폐기시키지도 버리지도 않았다. 오히려 그는 율법의 위대하고도 고상한 길을 새롭게 열어 가르쳐 주신 분이다. 여기에 유대교의 율법 해석과 기독교의 율법 해석의 차이가 있다. 최상의 길로 가기 위한 한 과정으로 율법을 주셨으니 바울 선생님이 고린도전서 11:31에서 내가 더 좋은 율법의 길, 최선의 길(The most Excellent Way)을 보이시겠다는 것이 바로 예수께서 율법의 완성의 길을 보이신 것을 말한 것이다.

율법 할라카

3. 요약 : (유대교의 입장)

1. 토라를 율법으로 번역한 것은 심한 단견이다. 왜냐하면 율법은 법뿐만 아니라 삶의 질서와 지혜, 그리고 인간 전반의 진선미의 문제 등을 다루기 때문이다.
2. 하나님께서 유대인들에게 모세를 통해 성문 토라를 줄 때 구전 토라도 함께 주었다. 유대인들은 토라와 함께 구전 토라도 동일한 경전으로 받아들인다.
3. 오늘날 유대인들은 토라보다는 탈무드를 더 귀히 여기고 따른 듯하다. 탈무드는 구전토라와 미드라쉬 등 토라를 집대성하여 육법전서로 편집하여 삶에 적용할 수 있도록 만들어 놓았기 때문이다.
4. 유대인들은 탈무드를 지켰고 탈무드는 유대인을 세상에 우뚝 높이 세워 주었기 때문에 탈무드를 지킨다.
5. 유대인들이 하나님의 자녀로 다시 태어날 수 있는 방법은 할라카밖에 없다고 생각한다. 토라만이 인간을 새롭게 할 수 있다고 믿기에

그들은 생명을 희생해 가면서도 토라대로 교육받고 그대로 살고자 한다. 법속에 하나님이 계신다고 믿기 때문이다.

율법 할라카

4. 요약 : (기독교의 입장)

1. 율법은 인간을 바르게 하는 거룩한 방편이요 도구이다. 이 율법이 유대인을 위대하게 한 인간의 구원 방편인 것은 사실이다.
2. 성전과 조국을 잃은 상황에서 유대인이 기댈 수 있는 최상의 방편이기도 했다.
3. 예수는 율법 자체에 대한 저항을 한 것이 아니라 구전과 장로의 유전 및 그 적용이 너무나 인위적인 것을 지적했다.
4. 바울의 율법 지적은 율법은 축복으로 주어진 것이 아니라 저주의 상황에 주어진 방편이지 인간 치유를 위한 최선책은 아니다. 그러므로 율법의 한계를 넘어선 치유의 은혜와 자유가 필요하니 그가 바로 복음이다.
5. 율법의 한계는 용서와 은혜 없이 법의 강제성으로는 인류 전인 구원에 나갈 수 없기에 율법의 부족을 메우고 모든 사람이 은혜와 사랑으로 치유할 수 있는 길, 십자가의 사랑과 은혜가 선포되었다. 그러므로 그 사랑의 치유 복음의 길은 하나님의 길. 하나님이 하신 일이기에 예수는 하나님이시다.

7. 사람이란 무엇인가? Personhood

1. 유대교의 주장

　사람이란 무엇인가란 질문에 여러 답변이 나올 수 있다. 동양사상에서 사람을 정의하는 것과 중동지역에서 사람을 정의하는 것이 다르다. 그런가 하면 한 가정에 사는 식구들 가운데서도 사람에 대한 정의는 다를 수 있다. 만물의 영장, 짐승보다 못한 놈이라고 하는가 하면 열 길 물속은 알아도 한 길 사람 속은 알 수 없다고 표현할 정도로 인간은 알 수 없는 존재, 단적으로 정의할 수 없는 불가사의한 영물이다.
　그렇다면 유대인들은 사람을 어떻게 정의하는가? 히브리인들은 사람을 어떻게 이해하고 어떻게 대하는가? 그들이 이 세상의 처세에 능하며 죽음의 질곡에서도 살아남았고, 또한 그들이 세계에 최고로 빼어난 인물로 나타날 수 있었던 것은 사람을 본질적으로 정확하게 이해하고 현명하게 대하고 지혜롭게 교육시켰기 때문이 아닐까? 세상과 인간에 대한 기본적인 이해가 틀리면 모든 것이 비뚤어진다. 이 세상에 가장 빼어난 종족 가운데 하나인 히브리인들의 인생관을 듣고 그들의 지혜를 배울 수 있다고 생각한다.
　기독교와 별다를 바 없이 유대교는 인간의 존재를 하나님의 신성과 동물적 야성이 겹쳐 있다고 믿고 있다. 달리 표현하면 하나님의 인간성과 사람의 신성의 연합이라고도 볼 수 있다. 묘하게도 신성은 인간을 설명하고 인간성도 신성을 설명한다. 다시 말하면 하나님 속에 인간성이 있고 인간 속에 하나님의 신성이 있기 때문에 어느 한 쪽을 설명하면 다른 한 쪽이 또 다른 한 쪽을 설명하면 다른 한 쪽이 나타나고 있다. 결국 신 속에 인간이 인간 속에 하나님이 오버랩되어 있다는 뜻이다.

7. 사람이란 무엇인가? Personhood

유대인들은 전통적으로 이렇게 믿고 있다. 하나님의 인간됨은 창세기 1:26-27에 나타나고 있다.

> "하나님이 가라사대 우리의 형상을 따라 우리의 모양대로 우리가 사람을 만들고 그로 바다의 고기와 공중의 새와 육축과 온 땅과 땅에 기는 모든 것을 다스리게 하자 하시고 하나님이 자기 형상 곧 하나님의 형상대로 사람을 창조하시되 남자와 여자를 창조하시고"

위 성경구절이 의미하는 것은 하나님께서 인간에게 나타나신 사실기록이고 또한 인간이 하나님을 인지하고 받아들였다는 것이다.

성경의 모든 구절들 속에서 우리는 감지할 수 있는 성경의 신의 성격은 신인 동형, 또 인신 동형적 용어로 표현되어 있다. 그러나 앞에 읽은 창세기의 구절은 확실히 신이 인간에게 나타나사 자신의 형상을 인간 속에 불어 넣으시는 실제적 인격적 용어를 볼 수 있다. 성경에 나타나는 신은 항상 인간적이고 그의 신성은 인간성과 함께 한다는 것이 중심 사상이다. 이런 의미에서 신에 대한 과학적 연구란 인간학 이라고 할 수 있을 것이다.

성경에 나타나는 인간성이란 물론 오늘날 우리가 사용하는 현대적 의미에서 인간성이라고 하는 말과는 사뭇 다르다. 오늘날 우리가 사용하는 인간성이란 대체로 성격·개성·어떤 행동과 그 특성을 의미한다. 물론 인간성 또는 인격이라고 할 때 그 속에는 그 행동의 도덕성, 영성 또는 지성들도 포함하는 것은 당연하다. 그렇다면 성경에서 말하는 인간성이란 어떤 것일까? 성경에서 말하는 인간성이란 교육이나 훈련을 통해서 형성된 인격을 말하는 것이 아니다. 이것은 후천적이기 때문이다. 인간은 환경이나 교육에 따라 그 사람의 성격 인간성 행동이 달라질 수 있다. 예를 들면 두 형제가 같은 부모에게 태어나서 한 아이는 군사사관학교에 한 아이는 연예계에 들어가서 훈련받아 생활한다고 보자. 두 사람의 인격이나 삶의 모양은 완전히 달라질 것이다. 이것은 후천적이며 또한 교육과 경험을 통해 얻어지는 것이다.

성경에서 말하는 인간성의 인격이란 신의 형상을 닮은 거룩·선·위대함·무한의 능력과 세상을 지배하고 통치할 수 있는 만물 위에 있는 신적·인격·자아, 이것이 인간의 본래적 인격 또는 인간성이다.

성경에 나타난 하나님을 우리는 인격으로 이해한다. 하나님을 우리가 인격으로 이해한다는 뜻은 이것이다. 그는 거룩한 존재요, 감정과 느낌을 가지고서 희로애락을 표현하시며 선악을 구별하고 판단 상벌하시는 인간성의 모습을 가지고 계신다는 뜻이다.

희랍사상의 영향을 받은 중세 신학은 하나님은 만물을 움직이는 동인(Motif)으로 생명의 지혜로 표현했는데 유대인들은 이전부터 그런 사고를 가지고 있었다. 성서학자들은 하나님의 인격을 이렇게 이해했다. 하나님의 인격은 어디까지나 인간이 이해한 한계이고, 그 이상, 모든 만물을 초월하는 초월적 성격이 따로 있다는 것이다. 특히 중세 철학은 하나님을 인간이 가지고 있는 인격과 같은 인격자로만 이해하는 것은 적절치 않다는 결론을 지었다.

중세의 가장 위대한 신학자이면서 의사인 모세 마이모니데스(Moses Maimonides)는 유일신 하나님을 신인동형설, 인신속성동질성 같은 개념으로 하나님을 설명하고 이해하는 것은 절대로 옳지 않다고 했다. 그것은 인간이 하나님을 이해하는 한계이다. 하나님은 인간의 이해 위에 그리고 밖에 계신 분이다. 가령 하나님이 인간의 이해 안에 계신다면 그것은 하나님이 아니다. 그럼에도 중세신학은 하나님을 인간의 측면에서 인간을 신의 측면에서 이해하고 예배에서도 그렇게 하나님을 찬양하고 기도했다.

오늘날 하나님을 이해하는 여러 새로운 모델들이 등장했다. 계몽주의 사상이 등장한 이후 하나님을 인간과 같은 인격으로 이해하는 것을 거부함이 하나님을 인간의 인격이나 성격의 차원에서 이해해서는 안 된다는 두 가지 이유를 들었다.

첫째로 인격이란 인간을 표현할 때 쓰는 용어인데 신이란 인간의 경험의 차원에서 이해할 수 없는 존재이기 때문에 초월의 존재에 인간적 용어를 사용할 수 없고, 두 번째 비교문학에서 신을 이해하려고 할 때 인격이란 용어를 쓰지만 실제로 신이란 현실을 넘어서는 감지할 수 없는 존재를 은유적으로 표현한 것이다. 낭만파의 등장으로 인해 인간을 신적 차원에서 신비한 존재로 표현해 왔다. 신뿐 아니라 신비한 모든 것 가운데 인간이 가장 신비한 존재로 표현하는 풍조가 등장했다. 그러므로 신을 인간적 인격으로 표현하는 것은 상징적 문학적 시적 표현이라고 할 수 있다.

계몽주의 사상과 낭만파의 등장으로 하나님의 인간됨 또는 인격이란 문제에 질문이 집중될 수밖에 없었다. 이에 대해 제일 먼저 도전한 사람은 프로이드(Sigmund Freud)였다. 인간의 속성과 인격을 깊이 연구한 그는 이런 놀라운 발표를 하였다. 기독교뿐만이 아니라 초월적 존재를 믿는 모든 기성종교의 신은 인간 자신의 투영(Project) 또는 자기 확대라고 했다. 자신을 신적인 존재로 투영하고 확대하는 것은 연약한 자신을 위로하고 용기와 희망을 주는 일이요 또한 처절한 인간의 모습을 말소시키는 역할을 했다.

프로이드는 또 주장한다. 인간이 형제, 부모, 자식과 인격적인 관계를 가져 사랑하고 사랑받고 도움을 받는 것 역시 신의 성격을 만드는데 공헌했다. 다시 말하면 신은 인간의 투영을 통해 인간이 만들어낸 작품 가운데 최고의 작품이란 것이다. 유대인 의학자요 심리학자 시그몬트 프로이트의 생각이다. 우리 유대인들은 프로이드의 생각에 놀라지 않는다.

왜냐고요? 인간은 놀라운 하나님의 작품이기 때문에 그런 발상도 할 수 있다고 믿는다.

둘째로 생각할 수 있는 것은 성경의 신은 모두 남성으로 표현했는데 최근 여권 신장 운동이 하나님의 이해를 크게 바꾸어 놓았다. 우리가 명사 그 남자(He)라고 할 때 그는 모든 것을 통솔하고 지배하는 남성으로 이해한다. 마찬가지로 남성명사인 하나님이란 말을 할 때 그는 모든 것을 통제하는 존재로 생각하게 된다. 하나님에 대한 이해는 이렇게 변화되어 왔다. 그럼에도 불구하고 유대인들은 세상의 철학이나 어떤 사상운동이 영향을 받지 않고 하나님은 하나님으로 인간은 그의 형상대로 지음을 받은 인간으로 이해하고 믿고 경배한다.

어떤 이론이나 문학적 술어를 가지고 풀이한다 해도 하나님의 인간적 속성은 부정할 수 없고 인간 속에 하나님의 신적 속성이 있는 것을 부정하지도 못한다. 성경에 나타나 있는 그대로 인간성 또는 인격이란 영적인 것, 감정, 고상함, 선함, 위대함, 분노, 도덕성들을 포함하는데 하나님에게 있을 뿐만 아니라 인간에게도 그 같은 성격이 들어 있다.

물론 현대신학은 심리학이나 과학 또는 프로이드나 여권 신장의 영향과 언어학적 표현들을 결단코 경시하지 않지만 그런 잡다한 영향 속에서 신학이 하나님을 인간이 창조한 심리적 투영으로 해석하는 것은 결단코 받아들일 수 없는 것이다. 이것은 현대 학문을 동원하여 하나님은 인간의 창조물로 보는 것은 신학적 우상을 따르는 결과가 된다. 우상이란 무엇인가? 우상이란 없는 것을 있는 것으로 착각 내지 혼돈의 표현이 아닌가? 그리고 하위를 최고 우선순위에 두는 착각이다. 유대교나 기독교를 막론하고 양쪽 모두 다 허무한 철학과 공허한 신학의 노예가 되고 또는 사회와 인간의 사상에 노예가 되어 인간적 하나님, 우상적 하나님을 인간이 만들어 신과 인간의 상호 관련성을 가진 신비한 인간, 인간적 하나님을 부정하고 있다.

성서와 랍비 문학과 예전의 전통에 따르면 신적인 성격을 지닌 인간은 본래부터 거룩한 존재였다. 인간은 창조적이고 위대하고 고상하고 초월적 능력을 가진 신적 존재이다. 이런 점에서 기독교에서 주장하는 성육신 사상은 상당한 면에서 일리가 있는 이론이다. 하나님이 사람이 되어 이 땅에 오셨다는 신앙은 유대인들이 가지는 인간관과 크게 다르지 않다. 하나님이 하시는 모든 일들을 인간에게 전부 다 이양 전수할 수 있도록 인간에게는 신적인 능력이 주어져 있다. 물론 제한된 분야가 없지 않으나 유대인의 교육과 신앙은 여기서 시작한다. 인간은 무한대의 신적 능력과 위대함과 거룩함을 가지고 있다. 유대인의 교육은 이 선천적 신적 능력을 개발하여 고상한 인간을 만들어 가는 것이다. 유대인의 교육철학에 대한 수많은 논설이 가능하겠지만 인간 속에 있는 신적인 능력의 개발, 이 한 마디 속에 모든 유대인 교육의 원론이 있다.

유대인 신학에 의하면 앞에서 언급했듯 인간성의 자리는 창세기 1:26-27에서 찾을 수 있다. 인간에 대한 이 정의는 심리학이나 사회학 또는 인간 철학에서 규정하는 것이 아니라 하나님의 형상대로 인간이 지음을 받았다는 것이 인간성의 기본이다. 하나님의 형상대로 지음 받았다는 그 능력이나 영성이나 위대하고 거룩함을 그대로 믿고 실천하지만 현실의 인간 속에는 현재로서는 상당 부분 제한을 가지고 있다. 그것은 인간이 창조자의 뜻을 따르지 않음으로 창조 이후에 생겨난 것인데 그럼에도 불구하고 성경은 인간을 그렇게 위대하고 거룩한 존재로 규정한다.

인간이 하나님의 인격적 품성을 닮았다고 하는 것은 엄청난 부담과 책임을 의미한다. 하나님이 전능 무소부재하다는 것에 대해 우리는 상당한 흠모와 환상을 가지고 있다. 그럼에도 불구하고 우리 인간은 전지전능할 수 있는 책임은 전혀 생각지 않고 있다. 어떤 점에서 인간이 진지하심을 흠모한다는 말은 가능하나 죄 없이 도덕적으로 완벽하다고는 말할 수는 없을 것이다. 하나님의 성품을 닮았다는 것은 그 신적 성품에 대한 상당한 책임이 있다.

에덴동산에서 아담과 하와는 신의 성품을 받았음에도 그 책임을 소홀히 했다. 그 성품을 고귀하게 지킨다는 것은 육체를 가진 인간으로서 상당한 책임이다. 그럼에도 불구하고 아담은 하와로 그 책임을 소홀히 하여 인간성의 나약함에 존귀함을 포기해 버렸다. 그 같은 상황은 오늘날에도 가능하다. 모든 사람이 똑같은 존귀함을 가지고 태어났으나 그 신적 존귀함을 유지 발전시키는 사람은 많지 않다. 이것이 인간에 대한 자기 책임으로 현대 신학자 아브라함 헷셀(Abraham Joshua Heschel)은 이렇게 말했다.

존귀한 인간성을 발전시키고 유지하는 길은 오직 토라 속에서 인간이 다시 태어나는 것인데 정확하게 말해 유대인들만이 할 수 있는 일이다. 기독교에서 성육신하신 예수라고 말하듯 유대인들은 토라 속에서 성육신함으로서 하나님의 전지전능과 거룩함을 지킨다. 이방인들이 듣기에 유대인들의 독설 같지만 토라를 체험해 보지 못한 이방인들은 전혀 이해하지 못한다.

유대교에서는 이렇게 가르친다. 비록 인간이 자기에게 부여된 책임을 다하지 못한다 할지라도 인간 속에 심어진 하나님의 품성은 여전히 남아있어 거룩하고 위대하고 존귀하다. 그러나 그것이 물이 없어 씨앗이 발아하지 못하는 것처럼 발전하지 못하는 것이다. 이런 경우 랍비문학은 이렇게 가르친다. 자신을 구원하는 것은 온 천하를 구원하는 것만큼 어렵다. 유대인들은 하나님도의 성품으로 다시 태어나 위대한 인생으로 사는 것은 죽은 자가 부활하는 것과 마찬가지로 어렵다고 가르친다. 뿐만 아니라 인간에게 주어진 하나님의 성품은 함부로 사라지거나 변경되지 않는다. 어떤 악인에게도 그 성품은 마음의 바닥에 그대로 존재한다.
　이 점에서 기독교도 유대교의 인간관과 거의 차이 없다고 보기 때문에 기독교의 대화는 풍성해질 수밖에 없다.

사람이란 무엇인가?

2. 기독교의 주장

　크리스천의 인간관은 물론 구약성서 창세기에서 시작하지만 복잡한 사상의 발전으로 인하여 그 견해가 달라져 왔다. 그 중 가장 특이한 것은 초대교회 시대에 삼위일체 교리가 형성되자 인간도 삼위일체론적으로 이해했다. 인간은 몸과 마음과 영혼으로 해석되어졌다는 뜻이다. 그 후 이 사상은 중세의 스콜라 사상시대까지 영향을 끼쳐 인간은 몸과 마음과 영혼으로 형성된, 하나님을 닮은 삼위일체론적으로 해석했다.

　불행인지 다행인지는 모르지만 기독교의 인생관은 성서적이라기보다는 오히려 신학적이라 할 수 있을 것이다. 성서의 인생관은 단순하고 명료하지만 신학적 인생관은 시대의 흐름과 사상의 변화에 따라 신학의 표현이 달라지기 때문에 신학과 함께 항상 변하여 왔다.
　기독교 신학에 의하면 사람은 하나님에 의해 하나님을 위해 창조되었다. 신학이 발전했다는 것은 하나님에 대해 더 깊이 이해할 수 있게 된 것을 의미하는데 하나님을 더 깊이 앎으로써 인간이 무엇인지에 대한 뜻도 더 깊이 알 수 있게 되었다는 뜻이다. 그러므로 신학세계에도 다양한 신학의 표현이 있기 때문에 인간에 대한 표현도 다양해질 수밖에 없었다.
　이 세상에 아무리 잘나고 위대한 사람도 그 사람의 마지막 인생 방향은 하나님을 향해 있다. 한평생 동안 잊고 살다가도 임종의 마지막 순간에는 자신이 하나님의 뜻을 따라 하나님을 향해 가고 있다는 것을 깨닫게 된다. 인간이 에덴동산에서 범죄하여 인간의 선함과 위대함 그리고 그 고상함을 상실했다 할지라도 여전히 그 흔적이 남아 있다. 그래서 신학자들은 그것을 인간의 초월적 성격 또는 유전적 성품이라고 한다. 쉽게 말해서 하나님의 형상으로 존귀한 존재로 인간이 태어났고 인간 스스로 행한 범죄로 인하여 큰 상처를 받았지만 아직도 그 뿌리는 남아 있다는 뜻이다. 신학자들은 '인간은 모름지기 인간 속에 남아 있는 하나님의 성품의 뿌리를 회복하는 것이 인간 삶의 사명이다. 그러므로 성경이 말하는 삶의 의미는 이 세상이 말하는 것과 비교할 수 있는 성격이 아니다' 라고 주장한다.

　인간이란 무엇인가? 인간은 인간의 뜻을 따라 믿음을 가지고 사는 것만으로 충분하지 못하다. 인간은 잃어버린 자신의 존귀함을 회복하는 것이 성경의 가르침이다. 인간은 반드시 높으신 분의 뜻을 따라 살 때만이 인간다운 인간이 되는 것이다.

　옛날에 인간이 범죄했다는 사실이 유약한 인간성 때문이라면 그 유약함을 오늘날의 인간도 여전히 가지고 있다. 그러므로 하나님의 성품을 인간이 인간의 능력으로 회복할 수가 없다. 하나님의 은혜의 축복이 필요하다. 하나님의 은혜의 능력이 함께 하지 않으면 인간은 인간다움을 회복할 수가 없다. 하나님의 은혜로서만이 자기의 회복과 새로운 인간으로 다시 태어날 수 있기 때문이다. 물론 신학자들마다 '은혜'의 역사에 대해 해석의 차이가 있을 수 있다. 루터와 칼빈은 범죄로 인해 인간의 위대함을 잃었다는 것에 동의한다. 인간이 타락했다 할지라도 이성으로 어느 정도 바르게 살 수 있다. 그러나 하나님이 원하시는 수준에까지 도달할 수 없기 때문에 은혜의 능력으로 잃어버린 존귀한 인간의 모습을 찾을 수 있다. 그렇게 될 때만이 인간다운 인간이 될 수 있다.

7. 사람이란 무엇인가? Personhood

인간성의 본래의 모습은 성서에서 찾을 수 있다. 어떤 철학자가 인간을 규정하는 것과는 전혀 다른 가르침이다. 사람은 하나님의 형상대로 하나님에 의해 창조되었다는 창세기 2:7의 고전적인 기록이 성서적 인간관의 기초이다. 그러나 이 성경구절을 기독교 신학자들은 플라톤(Platon)의 사랑의 필터를 통해 다시 해석했다. 인간은 몸과 영으로 되어 있다고 주장하는데 비해 고대 유대인들은 인간을 육으로 됐다는 그 외의 설명을 할 수가 없었다. 영으로 구성된 인간성을 설명하지 못한 채 오히려 인간은 성적인 기능이 있다는 주장을 했다. 그리고 인간은 하나님과의 관계에 의해서 인간은 죄에서 자유할 수 있다는 정도로 설명했다. 고대 유대인들의 생각이다.

구약성서에 정통한 사도 바울은 부활의 생명을 인정하며 인간관에서는 부활의 생명성이 있다고 주장했다. 예를 들면 고린도후서 5:17 "그런즉 누구든지 그리스도 안에 있으면 새로운 피조물이라 이전 것은 지나갔으니 보라 새것이 되었도다" 죄로 인하여 상처받아 불가능한 존재인 인간이 그리스도의 도우심으로 새로운 모습으로 변할 수 있다는 뜻이다. 물론 이 구절은 시대마다 학자들 간에 크게 논란을 불러일으키는 내용이기도 하다. 초대교회시대에 이 구절은 이렇게 해석되었다. 육체적 인간이 몸의 부활을 이루었고 죽음에 있던 인간이 부활의 새 삶을 얻었다는 것으로 해석했다. 물론 이런 해석의 근거는 이사야 26:19의 말씀에 두었다.

"주의 죽은 자들은 살아나고 우리의 시체들은 일어나리이다 티끌에 거하는 자들아 너희는 깨어 노래하라 주의 이슬은 빛난 이슬이니 땅이 죽은 자를 내어 놓으리로다"

그리고 다니엘 12:2-3에서 그 힌트를 얻은 듯하다.

"땅의 티끌 가운데서 자는 자 중에 많이 깨어 영생을 얻는 자도 있겠고 수욕을 받아서 무궁히 부끄러움을 입을 자도 있을 것이며 지혜 있는 자는 궁창의 빛과 같이 빛날 것이요 많은 사람을 옳은 데로 돌아오게 한 자는 별과 같이 영원토록 비취리라"

로마 가톨릭교회에서는 이렇게 믿고 있다. 인간은 죄에 의해서 존귀성을 상처받았고 지금도 죄악을 향하는 경향을 가지고 있다. 여기서 경향이란 말은 아무리 깨끗하고 바르게 살고 싶다 할지라도 항상 그 쪽을 향하여 기울어지는 성격을 가지고 있다는 뜻이다. 죄악을 향하는 마음의 기울어짐을 바로 잡아주실 분은 예수밖에 없다는 것이다. 개신교의 입장에서 볼 때 아름다운 미사여구의 나열일 뿐 인간 존재의 핵심을 말하는 것이라고 볼 수 없다. 개신교에서는 인간을 이렇게 표현한다. 인간성은 전적으로 타락했다. 아담의 범죄로 인하여 아담과 그 후손은 예외 없이 전적으로 타락했다. 이성과 자기 판단을 가졌지만 하나님의 뜻을 따라 살 수 있는 영성을 잃었다는 것이다. 하나님께서 은혜로 인간을 변화시켜 주를 믿게 하시고 변화케 하사 영원한 생명을 허락하실 때 인간은 자신을 온전히 회복하고 온전해질 수 있다고 믿는다. 너무 간단하게 설명한 것 같지만 요점은 인간은 예수 안에 있지 않을 때 온전한 인간이 될 수 없다. 예수 안에 있지 않으면 인간의 바른 이성 판단, 바른 가치, 영원한 생명을 깨달을 수 없기 때문에 여전히 타락의 길로 갈 수밖에 없다는 뜻이다. 인간의 전적 타락 그리고 예수로 인해 인간성의 회복, 이것이 크리스천의 인간관이다.

크리스천의 인간관을 가장 조리 있게 설명한 사람은 로마서를 기록한 사도 바울일 것이다. 율법과 복음의 관점에서 인간을 논하면 바울은 두 가지 핵심요점을 거론한다. 죄와 은혜의 사이에 있는 존재가 크리스천 인생관인데 죄로 인하여 불가능한 존재가 그리스도 예수 안에 있는 하나님의 은혜로 새롭게 태어날 수 있다는 사실이다.

초대교회의 교부들은 성서 전통을 지키려고 애를 썼으나 실제로는 헬라철학의 영향을 받아 인간은 몸과 정신과 영으로 구성되어 그 셋의 자연스런 조화가 온전한 인간이 되는 길이라 했다.

그래서 중세교회는 이원론 사상에 완전히 정복당하여 영은 귀한 것이지만 육신은 추악함과 범죄의 온상이라고까지 규정지었다. 이러한 이원론사상에 기초하여 인간의 영혼은 하늘나라에 가지만 인간의 육신은 쓰레기처럼 던져 버릴 가치 없는 것으로 받아들였다. 당시 지각 있는 신학자들은 이원론을 반대하여 하나님이 주신 귀한 육체라고 주장하기는 했지만 영과 육이란 이원론(Dichotomy)은 극복하지 못했다.

최근의 신학자들은 놀랍게도 성서적이라기보다는 심리학적 사회학적 관점에서 인간을 이해한다. 자유하는 인간주의에 편성하여 인간의 존귀함에만 역점을 두어 인간을 해석한다. 물론 각 신학자들마다 견해가 다르지만 산업사회의 주인으로서 또는 허무주의의 비관적 모습으로 또는 반 철학적 인간으로 이해하지만 성서적 근거도 없는 인간 존귀, 인간 고상함만을 강조하고 있다.

또한 최근 로마가톨릭의 인간 이해는 사회적도 인간적도 또는 성서적도 아닌 모습으로 그리고 있다. 인간은 어떤 흐름(Movement)을 향하는 존재, 인간은 사회심리 경제의 복잡한 관계성 속에 있지만 인간은 위대한 존재로만 이해한다. 이러한 가톨릭의 인간 이해는 다름 아니라 자기들의 고뇌 주장, 또는 복잡한 가톨릭의 세계적 상황을 대변하면서도 인간은 위대한 존재라고 추켜세우는 것일 뿐이다.

유대 기독교의 성서의 대화 관점에서 볼 때 세계 제1,2차 전쟁 그리고 냉전체제 속에서 인간의 가치가 땅바닥에 떨어진 것을 감안하며 성서적 가르침을 바로 해석하는 경향으로 발전하고 있다. 절망, 죽음 속에서도 인간은 존귀하고 위대한 신적 성품과 그 모습을 지녔다는 성서적 근거에서 주장한다.

현대 신학자들은 인간은 의식을 가진 생명체 또는 심리적 사고를 할 수 있는 고등동물이라고 주장하는 사람이 많다. 잘 알다시피 기원 초 초대교회는 인간을 기독론과 삼위일체론적 입장에서 이해했다. 그렇다면 기독론적 또는 삼위일체론적으로 이해했다는 것은 무슨 뜻인가? 기독론의 입장이란 인간은 예수님처럼 사람이면서 신성을 지닌 하나님의 형상이란 뜻이다. 이 땅에 사는 만물의 영장이란 뜻만이 아니라 하나님의 존귀함을 지녔다는 뜻이요, 삼위일체론적이란 기독론적이란 말과 같은 것인데 하나님 속에는 인간적 인성이 있어 하나님의 인성이 표현된 것이 인간이란 뜻이다. 그러므로 신성 있는 인간, 하나님의 인성의 표현이란 신학에서도 신비하게 다루는 어려운 과제이다.

이 점에 있어서는 유대인들의 인간관과 기독교의 인간관은 별다를 바가 없다. 왜냐하면 인간은 모습을 창세기에서 찾고 그리고 구체적으로 삼위일체 즉 예수님 속에 그 원형을 찾기 때문이다. 중세에 와서는 인간을 자연과 인격을 구별하며 이해했다. 인간 속에는 자연적 성질이 남아 있고 또 이성이 있는 인격으로 이해했지만 역시 한 하나님의 품성 속에 인간 예수가 태어난 것처럼 인간도 그러하다고 믿었다. 하나님은 아버지, 아들 그리고 성령으로 구약과 신약에 계시되었는데 특히 신약에서는 하나님의 신성이 인간의 인격으로 이해됐는데 그 원형이 예수님이시다. 따라서 인간은 하나님의 아들의 속성을 지닌 신성과 인성의 존재로 이해한다. 그만큼 인간은 소중하고 이 세상과도 바꿀 수 없는 유아독존적인 존재인데 인간 속에도 하나님의 속성이 다 있는 것으로 이해했다.

그러나 초대 기독교 시대는 당시 모든 학자들이 신 플라톤사상(Neoplatonism)에 영향을 받아 이원론적으로 생각했는데 그 중에서도 인간의 육신을 경시하는 경향이 있었다. 그 당시 육은 천한 것이기 때문에 인간의 몸과 영혼을 담고 있는 그릇 정도로 생각했다.
긴 역사를 통하여 기독교는 다양한 사상적 영향을 받아 다양하게 인간

긴 역사를 통하여 기독교는 다양한 사상적 영향을 받아 다양하게 인간을 이해해 왔다. 솔직히 말해 유대교의 인간관이 성서적이고 순수했다고 말한다면 기독교의 인간 이해는 너무나 사상적이요 인간 중심적 방법으로 흔들리면서 발전해 왔다. 이제 기독교도 좀 더 원 자리, 성서적인 인간 이해의 자리로 나아가야 한다고 생각된다.

사람이란 무엇인가?

3. 요약 : (유대교의 주장)

1. 바른 인간 이해는 인간을 어떻게 교육시키고 어떻게 살아가야 하는가에 대한 대안을 마련하는 것인데 너무나 중요하다. 유대인의 인간관은 기독교의 인간관과 크게 다르지 않다. 인간 이해에 대한 사상에서 가장 정확하다고 생각한다.
2. 성경의 신은 너무나 인간적이다. 그것은 신이 인간을 자기의 형상대로 지었다는 기본 사상에서 출발한다. 인간 속에 있는 신의 속성, 신의 속성은 인간과 함께 한다는 것을 의미한다. 이런 의미에서 히브리 신 연구는 인간학이다.
3. 인간성은 선천적 인간성과 후천적 인간성으로 구별한다. 후천적 인간성은 교육과 훈련으로 계발될 수 있지만, 그것이 없더라도 인간은 선천적으로 선(善), 지혜, 거룩 그리고 위대함으로 차 있는 신적 존재이다.
4. 신은 인간의 위대함, 선함, 존귀함의 투영으로 프로이드의 주장이다. 이 같은 돌출적 사상도 위대한 신의 자녀이기 때문에 가히 할 수 있는 것이다. 오늘날 인간의 사상 신학마저도 인간 사상의 노예가 되어 신과 인간을 바로 바라보지 못하고 있다.
5. 기독교의 삼위일체신학, 신의 인카네이션 사상은 하나님이 인간화

했다는 논리에서 정당하다. 인간은 이 땅에 있는 신의 형상으로 그 능력에서 신적이다. 그러나 신적인 인간 속에는 인간으로 어쩔 수 없는 인간적 한계가 있다
6. 인간 속에 있는 신적인 요소에는 무한한 인간의 책임이 있다. 아담과 하와는 그 인간의 책임에서 실패했다. 기독교인이 예수 속에서 새 사람으로 태어난다면 유대인은 토라 속에서 새 인간으로 다시 태어난다.

사람이란 무엇인가?

4. 요약 : (기독교의 주장)

1. 기독교의 인간 이해 역시 유대교의 인간 이해와 별다를 바가 없다. 그 이유는 같은 구약성서에서 출발하기 때문이다. 그러나 기독교의 인간 이해는 성서적이라기보다 신학적으로 발전해 왔다.
2. 기독교의 인간관은 삼위일체론적으로 인간이 신의 속성을 지닌 것으로 이해했다. 그러나 애초에 잘못된 인간의 회복은 스스로의 힘이 아니라 하나님의 은혜로만이 가능해진다고 보았다.
3. 희랍적 영향 속에서 영육의 이원론적 인간 이해는 티끌 인생이 새 사람이 되는 길은 IN CHRIST밖에는 없다고 단정했다. 기독교의 인간이해는 너무나 세속적이었다.
4. 현대의 인간 이해는 성서의 근거도 없는 낙관적 인생, 심리학 내지 사회학적 인간의 위대함과 존귀만을 강조하는 흐름이다.
5. 최근의 인생관은 기독론적 인간 이해가 주를 이루고 있다. 사람으로 태어났으나 신성이 있는 하나님의 아들로서 인간의 존귀함을 강조한다. 그러나 예수의 고난은 말하지 않는다. 따라서 기독교는 좀 더 정직하고 그리고 성서적 고민을 해야 할 때라 본다.

8. 죄란 무엇인가? Sin

1. 유대교의 주장

문화란 사람이 살아가는 어떤 삶의 스타일을 말한다고 볼 수 있는데 문화가 발전하면 풍성한 언어 표현도 풍성해진다. 어떤 한 사물을 두고서 여러 모양으로 표현한다. 예를 들면 죄에 대해서 잘못·위반·과실·부족·반역·거역·불순종·회심 또는 용서라는 용어로 설명할 수가 있을 것이다. 죄가 어떤 것인지를 그 근원을 정확히 설명하는 것은 아니지만 중심개념을 보여준다.

죄가 무엇인지에 대해 두 가지 의미로서 설명할 수가 있을 것이다. 첫째 인간과 인간 사이의 문제뿐만 아니라 사회와 연관되는 실수도 여기에 포함된다. 그 다음 신과 인간 사이의 문제가 두 번째 죄의 개념이 된다. 첫째는 절대적인 문제요 두 번째는 상대적인 문제이다.

인간과 인간 사이의 문제는 이 세상에 있는 모든 사람과의 관계 속에서 일어나는 위반 범죄가 여기에 해당된다. 구체적으로 말하면 남의 삶을 해치는 것, 모독·상해·중상·거짓·사기·간음…… 등이다. 유대의 전통에 따르면 인간 사이에 일어나는 죄악은 범법자가 먼저 해결하지 않으면 하나님도 용서하지 않는다고 가르친다. 남의 물건을 훔쳤을 경우 또는 남의 재산에 상처를 주었다면 그것에 해당되는 보상을 하지 않고서는 하나님이 용서하여 주지 않는다는 뜻이다. 보상뿐만이 아니라 피해자의 용서가 있을 때에만 하나님도 용서하신다.

용서를 받는 길은 쉽지가 않다. 왜냐하면 인간이란 자기 잘못을 인정하지 않는 자기 보호 본능이 있기 때문이다. 자기 잘못을 인정하고 사과할 수 있는 사람은 성인 반열에 오를 수 있다는 것도 유대의 전통이다. 그만큼 자신의 과오를 인정하기가 어렵다는 것이다. 다윗이 인구조사를 함으로 하나님의 뜻을 거역했을 때(삼하24), 밧세바를 취했을 때 다윗은 변명 한 마디 없이 죄를 자복하고 용서를 구했다(삼하11). 사울과 다윗의 죄악이 그 양에서 다윗이 사울보다 작다 할 수 없으나 다윗은 죄악을 인정하고 용서를 구함과 동시에 죄악에 대한 책임을 철저히 통감하고 당당히 벌을 받았다. 유대인의 전통에서는 큰 속죄일(Day of Atonement 레23장 유대월력 7월 10일경) 전까지 그 해에 지은 모든 죄를 다 풀어야만 했다.

하나님을 향한 범죄에 대해 생각해 보자. 가장 불경스런 큰 범죄는 하나님의 이름에 불명예와 치욕을 드리는 행위이다. 종교예식에 관한 범죄 그리고 하나님의 영감을 받은 존귀한 인간을 함부로 하는 것도 신에 도전하는 범죄이다. 신이 제정한 종교의식에 참여하지 않는 불순종의 행위 그리고 종교예식을 거역하는 것은 신적 범죄에 해당된다. 이런 범죄는 고백이 있는 회개를 통해서 사죄함을 받는다. 고백이라 함은 개인적인 고백이 아니라 예배를 통한 공적 속죄 행위를 말한다. 예배의 순서에 있는 속죄의 시간에 속죄기도, 고백을 마음에서부터 행해야 한다. 다시는 그 같은 죄악을 반복하지 않겠다는 간증과 고백이 따라야 한다. 간증이란 지난날의 잘못에 대한 반성이고 고백이라 함은 새 삶을 살겠다는 결단을 의미하는데 반드시 랍비나 어떤 지도자 앞에서 할 필요는 없다. 랍비나 어떤 종교적인 지도자가 속죄권이 없기 때문에 그들에게 용서를 구할 필요도 없다. 철저한 반성과 후회, 하나님의 속죄를 얻기에 충분한 미래를 향한 결심 있는 태도가 필요하다. 속죄란 과거를 향해 잘못 했다고 말하는 것만이 아니라 미래를 향한 새 결심이 없으면 그것은 속죄가 아니다. 그럴 때에 속죄가 허락된다.

인간이 저지르는 두 번째 범죄는 율법에 관한 것이다. 하나님의 법을 거슬리는 것, Pesha 즉 거룩한 내적 자신을 더럽히는 것 Hatat이다. Pesha는 하나님의 자기 계시, 하나님이 인간에게 자신을 보여주시는 것을 부정하는 것이다. 여기서도 죄는 윤리적인 문제뿐만 아니라 예배를 통해 하나님을 경배하는 문제도 포함된다. 유대사회에서는 전통의 의미를 대단히 중시한다.

윤리문제나 예배의 문제에 있어서 그 표준은 유대인의 전통의 가르침이 좌우한다. 유대사회에서 전통은 하나님의 율법이 어떻게 운용되어 왔는가를 보여주는 것이기 때문이다. Hatat는 하나님 자체의 문제보다 인간 삶의 선함, 아름다움을 중시 여긴다. 하나님이 천지 모든 것을 선하고 아름답게 창조하였기에 모든 것을 선하고 아름답게 보존하고 또한 그렇게 살아야 하는 것이다. 이러한 관점에서 생각해 볼 때 죄란 하나님의 창조물의 아름다움을 더럽히는 것이다. 이 세상에 창조된 모든 자연, 인간까지도 선하고 아름다운 존재이다. 창조의 본질적인 선한 속성을 유지하는 것이 인간의 사명인데 그것을 등한시하는 것이 죄이다. 여기에서 죄란 본질적인 인간의 질문이 되는 것이다.

이러한 형태론의 관점에서 볼 때 하나님은 두 가지 방법으로 역사한다고 이해한다. 채권자가 돈을 받기 위해 먼저 움직이듯이 법을 위반하여 쌓은 죄악의 빚을 진 인간보다 채권자이신 하나님이 항상 먼저 움직이신다. 빚진 인생을, 오염된 인간의 심정을 정화시킨다. 하나님은 인간의 속죄행위가 있을 경우 우리의 영적 심정을 새롭게 하신다. 속죄 행위란 참회·고행·맹세를 통한 반성을 뜻한다. 이것을 회개 Taharah라 한다. 물론 다시는 그러지 않겠다는 것을 전제한다.

유대인에게 있어서 죄·회개·용서는 세 가지 신학적인 과정을 거친다. 하나님은 인간에게 선한 길을 가르쳤다. 그러나 선한 길을 가고 악한 길을 가는 것은 개인 선택이다. 그러나 어떤 길을 가든 상벌의 보상은 자기 행위에 따라서 짊어져야 한다. 두 번째 과정은 비록 인간이 잘못된 길을 감으로 범죄했다 할지라도 회복의 길, 즉 희망의 문은 열어놓았다. 세 번째 회복의 길은 반드시 책임지는 태도·회개·참회의 용서 과정을 거친다. 하나님은 자비하시기 때문에 인간의 잘못에 대해서도 책임을 함께 하시고 자비로운 마음으로 도우신다. 하나님은 정의의 심판자 시다. 하나님은 자비로운 길을 항상 열어 놓고 계신다.

따라서 유대교에는 원죄(Original Sin) 개념은 없다. 모든 것은 선하게 창조되고 하나님과 인간이 모든 역사에 공동책임을 진다는 현실 이해를 생각한다면 원리로서 인간을 얽어매는 교리는 없다. 모든 것을 선하게 창조했다는 관점에서 볼 때 성 또는 성 관계 역시 선하고 아름다운 것으로 받아들인다. 성이야말로 유대인에게 있어서 인간의 바른 관계의 기본으로 생각한다. 하나님은 결혼하여 번성하라고 축복하셨다. 성은 하나님의 선한 창조의 카테고리에 속한 것이다. 성에 대해 유대교는 바르게 가르친다. 정당한 성관계와 부정한 성관계 그리고 성교의 바른 자세와 성교 시의 환경과 분위기까지도 가르친다. 그러므로 결혼이나 성관계에서 죄의식은 유대교 안에서는 없다.

과대한 자아의식이나 개인적인 야망을 크게 갖는다고 해서 죄 될 것도 없다. 오히려 개인적인 야망과 꿈은 유대인 사회에서 권장하고 격려하며 성취할 수 있도록 기도하고 돕는다. 개인적인 야망과 꿈이 강하면 강한 만큼 그들은 그 꿈을 토라의 기초 위에 짓는다. 이 말은 그들의 꿈과 야망이 튼튼한 도덕적 토대 위에서 하나님 백성으로서 완숙할 수 있도록 가르친다.

하나님은 우리 인간이 우주만물을 다스리도록 권장하신다. 우주만물과 인간 역사를 바르게 운영할 수 있도록 그 가이드라인을 토라라는 이름으로 주셨다. 인간은 창조의 공동책임자로서 엄청난 과업을 감당해야 한다. 인류는 어떤 이유로서도 이 책임을 회피할 수 없다. 야망과 꿈을 가지고 세상과 자신을 개발, 창조해야 할 뿐 자아 욕망을 죄악시하지 않는다.

선을 행하는 행동은 성서나 랍비전통에서 볼 때 그것은 죄악이 아니다. 죄악은 원리 의식에서 말하는 유전적이거나 사회적인 조건은 아니다. 이 세상은 시작에서부터 선하고 아름다운 것이다. 선하시고 아름다우신 하나님이 만드신 것이요 운영하는 것임과 동시에 그 일부의 특권을 인간에게 맡기셨다. 신학적인 관점에서 볼 때 악이란 인간의 잘못된 생각과 행위에서 나온 것이다. 이것은 인간의 자의적 행동이지 하나님이 권고하여 일어난 것은 아니다. 악이란 인간 심정 속에 엄청난 불의의 동기를 심리적으로 불러일으킨다. 인간 속에 있는 의지라는 것은 엄청난 걷잡을 수 없는 행동의 동인을 일으킨다는 뜻이다. 이것은 전적으로 인간 자신의 특권이요, 책임이다. 선의의 동기로 가느냐? 악의 동기로 가느냐는 인간 자신의 문제이다.

유대교의 신비전통에 따르면 인간 창조 이전에 악이 존재하여 인간을 통제했느냐는 질문이 나온다. 신정론의 문제이다. 이 악이 이 세상의 악의 뿌리가 되어 인간이 죄악으로 빠지는 유약한 성품을 유발시킨다고 말한다. 인간이 하나님의 선으로 충분히 나갈 힘이 없다고 보지만 그 악의 힘이 하나님의 능력과 유비시키는 것은 아니다. 그러나 선으로 가고 가지 않고는 인간의 판단과 행동에 따른 책임이다. 하나님의 책임은 아니다. 이것을 우리 유대인은 인간 의지의 경향성(Inclination)이라 부른다.

경향성이란 말은 주로 심리학에서 쓰는 용어인데 어느 쪽으로 기울어지는 성격을 두고 하는 말이다. 우리의 마음은 보이지 않으나 바람처럼 그 흐름이 있다. 그 바람이 어디에서 불어와 어디로 가는지 누구도 모른다. 그러나 우리 인간의 힘으로는 그 바람의 방향을 알 길도 막을 길도 없다. 오직 하나님이 주신 토라의 가르침을 따라 그 방향을 받기도 막기도 할 수가 있다. 그러므로 인간은 바른 토라의 가르침을 따라 토라를 의지하고 살 수밖에 없는 것이다. 그러므로 토라만이 바른길을 인도하는 등불이다.

죄(Sin)란 무엇인가?

2. 기독교의 주장

히브리 성서에서 '죄'란 문자적으로 해석하면 과녁을 빗나갔다는 뜻이다. 과녁을 빗나간 것이 죄라고 하는데 첫째 하나님을 향한 어떤 목표 과녁을 벗어나는 것이 종교적, 절대적인 범죄이다. 두 번째는 이웃을 향한 목표 과녁이라고 할 수 있는데 인간에 관계되는 인간적인 잘못, 즉 사회악이다. 인간이 사는 사회 안에서 발생할 수 있는 법 위반이란 것은 그 결과가 사회 범죄라는 결과로 나타난다.

죄에 대해 말할 때 기독교에서는 원죄, 즉 아담이 저지른 끔찍한 첫 범죄에서부터 시작한다. 사회 속에 일어나는 모든 범죄, 인간이 저지르는 모든 악의 시작의 동인을 아담의 원죄에서부터 바라본다. 크리스천의 죄 문제는 아담의 원죄에서 그리고 그리스도의 속죄의 사역에서 사죄의 문제를 풀어 간다. 예수께서 그리스도가 되시어서 우리의 죄를 속죄하기 위해 세상에 오셨다는 것이 기독교의 기본교리이다.

특히 바울이 쓴 로마 서신 속에서 죄에 대한 두 가지 개념을 잘 설명하고 있다. 행위로서 죄인데 인간이 활동하는 사회와 인간관계의 모든 것을 포함하고 또 다른 죄는 인간의 악성 힘, 나타나지 않았지만 인간 속에 도사리고 있는 악의 심성을 두고 하는 말인데 구원은 이 악성의 뿌리를 제거하는 데서 시작한다. 그 악성의 뿌리 제거 없이는 인간의 악한 행위는 없어지지 않는다. 그러므로 그리스도의 속죄는 원리, 악성의 뿌리를 제거하는 예수 그리스도 사역이 바로 구원에의 길이다.

바울의 죄의 이해는 악성의 뿌리인 원죄에서 시작되는 모든 행위들을 말하는데 악한 행위보다 엄청나게 더 무서운 것은 악성의 뿌리, 악의 잠재력을 더욱 강조한다. 악성의 뿌리는 인간과 사회에 엄청난 영향을 주어 밖으로 악을 쏟아내게 되는데 이 악성의 뿌리는 엄청난 힘을 가지고 있다. 죄라는 것은 나타난 현상이고 인간 속에 있는 것을 악성의 뿌리 즉 악의 잠재력인데 이것을 위에서 원죄라 했는데 오늘날 현대 심리학에서는 인간의 한계라 규정하여 인간적 차원에서 흥미 있게 다루는 이슈이다.

죄악에서 나오는 재앙이란 넓은 의미에서 자연적인 재앙, 즉 지진·태풍·토네이도 같은 것이 있는가 하면 도덕적인 재앙, 즉 이기심이나 욕정 같은 것도 여기에 속한다. 악이란 선하고 정의롭고 아름답게 살고자 하는 사람에게는 하나의 도전이다. 이 세상에서 착하고 선하고 사랑하며 살고자 하나 악은 여러 가지 형태로 다가온다. 인간의 불완전성을 시험하는 하나의 훈련 도구라고 할 수 있는 것이다. 유대인 대학살, 히로시마의 원폭 같은 사건은 인간에게 큰 질문을 던진다. 어찌 그와 같은 인간 재앙이 가능할 수 있는가? 그 같은 사건은 인간에게 어떤 의미를 주는 악인가?

크리스천들이 죄악을 타인에게 설명하는 것은 쉽지가 않다. 왜냐하면 크리스천에 있어서 죄악이란 내적인 자기 부족감에서부터 시작하기 때문이다. 그리고 인간으로서 부족감은 그리스도께서 채워 주시는 그분의 속죄와 연관되어져 있다. 그분의 사랑하심 그분의 죽으심이 죄악의 마지막 힘을 부수고 비록 죄악이 완전히 근절되는 것은 아니라 할지라도 악의 세력의 뿌리를 뽑는 것으로 이해한다. 크리스천에게 있어서 예수의 죽음과 부활은 악을 이기고 선의 승리를 의미하는 것일 뿐만 아니라 악의 최고봉인 죽음까지도 이겨낼 수 있다는 영적인 의미가 있다. 그리스도께서 승리함으로써 그리스도를 향한 신앙을 가진 자는 죽음의 악까지도 이길 수 있다고 믿는다. 이것은 크리스천의 신앙적 덕목일 뿐만 아니라 세상의 삶에 승리할 수 있다고 믿는다. 그러므로 그리스도의 가르침, 십자가 부활은 인간이 근본적인 악의 뿌리를 뽑고 신앙의 근본이 되는 것이다. 내가 세상을 이겼다고 하는 고백이 크리스천의 고백이 되어야 한다.

　유대인의 죄관과 기독교의 죄관의 차이는 분명하다. 아담의 죄가 전 인류에 끼친 영향 그리고 그리스도의 속죄로 인하여 인류가 완전히 회복된다는 것이다. 기독교가 양보 없이 강조하는 것은 이것이다. 의로운 하나님의 기준에서 볼 때 인간은 완전한 타락이다. 이것을 조직신학에서 인간의 전적 타락, 그리스도의 죽으심과 부활을 통해서 영원한 생명을 회복한다는 것이다. 어떤 교리적인 미사여구로 미화한다 해도 인간은 여전히 죄의 속박 속에 있다.
　그러나 하나님은 그리스도의 보혈 속죄로 인하여 인간을 의롭고 희망찬 자녀로 인정하신다. 로마 가톨릭마저도 아담의 죄악으로 인해 인간은 타락했고 그리스도의 속죄 행위를 통해서 의인으로 회복되었다는 교리에 전적으로 동의한다. 물론 죄악의 흔적이 인간 속에 남아 있다 할지라도 인간은 존귀하고 성결화된다. 인간이 존귀 성결화되기 위해 하나님은 인간에게 인내와 절제 그리고 훈련의 덕을 주었다.
　개신교에서는 인내와 절제가 인간을 존귀하고 성화시키는 조건으로 말하는데 인색하다. 물론 구교에서 인간 존귀와 성화를 인내와 절제라는 도식으로 진리를 너무나 단순화한 느낌이 없지 않으나 이것은 바울이 강조한바 죄가 있는 곳에 은혜가 더 많다고 한 것은 하나님의 은혜의 보살핌이 없이는 인간 스스로 인내 절제할 수가 없어 성화에 이르지 못한다는 뜻이다.
　요한 서신들이 기독교 사회에 보급되고 난 후 죄의 용서 문제 특히 세례를 받고 난 후에 지은 죄의 문제가 논란거리가 되었다. 사랑하므로 실수한 문제들, 순결의 문제 그리고 인간의 온전성의 문제가 대두되었다. 쉽게 설명하자면 하나님을 향한 신앙은 확실한데 행동은 믿기 전의 모습 그대로 나타날 때 교회는 난처해질 수밖에 없었다. 당시 가톨릭교회에서는 그 같은 문제는 전부 고해성사의 예전으로 해결해 버렸다. 성직자에게 죄를 고백하고 성찬에 참여함으로써 모든 죄를 사함 받았다고 가르쳤다. 인간의 죄 문제를 도덕 신학의 관점에서 해결하려는 시도가 없었다.

성찬과 고해성사 참여로서 모든 죄가 사해진다고 믿는 천주교는 책임을 져야 하는 크리크천의 도덕철학을 해이하게 만들었다. 도덕철학에서 죄라는 것은 행해야 할 의무와 책임을 말하는데 고해성사에 참여하여 하나님께 고하기만 하면 된다고 믿었다. 우리에게는 두 가지의 책임이 있는데 하나님을 향한 원죄, 인간을 향한 사회 책임인데 원죄는 그리스도의 속죄 사역으로 사함 받고 인간의 사회적 책임이란 인간의 삶에 관한 모든 것을 포함한다.

인간의 사회적 책임에 관한 도덕적인 죄는 아주 치명적인 범법에 관한 사회악을 말한다. 물론 용서 받을 수 있는 범죄지만 치명적인 내용들이다. 가톨릭에서 말하는 이러한 범죄는 하나님과의 관계와 인간과의 관계를 완전히 파괴하는 것이다. 치명적인 범죄란 대체로 이런 것이다. 살인·간음·근거 없이 중상 모략하는 것, 남을 속이는 것들이다. 이러한 문제에 대해서 범죄인은 첫째 이것이 얼마나 치명적인 범죄임을 깨닫게 하는 것이다. 그리고 어떤 방법으로든 보상해야 한다는 책임을 인식하는 것이다. 세 번째 범죄는 꼭 그렇게 할 수밖에 없었느냐를 자성할 수 있도록 교육하는 것이다. 물론 상황은 여러 변명이 될 수도 있을 것이다. 면밀한 조사를 통해서 악의 없는 거짓말과 고의가 아닌 실수도 가려내어야 할 것이다. 근본적인 의미에서 죄란 죽음으로 속죄할 수밖에 없는 것이다. 최근 가톨릭 도덕 신학자들은 가장 엄중한 죄를 이렇게 규정했다.

신과의 관계를 단절하는 행위, 인간 삶의 질서를 파괴하는 일, 그리고 하나님의 법을 파괴하는 일들이다.

그러나 개신교의 죄관은 가톨릭의 죄관과는 다르다. 개신교의 죄관은 가톨릭의 죄관처럼 세목화하지 않는다. 개신교의 의의 신학(Theology of Righteousness) 어떤 죄는 가볍고 어떤 죄는 무겁다고 규정하지 않는다. 인간의 의란 인간의 행위에서 오는 것이 아니라 하나님을 향한 믿음에서 오는 것이기 때문에 크든 작든 인간의 행위는 믿음에 근거하지 않는 한 모두가 죄악이다. 가톨릭은 크든 작든 인간의 공덕은 구원의 길이 되고 개신교의 죄관은 크든 작든 모든 죄악은 하나님의 용서와 피 흘림의 속죄를 받아야 한다.

두 번째로 생각할 문제는 천주교의 죄에 대한 세목 구분이다. 죄의 경중을 구분하는 이유는 고해성사와 성례집행으로 죄가 사하여질 수 있다는 교리를 주장하기 위함이다. 고해성사나 성례집행으로 인간의 죄는 결단코 사하여지지 않는다. 여러 가지 성서적 이유로 개신교에서는 그 같은 주장에 동의할 수가 없다. 세 번째로 개신교는 자연법이나 도덕적 율법에 대해서 강조하지 않는다. 유대교에서 주장하는 율법에서 구원 받았다고 하는 것과 유사하게 보이기 때문이다. 개신교는 죽을 수밖에 없는 죄에서 믿음으로 속죄 받아 새롭게 된다고 믿기 때문이다.

유대교와 기독교의 대화에서는 유대교의 선과 덕목에 대해 먼저 들어 보아야 한다. 두 번째로 죄, 특히 사회적인 죄와 그 원인을 토론함으로써 사회정의를 향한 공동 대처가 가능하리라고 본다. 세 번째로 바리새주의에 대한 공동 연구를 통해 율법에 대한 새로운 이해와 예수의 율법 해석에 대한 차이를 발견할 수 있게 될 것이다.

죄란 무엇인가?

3. 요약 : (유대교의 주장)

1. 인간의 연약함과 부족에 대한 다른 표현이다. 이것을 두 가지로 나누어 생각하는데 인간과 사회를 향한 것과 두 번째 신을 향한 것인데 하나님을 향한 예배도 두 번째 범죄에 속한다.
2. 인간 부족의 죄는 용서되어야 한다. 인간을 향한 죄는 먼저 인간에게 용서를 받아야 신도 용서하여 준다. 이 용서는 큰 안식일인 속죄일(7월 10일)에 속죄 받는다.
3. 유대인에게 있어서 가장 큰 죄는 하나님에게 불경, 치욕을 끼치는 것이다. 따라서 예배를 경시하는 것도 이에 해당되고 하나님의 창조의 미를 훼손하는 일과 인간이 지녀야 할 미를 유지하지 못하는 것도 죄이다.
4. 유대교에서는 원죄를 인정하지 않는다. 아담과 하와의 행위를 통해 모든 인류가 원죄에 있다는 족쇄를 채우지는 않는다. 아담과 하와가 가지고 있던 부족의 경향은 지금도 여전하다.
5. 인간의 부족인 죄악은 마음의 한 경향성이다. 이 경향성이 선으로 또는 악으로도 가는데 이것을 선한 곳으로 인도하는 것은 토라의 가르침으로 바르게 살아가는 것이다.

4. 요약 : (기독교의 주장)

1. 기독교에서 모든 죄악은 모든 인류의 심성에 있는 악의 뿌리, 원죄에서 시작한다고 믿는다.
2. 기독교의 죄관을 확립한 사람은 바울인데 인간의 모든 문제는 속에 있는 죄의 속성인 원죄에서 나온다고 했다. 이 죄의 뿌리를 제거하는 것을 구원이라 했는데 이 죄의 제거, 즉 구원은 예수의 속죄 사역에서만 가능하다고 믿는다.

3. 오늘날 진보적 학자들은 인간의 문제를 바울의 원죄관에서 보지 않고 자연적 이해 또는 도덕적 관점에서 해석한다. 그러므로 예수의 속죄 사역은 필요 없는 것이 된다. 도덕에서 절제, 인내, 훈련으로 인간의 죄는 소멸된다고 본다.
4. 유대교의 속죄는 율법의 전수에서만 가능하나 기독교는 예수의 속죄에서만 가능하다. 예수 속죄를 통해서 죄의 뿌리를 뽑음으로써 새 인간 구원으로 가게 된다.
5. 유대교와 기독교의 죄관은 원죄의 문제와 그리스도의 속죄 문제에서 의견을 달리하지만 함께 만날 수 있는 포인트가 있다. 원죄에서든 보편적 인간의 문제로서 죄악이든 본질적으로는 차이가 없어, 유대교와 기독교는 공동적으로 세계의 죄악, 사회악의 문제가 인류의 평화를 해친다는 데 뜻을 함께하기 때문에 힘을 합쳐 싸워야 한다.

9. 믿음 Faith

1. 유대교의 주장

하나님과 인간과의 관계를 설정하는 기초가 믿음이다. 물론 믿음이란 신뢰 또는 신의란 이름으로 인간과의 관계로 연장되는데 모든 관계의 기본이 되는 초석이다. 하나님과의 관계는 말할 것도 없고 인간과 인간 그리고 인간과 사회관계에서 신뢰가 이루어지지 않으면 어떤 일도 할 수 없게 되는 이 믿음을 유대인들은 어떻게 이해하고 받아들이는가?

히브리어로 믿음에 해당되는 단어는 두 개가 있는데 믿음에 대한 관점이 서로 다르기 때문에 그 내용의 설명도 다를 수밖에 없다. 전통적으로 삶의 경험, 신앙적 신비적 차원에서 믿음을 표현할 때 에무나(Emuna)를 쓴다. 두 번째로 사용되는 비타훈(Bittahun)은 충실한 태도, 신뢰받을 수 있는 마음의 자세를 말하는데 많은 경우 이 둘은 중복되게 사용하는 수가 많다. 그러나 에무나는 주로 종교적 의미에서 비타훈은 일상생활 용어로 쓰인다.

에무나는 동사형, 명사형 그리고 형용사형까지 있어 견고한 것(to be firm) 신실한 것(to be faithful)을 의미한다. 모세의 손이 견고하여 혹 튼튼하여(출17:12) 하나님의 계명을 충실히 지키는 자에게 천 대에 복을 주어(신7:9). 신실한 증인은 거짓말을 않는다(잠12:5). 신실한 행동, 충실한 삶의 자세 같은데 쓰였다.

에무나에서 또 다른 명사형 아멘(Amen)이란 말이 나왔는데 축복이나 기도의 말미에 진실입니다. 정확한 사실입니다 라는 뜻으로 쓰인다.(신 27:15, 렘28:6) 서구적인 언어 관습에 따라 믿음을 가진다, '신실합니다'라고 하는데 일반 세속 대화에서도 여기에서 파생된 말들이 옳습니다, 믿을만합니다 등으로 쓰인다.

아람어 이만(Imman)도 언어학적으로 히브리어 에무나와 연관이 있는 것인데 이만(imman) 역시 시대를 통해 계속해서 성실하고 신뢰 받을 수 있는 것으로 해석한다.

이 말은 믿음이란 종교적 뜻으로 사용되지만 실제로 인간 삶의 진실, 인간관계의 신뢰적 충성으로 사용되었다.

랍비문학에서는 믿음을 이렇게 해석한다. 전통적으로 변함없이 진실한 것으로 믿어 온 어떤 것, 개인뿐만이 아니라 사회를 향해 우리가 가지는 신뢰, 예컨대 중국 여행을 하고, 또는 일본 여행을 하고 돌아왔을 때 어느 나라를 향해 더 강한 신뢰를 갖느냐 하는 것과 같다. 어느 사회, 어느 국가를 향해 신뢰를 가지고 의존하느냐는 것도 하나의 사회적 믿음이다.

랍비들은 어떤 사람, 어떤 사회를 향한 신뢰뿐만이 아니라 출애굽기의 사건을 향한 태도, 계시와 하나님의 약속을 향한 인간의 태도도 믿음이라고 생각했다. 랍비들은 이렇게 가르쳤다. 우리의 하나님이 신실하시니 하나님이 하신 말씀, 하신 사건들 모두도 신실하게 믿어야 한다. 우리의 조상들도 신실하셨고 그 후손들도 신실하셨으니 우리는 그분들의 말과 가르침을 신실하다고 믿는다. 그러므로 하나님의 천지 창조, 홍해의 사건, 시내산에서 십계명의 하사, 그리고 그의 가르침도 진실하다고 믿는다. 하나님이 하신 일과 가르치심, 조상들이 하신 일과 가르치신 일들, 조상들이 전해 준 모든 기적의 사건도 신뢰하고 믿는다. 유대인들의 지혜는 여기에서 나온다. 하나님과 조상들의 가르치심과 하신 일들을 신뢰하고 배우고 따르는 것에서 지혜가 나온다고 믿는다.

9. 믿음 Faith

우리가 믿음이라고 할 때 맹신적인 광신의 두려움을 가지고 있다. 이에 비해 유대 랍비들의 태도는 시대를 거치면서 신뢰받는 가르침과 태도를 가지고 살아 왔다. 그래서 유대인들은 무엇에든지 랍비들을 신뢰한다. 그래서 아주 합리적인 사고를 통해서도 랍비들은 하나님의 존재와 창조와 토라와 하나님의 섭리를 신뢰와 믿음의 기초라고 가르쳤다. 이 세상의 모든 신뢰는 하나님을 향한 믿음에서 출발한다. 아무리 과학적이고 합리적인 방법으로 분석하고 토론하고 비평 반대한다 할지라도 유대인들은 하나님과 그 말씀의 진실성을 믿고 따른다. 어떤 철학이나 과학이 반대를 한다 해도 그들은 그것을 믿을 뿐만 아니라 오히려 조직적이고 체계적으로 그 사실들을 종합하여 증명한다.

모든 것이 진실하며 사실이라고 믿는 마음은 행복하다. 모든 것이 거짓이요, 진실하지 못하기 때문에 의심하고 불신하며 사는 것보다 믿을 수 있고 의존할 수 있는 진실의 세계에 사는 것은 행복하다. 조상들 때부터 오늘날까지 그것이 진실이라고 믿고 살아 왔기에 그 진실을 위해 자신의 생명을 바쳐도 후회함이 없는 삶을 사는 것이다.

어느 나라에 이런 이야기가 있었다. 부부가 싸움을 했는데 화가 난 부인이 농약을 마셨다. 병원으로 싣고 가 치료를 받으려 했으나 아무런 탈이 없었다. 가짜 농약이었다. 그 후 또 부부가 싸움을 했다. 이번에는 화가 난 남편이 농약을 마셨다. 병원에 싣고 가기도 전에 남편이 죽어버렸다. 이번 농약은 진짜였기 때문이다. 불신, 신뢰할 수 없는 사회란 바로 이 같은 사건들이 일어나는 곳이다.

유대인의 신비 사상가와 신앙인들 역시 좀 다른 차원이긴 하나 그들은 신비의 경험을 통해서 자신들의 체험적인 신앙을 믿는다. 유대인들은 어떻게 그것을 알 수 있는가? 무엇을 아는가? 당신은 왜 그렇게 확신하는가? 할 때 반드시 그들은 알고 있는 것을 경험했다고 말한다. 경험 속에서 그것이 사실이라는 확신이 들면 믿음에 대한 강도는 더 높아진다. 그러므로 유대인들의 믿음의 생활, 하나님에 대한 믿음, 토라에 대한 신뢰 같은 것은 모두가 삼천 년 이상의 경험을 통한 것이다. 이성적으로 무조건 믿고 따르는 것이 아니라 삶의 체험을 통해 확신을 가진다. 우리 조상들이 이렇게 믿어 축복을 받았기에 우리도 체험하고 믿으며 산다고 고백한다. 그렇다고 해서 삶의 체험이 없었다고 해서 그것이 진실이 아니며 믿을 수 없는 것이라 할 수 있는가? 그렇지는 않다.

삶과 지식에 관련하여 유대인들의 전승에 대해 말을 좀 해야겠다. 유대인들의 역사와 삶에 가장 귀하게 여기는 것은 전승(Tradition)이다. 이전에 조상들이 어떻게 살고 무엇을 믿으며 무엇을 먹고 오늘날까지 생존하였는지를 상고한다. 천년, 이 천년 삼천 년의 긴 세월 동안 조상들이 옳다고 생각하고 믿어 왔기 때문에 그것은 옳고 진실하기 때문에 나도 믿고 따른다고 고백한다. 이것을 전승적 믿음 또는 믿음의 전승이라고 한다.

믿음에 대한 또 다른 용어인 비타혼(Bittahon)에 대해 언급하겠다. 비타혼은 기본상 신뢰하다(Trust), 의존하다는 뜻인데, 이 말은 대단히 과학적이다. 어떤 것과 비교한다, 검사한다, 평가하고 종합하며 다시 검사하고 확인한 다음에 이것이 옳다고 최종 확인되면 그곳에 마음을 던져 신뢰를 한다. 그리고 그 문제에 대하여 확신하고 책임까지 지게 된다. 정보사회에서 어떤 정보가 정확한지 않은지를 결정하기 위해 조사하고 정보를 종합하고 평가하고 판결을 내려 그곳에 신뢰를 보내는 것과 같은 것이다. 하나님에 대해 율법에 대해, 하나님의 언약에 대해 유대인은 엄격한 지적 능력으로 조사하고 자료를 종합하고 판단 평가하며 그 결론 여하에 따라 하나님과 율법을 신뢰하는 것이다. 유대인의 긴 역사 속에서 조상들 때부터 믿어 오고 신뢰해 온 것이기 때문에 지금도 그들은 그대로 믿는 것이다. 모든 신뢰를 바치는 것이다.

유대교 신학에서는 두 가지의 과정을 중요하게 생각한다. 첫째로 개인적인 종교적 경험과 본질을 어떻게 표현할 것인가? 모든 개인은 각기 다른 종교적 경험을 가지고 있다. 하나님에 대한 노아의 경험, 아브라함의 경험, 야곱의 경험, 이사야와 예레미야의 경험이 다르다. 이것들을 어떻게 종합하고 어떻게 표현할 것인가? 이것이 신학의 첫째 과제이다. 두 번째 과제는 이것이다. 믿음이란 마음의 문제를 어떻게 이성적인 프레임 체계 속에 넣을 수 있을까? 믿음을 합리적이고 이성적인 체계 속에 넣는 것은 성경 속에서 찾아볼 수가 없다. 이성적인 체계 속에 넣는 것이 신학자의 사명이다. 이 신학화된 믿음의 내용을 철학자나 과학자가 보아도 납득할 수 있는 수준으로 만들어야 한다. 여기에 대단한 어려운 학문의 진력이 필요하다. 유대인은 토라를 따라 사는 것만이 본분이기 때문에 이 같은 학문적 노력이 유대적이지는 않지만 우리는 그렇게 해야 한다.

실상 유대교에서는 신학을 중요하게 여기지 않는다. 그래서 신학을 발전시키지도 않는다. 랍비문학은 성경에 대한 해설로서 쉽고도 재미있게 하여 모두가 이해하고 실천할 수 있도록 설득하는 것이다. 물론 세련된 이성적 작업이 랍비 문학 속에 없는 것은 아니지만 신학으로 또는 교리로 발전시키지 않았다. 이것이 유대교 신학과 기독교 신학의 다른 면일 것이다. 기독교와의 대화를 위해서 뿐만이 아니라 세상을 향한 변증적인 목적을 위해서도 유대교에서도 믿음에 대한 신학의 체계화에 힘을 쏟아 바쳐야 할 것이다.

믿음 FAITH

2. 기독교의 주장

기독교에서 믿음이라고 할 때 기본적으로 하나님과의 관계를 두고 하는 말이다. 이 관계를 이론적으로 설명하는 것을 신학이라고 부른다. 신학이란 하나님(Theos)에 대한 지식을 이론화(Logia) 및 조직화 혹은 인간화하는 작업인데 한 면은 신비요, 한 면은 이성적 현실이다. 신비를 현실화 또는 인간화하여 인간이 납득하고 설명할 수 있는 수준으로 만드는 것이다. 그런가 하면 완전히 인간적인 문제나 사회적인 세속 문제를 역으로 신비화할 수 있도록 작업하는 것을 신학화(theologizing)라고 한다.

그러므로 신비를 인간화 내지 이성화하고 세속을 신비 내지 거룩케 하는 작업을 신학화 과정(theologizingng)이라 했다. 하나님을 인간이 알아 이해할 수 있도록 하고 우리의 일상의 세속을 신비한 거룩으로 바꾸는 작업이라고 하면 신학이 얼마나 위대한 과업인가?

하나님과의 관계를 믿음이라고 할 때 그 관계 속에는 감정·윤리·삶의 스타일, 인간과의 관계까지도 포함한다. 하나님과의 관계란 넓게 말하면 하나님이 지으신 온 세상과의 관계도 되기 때문이다. 혹자는 믿음이라고 할 때 오직 하늘만 쳐다보고, 하나님과의 수직적 신비 관계만 생각하는데 그것이 아니고 하나님과의 관계는 세상 모든 것과의 바른 관계를 설정하는 것이다.

믿음이란 하나님과의 인격적 관계를 말하는데 그것은 예수그리스도 속에 나타나신 하나님과의 관계를 말한다. 믿음이란 그리스도 예수를 통해 내리신 하나님의 선물이요 또한 나 자신이 하나님께 전적으로 굴복하는 것이다. 전적으로 자신을 하나님께 맡겨 하나님의 뜻을 따르는 것이요 그와 동행하는 것이다. 그러므로 하나님 안에서 자신을 항상 새롭게 하여 성장하여 가는 것이다.

기독교의 사상과 신앙은 히브리 구약성경의 가르침에 따르며 그 성경의 가르침의 전통을 소중히 여긴다. 전통이란 삶의 스타일이 쌓이고 쌓여 그대로 남아도 좋다고 하는 것만 후손들에게 전달되는 것이다. 가치 없고 부끄러운 과거사를 전통으로 여기며 후손들에게 전달하지 않는다. 전통은 항상 귀한 것만 전해 주는 것이기에 성경에서 시작된 아름다운 히브리의 전통을 소중히 여기고 거기에서 어떤 모델적 패러다임을 찾는다. 노아의 방주의 준비, 아브라함의 믿음의 여정, 야곱의 끈질긴 투쟁, 아모스의 정의의 투쟁, 이사야의 신비경험과 메시야의 환상, 성경의 이런 사건은 믿음의 전통이 되고 그것이 계속하여 히브리 공동사회를 거쳐 우리에게도 전달되었다. 이전 믿음의 패러다임 속에서 우리들의 오늘날 믿음을 다시 한 번 살펴보고 바른지 아닌지를 확인한다.

구약성경을 믿음의 패러다임으로 한 또 다른 믿음의 모델들이 신약성경에 여러 모습으로 나타난다. 신약에 나타난 믿음이란 이런 것이다. 하나님의 돌보심과 사랑에 대한 신뢰이다(마6:25-33). 하나님께서 위대한 능력으로 인간을 돌보시고 인도하고 계시니 염려하지 말고 믿으라. 하나님이 계시니 또 나를 믿으라 하나님의 능력에 대한 신뢰와 의존이다(막5:34). 믿음이란 하나님의 복된 소식과 축복을 받아들이는 행위이다(행8:13-14). 더욱 중요한 것은 생명에 대한 희망이다. 인간 속에 하나님을 통한 무한한 가능성(Potentiality)과 희망(endless hope)이 있다는 사실을 믿고 받아들이는 것이다(마13:13, 막4:31). 쓰레기 같은 인간, 만물의 찌꺼기 같은 존재이지만 예수그리스도를 통한 무한정의 가능성과 희망이 있다는 사실을 인정하는 것이다. 이 사실을 확인시키기 위해 죽어버린 시체를 일으켜 세운 부활의 예수를 역사 위에 보여주신 것이다. 죽었던 몸이 다시 부활의 생명으로 일어났는데 무슨 염려냐는 것이다(롬10:9). 이 같은 가능성과 희망을 가져주는 믿음은 하나님이 거저 주신 선물이기 때문에 우리는 그냥 예수님 앞에 순복만 하면 되는 것이다(갈5:20-22).

특히 요한복음서가 믿음에 대한 본질을 가장 잘 설명하고 있다. 믿음이란 이런 것이다. 크리스천은 반드시 그리스도가 하나님께로부터 오셨음을 믿는다(요6:27). 크리스천은 예수는 하나님의 거룩하신 삼위 중 하나이시다(요6:69)라고 믿는다. 예수는 하나님께서 보내신 메시야이다(요

11:27). 예수를 믿는 것은 그를 보내신 그 아버지 하나님을 믿는 것이다. 그러므로 믿음이란 생명의 열쇠이다(요5:24). 그러므로 믿지 않는 사람은 저주의 길로 가게 된다(요3:18-20).

예수를 믿고 복음을 받아들이면 반드시 회개의 길로 가게 된다. 회개한 심령과 삶이 완전히 변화되는 것이다(행2:39). 믿음이란 공유적이기 때문에 이웃에 대한 사랑과 하나님의 사랑을 분리시키지 못한다(약2:1-7). 믿음이란 인간을 통해 하나님이 주는 것이 아니기 때문에 설교나 기도를 통해서 주어진다. 따라서 믿음은 반드시 공동체에 증거해야 하고 인정 받아야 할 의무가 있는 것이다(행2:43-47).

2세기 교부 저스틴(Justine)과 이레니우스(Irenaeus)는 믿음의 이성적인 측면에 대해 연구하며 가르쳐 주었다. 믿음이란 진리를 향해 동의하고 받아들이고 따르는 삶이다. 진리란 거저 주시는 하나님의 선물이라 쉬이 잃어버릴 수가 있기 때문에 항상 간직할 수 있도록 자신을 다스리는 노력을 해야 한다. 종교개혁시대는 믿음이란 항상 감사함으로 유지될 수 있다고 가르쳤다.

믿음을 여러 방법으로 설명하지만 역시 결론은 하나님과의 인격적 만남, 그 관계의 유지다. 그 인격적 만남은 희열이요, 감격이기 때문에 우리는 항상 감사한 마음으로 지키고 모든 것을 바쳐 신뢰해야만 한다. 이 믿음은 항상 하나님이 아들을 통해 계시하신 하나님의 말씀을 중히 여기고 그것에 대해 성실하며 실천하여 증거하는 삶이 되어야 한다. 그것이 하나님과의 관계요, 또한 하나님을 통한 인간에 대한 관계이다. 그러므로 우리의 믿음은 항상 하늘을 통해 계시하신 말씀 안에 있어야 하고 말씀의 지시에 따라 교정 받고 말씀을 따라 성장해야 한다.

하나님과의 인격적 관계가 믿음이라고 해서 믿음이 비이성적인 것은 아니다. 인간의 이해와 판단에 거역하는 행위는 더더욱 아니다. 초월의 하나님과의 관계라 해서 이성을 무시하는 것이 아니지만 초이성적, 초논리적 차원에 있는 것이다. 그러므로 어떤 사람의 신앙, 즉 하나님과의 관계라 할지라도 다른 사람도 이해할 수 있고 배울 수 있는 차원이 되어야 한다는 것이다. 나와 하나님의 신비관계이기 때문에 아무도 이해 못한다는 주장은 할 수 없다는 것이다. 그렇게 되면 그것은 신앙이 아니고 독단이나 미신이 되어 버린다. 어떤 사람은 이렇게 말한다. 바울은 삼층천에서 예수와 만났는데 나는 오층천에 가서 하나님을 만나고 왔어! 이것은 바울도 체험하지 못한 것이기 때문에 너희들이 이해 못할 것은 뻔해! 유대교의 신비주의자들은 남들이 납득할 수 없는 신앙 체험의 이야기를 정당화하지 않는데 개신교의 신심 깊다는 사람들이 종종 그런 말들을 한다. 그것은 신비의 믿음도, 초월의 믿음도 아니다. 믿음이란 하나님과의 인격적 관계이며 또한 그 기초 위에서 인간과의 관계이기 때문에 상호 신뢰하고 의탁하는 것이다.

믿음이란 상호관계이기 때문에 이 믿음은 항상 관계 속에 있어야 성장할 수 있다. 기도를 한다, 일상생활을 한다, 예배를 드리고 찬송을 한다, 이웃과 교제를 하며 지낸다, 국가를 위해 무엇인가를 한다. 이런 관계 속에서 믿음도 성장하고 삶도 새로워진다. 그러므로 예수 그리스도의 일생을 볼 때 그는 하나님과의 뗄 수 없는 관계 속에 있었다. 이것이 그리스도의 믿음이었다. 따라서 그리스도의 생애에 일어날 모든 사건을 통해서 하나님과 관계하고 이웃과 국가와 사회와 관계했다. 하나님과 예수와의 관계는 예수의 말씀 목회 속에, 기적 속에, 십자가 속에 그리고 부활 속에서 상호관계 했고 지금도 성령을 통해 교회와 신자들과 관계하고 있는 것이다. 그러므로 믿음을 가졌다고 말하면서 이웃과 좋은 관계를 가지지 못하는 사람은 실상 좋은 믿음이 아니다. 나의 믿음의 체험은 신비한 것이기 때문에 너희들은 이해 못해 하는 것은 믿음이 아니라 고집이다. 믿음이란 자기가 살고 있는 이웃 사회 국가들과 관계하면서 하나님의 신뢰를 심어 주는 성실한 삶이 신자들의 믿음이요 또한 믿음의 실천이다.

믿음은 항상 신학 속에서 이해되어야 한다. 왜냐하면 신학이란 이 세계가 교회(신자)를 향한 질문에 대답하는 것이기 때문이다. 신학은 믿음에 관한 질문을 할 때 항상 정리된 성경의 가르침에 따라 대답해 주는 것이다. 뿐만 아니라 믿음이 무엇이냐는 질문에 대해서도 신학이 대답해야 한다. 앞에서 언급했듯이 신학 자체가 하나님의 신비에 대해 인간화, 즉 인간이 알아들을 수 있도록 설명하는 것이듯 세상을 향해 신학은 믿음을 설명할 책임이 있는 것이다.

이런 신학적 논술은 특수한 사람을 제외하고는 흥미 없는 이야기라 생각한다. 유대교에서는 삶을 통해 신앙을 이해하고 전승시켜 나가지만 기독교는 신학을 통해 믿음의 다양성을 설명하고 발전시켜 나간다. 유대교에 있어서 믿음이란 생활 속에 있는 실천이다. 그 믿음의 실천이 할아버지에서 손자에게까지 전승되어 왔다. 그러므로 그들은 믿음에 대한 이성적인 설명보다는 믿음 있는 생활이 있을 뿐이다. 유대인은 믿음뿐이 아니라 진리에 대해서도 논리적 설명을 하기를 즐겨하지 않는다. 믿을 수 없는 사실임에도 불구하고 그들은 믿고 따르며 실천한다. 왜냐하면 그들의 조상들이 그렇게 살아 왔기 때문이다.

다시 한 번 더 정리하면 믿음이란 어떤 초월 대상을 향한 신뢰, 존경, 의존하며 따라가는 삶이다. 초월적 대상, 초월적 능력을 믿고 의지하기 때문에 그 신앙을 통해 초월적 능력과 힘을 얻을 수 있게 된다고 믿는 것이다. 기독교에서는 이 초능력의 초월자를 믿을 수 있는 길을 예수께서 가르치시고 친히 그가 하나님을 믿을 수 있는 가교 역할을 했다. 그래서 온 세계 인류를 그를 통해 하나님을 믿고 능력 있는 삶을 살기를 희망했다. 이 믿음을 기초로 하여 모든 사람이 믿고 사랑할 수 있는 길을 갈 때 하나님의 나라가 시작할 수 있다고 가르쳤다. 그러므로 믿음이란 초월과 하나님과의 관계요 또한 그것을 기초로 모든 사람과의 신뢰관계요 온 세계와의 사랑의 관계로 발전하는 것이다. 따라서 믿음이 없는 삶. 그 세계는 하나님께로부터 버려진 저주의 삶이라 했다.

믿음

3. 요약 : (유대교의 주장)

1. 믿음이란 인간과 인간 그리고 사회와의 관계에 따른 신뢰 신의를 두고 하는 말인데, 근원적으로는 인간과 신 관계에 형성되는 믿음에 기초한 것이다. 신을 향해 진실한 삶이 인간에게도 그대로 적용되는 신뢰 관계를 아멘으로 화답했다. 믿음이란 아멘으로 고백하는 삶이다.
2. 신뢰 진실은 하나님을 향한 인간의 태도인데 그 하나님의 뜻을 따라 세상에 사는 것이다. 여기에는 충성과 순종만이 있을 뿐이다. 이것이 유대인의 믿음의 삶이다.
3. 유대인이 보여주는 하나님을 향한 최대의 믿음과 충성의 표상은 랍비들이다. 유대 랍비들은 신실하신 하나님의 뜻을 전하는 자로서 신실한 삶의 표본이다. 이 같은 가르침을 따라 유대인의 삶이 역사가 되고 역사가 쌓여 전승이 된다. 유대인들은 하나님의 가르침이 전수되어온 조상들의 삶의 전승을 말씀 다음으로 중히 여긴다.
4. 유대인들은 믿음에 대한 학문적인 정리나 신학적인 변증을 좋아하지 않는다. 유대인들은 어떻게 하여 하나님의 가르침을 지킬 것인가를 고민할 뿐 어떻게 학문적인 증명을 할 것인가를 고민하지 않기 때문에 탈무드를 발전시켰고 신학발전을 시키지 않았다. 유대 기독교의 대화를 위해서 유대교도 이제 신학의 변증에 노력해야 할 때이다.

4. 요약 : (기독교의 주장)

1. 믿음이란 신인관계, 사람과 사람의 관계에서 신실을 쌓아가는 것을 말한다. 신과 인간의 관계는 초월적이요 인간과 인간과의 관계는 상대적이다
2. 믿음이란 신인 관계에서, 인간과 인간관계에 있는 모든 것, 삶 윤리·경제·정치·남녀의 모든 것을 포함한 관계에서의 성실까지도 포함한다.
3. 구약성서는 많은 믿음의 패러다임을 보여준다. 아브라함·야곱·요셉·이사야, 우리는 그들을 통해 간접 경험하고 배우고 그리고 또 한 겹의 경험을 쌓아 간다. 그것을 우리는 전승이라고 유대인들에게서 배웠다.
4. 신약에서 믿음이라는 것은 예수 그리스도를 통해 보여주신 하나님의 사랑과 생명과 능력의 부르심에 응답하는 것이다. 우리는 예수님의 모든 것을 희망하고 내 속에서 성취되기를 바라는 것이 믿음이다.
5. 신인 관계에서 이성으로 납득할 수 없는 신비 체험의 경험도 있다. 그러나 남들이 이해할 수 없는 불가사의한 것을 상대에게 강요하는 것은 믿음의 행위가 아니다. 신학은 이 같은 불가사의 신비 사실을 학문적으로 밝혀 인간이 이해할 수 있게 하는 책임이 있다
6. 유대인들은 불가사의 신비신앙을 전승의 틀에서 이해하고 기독교는 신비를 신학으로 설명하고 이해시킨다.

10. 구원 Salvation

1. 유대인의 주장

구원은 성경에서 뿐만이 아니라 유대인의 삶에서 가장 중요한 신앙 개념이다. 히브리 성경은 '구원'이란 용어의 미묘한 뉘앙스를 정확하게 하기 위해 두 개의 단어를 사용하고 있다.

예수아(Yeshuah)와 게울라(Geulah)이다. 두 개의 단어가 분명히 중복되는 부분이 없는 것은 아니지만 꼭 구분하자면 예수아는 개인의 구원과 관계되고 게울라는 국가와 민족의 구원에 관계된다. 예수아는 주로 개인의 행복과 잘 사는 것, 안전·옹호·번영을 의미한다. 시편의 대부분과 잠언서에 예수아가 지배적이고 역사서와 예언서도 예수아가 산발적으로 나타난다. 예수아는 개인의 번영과 성공을 보장하는 권세를 뜻하기도 한다. 율법에 순종하는 삶은 모세오경의 대주제이다. 순종하므로 이 땅의 축복과 영원한 생명을 보장받는 것이 율법의 약속이다. 율법 순종으로 인하여 얻을 수 있는 번영과 보호하심이 바로 예수아이다. 그러므로 예수아는 율법 순종과 관계되는 보상으로 주어지는 구원의 축복을 의미해 왔다.

구원의 의미를 담고 있는 두 번째 용어 게울라(Geulah)는 국가와 민족을 포함한 대중에게 초점을 맞추고 있다. 토라에 나타나는 언약, 하나님과 그의 백성간의 계약을 잘 지켰을 때 개인의 행복과 번영보다 국가나 공동체를 축복할 때 게울라를 사용했다. 그러나 흔하지 않은 경우이다. 구약의 후기까지는 아직 보편적 대중 구원에 대한 의식이 충분히 발전하지 않았다. 시편의 제왕 시에서 게울라를 사용하는 곳이 있었다. 개인을 지키는 것보다 국가의 승리와 대중의 안녕을 도모할 때 사용되었다. 메시야가 오셔서 국가를 새롭게 건설할 때 정의로 왕권을 바로 세울 때 종교적 제의를 바로 세울 때 게울라를 사용했다. 나라가 바로 서고 왕권이 튼튼하여 백성들이 평안해지는 것을 구원이라고 했다.

히브리 성경에 나타나는 구원에 대한 이중적 표현은 방대한 랍비 문학 속에도 그대로 적용되고 있다. 신명기와 민수기에 나타나는 쉐마(Shema), 쉐마는 유대인의 생활의 중심 교훈이요, 기도와 예배의 핵심 요소인데, 첫째, 개인의 행복과 번영에 초점을 맞추지만 동시에 국가와 대중 공동체의 소망과 구원에도 초점을 맞추고 있다. 개인의 번영과 국가 대중 공동체의 소망과 구원에도 초점을 맞추고 있다. 개인의 번영이든 국가공동체의 번영이든 상관없이 쉐마가 추구하는 구원은 종말적이다. 종말적이란 말은 우리의 상황에서 상당히 오해를 받아 잘못 이해되고 있는 용어이다. 세상이 끝장난다는 것에 의미의 중심이 있는 것이 아니라 하나님의 새나라 건설이 성취된다는 곳에 진정한 의미가 있다. 유대인의 기도 목표는 하늘나라의 건설이다. 세상의 모든 권세를 철창으로 부수고 (시2:8-9), 하나님이 통치하시는 새 나라가 오는 것이다. 그 나라에 선택 받은 백성이 하나님과 더불어 사는 그 세계를 위해 기도하는 것이다.

쉐마 기도 가운데 나오는 "구원받은 자들이 시온에 돌아오리로다" 유대인의 예배의 중심부분이다. 이사야서, 미가, 시편, 역대상에 나오는 성구를 인용하여 이스라엘의 구원을 강조하고 감사한다. 그 기도의 말미에 가서는 택함 받은 사람들이 미래에 올 새 나라에 가서 새 생명을 얻

어 영원히 사는 것으로 기도가 끝난다. 지극히 종말론적 현상을 표현한다. 기도의 마지막 부분에 이사야 42:21의 성구를 인용하는데, 랍비 하나냐 벤 아카샤(Hananya Ben Akashya)의 가르침을 상기시키는 대목이

다. "하나님께서는 이스라엘에게 은혜의 특권을 주셨는데 그 특권을 위해 하나님은 계명과 지혜를 주셨다." 토라는 하나님께서 이스라엘에 내린 은혜의 축복이다. 이 율법을 통해서 이스라엘이 구원의 은혜에 이르게 되었기 때문이다.

토라는 택함 받은 이스라엘 각 개인들에게 내리신 구원의 방편이다.이다. 이 토라를 통해서 허물어지고 버려진 인생이 다시 일어서고 하나님의 자녀의 나라로 나갈 수 있게 되기 때문이다. 메시야가 오셔서 새 나라를 건설할 때 이스라엘 백성 전체에게 구원의 은혜를 내리신다. 유대인의 전승은 우리들에게 이렇게 가르친다. 하나님이 주시는 구원이란 심오하여 우리 인간이 다 설명할 수 없는 성격이다. 구원에 대한 유대인의 전승을 가장 잘 표현하는 말이 스가랴 4:6에 나온다.

"힘으로 되지 아니하며
능으로 되지 아니하고
오직 나의 신으로 되느니라"

스가랴와 동시대의 사람인 학개 역시 강조하기를 구원의 은혜는 항상 숨겨진 비밀인데 그의 지도자들에게만 알리신다. 지도자들이 그 구원의 은혜를 선포하고 하나님을 대행하게 하셨다. 이스라엘 역사에 위대한 메시야의 상징으로 나타난 두 인물이 있었다. 다윗왕이 메시야 사명의 기름부음을 받았고 스룹바벨이 기름 부음을 받아 메시야로 선포되어 널리 알려졌다(학2:23). 그리고 아주 지극히 색다른 놀라운 현상은 이사야 44장과 45장에 나타나는 이방 왕, 고레스를 향한 기름 부음을 받은 메시야 선포이다.

그 후 메시야를 자처하여 나라를 회복시키고 민족의 구원을 이룰 것이니 자기에게로 오라고 선포하고 나라를 세운 자가 있었다. 하스몬가의 마카비(Maccabees) 형제들이다. 모든 이스라엘이 "자기 포도나무와 무화과나무 아래 앉아 누구도 두려워하지 않은 나라를 이루겠다."는 메시야 선포를 했으나 그 당시 상황이 그것을 충분히 받아들이지 않았다. 마카비가 선포한 구원과 이스라엘이 원한 구원이 달랐기 때문에 백성들의 호응을 얻지 못했다.

하스몬가의 마카비는 그들의 권력과 무력으로 백성들을 지배하고 있었다. 하스몬가는 그 당시 무력에 의한 것이긴 하지만 국민적 권위를 가지고 제사장과 왕권을 통합한 메시야로 자처했다. 그럼에도 불구하고 그들이 선포한 구원은 이스라엘의 국민적 구원으로 받아들이지 않았기 때문에 메시야로서 인정을 받지 못했다. 그 당시 마카비를 향한 가장 큰 반발이 바리새파와 사해 그룹(Dead Sea Sectarians)인데 사해 사본 발굴로 인하여 밝혀진 바에 의하면 사해를 중심으로 은둔 생활을 한 사람들은 청순파 엣세네 그룹이다. 여러 학설이 있지만 대체로 이들은 하시딤 청순파들인데 이들이 정치권력과 무력으로 국민을 규합하여 메시야로 자처하는 하스몬가를 인정할 리가 없다.

구원이란 하나님이 주시는 비밀스런 선물이다. 이 선물은 하나님의 율법이 온전히 통치되는 시대로서, 하늘나라가 시작되는 그 순간에 완벽하게 완성된다. 유대의 역사를 통해 볼 때 메시야의 시대가 왔다고 선포하고 자신이 메시야라고 자처한 인물들이 한둘이 아니었다. 수만의 대중들이 추종하고 따랐던 가짜 메시야가 나름대로 신비한 모습으로 신비한 행동으로 혜성같이 나타났다가 사라졌다. 그러나 메시야의 출현, 메시야의 인물은 신비요, 경이이기 때문에 아무도 모른다. 언제 그가 나타나서 나라를 세우고 구원을 선포할지 아무도 모른다.

구속이란 미래에 이루어질 숨겨진 희망인데 구원이란 현재 우리에게 다가온 하나님의 비밀스런 선물이다. 유대교의 전승에 의하면 유대인은 토라를 통해 다가올 새 세계의 아들, 즉 구원의 열매들이다. 토라는 구원을 성취시켜 주는 능력이며 방법이다. 분명히 말해서 토라 없이는 결단코 구원은 없다. 사람의 가치는 어떤 잣대로서도 측정할 수 없는 것이지만 인간의 구원은 말할 것도 없고 위대성도 토라에서 나온다. 그러므로 토라를 가지고 있는 유대인은 위대한 구원의 아들들이다. 그렇다면 이 위대한 구원, 영원한 생명의 자리에 비천한 인생이 어떻게 나아갈 수 있을까?

토라가 인간에게 요구하는 것은 믿음과 실천적 순종이다. 믿음과 순종은 엄청난 자기희생이 따른다. 토라를 믿고 순종하므로 지킨다는 것은 자기희생의 삶 없이는 결단코 가능하지 않다. 자기희생이 충분하지 않기 때문에 값비싼 짐승을 잡아 희생 제물로 바침으로 상징적이긴 하나 구약이 요구하는 모든 자기희생은 산 제물로 나타났다. 마찬가지로 어떤 사람은 자기희생을 통해 순간적으로 구원을 성취할 수도 있고 어떤 사람은 일생의 노력에도 불구하고 성취하지 못하는 수도 있다. 랍비 문서에서도 어떤 행위보다는 믿음이 토라를 성취한다는 말이 있듯이 먼저 마음에서 시작된다는 뜻이다. 반성하고 회개하는 것은 행동이 아니라 마음에서 시작하니 이 마음의 변화가 토라를 만족시킨다. 결국 구원에 이르는 길은 토라뿐이다. 토라에 대한 믿음 그리고 순종함으로써만 가능한데 순종은 자기 부정이며 하나님을 향한 굴복이다.

랍비 문학에 이런 실제 이야기가 있다. 엘라자 벤 두디아(Elazar Ben Durdia)는 잘 알려진 악한으로 도둑질을 하며 살다 창녀촌에서 세월을 보낸 사람이다. 먼 여행을 하다 역시 창녀 굴에서 시간을 보내다 마음의 변화가 일어나 통곡했다. 오열을 토하듯 회개하고 가슴을 치며 하나님을 부르다 죽었다. 그 때 하늘에서 들리는 음성이 있었다. 벤두디아는 벤 오람 하바(Ben Olam Haba;이미 낙원에 있노라)이다. 마음에서 반성하고 회개할 때 그 영혼은 낙원에 있다. 낙원에는 그런 반성과 회개하는 사람들이 가는 곳이다. 행위란 마음에서 시작하는 것이니 믿음이 그 선착이 되는 셈이다. 아무리 악한이라도 반성하고 회개하면 낙원에 초대받을 뿐만 아니라 성인으로 추대 받는다. 인간이 추구해야 할 최고의 메리트(Merit)는 마음의 바른 자세이다. 선행을 쌓아 그것을 공적으로 내어 놓을 것이 아니라 마음의 방향을 새롭게 하는 것이다. 이것이 믿음이다. 이 믿음이 구원의 입구로 안내하는 길잡이다.

유대교는 개인 구원과 국가적 구속을 따로 생각지 않는다. 새롭게 변화된 한 사람, 한 사람이 하나님을 대표하고 또 민족들이 이루기 때문에 연결하여 생각한다. 유대인은 한 개인이 이스라엘이요 이스라엘이 또한 한 개인으로 전체와 집단이 동일시된다. 여호수아 벤 레위(Joshua ben Levi)가 로마에 의해 포위당해 있을 때 고통 속에서 신음하면서 메시야가 속히 오셔서 구원해 주시기를 간구했다. 그때 주신 응답이 시편 95:7이었다.

"대저 저는 우리 하나님이시요 우리는 그의 기르시는 백성이며 그 손의 양이라 너희가 오늘날 그 음성 듣기를 원하노라"

나의 간구가 성취되는 것이 아니라 우리가 하나님께 죽음으로라도 순종하는 것이 메시야의 성취의 길로 가는 것이라고 믿었다.

폴란드의 하시디즘연구의 대가인 마틴 부버의 책 하시디즘의 이야기(Tales of the Hasidim)에 이런 설화가 있다. 하시딤 랍비가 삼상20:27을 이렇게 주석했다.

"이튿날 곧 달의 제 이일에도 다윗의 자리가 오히려 비었으므로 사울이 그 아들 요나단에게 묻되 이새의 아들이 어찌하여 어제와 오늘 식사에 나오지 아니하느뇨?"

메시야의 구원이 속히 오지 않는 이유는 간단하다. '우리가 어제나 오늘이나 변함없이 새로워지려고 노력하지 않는 진부함에 있다'라고 했다. 구원이란 항상 속에서부터 새로워지는 것이다. 혁명도 한 사람의 가슴에서 시작된다고 했다. 마찬가지로 개인 한 사람이 새로워진다는 것은 국가 민족공동체가 새로워지는 시작이다. 개인 한 사람의 변화에서부터 민족과 공동체가 변화가 가능하기 때문에 국가의 구속은 개인의 구원을 전제로 한다. 한 사람 한 사람이 변화되지 않고 어떻게 민족이 구원을 받을 수 있겠는가.

유대인은 구원과 구속은 스스로 성취하지 못한다고 믿는다. 유대인들의 행위란 구원의 조건이 아니라 구원받은 사람의 감사의 표현이다. 행위란 구원의 결과이지 구원의 조건이 안 된다는 것이다. 토라는 하나님께로 가는 믿음의 길을 가르쳐 주는 지혜이다. 하나님께로 돌아가고자 하는 그 마음이 구원의 길이 된다. 유대교가 강조하는 것은 하나님의 부름에 응답할 수 있도록 율법으로 준비시키는 일이다. 그러므로 억지로든 자의로든 유대교는 어머니 뱃속에서부터, 토라 교육을 실시한다. 토라는 하나님께로 인도하는 등잔이요, 불빛이기 때문에 끊임없이 토라의 훈련을 실시하는 것이다. 유대교는 하나님께로 갈 수 있는 기회를 만들어 주고 하나님이 부르실 때 응답할 수 있도록 준비하여 주고 자기의 잘못을 깨닫고 회개할 수 있도록 만들어 주므로 믿음의 길을 가르쳐 준다. 토라의 씨를 뿌려 놓으면 언젠가 때가 되면 반드시 싹이 나오게 되어 있다. 이런 관점에서 볼 때 우리 유대인들이 왜 그토록 토라를 중히 여기고 회당을 중히 여기고 이스라엘의 나라 건설을 중하게 여겼는지를 짐작할 수 있을 것이다.

이스라엘이라는 나라는 어떤 법적 구속력을 지닌 기구로서 국가가 아니라 믿음의 길, 하나님께로 갈 수 있는 길을 가르치는 영성 동료체 (Spiritual Buddy)이다. 이스라엘 영토 안에서는 농사·상업·정치·교육 모든 분야에서 토라의 영성을 만날 수 있다. 농사와 직장의 절기 안식일, 국경일, 축제일 등 모든 날들이 구원을 성취하는 과정이요, 체험으로 받아들인다.

시온주의란 선민 특권을 행사하기 위한 사회 운동이 아니라 구원 성취를 위한 인간의 응답이다. 흩어진 유대인들이 시온에서 토라를 통해 정치 · 경제 · 문화 · 사업 · 교육을 행함으로 전 세계를 향해 구원의 패러다임을 전시하는 것이다. 이러한 영성체의 세팅 없이 결단코 개인의 구원과 공동체의 구속의 사건이 가능하지 않다. 세계 제2차 전쟁 속에서 일어난 대학살(Holocaust)을 통해 이러한 영성 동료체의 필요성이 더 절실하여져 벨포어 선언(Balfour Declaration1920)을 통해 구원 공동체인 국가가 열매를 거둔 셈이다.

인간구원의 문제에 관해 유대교와 크리스천의 대화에 커다란 어려움이 항상 있어 왔다. 크리스천들은 유대인들이 타고 난 선민의식으로 구원은 이미 받은 것으로 생각하고 오만하다는 비평을 한다. 그런가 하면 유대인들은 토라를 실천하는 공덕으로 구원을 받았다는 공적 신앙을 비평한다. 유대교와 기독교의 진정한 대화는 유대교의 영적 구원이 어떤 것인지를 바로 이해하는 데서부터 가능하다고 본다.

크리스천들은 분명히 이해해야 한다. 유대교에서 율법을 강조하고 율법에 따른 행위를 중심시하는 것은 그것이 구원의 조건이 아니라 바른 믿음의 길이기 때문이다. 하나님을 믿는다는 사람이 하나님의 토라도 지키지 않으면서 '믿음의 사람'이다, '하나님의 사람'이라고 할 수 없기 때문이다.

하나님께서 토라를 주셔서 인간의 죄악됨, 그곳에서 벗어나 하나님의 사람의 길로 가는 방법을 가르쳐 주었기 때문에 구원은 가능한 것이다.

토라 없이 인간은 하나님도 모르고 구원도 모를 수밖에 없지만 토라가 그 모든 것을 가르쳐 주었다. 그렇다면 토라의 명령도 지키지 않고 계명도 따르지 않는 자가 구원의 길로 갈 수 있다면 하나님은 공의의 하나님이 아니시고 무정한 하나님이 될 수밖에 없지 않은가? 하나님을 순종하는 믿음으로 행하는 그 마음 자세, 그것으로 충분한 구원의 조건이 된다. 하나님의 은혜는 오직 토라의 가르침을 그 도구로 삼을 뿐이다.

유대교와 크리스쳔의 대화를 위해 중요한 두 번째 이슈는 이것이다. 세속세계를 향한 관심과 걱정이다. 전쟁과 살상과 죽음의 이 세계가 약속된 하나님의 구원의 유대교의 관점에서 볼 대 하나님이 원하시는 메시야의 이상 세계는 이루어지지 않고 있다. 개인 구원에서부터 국가 구원에 이르기까지의 메시야 이상이 실현될 수 있도록 우리는 노력해야 한다. 유대 민족뿐만이 아니라 모든 족속이 메시야 이상 세계에 참여할 수 있도록 해야 한다.

마지막 이슈는 이것이다. 토라는 유대인들이 하나님께로 돌아갈 수 있도록 믿음의 길을 제시한다. 토라를 받아들이는 한 유대민족뿐이 아니라 온 세상 사람이 믿음의 길을 만날 수 있다. 유대인이 아닌 노아에게 구원의 길을 갈 수 있도록 일곱 가지의 거룩한 교시를 주신 것처럼 비유대인들에게도 동일하게 주신다. 유대교는 이렇게 가르친다. 유대인이 메시야 이상 나라를 소유하는 것이 아니라 이 세계에 있는 의로운 사람이 그 나라를 소유한다. 구원은 개인적인 동시에 국가와 민족적이다. 한 개인은 한 사람이 아니라 인류보편성을 지닌 개인이다.

유대교는 모든 인류들에게 구원의 길이 열려 있다고 가르친다. 유대교의 신앙 전승도 달라지고 있다. 구원은 유대인이나 온 세계인이나 구별 없이 주어지는 것이다.

구원 Salvation

2. 기독교의 주장

구원(Salvation)과 구속(Redemption)은 다른 두 단어이지만 둘 다 하나님이 주시는 자유와 해방을 뜻한다. 엄격히 말하자면 구원이란 아무런 대가 없이 주시는 해방의 선물이라면 구속은 어떤 잘못에 대해 반드시 그 대가를 지불하고서 해방을 얻는 것을 뜻한다고 말할 수 있을 것이다. 예컨대 히브리들이 애굽에서 노예의 삶을 400년 넘게 살다 예상치 못한 어떤 시간에 모세에 의해 홍해를 건넘으로 얻게 된 것이 구원적 해방이라면 일 년 동안 지은 죄악에 대해 송아지나 양을 잡아 번제를 드림으로 해방을 얻는 것도 구속적 해방이라 할 수 있을 것이다.

히브리 사고를 떠나서라도 모든 인간은 어떤 문제에 속박당하며 자유를 희구하고 있다. 이 세상의 어떤 생활, 어떤 지위에 있다 할지라도 무엇엔가 속박당하고 있다. 정치적으로 높은 지위, 경제적으로 풍요한 삶을 산다 해도 완전한 해방과 자유 속에 산다고 말할 수 있는 사람은 아무도 없다. 바울 선생님의 말을 빌리면 만물이 탄식하며 고통당하고 있다(롬8:22)고 하신 것은 지극히 옳은 말씀이다. 사람뿐만 아니라 모든 생명체는 고통을 당하며 신음하고 있다. 그리고 그 신음하는 고통에서 벗어나고자 몸부림치고 있다.

가뭄이 오면 풀 한 포기 한 그루의 나무도 갈증에 신음하고 있다. 아프리카의 사자가 먹이에 문제가 없다 할지라도 맹수 사회의 고통은 여전하며 자리다툼에 실패하면 소외당하고 신음한다. 사람뿐이 아니라 동식물 구별 없이 만물이 신음하며 그 고통에서 벗어나고자 몸부림치고 있

다. 바꾸어 말하면 고통에서 신음하는 만물이 갈구하는 해방은 우주적이다. 나이와 연령과 신분에 관계없이 고통에서 벗어나 해방을 찾는 것은 보편적인 희망이요, 인간의 갈망이다. 그러므로 해방의 문제, 종교적으로 말해서 구원이 문제는 신앙의 문제나 교리의 문제가 아니라 보편적

인간의 문제이다. 이 구원을 갈망하지 않는 사람 없고 해방을 찾지 않을 사람 하나도 없다.

이 세상의 모든 학문, 철학, 모든 종교가 각기 다른 소리를 하는 것 같지만 공통적으로 인간의 해방과 자유를 추구하는 것이다. 고통과 신음 속에서는 인간의 행복과 기쁨이 없기 때문에 신음에서 벗어나 자유하자는 노력이 놀이요 학문이요, 신앙이다. 믿음이 좋은 사람일수록 구원을 이야기하면 종교적 문제나 영적인 것에 국한해 버리는 경향이 있다. 아주 이원론적인 사고와 생활을 하는 것이다. 기독교가 말하는 구원이란 바로 인간의 영혼 구원 문제를 다루는 것만이 아니라 인간의 해방과 자유를 추구하는 것이다. 그렇다면 기독교가 추구하는 해방과 자유를 생산하는 구원이란 어떻게 얻을 수 있는 것인가?

인간이 땅에 살고 있지만 하늘에 오를 수 있는 초월의 가능성을 가지고 있다. 인간과 신의 관계는 절대 타자이기 때문에 함께할 수 없다. 인간은 땅에 살 수밖에 없는 제한성이 있기 때문에, 하나님은 천지를 초월하신 분이기 때문에 결단코 인간과 자리를 같이할 수 없다. 그러나 모든 인간이 인간의 자리를 벗으나 절대자와 함께 하기를 동경만 하는 것이 아니라 실제로 그것이 가능하다고 보는 것이 기독교의 가르침이다. 그러면 인간이 초월자의 자리를 왜 그토록 갈망하고 동경하는가? 인간은 인간이기 때문에 나고, 죽고, 병들고, 실패하고, 슬픔의 과정을 벗어나는 길이 절대 타자인 신과의 관계를 가짐으로 인간의 문제를 탈출할 수 있다고 믿기 때문이다.

고전적인 표현이지만 인간을 스스로의 잘못으로 인하여 하나님이 낙원에서 추방당하므로 오늘날 우리 인간이 당하는 모든 고통을 피할 수 없게 되었다. 하나님과 관계가 소원해짐으로 인하여 인간의 모든 문제가 생겼다. 하나님과의 소원을 우리는 죄라고 말한다. 그러므로 첫 범죄가 아담 이후 인간은 나면서부터 신과의 소원한 상태가 되어 신음과 고통의 삶을 살 수밖에 없게 된다. '신과의 소원'이 문제로 인간의 노력이나 공로로서는 전혀 해결될 수 없는 불가능의 문제이다. 즉 인간이 인간의 자리를 벗어버리고 초월 자리로 가는 길은 인간 쪽에서는 전혀 없다는 말이다. 인간이 자기의 자리를 벗어버리고 초월할 수 있는 길이 없는 것은 아니지만 인간 쪽에서는 전적으로 불가능하다고 가르치는 것이 기독교이다.

하나님은 은혜로써 인간이 하나님의 초월의 자리로 갈 수 있는 길을 보여 주셨다. 결국 아담이 최초에 지은 죄에서 벗어나는 것이 바로 그 길이다. 그 죄가 인간과 하나님의 관계를 소원시켰기 때문에 그 회복을 위해서는 죄를 해결하는 것이 선결 방법이다. 성경은 가르친다. 하나님께서 인간을 구원하시어 해방과 자유를 주시는데 그것은 오직 예수 그리스도의 속죄 죽음과 무덤에서 부활하신 사실을 통해서이다. 그러므로 우리는 그리스도가 지신 십자가가 구속적 사역이요, 그의 부활이 우리를 죄에서 부활케 하시는 속죄 행위로 믿어야 한다. 그래서 우리는 예수 그리스도의 인생의 가르침에 귀 기울여 듣고 배워야 한다.

예수 그리스도의 일생은 자기를 초월한 희생과 사랑의 삶이었다. 그의 일생은 오직 타자를 위한 삶이었다. 그는 완전 타자인 인간과 하나 되기 위한 일생이었다. 그는 오직 타자의 필요, 타자의 부족함을 메우는 인생을 살았다. 구원의 길을 보여주기 위함이었다. 그가 가르치기를 하나님의 나라가 이미 시작됐다는 사실을 그의 가르침과 그의 행동 즉 사랑의 행위, 치유의 행위, 용서의 행위로 보이셨는데 그것이 천국 시작의 신호라고 했다. 바로 예수의 가르침과 행위야말로 소원해진 하나님과 인간의 관계를 회복하는 길이었다. 우리가 이 예수의 행동 속에 참여하는 것이다.

예수의 삶은 전적 순종이었다. 신의 뜻을 따르는 순종의 삶이 죽음으로 가게까지 했다. 권력과 물질과 영예의 유혹을 받으면서도 그는 하나님이 보내신 그의 사랑 받는 아들로서 하나님을 따르고 믿는 일에 완벽했다. 이렇게 함으로서 소원해진 하나님과 인간의 관계를 복구시키는 일에 일생을 바치셨다. 그리고 마침내 그는 인간 구원 사역을 온전히 이루셨다.

예수는 하나님을 향한 순종으로 죽음을 맞이했는데 이것은 인간을 초월하는 사랑과 순종의 행위였다. 그 죽음 속에서도 그는 전적으로 타자를 위한 행동과 말씀만을 보이셨다. 그가 맞이한 죽음은 인간이 당하는 죽음과 전혀 다를 바 없었으나 그의 언행은 전적으로 타자를 위한 것이었다. 그 자신이 완전히 버려지심을 인간의 인내로서 견딜 수 없어 절규하면서 외치셨다.

> 아버지여 어찌하여 나를 버리시나이까?(막15:34).

그러므로 예수의 죽음은 구속적인 사건이다. 인간이 하나님과 소원해져서 원수가 된 관계를 회복시키는 제물로서 그를 받아주셨기 때문이다. 그의 생명, 그의 순종, 그의 가르침, 그의 목회, 그의 사랑을 하나님께서 화해의 제물로 받아주셨기 때문에 예수는 진실로 인간을 위한 산 재물로서 인간을 위해 죽으셨다(고전15:3). 십자가 죽음만으로 구속의 역사가 완성된 것이 아니고 무덤에서 부활로 인하여 완성되었다. 왜냐하면 부활이야말로 십자가의 또 다른 한 면이기 때문에 부활 사건이란 하나님께서 예수를 통해 인류에게 새 생명을 주신 일이다. 이 새 생명이야말로 예수의 일생과 십자가 죽음의 정점이며 죽기까지 복종하심이란 그가 새 생명으로 승화되기 위한 비밀이었다(빌2:6-11). 그러므로 바울 선생님은 이 사실을 이렇게 말씀하셨다. 그리스도 예수와 합하여 세례를 받은 우리는 그의 죽으심과 연합하여 세례 받은 줄을 알지 못하느냐?(롬6:3).

예수의 십자가와 부활의 구속사건은 역사에 단 한 번 일어나 모두를 완성시킨 사건이다. 예수의 십자가 부활 사건은 이 세상을 종결짓고 새 시작을 하는 종말사건이다. 그러므로 이것은 과거의 사건이지만 현재의 사건이요 또한 미래사건이다. 오늘날 우리가 예수의 이름으로 세례를 받는 것은 예수가 가신 길을 따르므로 구속사건을 자신에게 실천하는 것이다. 그러므로 구속 사건은 과거에 일어난 사건 그리고 지금 일어나고 있는 사건, 미래의 사건의 삼중적 의미를 지닌다. 이것은 거저 주는 선물이요, 은혜기 때문에 구원이라 부른다.

신앙이 있고 없고를 떠나 인간은 절대자 또는 완벽이란 진선미와는 거리가 멀다는 것을 느낀다. 자신이 하나님과 소원하다는 사실을 깨달으면 그리스도의 부르심에 응답해야 한다. 그리스도의 부르심을 따라 그의 제자가 되어 예수께서 가신 초월적 사랑의 길을 가야만이 하나님과의 화해가 이루어진다. 예수가 사신 것같이 자신의 생명을 오직 타자를 위해 순종하고 초월적 사랑으로 살아가는 삶이 오늘 화해의 제물이 되는 삶이다. 다시 말하면 예수께서 희생당하신 것을 우리가 믿는 것만이 아니라 우리의 삶도 그러하므로 사랑을 실천하여 하나님의 법을 이루어 나가는 삶이다. 아담이 저질렀던 불순종의 삶을 역으로 계산하여 오늘 살아가는 것이 크리스천의 삶이다.

크리스천들이 오해하는 문제 가운데 가장 큰 것은 우리가 믿음으로 구속과 구원의 역사가 종결되는 것으로 생각하는 것이다. 그래서 그저 믿기만 하면 된다고 생각하는 것이다. 믿음이란 마음의 결단과 삶의 실천을 모두 포함하는 말이다. 그렇다면 믿음이란 예수가 사신 구속적 희생과 사랑을 우리가 실천해야만 한다. 예수께서 타자를 위해 전적으로 자신을 바쳐 죽기까지 복종하며 산제사를 드린 것처럼 우리들도 산제사 드리는 삶을 살아야 한다. 그래야만이 하나님과 인간 사이의 간격이 메워져 우리가 하나님과 화해되고 하나님의 자리에 나아갈 수 있게 되는 것이다.

우리 인간은 이 세상에 사는 동안 육으로 형성되어 있다. 그러므로 예수님의 구속적 사역이 완성되었다 할지라도 역시 육은 고통 가운데 신음할 수밖에 없다. 그리스도를 매일 따르므로 인하여 자신을 하나님의 산 제물로 드림으로 인하여 육체의 해방도 점점 가까워 가고 있다. 우리의 구원이 마음에서 영혼에 미치고 그것이 차고 넘칠 때 우리의 육신도 그리고 우리의 환경도 그리고 구원받은 자들이 사는 이웃과 자연 동물과 세계에까지 그것이 확대되는 것이다.

그러므로 앞서 언급했듯이 구속사건이 과거의 일회적 사건이었다 할지라도 계속되는 사건으로 미래, 그리고 하늘나라가 완성되는 순간까지 연장된다(롬8:18-25). 예수의 구속사건은 이미 오래 전 예수의 탄생 시부터 시작되었지만 아직 완성은 아니기 때문에 과거적이요, 현재적이요, 미래적이요 세계적이다. 이 말은 크리스천들이 구원이 은총 속에 들어가 있지만 아직은 완성이 안 되었기 때문에 완성을 갈구하며 개선 노력하며 나아가는 것이 크리스천의 삶이란 뜻이다.

이것은 신앙이란 이름으로 크리스천들에게만 국한되는 문제가 아니라 우주의 모든 생물들에게도 적용되는 보편적인 진리이다. 이런 점에서 기독교의 삶이란 본질적으로 공공적이다. 공공적이란 개인적인 문제만이 아니라 사회적이요, 공동체적이란 뜻이다. 구속의 사건은 물론 개인적이요, 체험적인 것에서 시작하지마는 교회를 통해 지역 전체, 사회국가 그리고 국제적인 차원에까지 연결되는 문제란 뜻이다. 예수 죽음과 부활의 구속사건이 소원해진 하나님과 인간의 관계를 회복해 주시는 것이지만 크리스천의 삶은 매일 하나님과 타자를 위한 희생적 삶을 하는 공동책임의식이다. 구원은 타자를 위한 산 제사를 드리는 것이 기독교 신앙의 전승이다.

　기독교 신앙은 절대성이 있기 때문에 타종교에 대한 이해나 화해가 부족하다는 평을 받고 있는 것이 사실이다. 그러나 이제부터는 기독교의 신앙을 다시 이해하면서 타종교에 대한 이해 역시 새로워져야 한다고 본다. 왜냐하면 기독교는 세계를 구원하고 화해시키는 절대 초월적 사랑과 희생을 목표하는 삶이기 때문에 수용적이고 관용적인 신앙을 가져야 한다. 따라서 기독교 지도자들은 구속과 구원에 대한 새 이해를 깊이 이해하여 정죄보다는 세상을 순종하는 삶이 구원의 길이라고 가르친다.

구원

3. 요약 : (유대교의 주장)

1. 유대교에 있어서 구원은 두 개의 개념으로 풀이하는데 예수아와 게우라이다. 예수아는 주로 개인적 게우라는 민족이나 국가적 차원에서 사용했다. 그러나 유대인들은 이 두 구원을 따로 구별하지 않는다.
2. 랍비문학에서 구원은 주로 종말론적 의미에서 다루었다. 철창으로 현실을 부수고 새 시대와 왕국의 도래를 찾았다.
3. 유대교에 있어서 구원은 토라에 의해서 가능하다. 인간은 무지하여 갈 길을 모르지만 토라는 삶의 길, 지혜의 길을 가르친다.
4. 이스라엘의 구원의 선구는 기름부음을 받은 메시야인데 두 번, 다윗과 스룹바벨을 통해 나타났는데 이방 왕 고레스의 예는 해석의 난해성이 있다.
5. 유대교와 기독교가 함께 생각해야 할 점은 이 땅에 아직 메시야는

도래하지 않았다는데 동의한다. 하나님 말씀이 천지를 덮는 메시야 정의의 시대가 오도록 함께 노력해야 한다.
6. 기독교는 다음 세 가지 이슈에 대한 이해가 없으면 유대기독교의 대화는 불가능하다. 유대인이 율법의 행위로 구원 받는 것을 주장하는 것이 아니라 행위는 믿음에 대한 결과라는 것, 메시야 시대를 함께 만들어 이 세계를 아름답게 하는 것, 유대인만이 아니라 이상 세계의 추구는 인류 보편적인 염원이다.

4. 요약 : (기독교의 주장)

1. 모든 인간과 생물까지도 구원과 구속을 열망한다. 구원은 해방이요 구속은 잘못에 대한 값을 치르고 빠져나오는 것이다.
2. 그러면 인간이 어떻게 하여 절망에서 빠져나와 구원에 이를 수 있는가? 인간은 태고 이전 인류의 조상의 잘못으로 인하여 구원의 주제 하나님과 소원해졌다. 우리는 소원해진 이 관계를 없애기 위한 예수의 구속사역에 참여해야 한다.
3. 예수는 전 인류를 위한 구속사역에 참여하고 죽으시고 부활하심으로 완전한 구속자이심을 보여주셨다. 이 부활 사건은 과거의 역사적인 사건이 아니라 오늘 나에게 내일 모든 인류에게 역사하여 구원의 길을 열어준다.
4. 우리는 예수의 구속사역과 부활을 믿기만 해서 되는 것이 아니라 우리도 십자가의 희생의 삶과 사랑의 삶을 살아야 한다. 그러므로 크리스천의 구원은 절대 수동적인 마음의 문제가 아니라 하나님을 향하여 이웃을 향하여 사회와 세계를 향한 것이기 때문에 개인을 뛰어 넘는 공공적이다.

11. 회당과 교회 Synagogue and Church

1. 유대교의 주장

회당(Synagogue)이란 말은 히브리말 회중들의 집(Beit Keneset)을 헬라말로 번역한 것이다. 수천 년 동안 회당은 유대인들의 가장 중요한 공식기구로서 유대인의 생활을 유지해 온 삶의 중심이었다. 회당은 기도하는 집, 배움의 집, 공동생활의 모임 터요, 통치기구였다.

학자들에 의하면 회당의 역사는 엘리야 시대의 다락방에까지 거슬러 올라간다고도 한다. 성전에서 멀리 떨어져 사는 사람들의 기도처요 말씀 공부 장소로 사용됐다고 한다. 그러나 유대인의 마음의 고향, 하나님의 집인 성전이 완전히 파괴되고 없어져 버리자 그들의 가정에 모여 종교행위를 하던 것이 발전하면서 회당은 여러 기능을 하는 유대인들의 공식 집회처가 되었다. 따라서 유대인들은 그 지역의 회당을 세우고 유지해야 할 책임이 있었다. 회당은 유대인의 삶을 향상시키고 신앙교육을 담당해 왔다. 그러므로 종교적 목적, 즉 신앙만이 아니라 배움을 통한 그들의 삶을 발전시키는 역할, 이 두 가지를 감당해 왔다. 꼭 종교적인 기구라 할 수도 없고 배움의 터라고만은 할 수 없는 복합적 목적을 가진 기구였다. 뿐만 아니라 회당은 기독교와 이슬람교의 교회와 사원의 전신이 되어 그들의 성전 모형이 되었다.

이미 언급했듯이 회당의 시초와 그 발전에 대한 학설은 구구하다. 모세시대에 성전이 없었기 때문에 사람들이 모여 토라를 듣고 배우던 것에

11. 회당과 교회 Synagogue and Church

서부터 시작됐다고 하고, 그 후 선지자들이 다락방이라고 하는 부자들의 별실에 기거하면서 예언말씀을 설하는 것에서부터 시작됐다고도 한다. 그 역사는 아주 상고에까지 간다. 그런가 하면 제일 성전이 파괴되고 바벨론에 포로로 잡혀가 그곳에서 살 때 성전은 없고 백성들은 모임을 가져야 할 입장에서 생겨난 것이 회당이란 설도 있다. 외국 땅에 포로의 신세로 잡혀가 노역을 하는 신세였지만 제사장과 선지자들이 백성들을 교화시키고 말씀을 가르치며 예배를 드렸다. 에스겔의 집에서 장소들과 함께 모였던 것을 우리는 알고 있다(겔8장). 에스겔의 집은 그 당시 회당이었다. 이때가 주전 586년경이다.

바벨론 포로 당시 회당이 있었던 것은 확실하지만 그 이전에 어떤 모양의 회당이 존재했는지 확정지을 역사적 증거는 없다. 그런가 하면 학자들은 솔로몬 성전시대에 회당이 있었다고 주장한다. 아주 후일 헬라가 유대인을 점령했을 때 헬라인들의 공회당을 본떠서 만들었다고도 한다. 전통적으로 유대인들은 이렇게 믿는다. 기도·공부·회의를 위한 모임장소로 에스라 시대에 대회당이 있었다는 것이다.

세기 초 유대인들이 사는 곳이면 어디든지 회당이 있어 그 건축양식이나 편리함이 뛰어나 유대인들의 정신적 중심지가 되었다. 여러 역사문서에 문학 작품 가운데 그 당시 유대인의 회당이 있었다는 언급이 적지 않게 나온다. 역사가 요세푸스(Josephus)는 티베랴 도라 가이사랴에 회당이 있었다고 했다. 신약성서에도 도처에 회당이 있어 사도바울이 방문했다는 기록이 있다. 탈무드에서도 알렉산드리아에 회당이 있어 너무 크고 사람이 많아 앞에서 하는 말이 뒤에서 들리지 않았다고 했다. 깃발을 사용하여 청중들이 읽는 책의 순서를 알리기도 했다. 제2성전이 불 타버릴 그 시대에 예루살렘에만 백여 개의 회당이 있었는데 지금 그 유적들이 발견되고 있다. 유명한 회당으로 맛사다(Masada)와 헤로디온(Herodian) 유적이 있다.

　제2성전이 파괴되기 전까지는 회당은 회당으로 사람들의 모임과 배움의 장소였지만 제2성전 파괴 후부터는 유대인의 신앙과 생활의 다용도 목적의 중심지가 되었다. 예루살렘 성전에서 사용하던 예배의식과 관례들을 그대로 적용했다. 예배는 말할 것도 없고 희생제물까지 드려졌다. 기도와 희생제물이 동시에 드려졌다. 그리하여 예루살렘성전은 그 형상에서 사라졌지만 그 정신적 영적 관습은 회당 속에 흘러들어와 계속 유지되었다.

　각 회당은 지역에 따라 모형을 달리 했다. 그 지역의 문화와 기후에 맞추어 지어져 그 지역 사람들의 문화적 충격을 전혀 느끼지 않게 했다. 그러나 모든 회당의 공통점이 있었다.
　아론의 법궤(Aron Hakodesh)라고 알려진 거룩한 법궤가 중앙에 위치하고 그 속에는 율법의 두루마리가 들어 있는 것이다. 대체적으로 그 법궤는 동쪽 벽 즉 예루살렘 쪽을 향하여 놓여 있다. 지금도 그것은 마찬가지다.

　말씀 강독대는 법궤 있는 중앙에서 청중을 향하게 되어 있고 두루마리를 그곳에서 읽는다. 예배인도는 또 다른 강독대에서 집례된다. 전통적으로 회당은 남녀석이 구별되어 있었는데 오늘날도 여전하지만 개혁파나 재건파 유대교 회당은 구별하지 않고 있다. 언제부터인지는 잘 모르지만 한가운데 법궤 바로 위에 영원을 상징하는 등불을 달았다. 이것은 하나님은 우주의 빛이요, 이스라엘은 영원한 세상의 빛이란 뜻이다. 대체로 이 빛은 전기가 아니라 감람유로 사용하는 램프이다. 마찬가지로 개혁파와 보수파 유대교 회당은 전기 불을 사용하기도 한다.

　회당의 건축양식이나 구조는 거룩함과 존경심이 우러나올 수 있는 경건한 분위기를 갖추었다. 유대인 법에 회당 안에서 먹고 마시고 잠자고 떠들며 사업에 관여되는 일은 할 수 없도록 금지되어 있다. 길을 질러가기 위해 회당을 이용할 수 없고 악천후를 피해 회당으로 들어가서도 안 된다. 회당은 항상 깨끗하고도 정숙하게 유지되어야 하며 자선이나 선교 문제에 관련하여 말하는 것 외에 돈에 관해 토론하는 것도 금지되어 있다. 예루살렘 성전이 재건축되는 그날까지 성전의 역할을 하는 거룩한 장소이기 때문에 모든 유대인들은 삼가 그 규정을 지킨다.

회당은 기도, 모임, 공부뿐만이 아니라 예배를 위한 장소이다. 예배 시는 반드시 토라, 예언서가 읽혀지고 때에 따라 성문서도 읽는다. 많은 중요한 일이 있지만 회당이 하는 가장 중요한 일은 교육이다. 이스라엘은 가르치는 일이나 장년이나 소녀 소년이 구별 없이 각급 반에 가서 공부를 해야 한다. 랍비의 가장 큰 사명은 예배의 집전보다 교육을 시키는 일이다. 이스라엘에는 교육시키는 일보다 더 중요한 일은 없다. 미쉬나와 탈무드의 풍부한 지혜를 가르쳐 천재교육의 기초가 되게 한다. 탈무드는 팔레스타인 탈무드, 바벨론 탈무드로 되어 있어 그 내용은 순수한 종교적인 문제가 아니라 이 세상을 지혜롭게 살아갈 수 있는 길을 열어주는 것이다. 이스라엘은 수천 년을 통해 이 교육을 랍비를 통해 시행하고 있다. 예배집전은 랍비보다는 오히려 캔트(Cantor)라 불리는 선택받은 사람이 행한다(졸저 유대인은 EQ로 시작하여 IQ로 승리한다 참조). 그렇지만 지역주민이 회당을 필요로 할 경우 주민의 유익을 위해서는 빌려도 준다.

회당은 지역 유대인들이 생활문제를 인도 통제하는 행정 및 사법적 기능도 있다. 이 기능은 아주 오래 전부터 시행되어 오던 것인데 특히 중세 게토사회에서도 이것이 철저히 시행되어 이방세계로부터도 칭송을 받았다. 독일 지역이 아닌 스페인 지역 출신 유대인들은 세파르딕(Sephardic Jews)이라고 하는데 회당을 카할(Kahal)이라고 부른다. 그 말은 사람들 또는 공동체란 뜻이다. 유대인들은 말도 많고 의견도 많다. 세 사람의 유대인이 모이면 세 개의 회당이 선다는 말이 있을 정도로 자기 주장이 강하다. 그럼에도 불구하고 결론에 가서는 한 음성으로 통일되어 유대인의 새로운 가치 세계를 구현한다. 세파르딕의 카할은 회원들의 복리뿐만이 아니라 그 지역 유대인 전부의 복리를 증진시키고 유대인이 유대인답게 살아갈 수 있도록 인도한다.

회당과 교회 Synagogue & Church

2. 기독교의 입장

신약성경에 교회란 말이 112번 나오는데 이 말은 히브리어 카할(Kahal)로 예배공동체(Community of Worshipers) 또는 예배 모임이란 뜻이다(신4:10, 대하30:13) 어떤 번역에는 회당(Synagogue)라고도 했다. 이보다 하나님의 백성들의 연합체 또는 조직체라는 의미가 더 강하다. 의미상으로 볼 때 유대인이 사용하는 회당이란 뜻과 함께 한다고도 볼 수 있다.

실상 교회란 이스라엘의 연속이다(롬9:11, 11:5, 15:10, 벧후1:10). 새 이스라엘이요, 참 이스라엘이란 뜻이다. 히브리인들의 거룩한 모임, 성회 또는 회당이 기독교에 그대로 사용되는 것이다. 히브리들은 이 카할 예배공동체를 기독교와 이슬람에게 수출한 셈이다. 헬라 사람들을 위해 번역한 70인 역에도 백성들의 모임 또는 공동체인 카할을 아주 상징적으로 번역했는데 초대교회에서 그대로 사용하여 새 이스라엘 부름 받은 백성들의 모임이라 했다(갈6:6, 롬9:6). 그러나 기독교는 유대교도들과 경계를 분명히 하기 위해 새 언약으로 이루어진 모임이므로 이전의 유대인들이 모였던 눈에 보이는 성전과는 구별했다(히8:8-10). 교회는 건물이나 고상한 장식이 아니라 영적인 모임, 하늘의 백성들이 모이는 불가시적 공동체라 했다.

역사적 이스라엘, 유대인할례, 성전, 율법이 모든 것이 중요하지 않은 것은 아니지만 이 모든 것은 미래에 나타날 것의 그림자 내지 모형이라고 바울선생이 말했다. 할례는 육신에 시행할 할례가 아니라 마음에 할 것이라. 사람의 손으로 지은 건물 성전을 숭배하고 예배하는 것은 유대인의 미신이 되었으나 진정한 교회, 하나님 자신이 성전이 되사 새 예루살렘이 거룩과 생명으로 단장하고 하늘에서 내려올 때까지 하나님의 영을 받고 영속적인 관계를 가진 사람, 인간 자체가 교회라 했다(히12장, 계 21-22). 사람들이 모인 공동체, 그것이 모이는 교회라고 이미 구약에서 말한 바 있다(렘31:31, 겔36:24-28). 그러므로 구약에서 말한 거룩한 예루살렘 성전마저 하나님 자신이 교회되어 말씀으로 이 땅에 오실 때까지 그림자의 역할을 했을 뿐이다.

이것은 종말론적 사건이다. 종말론 사건이 무엇인가? 세상이 파멸로 끝나고 하늘이 내려오는 천지개벽 같은 사건이 아니라 하나님이 친히 다스리는 나라가 이루어지는 시대란 뜻이다. 종말이란 인간의 역사와 정치를 마감하고 하나님의 통치시대 즉 하나님의 나라(Kingdom of God)가 완성되는 시대를 말한다.

기독교가 말하는 교회는 종말론적 모임, 종말론적 공동체, 즉 하나님이 친히 교회되사 우리는 그의 백성이 되어 사는 새 출발의 새 세계를 뜻한다. 그러므로 완성은 아니지만 기독교회는 역사적으로 언어학적으로 유대교 회당에 빚진 것이 많으나 그것과는 전혀 다른 기구이다. 하나님의 통치와 그의 시대를 실천하는 기구이기 때문에 교회의 크기와 교인의 숫자에 관계없이 교회는 종말론적 모임이요 단체란 것이다.

바울과 그의 동역자들이 교회가 새 이스라엘이라는 말을 아주 신중하게 사용했다. 이스라엘은 없어지고 이스라엘의 법통은 그리스도의 교회가 이어 간다는 뜻이니 진정한 이스라엘은 교회란 뜻이다. 특히 바울은 그 활동 영역이 어떤 누구의 몇 십 배나 되는 영향력이 있는 사람이었기 때문에 그의 활동과 가르침의 영향은 대단했다. 그래서 이방 지역에서 크리스천이 된 사람들은 모두 자기들이 진정한 이스라엘 사람이요, 교회가 이스라엘이라는 자각을 갖게 되었다.

신약성서, 특히 바울의 서신에서 교회란 말과 이스라엘이라는 말은 항상 대체적인 지점의(Substation) 의미를 지니고 있다. 바울에게 있어서 교회는 이스라엘이요, 이스라엘은 교회이다. 오히려 유대인의 회당을 장님이요, 사탄의 모임이라 했다. 진정한 하나님의 교회가 아니라는 뜻이다 (계2:9, 3:9).

타인의 불행을 공개적으로 거론하는 것은 온당치 못하나, 유대인들의 잘못된 성전관은 자기들만이 그 성전을 맡은 자라는 오만한 자세가 긴 세월 동안 그들을 불행스럽게 만들고 있다고 세상이 말하고 있다. 회당을 중심하여 모이고 배우고 예배하는 삶이 인류 전체의 복리를 위한 보편진리가 아니라 자기들만이 하나님의 은총을 받은 민족이라고 믿고 있고 자기들만이 이 지상의 축복의 젖줄이라고 믿는 태도가 성전과 회당에서 나온 것이다. 이 세상 모든 것이 유대인들을 중심하여 이루어지고 역사의 방향과 목적은 유대인만을 위한 것이라는 생각도 회당에서 가르치는 것이다.

따라서 우리는 복음서 가운데 나타나는 반셈주의 성경본문, 즉 유대인을 반대하는 의미를 지닌 성구들을 재해석해야 할 필요성이 있다고 본다. 특히 요한복음에 반셈주의적 성구가 많은데 이러한 문제들을 종식시키기 위해 사도바울이 로마서 9-11장과 에베소2장을 썼다. 바울은 언급한 두 곳에서 유대인의 유익과 유대인의 기능을 소상히 설명하면서 크리스천들도 그 같은 실수를 저지르지 않아야 한다고 경고하고 있다.

크리스천들의 교회와 유대인들의 회당과의 관계는 하나님의 백성이란 관점에서 이해해야 한다. 교회든 회당이든 하나님의 백성들을 위한 모임이요, 기구요, 단체이다. 이 문제를 세 가지의 신학적 관점에서 다음과 같이 정리한다.

① 종말론적 관점에서 볼 때 교회는 이스라엘의 완성단계, 완벽한 이스라엘로 해석하는 것이 히브리 성서의 가르침이다.
② 건물이 아닌 신비체인 교회는 그리스도의 몸으로 그리스도가 신자들 속에서 영속하며 확장되고 열매 맺어 가는 것이다.
③ 묵시적 관점에서 볼 때 교회는 하늘 도성(Heavenly City)으로 발등상은 지상에 머리는 높은 하나님의 보좌에 있는 것이다.

회당과 교회

3. 요약 : (유대교의 주장)

1. 유대교의 회당은 기도 배움 회의 즉 유대인의 종합 모임의 기구로서 통치기구 역할을 한다.
2. 회당의 역사는 장구하다. 모세시대 엘리야의 다락방 바벨론 포로시 성전의 대안으로 생겨났다는 설들이 있다.
3. 유대인 셋이 모이면 회당이 세 개 선다는 말이 있다. 그 말은 그 만큼 그들이 회당을 중시한다는 뜻과 각기 개성이 강하다는 말이다.
4. 회당의 모양은 그의 모든 유대교 회당이 비슷한데 모세의 법궤를 중심하여 둥글게 모여 말씀을 듣고 말씀 후에는 손을 잡고 찬양하며 춤을 춘다.
5. 유대 회당의 기본 목적은 예배보다 탈무드 교육에 있다. 탈무드는 물론 토라에 기초하여 있지만 세상을 지혜롭게 살아가는 삶의 훈

련에 있다. 회당은 교육뿐만이 아니라 재판의 기능까지 있어 유대인의 모든 삶의 규정을 판단 결정한다.

4. 요약 : (기독교의 주장)

1. 회당의 기본 틀을 기독교도 그대로 받았다. 이 말은 교회란 이스라엘의 연속으로 같은 영적인 의미로 받아들인다.
2. 기독교는 회당의 기구 위에 영적인 의미를 부여하여 하나님 그 자체의 화신으로 받아들인다.
3. 교회는 종말적 사건의 상징으로 받아들인다. 하나님의 새 통치가 교회를 통해서 이루어진다는 뜻이다. 하나님은 이 세상을 통치하신다. kingdom of heaven이 이 땅에서 이루어지는데 교회가 바로 하늘 에이전트란 뜻이다.
4. 교회를 이루는 교회의 백성은 새 이스라엘 신 백성이다. 그런 점에서 이스라엘과 교회는 동일어로 쓰인다.
5. 성전은 유대인 유일의 전유물로 생각한 독선이 반셈주의 및 유대인 혐오를 낳았다. 이제 온 인류가 하나님의 백성이란 관점에서 회당과 교회를 생각해야 한다.

12. 종말론 Eschatology

1. 유대교의 주장

유대인들의 우주관에 대해서는 그들의 안식일 기도에 잘 드러나 있다. "이 땅에서 하나님이신 우리의 주와 비교될 자 없고 다가올 미래에도 옆에서 함께할 자 없나이다." 메시야의 날에도 죽은 자를 부활케 하실 우리의 구원자 되신 당신 한 분 외에는 없나이다. 현세를 넘어선 곳에 메시야 구원자가 죽음 한 가운데 있는 자들을 구원하여 부활케 할 미래, 죽음 다음의 세계가 있다는 것을 분명히 안다. 현세, 죽음, 메시야 그리고 새 생명의 세계, 이 사중 구조는 히브리 성경에 근거한 믿음이다. 성서는 적지 않게 이 세상과 영원세계의 모순을 보여주기도 하고 죽음 다음의 세계에 대해 다양한 믿음을 보여주기도 한다.

우리가 가장 많이 인용하는 구절은 삼상 28장인데 여기에 죽음 다음의 세계에 있는 사무엘을 신접한 여인이 사울의 부탁을 받고 불러올리는 기사가 있다. 그런가 하면 사후세계에 대한 기대나 소망을 갖지 말라는 구절은 적지 않다. 욥기(14:14, 시 88:10-12, 115:17-18)은 반어적 요소가 다소 있기는 하지만 사후 세계를 부정하고 있다. 사후세계의 사상이 발전되지 못한 성서 초기의 믿음 상태를 설명하고 있다.

성서 초기 시대를 지나 중기시대에 와서 종말론적 기대가 선명하게 나타난다. 이사야 24-27장은 사후 심판사상이 나오는데 학자들은 이사야 전록에 맞게 후대에 삽입한 본문이라고 본다. 사후세계의 심판에 대한 사상은 다니엘 12:1-4에서도 나온다. 좀 논쟁을 불러일으킬만한 본문으로는 마카비 2서를 들 수 있는데 사후세계의 소망이 없다면 순교의 뜻이 어디 있으며 살아야 할 삶의 의미가 어디 있느냐고 반문한다(마카비2서 7:7-9, 13-14, 20-29, 12:44-46).

사후세계에 대한 불분명한 성서의 가르침 때문에 성서후기 유대교 시대에 바리새인들과 사두개파 사이에 논쟁은 극에 달했다. 앞서 언급한 성구 그대로 바리새들은 사후 구원의 소망을 백성들에게 열렬히 가르쳤다. 사두개파는 엘리트 상류사회를 향해 그 반대 의견을 극명하게 가르쳤다. 부활은 유대인들 대부분이 믿고 있는 성경의 약속이요, 소망이기 때문에 이 부활신앙이 모든 유대인들을 평등화시켰다. 부자나 가난한 자나 심지어 거지까지도 동일한 생명으로 부활한다고 가르쳤기 때문이다. 에스겔의 마른 뼈들의 환상(37장)은 원래 나라의 부활을 의미하는 것이다. 물론 이것은 국가 부활의 상징적인 의미로 해석해야 되지만 바리새들은 이것을 개인 부활의 신앙으로 발전시켰다. 아주 후기 유대교 사상이다. 바리새파 사람들은 이것은 원래 히브리 사상이 아니라 중동의 사상 특히 포로 후기 배화교의 영향을 받은 것이라고 주장한다.

애매한 성경의 태도 때문에 바리새인들도 그 뜻을 달리하는 학파들이 적지 않다. 그들의 주장을 다음 몇 가지로 요약할 수 있다. 공적으로만 부활을 얻을 수 있다. 순교당한 신자들만이 부활을 얻을 수 있다. 오직 성지 이스라엘에서 죽어 그곳에 묻힌 사람들만이 부활을 얻을 수 있다. 바리새학파들의 연구의 결론은 이렇다. 부활 역시 모두에게 동일하며 나누어 주는데 오직 부활을 믿는 자에게만 주신다는 것이다. 실상인즉 바리새인들 중에도 부활의 사실을 믿지 않는 사람들이 적지 않았기 때문이다.

랍비적 유대교가 모든 사람들에게 동일하게 주어지는 보편 부활을 강조하기 위한 전제로서 부활을 믿는 사람에게 국한한 것이다. 많은 유대인 학자들은 엘리야와 엘리사의 설화를 실제로 든다. 초기 성서 시대에 이미 내세의 생명을 인정한 전형적인 사건으로 보는데 어떤 바리새파 학자들은 그것이 이교들의 신화에서 온 것이라고 주장한다. 따라서 엘리야, 엘리사, 이사야, 다니엘 같은 선지자들은 일찍이 그리고 계속해서 육체부활의 신앙을 선명히 실례로서 보여 주었기 때문에 부활신앙은 성경적이라고 말한다. 이런 부활신앙을 부정하는 자는 성서의 전통적 가르침을 부정하는 자로 간주한다.

유대인 전승이나 매일의 삶 역시 부활신앙을 증명하고 있다. 유대인 예배 시에 드리는 기도 가운데 자연은 매일 새롭게 창조되어짐으로 세상은 새로워진다고 고백한다. 하나님께서 매일 새로운 창조를 베푸시고 자연은 봄마다 새로워지며 비는 그 생명의 부활을 재촉한다. 랍비 예전(Rabbinic Liturgy)에 비에 대한 감사기도가 있는데 하나님이 주시는 비는 죽음에서 생명으로 다시 태어나는 기적이라고 노래한다. 사후 생명의 부활과 자연의 순환은 묘한 심리적 공통성을 지니고 있다. 부활사실을 증명할 때 히브리인들도 자연의 순환, 계절의 변화와 곧잘 연결시킨다. 욥기에 나타나는 반명제(Antithesis)를 해석하는 랍비들은 나무는 소망이 있나니 찍힐지라도 다시 움이 나나니(욥14:7-22). 인간이 죽을지라도 나무처럼 다시 움이 나는 부활의 삶을 믿는다. 부활은 랍비들만이 가르치는 성서적 교훈이 아니라 천하 만상에 부활의 생명을 보여준다.

부활은 자연의 생성 과정이나 신앙적인 문제일 뿐만이 아니라 부활로 거룩한 하나님의 율법(Mitzvah)의 영원성을 가르친다고 주장한다. 율법은 영원한 생명을 찾은 행동을 요구한다. 죽음으로 가는 길은 찾는 것이 아니라 율법은 생명 길, 영원 길의 지혜이다. 그러므로 부활은 하나님의 율법의 내용이요, 율법의 최고 정상은 생명의 영원에 있기에 율법의 완성이 부활이라고 결론으로 가게 된다(신30:19-20).

유대교의 다른 학파에서는 부활이란 인간완성의 단계로 끌어올리는 과정이라고 믿는다. 인간은 육신이 죽을 때까지 육신적으로 정신적으로 발전해야만 한다. 마찬가지로 인간을 이성적이요, 영적인 존재이기 때문에 그 완성의 단계를 향하여 발전하여 가는 것이다. 부활의 인간으로 발전하지 못한다면 그 인생은 완성의 단계에 이르지 못한 것이다. 율법, 즉 하나님의 말씀을 지킨다는 것은 완성의 단계로 가게 하는 방편인데 어려서부터 장성할 때까지 율법을 지키므로 그 단계가 완성에 가까워지는 것이다. 부활의 생명이 우리들 속에서 완성되면 우리 인간은 완전한 영적존재가 되는 것이다. 이러한 관점에서 볼 때 미래에 대한 소망을 가진다는 것은 메시야 시대의 기쁨이요, 부활이 성취되는 시기가 바로 그 때이다.

두 개의 다른 견해가 위대한 두 사상가에 의해서 주장된 바가 있는데 모세 마이모니데스(Moses Maimonides 1135-1204)와 모세 나크마니데스(Moses Nachmanides, AD1194-1270)이다. 마이모니데스는 유대역사가 인정하는 유대교의 대학자인데 그는 부활이 유대교 신앙의 중요 요소인 것은 사실이지만 부활을 크게 강조하지 않는다. 인간의 완성단계란 육체적인 삶이 초월의 단계에 이를 때에 온다. 메시야, 왕국의 완성은 부활 후 이스라엘이 정치적 승리와 국가 회복이 됐을 때 성취된다고 보았다. 부활이 인간의 완성단계가 아니라 죽지 않고서도 이 땅에서 육체의 욕구를 물리치고 육체 초월단계에 이르면 인간성의 완성이 된다고 보았기 때문에 부활과 인간의 완성을 연결시키지 않았다.

유대인의 장구한 전통을 이어 받아온 사람들은 마이모니데스의 사상에 반대한다. 마이모니데스는 미래에 일어날 순서를 잘못됐다고 생각한다. 마이모니데스는 부활의 의미를 상처 나게 했다는 비난도 받았다.

나크카마니데스는 인간이란 순수한 영적인 존재가 될 수 없다고 주장했다. 성서적 가르침으로 돌아가 영적세계의 어두운 한 과정으로 죽음이 오고 그 다음이 부활인데 부활은 다가올 미래, 경험할 내용이라고 했다. 인간의 완성단계는 이 땅에서 가능한 것이 아니고 죽음 후 부활의 영적 상태에서만 가능하다. 육체적 죽음이란 불가피한 것이고 부활은 그 후에 온다는 것은 전통적인 히브리적 신앙이다. 마이모니데스는 철학자요, 천문학자요, 의사요, 성서학자로서 자신의 완벽한 삶, 완벽한 영성의 경험을 했기 때문에 모든 사람이 자기처럼 완벽한 사람이 되는 것이 가능하다고 보았다.

유대교와 기독교 사이의 대화를 위해 지적해야 할 종말론 문제에 세 가지 측면이 있다. 유대교는 기독교가 주장하는 부활의 사건, 즉 그리스도사건(Christ Event)에 전혀 의미를 부여하지 않는다. 유대교의 종말론적 소망이란 메시야의 정치적 승리와 영적 완성과 육체의 부활을 의미한다. 랍비신학의 관점에서 볼 때, 그리고 성경을 중립적으로 연구하여볼 때 앞서 말한 세 가지의 종말론적 소망은 정당하다. 기독교가 말하는 것과 같은 육체 초월적 부활이나 신비한 경험 같은 것이 아니다. 부활이란 우리의 생명 자체의 재생, 그리고 우주만상, 자연이 보여주는 권리로서도 충분하다.

두 번째 부활의 신앙과 소망은 유대인의 전체 삶속에 실현되어지므로 유대인들은 매일의 삶이 부활의 사건이다. 예배와 기도 생활과 삶의 주위에 있는 비·눈·바람·싹이 나고 꽃이 피는 그 모든 것이 부활의 부분적 현실로 믿고 산다. 유대인의 장구한 역사를 볼 때 역사 자체가 죽음과 부활의 연속이다. 부활의 사건은 어떤 특정한 사람에게만 있는 것이 아니라 인간과 이 세상의 자연과 역사 속에 연속되는 보편사건이다. 이것이 하나님이 인간에게 베푸신 생명의 순환 원리이다. 싹이 나고 꽃 피고 열매 맺으면 죽으나 그 열매는 다시 싹이 되고 또 꽃이 피는 이 사실. 작은 잡초 하나 속에서도 부활의 생명은 충분히 증명된다.

마지막으로 앞서 언급했듯이 유대인의 종말론적 소망이란 율법, 즉 생명의 진리를 실천하는 것이다. 우리가 말하는 것은 유대민족의 희망에만 초점을 맞추는 것이다. 이것은 반셈적 감정을 불러일으키기 때문이다. 유대교인이 아닌 사람에게는 부활의 개인적 사건은 불가능하다. 그들이 유대교로 개종할 경우에만 가능해서 유대교에서 제일 강조하는 것은 싫든 좋든 마음에 들든 안 들든 힘이 들든 안 들든 계명을 지키는 것이다. 지킬 때만이 부활이 가능한데 부활은 계명을 지킨 자에게 주어지는 하늘 상급이다. 그 상급이 온전한 인간으로 완성의 단계에 오른 것이다. 율법은 온 천하에 그것을 이 땅에서 지키면 마이모니데스의 주장처럼 인간이 성숙되고 온전해진다. 그 위에 영원한 생명체 부활의 삶이 가능하다. 이것은 유대인들이 가지는 독특한 부활사상이요, 이것이 성서의 가르침이다. 믿음만 가지고서 하나님의 말씀을 실천하지 않으면 이 땅에서도 인간의 발전, 고상함이란 불가능하다.

성경에 나타난 종말사상 가운데 가장 선명한 것은 주의 날(The day of the Lord)의 도래에서 나타났다. 예언서에 나타나는 주의 날이란 완전한 파괴, 쇠창으로 이 땅의 부정과 악과 부도덕을 부수어 버리는 날로 표현되었다. 주의 날은 항상 파국의 날(The day of Down)로 표현되는데 하나님의 계명을 지키지 않는 이교도들을 말살시키는 날이다. 뿐만 아니라 유대인이라 할지라도 말씀을 지키지 않는 자들을 파멸케 하는 날이다(사 2:12, 욜1:15, 2:23, 암5:18).

이런 말이 있다. 계명을 지키는 이방인이 계명 지키지 않는 유대인보다 훨씬 더 위대한 유대인이다. 계명이 위대한 길, 고상한 길, 생명의 길로 인도하는 것이라 믿기 때문에 계명 속에 사는 유대인들에게만 부활이란 가능한 것이다. 뿐만 아니라 계명을 지키기만 한다면 부활이란 우주적이고 보편적이다.

개혁파 유대교에서는 부활신앙을 일부 부정한다. 성서의 사상이 아니라 외국에서 수입한 것이기 때문에 삭제해 버렸다. 중도개혁파 유대교나 보수파들은 부활을 생명의 영원성으로 믿고 받아들이는데 이것은 마이모니데스의 사상을 따르는 것이다.

종말론 Eschatology

2. 기독교의 주장

종말론이란 헬라어가 의미하는 끝(Eskata) 즉 최후의 일을 논하는 신학 주제이기에 성서적 입장에서 볼 때 종말이란 하나님 나라의 완성이다. 신학적 입장에서 볼 때 인간 역사의 종장을 의미한다. 쉽게 설명하면 인간 역사의 마감, 메시야시대의 새 시작을 의미한다. 즉 죽음·천국·지옥·심판 등 종말론이란 하나님의 왕국의 시작을 의미하는데 예수께서는 우리의 심령을 하나님이 통치하시는 것을 의미했다. 그의 설교와 비유 속에서 천국 즉 신의 왕국은 아주 가까이 왔다고 설파했다(막1:15). 그의 비유나 귀신축출(눅11:20) 속에서도 나타난다. 하나님의 통치란 하나님의 뜻과 사죄로 가능하므로 주기도문 속에서도 용서를 하늘나라와 연관 짓고 일용할 양식이 거기에서 허락된다고 했다. 사죄, 즉 하나님이 용서는 바로 구원으로 가는 입구이다.

하나님의 왕국은 하나님이 친히 착수하시고 운영하신다. 인간이 하늘왕국, 천국을 만들 수가 없다. 인간은 그곳에 단지 참여하는 것이다. 그러므로 천국이란 말은 삶의 위기, 어떤 결단 같은 큰 변화를 뜻한다. 천국의 소문을 듣는 순간 즉각 응답하므로 회개에 이르는 것인데(막1:15). 첫 증상이 용서하는 것이다(눅11:4). 이웃뿐만 아니라 원수까지도 용서하고 사랑하게 될 때(마5:44, 25:31) 천국이 그 심령 속에 시작되는 것이다. 천국의 도래는 현실적 가치관을 완전히 뒤집고 생활양식(Life Style)을 바꾸는 것이다. 나중이 처음 되고 처음이 나중 되며 높은 자가 오히려 겸손하며 섬기는 자가 되는 것이다(막10:31, 눅14:11).

천국은 이미 도래했으니 그의 가르침과 목회 속에 시작하며 성장하고 있다고 가르쳤다. 뿌려진 씨가 싹이 나는 것처럼 발전하고 성장하고 있지만 그것이 악의 뿌리를 뽑아 주는 것은 아니고 최후의 심판 날까지 하나님의 선한 씨앗들과 함께 존재한다(마13:24-30). 어떻게 보면 예수의 가르침의 시작에서 끝까지의 주된 핵심 내용은 종말이라 할 수 있다.

더 정확히 말하면 천국은 예수 안에 있고 그 씨앗은 그의 천국 소식을 듣는 현재에서 조용히 자란다. 예수는 미래 심판의 날, 즉 종말을 묵시적인 용어로 표현했다(눅19:11). 묵시란 여러 측면에서 설명할 수 있겠지만 쉽게 설명하면 비현실적 타계적인 용어를 말한다. 예수가 설교한 심판이란 것은 아주 단순한 것이다. 천국이란 예수를 받아들이는 것이고 심판이란 예수님을 부정하는 것이다(마25:31-46). 인간성의 완성 역시 심판의 그 날에 이루어지는 예수에 대한 순종이다. 그 심판이란 예수를 따르는 사람들이 대 연회잔치에 참여하여 신부와 결혼함으로 인간성의 완성이 이루어진다. 상징적인 의미이다. 율법의 순종을 대신하는 말이다(마25:1-13, 눅14:15).

예수의 메시야 왕국은 철저히 정치적인 것을 부정한다. 그러나 하나님의 나라(King of god)라는 말 자체가 정치적 분위기를 풍기지만 하늘나라는 정치운동, 행사, 정치적인 힘, 통치기구인 정부 같은 것과는 전혀 관계가 없다. 그를 따르는 사람들을 향해 천국은 침노하는 것, 천국은 결단에 의한 것 같은 언어를 사용했지만 현세 정치와는 관계없는 별개의 나라이다.

하나님의 나라란 인간 삶의 마지막 종장에서 시작하는 새 삶이다. 조직신학에서는 집단체재 개인이나 관계없이 천국에 이르는 인간의 운명 문제를 다루는 것이다. 그곳에는 반드시 천국과 지옥으로 나누어진다. 종말론을 우주관에서 유대인 중심으로 보는 것과는 달리 성경문제의 인간 최종이 자연과 지구의 최종의 문제를 다룬다.

인간은 초월의 단계를 믿고 또 자신 속에 실현하기도 한다. 우리가 알고 계산하고 경험하는 세계, 그 위의 다른 세계 그것을 인정하고 이 땅에서 완성해 나가는 사람도 있다. 우리가 이 땅에 육신을 가지고 살지마는 모두가 그런 초월의 세계를 갈망하며 추구하고 있다. 먹고 마시고 벌고 자랑하고 시집가고 장가가고 하는 생활이 아니고서도 인간은 멋있고 가치 있는 삶이 가능하다. 육신을 가지고 있지만 인간은 한없는 초월의 가치와 그 세계를 우리들 속에서 실현하며 나갈 수 있다. 그것이야말로 이 세계와 단절한 종말론적 새 출발이다.

그런가 하면 인간은 지극히 제한되어 있어 아무리 초월을 체험했다 할지라도 우리의 육신은 죽을 수밖에 없는 운명을 지니고 있다. 인간은 유한한 존재로서 매일 작은 일에도 절망하고 슬퍼하고 병들고 고민하고 또 죽기까지 한다. 무한 가능과 유한한 능력을 가진 패러독스 한 인간 삶에 죽음이란 모든 것이 끝장이라고 선언하지만 실상 죽음마저도 삶의 한 부분이다.

크리스천의 자기완성이란 고상한 인격이나 초월적 경험이 아니라 그 크리스천의 자기완성이란 너무나 단순하다. 하나님과 사랑과 인간 사랑을 위해 자기 전부를 바치는 것이다. 예수 자신이 그의 목회 속에서 그리고 죽음을 통해서 보여주었다. 예수의 죽음은 사랑의 폭포수 같은 것이다. 그러므로 예수와 같은 죽음은 삶의 종장이 아니라 새 삶의 시작 즉 생의 완성이 되는 것이다. 크리스천들은 믿음은 하나님께서 그의 아들을 일으켜 새 삶으로 보여 주신 것처럼 사랑에 의해 희생당한 크리스천들을 아버지께서 일으켜 새 삶을 주신다. 이것이 바로 죽음 후에 오는 새 삶, 천국과 부활의 의미이다.

천국이란 일반적으로 크리스천들에게 있어서 죽음 이후에 있는 삶을 뜻한다. 일반적으로 크리스천들은 죽음을 육신과 영혼의 분리라고 믿는다. 또한 사랑의 길을 살지 못한 자는 자연 지옥으로 가는 것이다. 그러니 사랑의 길을 통해 생명으로 간 인간은 새 삶이요, 초월인데 이 초월적 현상이 어떻게 일어나는지에 대해서는 설명할 수가 없다. 신약성서도 단순히 이렇게 말하고 있다. 주님의 부활이 하나님께서 믿는 자들을 다시 영원한 삶으로 인도하신다는 보증이 되었다. 그러므로 육신을 죽이고 새 삶으로 태어나기 위한 세계는 새 삶으로 들어간 증표라 했다.

신약에 나타나는 부활은 여러 다양한 의미를 가지고 있다. 죽음에서 부활, 육체의 부활(살전4:16)은 유대교의 신앙을 그대로 전승한 것인데 하나님께서 작정하신 삶의 완성단계를 의미한다. 유대교의 신앙을 넘어선 아주 상징적 의미로서 부활을 설명하는데 특히 바울에게 있어서 부활은 이생과 저 생에서 다 맛볼 수 있는 신비한 것으로 설명한다.

심판 사상 역시 유대교에서 가르쳐 오던 것인데 인간에 대한 하나님의 분노를 말하는 것이 아니고 선의(Good Will) 생명에의 사랑과 소망이 악까지도 뒤덮어 버리는 것을 말한다. 대체적으로 우리는 심판과 부활이 세상의 끝, 시간의 끝 즉 마감 시간에 일어나는 것으로 믿고 있다. 이것은 세상의 시간이나 속세의 표현이 아니라 역사의 마감, 소망의 완성이 우주의 대변화의 시점을 말하는 것이다. 그러므로 전쟁이나 질병이나 또 기원 2000년 또 5000년, 6000년 같은 인간연대로 제한 받을 시간이 아니다(계21:1).

하늘나라는 사람의 삶이 완성단계요 자기초월의 상태이다. 지옥이란 그 반대개념 즉 자기분열, 자기불만의 상태이다. 심판이라기보다 이기주의, 자기중심, 하나님의 사랑에서 소외된 상태이다. 이것은 하나님의 선택이 아니라 인간 자율에 의해 자기가 선택한 길이다.

정교회나 가톨릭에서는 중간 상태, 천국도 지옥도 아닌 연옥을 믿는다. 비록 선한 사람이라 할지라도 자기중심적 악에 사로잡힌 문제가 있을 경우 연옥에서 모두 해결하도록 기회를 주는 것이다. 자기 죄를 다 씻지 못한 선한 사람이 자숙하는 중간 상태의 연옥에서 다시 한 번 사랑의 실천을 배우고 행하는 것이다.

종말의 경험, 땅에서의 모든 것을 끝내고 새로운 삶을 시작하는 것은 이미 현재의 삶 속에서 시작되는 것이다. 인간은 승화, 성결을 경험하면서도 고난당하고 눈물 흘리는 죽음을 맛보며 산다. 그 가운데서 사랑의 실천과 희생을 통해서 자기 초월을 맛보는 것이다. 그러므로 인간 삶에는 모순적이고 신비한 변증법적 현상이 일어나는데 죽음은 삶 위에 던지는 검은 그림자이긴 하나 그것이 부활의 소망으로 가는 과정으로 이미 죽음도 우리의 육체 속에서 시작됐고 또한 새 삶도 이미 시작되었다.

Death is already present, yet new life has began.

종말론

3. 요약 : (유대교의 주장)

1. 죽음 후의 사상 즉 부활을 유대교에서 부정하는 것은 아니지만 초기 성서사상에서는 아주 원시적 표현 이상을 볼 수가 없다. 성서의 모든 진리처럼, 진리의 계시가 점진적으로 나타나는 현상이다.
2. 성서중기 사상에서 비로소 확실한 종말 사상이 나타나는데 대체로 중동의 사상적 영향이라 본다. 사후세계와 종말 사상의 극단적인 대결을 바리새와 사두개 사이에서 볼 수 있다.
3. 생명의 원리처럼 부활은 자연의 보편원리다. 토라의 최종목표는 영원의 길이기 때문에 인생은 성장하여 부활로 성장의 완성 단계로 나아간다. 완벽한 삶을 추구한 대학자 마이모니데스는 완벽한 생명의 충만은 부활로 간다고 했다. 에스겔서의 부활은 국가 부활이라고 주장했다.
4. 예수가 보여준 기독교의 부활은 성서적 부활이 아니다. 부활은 생명의 충만한 성숙의 결과이다. 만물은 매일 부활한다.
5. 성서가 말하는 최고의 부활은 주의 날 사상의 부활이다. 이 세상 모두가 파괴되는 주의 날 그 다음은 만물이 하나님에 의해 다시 부활하는 날이다.

4. 요약 : (기독교의 주장)

1. 종말이란 기본적으로 세상 권세의 끝, 하늘 통치의 시작을 말한다. 하늘 통치란 예수그리스도의 왕국을 말하는데 왕국이라 하지만 전혀 비정치적인 것이다.
2. 왕국 통치의 시작에서 그 백성이 되는 첫 단계는 회개이고 회개에

따른 용서가 옴으로 전혀 새 질서의 삶을 뜻한다.
3. 세상과 전혀 다른 세계인데, 이것은 유대교적 사상 그대로이다. 세상의 변화가 아니라 전혀 다른 우주의 시작이다.
4. 인간의 자력으로 이 세계에 들어가는 것이 아니라 그 왕국의 왕되신 예수님의 초대에 의해서 가능한 것이다.
5. 가톨릭에서는 새 세계 이전에 연옥에서 다시 한 번 회개와 반성의 기회를 가지고 새 출발, 종말의 세계로 간다고 하는데 기독교에서는 그 주장에 반대한다. 새 세계는 인간의 죽음 속에서 시작되는 생명 세계이다.

13. 사후의 세계 After Life

1. 유대인의 주장

 죽음 이후의 세계, 누구도 단언할 수 없고 증명 불가능한 신비의 세계이다. 사람이 죽고 나면 그 이후 어떻게 될까? 죽는 것으로 끝날 것인가? 아니면 죽음 이후에 또 다른 세계가 존재하고 있는가? 가서 확인하고 돌아온 사람이 없기에 증명 불가능한 미지의 세계요, 호기심 가득 찬 신비의 문제이다.
 유대교는 사후세계에 대한 강한 믿음을 가지고 있다. 하나님께서 인간의 육체와 더불어 영혼을 동시에 창조하셨기 때문에 이 세상에서 육체의 죽음이 모든 것을 끝내 버리는 것은 아니다. 보이지 않는 영혼의 영원한 세계가 있다고 믿는다.

 유대교는 사후세계를 인정하고 그 세계에 대한 믿음이 강하다 할지라도 신학적 노력에 열정이 없는 유대교의 전통은 사후세계에 대한 이론에 대해 조직적인 체계를 정리하지는 않고 있었다. 초기 히브리 성경에서도 사후세계에 대한 체계 있는 이론이 정리되어 있지 않다. 그래서 유대교의 사후세계에 대해 말하는 것은 쉽지가 않다. 여러 견해, 여러 학설이 있다. 유대교는 실제적 삶의 종교이기 때문에 삶에 대해 집중적으로 말하지만 이성 밖의 세계나 경험 밖의 세계 또는 삶의 세계 밖의 문제에 대해 큰 관심을 가지지 않는 것이 사실이다. 유대교는 종교문제에 대한 철학적 사유나 교리적 발전에 힘을 기울이지 않는다. 그것은 전혀 인간 삶의 실제적인 해답이나 방향을 만들어 줄 수 없는 문제들이기 때문이다. 유대교는 현재와 현실의 삶에 깊은 관심을 가지지만 그 현재와 현실이 과거와 미래에 깊이 연결되어 현재와 현실에 충실하면 과거와 미래의 문제에도 충실한 것으로 믿고 산다.

히브리 성서 여러 곳에 사후세계에 대한 모습이 산발적으로 나타난다. 사람이 죽으면 음부(Sheol)에 내려가 어둠의 그림자 속에서 살아야 한다. 사울왕이 앤돌의 신접자를 통해 사무엘의 혼을 불러올린 이야기가 삼상 28장에 나오는 것을 보면 사무엘이 죽음 후에도 살아 있었음을 알 수 있다. 그렇지 않았다면 그의 영이 다시 나타날 수가 없었을 것이다. 물론 이것은 구약에 나타난 가장 미신적인 사건으로 신학자들은 규정하고 있지만 죽음 후의 인간 문제에 대한 어떤 견해를 보여주는 것이다.

열왕기후서 2:11에 나타나는 엘리야의 승천 이야기는 선지자가 이 세상의 삶을 끝내었지만 이 우주의 어디엔가에서 계속해서 살아 있음을 뜻한다. 성경 여러 곳에 사후의 문제에 대해 부분적으로 암시하는 구절들이 있지만 다니엘서 12:2절만큼 죽음 후의 삶을 정확히 말하는 곳은 없다.

"땅의 티끌 가운데서 자는 자 중에 많이 깨어 영생을 얻는 자도 있겠고 수욕을 받아서 무궁히 부끄러움을 입을 자도 있을 것이며"(단12:2)

물론 이 성경구절마저 사후에 인간이 어떻게 되는지를 정확하게 보여주지 않는다 할지라도 사후 세계가 존재하는 것만은 정확히 보여준다.

학자들이 한 목소리로 주장하는 것은 오람하바(Olamhaba:미래세계)와 아틸 라브(Atid labo:다가오는 세계)가 존재한다는 것이다. 중세의 가장 위대한 신학자 모세스 마이모니데스(Moses Maimonides)는 이렇게 말했다. 인간의 육체가 숨을 거둘 때 육체는 땅으로 가고, 인간의 영은 하나님께로 돌아간다. 영혼은 불멸하기 때문에 오람하바(미래 세계)에서 영원히 살게 된다. 그에게 내려지는 축복은 그가 이 땅에서 어떻게 살았느냐에 달려 있다. 그가 하나님의 뜻에 맞게 살았으면 그렇게 산만큼 오람하바에서 그의 축복도

크고 위대할 것이다.

  사후의 생명에 연관된 또 다른 단어가 있다. 테이얕 하메팀(Tehiyat Hametim:사후부활) 그리고 예못 하마시야(Yemot Hamashiah:메시야시대)는 공통적으로 미래 세계에 영혼이 그 육체로 다시 돌아올 것이라는 뜻이다.

  죽은 자가 부활할 것이란 말은 모세스 마이모니데스가 만든 유대인의 신앙 13원리 가운데 포함되어 있다. 죽음에서 부활은 유대인들이 하루 세 번 드리는 기도 가운데 침묵기도(Amida) 속에 포함되어 있어 하루 세 번 기도 가운데서 기억한다. 모세스 마이모니데스는 죽음에서 영원한 생명으로 새 인생이 누리는 것이 가장 큰 축복이라 했는데 그 이상의 상급은 없다고 했다. 가장 큰 상급인 부활의 생명으로 다시 살게 되면 그 생명은 더 이상 육체의 제한 받는 인생이 아니다. 물론 이 말은 영혼 불멸을 전제로 한 내용이다.

  기독교의 신약성서에도 나타나는 내용이지만 아주 옛날에 바리새파와 사두개파가 부활과 영혼 불멸에 대해 뜨거운 논쟁을 하였다. 바리새 사람들은 영혼 불멸과 사후 부활을 믿었으나 사두개 사람들은 그것을 부정하였다. 육체가 죽는 그 순간 영혼도 함께 죽어 없어진다는 것이 사두개 사람들의 주장이다. 바리새 사람들의 주장은 유대교의 원리적 신앙이며 지금에 이르기까지 그대로 믿고 있다. 그럼에도 불구하고 개혁파 유대교회는 죽은 자의 부활은 믿으나 죽은 자의 육체적 부활을 믿지 않고 있다.

  3세기 수라학원(Sura Academy)의 창설자 라브 아리카(Rav Arikah)는 사후 세계에 대해 이렇게 설명한 바가 있다. 그곳은 먹고 마시고 장사하고 아이를 낳고 질투하고 미워하고 싸우는 것이 없는 나라이다. 그들이 그곳에서 하는 일은 머리에 면류관을 쓰고 앉아 하나님의 영광의 광채를 즐기며 지혜를 논하게 될 것이다. 영원 세계에서 불멸의 영은 육체의 필요와 욕구로 인해 고난당하지 않은 천사와 같이 하나님을 기뻐하는 삶만을 하게 될 것이다.

사후세계와 관련 있는 또 다른 단어가 있다. 간 에덴(Gan Eden, 에덴동산)이다. 이 단어가 구체적으로 어떤 곳인지에 대한 성경적 설명은 불충분하지만, 사후세계, 천국(Heaven) 또는 하늘나라라고 하면 적당할 것이다. 일반적으로 악인은 지옥으로, 선한 사람은 그곳에 가서 상급을 받게 되는 것이다.

사후세계에 대한 믿음이 실제적으로 어떤 의미를 우리에게 주는 것인가? 그 문제의 해답은 간단하다. 상급을 받을 수 있는 아름다운 삶을 이 땅에서 해야 한다는 것이다. 랍비들은 이렇게 가르친다. 이 세상은 영원한 세계의 입구에 불과하다. 어떤 랍비들은 축하의 대연회장을 향한 대기소 같은 것이 이 세상이라고도 했다. 어려운 상황 속에서도 선행을 행하며 하나님과 사람을 기쁘게 한 사람은 그 세계에서 엄청난 축복의 삶을 누리지만 할 수 있는 환경 속에서도 악을 저지르며 선과 함께 하지 않은 자는 그에 보응할 만한 벌을 받게 된다. 그러므로 영혼 불멸의 세계가 미래에 보는 것이 아니라 오늘 우리의 삶 속에 이미 시작되고 있는 것이다.

오랜 세월 동안 유대인들은 슬픔이 있을 때 항상 아람어 헌신 기도문을 암송했다. 죽은 자가 있는 가정에서는 아람어 헌신기도를 11개월간 매일 암송하게 되어 있다. 뿐만 아니라 임종이 임박한 가족이나 친척이 있을 경우에도 그들은 그것을 암송한다. 이 기도문이 의미하는 바는 사후 반드시 심판이 있을 것이니 떠나는 영혼 위에 하나님의 자비하심이 임하도록 간구하는 것이다. 이 헌신 기도의 내용은 너무나 간단하다.

"위대하신 주의 이름과 자비하심이 항상 그리고 영원토록 그 불쌍한 영혼 위에 있게 하옵소서."

죽은 자가 있는 슬픔의 가정뿐만 아니라 예배의 끝부분 송영으로 모든 교인이 사자의 영혼을 위해 항상 암송하고 아멘 아멘을 거듭하여 사자를 기억한다.

유대교의 신비주의자들의 카발라 문학(Kabbalistic Literature: 졸저 유대인의 EQ와 IQ참조, 도서출판 한글)도 악인은 징벌을, 선인은 천국의 은혜를 받는다고 했다. 그러므로 악인의 성품을 가진 자들도 이 땅에서 성품을 개조하여 선행을 쌓아야 복을 얻을 수 있도록 노력을 해야 한다. 복을 얻을 수 있는 기회는 이 땅뿐이다. 이 땅은 천국으로 가는 입구이기 때문이다. 어떤 카발라 문학에서는 이렇게 묘사하고 있다. 선행을 거부하여 악행을 일삼는 자들은 천국에 가기 전에 이미 이 땅에서 추방의 징벌을 받아 쫓겨나 영원히 안식을 바라볼 수 없게 된다.

북아프리카 지역의 유대인들과 유대인 경건주의자들인 하시딤(Hasidim)들은 이렇게 믿고 있었다. 선한 영이 우리의 삶 속에 찾아오는 축복이 있다. 그러므로 항상 기도를 끊임없이 하며 선한 영이 우리들 속에 임재하도록 해야 한다. 그래서 그들을 위한 선인들의 묘소를 찾아가 그들의 삶을 흠모하고 축하하는 모임을 갖는다. 이 모임은 기도로 시작하며 묘소에 촛불을 켜고 성인들이 좋아했던 성경 구절들을 암송하며 무덤 주위를 돌기도 한다. 어떤 사람들은 가까운 곳에 날짜를 작정하여 캠프를 치고 하나님께 기도하기를 선한 영이 내 삶에 임재케 하옵소서라고 기도한다.

탈무드 십장에 이런 말이 있다.

다가올 미래 세계에 이스라엘이 거할 특별한 장소가 있다고 했는데 미쉬나(Mishina 구전 율법모음집)에서는 그것을 삭제해 버렸다. 그러나 탈무드 전체를 통해서 선인과 악인이 미래 세계에서 받을 징벌과 보상이 여러 차례 나온다. 이것은 유대인들에게만 적용되는 것이 아니라 이방인들 세계에도 그대로 적용된다.

　유대인들은 미래 세계, 즉 사후세계에 대한 사실을 힘주어 강조한다. 그럼에도 불구하고 사후세계는 우리가 증명할 수 없는 믿음의 세계이기 때문에 유대교 사상의 주변 주제밖에 되지 않는다. 유대교는 토라를 지켜 살아가는 삶 자체가 하나님과 함께 하는 것이기 때문에 그것 자체가 행복이다. 그러므로 토라를 따라 사는 유대인은 이 땅에서 하나님의 지복을 받은 사람들이다. 마음의 평안 풍성함·건강·번영·자비의 축복을 토라의 삶 속에서 이 땅에서 그들은 받고 살아간다. 토라로 인하여 고난의 삶을 산다 할지라도 하나님이신 토라가 함께 하기 때문에 그것 자체도 행복이다. 랍비 야곱이 이렇게 말한 바 있다.

　'한 시간의 회개와 작은 선행이 천국에서 일생을 사는 것보다 더 값지고 행복한 일이다. 그러나 천국에서 영적 휴식을 갖는 것은 이 땅의 모든 삶보다 더 위대하고 행복한 일이다.'

　이 말은 오늘날 우리에게 가르쳐 주는 바 크다. 천국의 삶을 부정하지 않으면서 이 땅의 삶을 중시하고 이 땅의 삶을 귀하게 여기며 천국을 또한 가치 있는 것으로 인정하는 것이다.

사후의 세계 After Life

2. 기독교의 주장

　생이 있고, 그리고 죽음이 오는 것, 모든 인생이 피할 수 없이 당할 수밖에 없는 삶의 숙제요 과정이다. 피할 수 없는 이 과정의 숙제를 어떻게 생각하고 받아들이냐는 죽음 이후에 무엇이 있느냐, 없느냐 신념에 따라 가벼울 수도 있고 힘들 수도 있다.

죽음 이후에 어떤 일이 일어날까? 육체가 먼지로 변해 없어지듯이 우리 인간은 죽음으로 인하여 완전히 없어지느냐 아니면 또 다른 세계가 시작되는 것인가? 이것은 아무도 모른다. 그곳에 갔다 온 사람 한 분(나사렛 사람 예수) 외에는 누구도 말할 수 없다. 죽음 이후에 무슨 세계가 새롭게 시작되느냐, 않느냐에 따라 이 땅의 삶의 성격이 달라진다. 미래에 대한 절망 때문에 허무주의자가 될 수도 있고 미래에 대한 소망 때문에 어떤 어려움 있다 할지라도 적극적인 삶을 기쁘게 살 수 있게도 된다.

사후의 세계와 생명의 부활에 관한 신앙은 구약의 아주 후기에 발달된 사상이다. 그 이전에는 성경 전체에 산견(散見)할 수 있을 뿐 확신을 주기에는 부족한 자료일 뿐이었다. 다니엘서 12장에 비로소 죽음에서 부활하는 개인의 생명에 대한 확실한 선포가 있다. 다니엘서를 주전 4세기 혹 2세기에 기록했다고 볼 때 이 사상이 발전되기까지는 상당한 시간이 걸린 셈이다. 히브리 성경 여기저기에 흩어진 개인 생명의 부활과 사후의 삶에 관한 내용이 묵시문학의 발전과 더불어 히브리 역사 아주 후기에 그 모습을 선명하게 했다. 묵시 신앙이 강해지면서 박해와 순교를 두려움 없이 감당할 수 있었다.

앞서 말했듯이 묵시 신앙의 출현 이전 토라와 예언시대에도 사후 세계에 대한 생명의 건재함을 보여 주지 않은 것은 아니다. 가나안 문화와 바벨론 문화를 대하면서 히브리들 속에 전승적으로 믿어 왔던 사후세계의 소망에 대해 확실해진 것은 사실이지만 확연해진 것은 하시딤(2세기 경 건주의자들)들이 안티오커스(Antiochus) 박해를 당하면서 무리한 생명들에 대한 보상으로 불멸의 영의 사상이 발전했다. 그 후 신약성경에서 특별히 예수의 죽음과 부활 사건으로 인하여 영원한 생명 사상은 만개를 이룬 셈이다.

대체적으로 죽음이란 하나님 앞에선 인간의 연약함의 상징으로 표현되었다. 과거에 지은 죄의 보상으로도 표현되었다. 이 세상의 어떤 사람도 하나님의 앞에 설 수 있는 자는 없다. 결과적으로 죽음이란 인간의 죄에 대한 보상 창조물 위에 내린 죄악에 대한 보상으로 내려진 것이다. 그러므로 죽음이란 정상적인 인간 삶의 과정은 아니다. 그러므로 죽음이란 반드시 자연스런 것도 순리적인 것도 아니다. 하나님은 죽음의 자리인 음부(Sheol)에는 계시지 않고 그곳에는 어둠이 있을 뿐이다. 생명은 하나님의 영역이어서 하나님이 함께하시듯 죽음도 죽음의 영역에서 권세를 가지고 자기의 세계를 가지고 있다. 시인은 죽음에 갇히면 헤어나 갈 수 없는 권세가 그 속에 있다고 했다(시88:3-8).

범죄인은 그 죄 값으로 죽어버리면 그만이다. 그 자신의 죽음으로 모든 죄악을 변상한 셈이다. 삶에도 여러 가지의 삶이 있듯 죽음도 여러 가지의 죽음이 있다. 인간의 약점, 인간의 부족함으로 오는 죽음도 있고 스스로 죽음을 바치는 자도 있다. 그러나 아무런 죄 없이 죽음을 갖다 바쳤을 때 누가 그 죽음을 보상해 줄 수 있겠는가? 예컨대 나치의 무모한 살인극으로 인해 죽었던 생명을 누가 보상하느냐는 것이다. 우리가 일반적으로 600만의 유대인이 학살당한 것으로 알고 있는데 의로운 크리스천의 죽음은 700만이 넘는다. 죄 없이 죽었음에도 불구하고 유대인의 죽음은 기억하면서 크리스천의 죽음은 기억하지 않고 있다. 그렇다면 이 같은 무죄한 죽음을 자기 연약함이나 죄악으로 죽었던 죽음과 같이 볼 것인가? 이런 문제에 답하기 위해 다니엘서 12장이 있다.

"땅의 티끌 가운데서 자는 자 중에 많이 깨어 영생을 얻는 자도 있겠고 수욕을 받아서 무궁히 부끄러움을 입을 자도 있을 것이며 지혜 있는 자는 궁창의 빛과 같이 빛날 것이요, 많은 사람을 옳은 데로 돌아오게 한 자는 별과 같이 영원토록 비취리라" (단12:2-3)

옳은 일을 했음에도 생명을 잃은 자는 별과 같이 영원토록 빛나게 한다는 것이다. 부활을 두고 한 말이다.

성경에서는 구원과 창조를 같은 것으로 본다. 이사야와 에스겔은 인간 구원을 새 창조라 하며 기뻐하고 기뻐한다고 했다(사65:17-20).

구원의 최종 열매는 생명의 부활이니 다니엘서 이전에 에스겔이 인간 생명의 부활을 선명히 밝혔다.

"또 내게 이르시되 인자야 이 뼈들이 이스라엘 온 족속이라 그들이 이르기를 우리의 뼈들이 말랐고 우리의 소망이 없어졌으니 우리는 다 멸절되었다 하느니라 그러므로 너는 대언하여 그들에게 이르기를 주 여호와의 말씀에 내 백성들아 내가 너희 무덤을 열고 너희로 거기서 나오게 하고 이스라엘 땅으로 들어가게 하리라 내 백성들아 내가 너희 무덤을 열고 너희로 거기서 나오게 한즉 너희가 나를 여호와인 줄 알리라 내가 또 내 신을 너희 속에 두어 너희로 살게 하고 내가 또 너희를 너희 고토에 거하게 하리니 나 여호와가 이 일을 말하고 이룬 줄을 너희가 알리라 나 여호와의 말이니라 하셨다하라"(겔37:11-14).

그러므로 죽음은 죽음이되 다 같은 죽음이 아니다. 죽음 이후 사후세계에 대해 선명히 보여주고 있다. 인간에게 일어나는 파멸 가운데 회복할 수 없는 최악의 파멸이 죽음이라면 그 죽음이 제2의 창조로 바꾸어질 수 있는 것이 사후 세계이다. 이 같은 극단적인 실례가 메시야의 죽음이다. 묵시문학의 특징을 한 마디로 규정한다면 역사의 종말이다. 세상사의 끝이란 것이다. 그러나 그 종말은 하나님의 새로운 시작이듯이 죄 없는 기름부음을 받은 자는 자기 종말, 즉 죽음이 있다. 그러나 메시야의 종말은 끝의 종말이 아니라 승리를 위한 여백이다. 그러나 삶과 죽음은 연속성이 없다. 죽음은 죽음으로 끝이 난다. 그 끝난 죽음에서 완전한 새 시작, 새 세계가 시작된다. 죽음과 생명 사이에는 연결선도 다리도 없다. 전혀 관계없는 것이다. 모든 것을 끝낸 죽음 그 다음에 완전한 새 세계 생명이 태동하는 것이다. 그러므로 크리스천에게 사후의 세계란 생명에 대한 새로운 신비가 시작되고 새 창조가 시작되는 사건이다.

죽음은 종말론의 한 부분이다. 계약사상과 연관이 있는 것이다. 계약 사상은 말한다. 선과 악을 행하는 자는 그 보응을 각각이 받게 되어 있다. 악을 행하는 자는 영원한 형벌의 보상을 받게 된다고 일찍이 선포한 바 있다. 계약 사상이 이 땅 위에 보상만을 말하는 것이 아니라 영원한 세계를 향한 법질서까지 포함하고 있으니 계약 사상 당시는 부활 사상이 충분히 발전되어 있지 않아 사후 세계에 대한 소상한 언급이 없었을 뿐이다.

묵시문학에서 죽음은 역사의 신비라고 했다. 죽음이란 숨겨진 비밀이라고 했다. 육체의 죽음이 새로운 생명을 불러오는 신비란 뜻으로 바울 선생은 해석했다.

"육의 몸으로 심고 신령한 몸으로 다시 사나니 육의 몸이 있은즉 또 신령한 몸이 있느니라"(고전15:44)

인간의 육체가 신령한 영의 몸으로 바꾸어지니 궁극적으로 신의 아들로 변하여지는 사건이 육체의 죽음에서 가능해진다. 이것은 죽음을 미화하자는 것이 아니라 사실이다. 죽음을 아무리 아름다운 문구를 꾸미고 장식한다 해도 죽음은 결단코 미화되지 않는다. 그러니 이것은 사실이다. 죽음으로써만이 썩을 육체가 신령한 육체가 되고 죄악이 없는 거룩한 육체가 되어 하나님의 아들이 되는 것이다. 이것이 묵시 문학이 내리는 죽음에 대한 해석이다.

신약성경은 철저하게 묵시 문학적 환상을 그대로 이어 받고 있다. 메시야가 이 세상의 일과 하늘의 모든 문제를 해결하고 나면 의로운 피로 정결한 인간은 새 인간이 되는 것이다. 그리고 메시야는 인간의 모든 역사를 정리하고 스스로 새 세상을 통치하는 수장이 된다. 메시야는 만물보다 앞서 계셨고 그때부터 왕 노릇하신 분이시지만 다가올 미래의 세계, 인간의 사후세계를 책임지실 분이시다(골12:15-18, 엡1:10, 고전15:20-23). 그러므로 사후세계가 없다면 메시야는 없고 메시야가 있다는 것은 사후세계가 있다는 것이다. 사후의 세계, 즉 초 역사의 세계는 메시야의 통치 세계이기 때문이다. 메시야는 역사의 완성지점이다. 역사가 어디로 흘러가느냐, 역사는 그 자체로서 목적이 있다. 메시야에서 완성되는 초 역사는 메시야에게서 새 시작이 이루어진다. 그러나 지금은 우리가 거울을 보듯 희미하게 보고 불확실하게 믿고 있을 뿐 하나님께서 역사를 종결하실 때 우리가 이 육체의 허물에서 벗어나는 그 날 확실히 보고 변화할 것이다(고전13:12).

크리스천의 사후 세계와 메시야의 통치 시대는 같은 것이다. 우리 육체의 생명은 끝이 나나 메시야의 통치 시대가 그 죽음 다음에 열리기 때문이다. 메시야의 시대가 개막되면 생명과 죽음 선과 악, 빛과 어둠, 우주와 혼돈이 확연히 구별되어(창8:22) 더 이상 구원받은 자가 고통 가운데 거하지 않아도 된다. 이것이 이 우주의 대격변, 즉 메시야 사건 이후에 일어날 일이다. 적절한 용어가 되는지 모르나 새 창조, 즉 빅뱅의 사건이 일어나는 것이다. 그러므로 크리스천의 죽음은 단순한 죽음으로 처리될 문제가 아니다. 크리스천의 사후세계, 즉 즉음의 문제는 우주적 격변, 새 창조의 시작이다. 묵시 문학적 종말은 모든 혼돈을 제거한다(슥14:6, 사30:26, 단12:2). 선과 악이 함께 있지 못한다. 빛과 어둠도 함께 있지 못한다. 신령한 육체 속에 더 이상 고통과 눈물이 함께 하지 못한다. 하늘과 지옥이 함께 하지 못한다. 생명나무와 금지된 나무가 함께 있지 못한다. 기쁨과 공포가 함께 하지 못한다.

인간사에 죽음이 불가해한 가장 큰 사건이라면 영적인 의미에서 죽음은 창조의 빅뱅, 새 창조의 격변이다. 부활이란 지금까지 존재하지 않았던 가장 위대한 새 생명의 새 시작이다. 그러므로 죽음을 앞에 두고 있는 우리 인간에게 현재란 새 격변을 기다리는 종말적 순간이다. 모든 의로운 자들, 고통 가운데서 인내로서 참으며 사랑하며 수고하는 자들, 썩어가는 이 땅에서 신음하면서 의로운 뜻을 받드는 자들에게 있어서 현재는 새 창조의 격변의 초입에 서 있는 것이다. 누구에게나 죽음은 온다. 피할 수 없는 것이다. 그러나 그 죽음이 영원한 새 시작이요, 역사의 종결을 갖다 주는 것이다.

묵시 문학과 신약성서가 말하는 순교자들의 영광이란 부활을 앞둔 성금요일 저녁 같은 것이다. 육체의 생명을 잃은 자는 신령한 생명을 찾을 것이다. 자기 생명을 구원코자 하는 자는 도리어 잃을 것이다.

"누구든지 제 목숨을 구원코자 하면 잃을 것이요 누구든지 나를 위하여 제 목숨을 잃으면 찾으리라"(마16:25)

죽음이 우리의 생명이 영원한 것인지 육체의 사건으로 끝날 것인지를 판가름해 준다. 그리스도는 어떤 말로도 미화될 수 없는 저주의 죽음마저 필설로 다 못할 새 시작 역사의 종말, 대 격변으로 만들어 놓았다.

사후세계

3. 요약 : (유대교의 주장)

1. 죽음의 신비에 대한 강한 관심을 가지고 있음에도 초기 성서시대에는 사후 문제에 대한 사상이 발전하지 못하였다. 에녹이 승천하고 앤돌의 신접한 사실들은 사후 신비 세계가 있다는 것을 암시했다.
2. 후기 유대문학에서 비로소 원시적 표현을 떠난 확신에 찬 고백을 하게 되는데 다니엘 12:2을 예를 든다. 그러나 유대교는 삶의 지혜이기 때문에 삶의 환희와 기쁨을 깊이 연구할 뿐 죽음 후의 문제 같은 것에 별 관심을 가지지 않았다.

3. 유대인 최고 신학자 마이모니데스는 신앙고백 13조 속에 사후세계에 대한 고백을 확실히 해두었다.
4. 사후 세계는 죽음 후의 문제가 아니라 오늘의 문제로 받아들인다. 영혼 불멸이 정신과 신앙이 여기 이곳에서 시작한다고 믿는다.
5. 유대인들의 공식 예배 때마다 그들은 사후세계와 사자를 위한 기도를 하며 기억하고 자신들의 사후 삶도 준비한다.

4. 요약 : (기독교의 주장)

1. 죽음 후, 즉 사후 사상은 유대교의 전승을 기독교가 그대로 받았다. 가장 선명한 사후 사상은 다니엘 12:2에서 찾는데 이것은 주전 2세기 사상이라 생각하면 아주 후기 유대교 사상이다. 그러나 다니엘 이전 에스겔의 부활사상, 그 이전에까지 소급할 수 있다.
2. 유대인의 최악의 순교시기에 죽음을 당하는 망자의 위로를 위해 발전한 묵시사상인데 하시딤의 신비 신앙에 영향을 받은 듯하다.
3. 죽음에도 여러 종류가 있다. 받아 마땅할 악인의 죽음도 있고 여럿을 살리는 생명 같은 죽음도 있다. 억울한 죽음, 600만의 유대인, 700만의 홀로코스트의 죽음은 메시야적 의미로 그리스도론적으로 해석해야 할 것이다.
4. 죽음은 아무리 좋은 말로 미화해도 아름다울 수 없는 슬픔이다. 그러나 죄악의 세상에서 죽음을 통하지 않고는 결단코 거룩한 육체로 거듭나지 못하며 신의 자리에 갈 수 없는 현실에서 볼 때 죽음은 신비한 축복이 된다.
5. 죽음은 묵시사상과 메시야 사상의 결합이다. 묵시는 죽음을 타계에서 이루어지는 신비로, 메시야 사상은 죽음으로 자신과 많은 사람을 살리는 생명의 도구가 되기 때문이다. 그 위에 죽음은 모르기 때문에 더 신비한 것이다.

14. 선민사상 Chosen People

1. 유대교의 주장

옛날이나 지금이나 변함없이 유대교의 출발의 기원은 하나님께서 유대인을 그의 백성으로 우선적으로 선택하셨다는 것이다. 유대인이든 이방인이든 하나님이 유대인을 자기 백성으로 유일하게 선택했다는 것은 상당한 흥미를 불러일으키는 문제로서 하나님의 창조신비 가운데 하나이다. 창조 이전에 하나님께서 세상 경영을 계획하실 때에 유대인을 자기의 자녀로 이미 선택하셨기 때문이라는 이론이다.

중세에 가장 위대한 학자인 라시(Rashi Ben Isaac, AD 1040-1105)는 이런 질문을 했다. 왜 하나님은 토라와 더불어 세상을 시작하시고 희생양이나 번제보다 먼저 유대인만을 하나님의 백성으로 부르시기로 결정하셨는가? 온 세상 사람이 하나님이 유대인을 자기 백성으로 예루살렘을 성지로 택한 것은 꾸며낸 유대인들의 작품이라고 하나, 하나님이 유대인을 자기 백성으로 선택하신 것은 창조의 한 과정으로 예루살렘을 성지로 정하시고 하나님의 뜻을 이루려는 도구로 작정하시었다고 대답했다.

자신의 생각과 판단으로 선민(Chosen People)과 성지(Holy Land)를 마음대로 판단하고 비난하지만 그것은 하나님 자신의 임의 문제이다(창12:1-4, 사41:39). 하나님께서 누구를 택하시든 어디를 성지로 정하시든 그것은 하나님의 임의 문제이다. 어떤 재벌이 여러 자식들 가운데 누구를 후계자로 세우는 것 역시 재벌 총수의 마음의 결정이듯이 하나님의 결정도 그와 마찬가지다.

하나님은 아담을 택하셨다. 그 후 노아, 아브라함, 이삭, 야곱 족장들 그리고 그 후예들 그리고 유대인을 자기 백성으로 선택했다. 유대인들은 예배 때마다 하나님이 유대인을 자기의 백성으로 택하신 성경구절을 읽고 감사하며 축하한다. 유대인 됨의 자부심, 하나님의 백성 됨의 긍지와 힘은 하나님께서 약하고 부족한 유대인들을 택하여 세상 높이 세웠다는 선민사상에서 시작했다. 그렇지만 이 선택의 문제는 중요한 세 가지의 논쟁거리를 제공한다.

첫째의 논쟁거리는 유대인의 선택은 하나님과의 계약 관계가 있다는 점이다. 그것은 계약이다. 하나님이 유대인을 선택하셨음에는 반드시 어떤 조건이 있다는 사실이다. 하나님이 유대인을 선택함에는 하나님의 요구가 있다는 점이다. 그것은 바로 봉사이다. 세계에 봉사하기 위해 하나님께서 유대인을 그의 백성으로 선택한 것이다. 하나님이 선택하여 백성의 특권을 누리며 축복을 받는 이유는 온 세계를 향해 하나님의 선하심과 축복하심을 증거하고 온 세계를 향해 봉사하는 것이다.

신명기 26:16-19의 말씀이 이 사실을 선명하게 가르쳐 주고 있다. 우리 유대인들은 이 말씀을 항상 반복하여 읽고 암기하며 예배 시에는 쉐마 다음으로 중히 여긴다. 예레미야는 하나님의 자녀 됨을 하나님의 계명을 지키는 것과 동일시했고(렘31:33) 호세아는 불경한 이스라엘을 향하여 너희들이 계명을 지키지 않음으로 인해 자식 아니었던 자들을 불러 자식으로 삼겠다고 선언했다(호2:23). 너희가 내 뜻을 따르고 율법을 지키면 나는 너의 하나님이 되고 너는 나의 백성이 되리란 말씀은(출6:7, 15:26) 성경 도처에서 만날 수 있다.

유대인은 하나님의 백성으로 선택받아 세상을 섬기며 하나님의 뜻을 이 땅에 구현하기 위한 하나님의 목적이 있었다. 유대인은 하나님의 선택을 받는 순간 율법으로 다시 태어나야 한다. 세계를 봉사하고 하나님의 뜻을 이룬다는 것은 바로 율법을 지키는 것이기 때문이다.

유대인이 하나님의 선택을 받았다는 것은 육체적이지 영적인 특권이 아니다. 유대인들만이 하나님의 선택을 받았다고 말할 때 그 속에는 민족 차별의 악법이 숨어 있는 듯하다. 적지 않은 사람들이 이것이야말로 인종차별, 악법이라고 하나 20세기에 우리가 말하는 인종차별문제의 관점에서 비평할 문제는 아니다. 하나님의 선택 사상 속에 유대인들만 특별히 구별하여 하나님이 축복하시고 호의를 가졌다는 의도는 전혀 없다. 유대인이란 육적인 혈통의 문제가 아니라 하나님의 뜻을 성취하고 이루어야 하는 무거운 책임이 그 위에 있다. 하나님의 선택은 이 책임과 함께하기 때문에 결단코 하나님의 차별이 아니다. 유대인의 혈통으로 태어났다 할지라도 이 책임을 거절할 경우 선택의 특권도 없어지기 때문이다. 선택은 유대인에게 있어서 책임이지 특권이 아니다.

셋째의 논란거리는 이것이다. 성경의 가르침과는 관계없이 유대인들은 이렇게 믿고 있다. 유대인들이 하나님을 순종하지도 않고 오히려 하나님을 분노케 했다 할지라도 여전히 유대인들은 하나님의 택함을 받았다. 택함이란 육적이라 할지라도 부모들과 맺은 언약이기 때문에 택함은 유효하다는 것이다. 어린 아이가 아무리 불순종했다 할지라도 자식은 자식이기 때문에 부모의 분노는 순간일 뿐이다. 어떤 이유에서든 부자관계는 여전하기 때문에 하나님의 택함 역시 여전하다고 유대인들은 믿는다. 하나님께서 이스라엘을 향하여 순간 분노했다 할지라도 여전히 그들은 하나님의 백성이다. 유대인들이 부족하고 하나님의 뜻을 충분히 받들지 못했다 할지라도 메시야 꿈이 성취될 그 날, 주의 날(Day of the Lord)에는 하나님의 자녀로서 바로 서게 될 것이니 그때 마음에서부터 하나님과 화해를 하게 된다.

하나님은 결단코 그의 백성을 물리치지 않으셨고 분노하셔도 그 백성을 버리지 않으셨다. 고통의 수렁에 집어넣기도 하고 포로로 유배를 보내기도 하셨지만 버리지는 않으셨다. 하나님께서도 그렇게 기대하시고 유대인들은 그렇게 기대한다. 하나님의 자녀로서 완전히 설 수 있는 그 날은 꼭 오고야 만다. 부모의 눈에 자녀는 항상 부족하고 마땅치 않게 보인다. 그러나 부모는 기대를 한다. 성장하면 부족했던 시절의 허물을 다 벗고 부모의 마음을 흡족하게 하는 자녀가 될 수 있다. 유대인들도 부족하지만 주의 날, 그날에는 그것이 완성된다고 믿는다.

신명기 7:7-11에 하나님과 이스라엘과의 관계에 대해 선명하게 밝혀 좋은 말씀이 있다.

"여호와께서 너희를 기뻐하시고 너희를 택하심은 너희가 다른 민족보다 수효가 많은 연고가 아니라 너희는 모든 민족 중에 가장 적으니라 여호와께서 다만 너희를 사랑하심을 인하여 또는 너희 열조에게 하신 맹세를 지키려 하심을 인하여 자기의 권능의 손으로 너희를 인도하여 내시되 너희를 그 종 되었던 집에서 애굽 왕 바로의 손에서 속량하셨나니 그런즉 너는 알라 오직 네 하나님 여호와는 하나님이시오 신실하신 하나님이시라 그를 사랑하고 그 계명을 지키는 자에게는 천 대까지 그 언약을 이행하시며 인애를 베푸시되 그를 미워하는 자에게는 당장에 보응하여 멸하시나니 여호와는 자기를 미워하는 자에게 지체하지 아니하시고 당장에 그에게 보응하시느니라 그런즉 저는 오늘날 내가 네게 명하여 명령과 규례와 법도를 지켜 행할지니라"

불순종하여 하나님의 미움을 받을 때에도 징벌을 하시되 야곱과 아브라함과 이삭과의 언약을 생각하여 이전에 세운 언약을 폐기하지 않으신다고 했다.

"내가 야곱과 맺은 내 언약과 이삭과 맺은 내 언약을 생각하며 아브라함과 맺은 내 언약을 생각하고 그 땅을 권고하리라 그들이 나의 법도를 싫어하며 나의 규례를 멸시하였으므로 그 땅을 떠나서 사람이 없을 때에 땅이 황폐하여 안식을 누릴 것이요 그들은 자기 죄악으로 형벌을 순히 받으리라 그런즉 그들이 대적의 땅에 거할 때에 내가 싫어 버리지 아니하며 미워하지 아니하며 아주 멸하지 아니하여 나의 그들과 세운 언약을 폐하지 아니하리니 나는 여호와 그들의 하나님이 됨이라 내가 그들의 하나님이 되기 위하여 열방의 목전에 애굽에서 인도하여 낸 그들의 열조와 맺은 언약을 그들을 위하여 기억하리라 나는 여호와니라"(레26:42-45)

위 레위기의 선언은 유대인들이 어떤 상황 하에서도 하나님의 자녀로서 특권은 폐기하지 않으신다는 해석으로 받아들인다.

성경을 통해 살펴 본 선택의 의미보다 지난 백여 년 간 발전한 유대교 신학의 선택사상은 특이하다. 여러 신학적 이유로 세속화된 유대인들은 성경에 나타난 아브라함의 선택 사상을 기꺼이 받아들이지 않는다. 오히려 유대인 신학자들은 몇 천 년 간의 역사 속에서 보여준 유대인들의 생존 사실을 증거로 든다. 이 땅에서 유대인을 멸절시키고자 하는 시도가 수 없이 많았다.

다 죽어 없어졌다 하고 뒤돌아보면 그들은 여전히 살아 번창하고 있다. 인간의 힘으로는 도저히 생존할 수 없는 유대인들은 몇 천 년 간 변함없이 살아 세계 도처에서 번창하고 있다. 뿐만 아니라 그 같은 모진 박해와 살상행위 앞에서도 유대인들은 도덕적으로 순결했으며 고결한 정신을 보여 주었다. 그 위에 유대인의 문명 정신은 가는 곳마다 영향을 끼쳐 유대인의 정신적 세계를 받지 않은 나라가 없을 정도였다.

유대인이 살아 온 삶의 과정, 그 역사, 그 문화정신이 세계를 향해 보여 주는 것은 역사에는 목표가 있다는 것이다. 하나님께서 유대인을 통해 인류역사가 어느 방향, 어떤 목적을 향해 가고 있다는 것을 보여 주고 있다. 이것이 세속화된 문화적 차원이거나 혹은 종교적 차원에서 살펴본다 할지라도 부인할 수 없는 사실은 유대인은 하나님의 택함을 받았다고 인정하지 않을 수 없다는 결론이다. 성경의 증거를 싫어하는 세속인이라 할지라도 5천 년이 넘게 유대인들은 하나님의 축복을 받으면서 계명을 지키지 않을 때는 혹독한 시련에 처하므로 유대인들이 선민이라는 사실을 증거해 온 것을 인정하지 않을 수 없을 것이다.

유대인들이 선민이란 사실. 온 세상을 향해 하나님의 자녀란 것을 증거할 수 있는 고전적인 실례가 있다. 선지자 요나이다. 요나는 하나님의 눈을 피해 도망을 갔지만 결단코 피할 수가 없었다. 하나님의 백성 됨을 부정하고 포기함으로써 도망을 가려고 했지만 결단코 피할 수 없게 되었다. 하나님의 자녀 됨이란 이와 같은 것이다. 부정하고 피하고 도망가려고 애쓴다고 해서 하나님의 자녀 됨이 포기되는 것이 아니다. 이것은 세상이 이해할 수 없는 불가해 신비이다.

기독교는 이 선민사상의 계약을 영적으로만 해석한다. 육적인 관계 즉 육체적인 친자와 친부의 관계 같은 의미로서 해석하지 않는다. 우리 유대인들도 영적인 의미를 부정하지 않는다. 그러나 선민의 기본은 육에서부터 시작되었다. 그 이상은 설명할 수 없는 신비이다. 성경도 육적인 관계를 부정하기도 하나 강하게 부정에 부정을 하는 예를 본다. 부정에 부정이란 또 다른 긍정이기 때문이다.

세속적인 차원, 즉 문화 인류역사 속에서 증거해 온 유대인들의 선민사상은 더 이해하기 어렵다. 기독교는 선민의 계약사상은 믿음을 통한 영적인 문제로 해석하고 교회가 바로 새로운 영적인 선민이라고 가르친다. 자식은 어떤 상황에서도 자식이다. 기독교의 영적 선민사상은 너무나 인간 이성이 조작한 신학적 결론이다. 이 같은 선택사상은 유대교와 기독교의 좋은 대화의 소재가 될 것이다. 왜냐하면 육적으로 유대인 된 자들도 계명을 떠나 유대인 되기를 포기한 예가 너무 많기 때문이다.

선민사상 Chosen People

2. 기독교의 주장

선민사상 또는 선택이란 주제는 구약성경 가운데 가장 중심적인 사상 가운데 하나이다. 이것은 유대교나 기독교 모두가 인정하는 구약성경의 중심 주제이다. 기독교는 아브라함의 후손들이 하나님의 특별한 사랑과 축복의 약속을 받은 사람들이라 생각한다. 선민은 하나님의 자녀로 특별한 축복을 받음과 동시에 특별한 의무도 동시에 받았다고 아모스, 이사야, 예레미야 선지자들이 증언하고 있다. 마찬가지로 레위기서의 제사장이 특권이 있음과 동시에 특별한 사명이 있음과 같이 선택 역시 마찬가지다.

선민사상과 깊은 연관을 가진 사상은 바로 계약(Covenant)사상이다. 계약이란 일방적이 아니고 상호적이다. 서로의 유익을 주기 위한 관계 설정이고 상대방에게 피해를 주었을 경우 책임을 져야 한다. 이 계약 체결에 있어서 가장 중요한 것은 상호 신뢰, 상호 유익에 기초하여 성립된다는 것이다.

선민사상은 듣기에 아주 아름다운 감을 갖다 주는 것이지만 기독교인들에게는 복잡한 감정도 함께 갖다 준다. 본래 이 신앙은 유대인들에게 사용되어진 것인데 기독교회에 적용할 때 느끼는 기분이다. 또는 발달한 민주주의 사회에서 성장한 사람은 아주 민감한 평등주의에 길들어져 있는데 자기들만이 유독 선택받았다는 특권층 같은 기분을 이해하지 못한다. 이들 사회에서는 오히려 만민평등, 보편적 권리 같은 것만이 통하기 때문이다.

초대기독교 사회에서 이 선민사상을 어떻게 받아들이고 어떻게 해석했는지를 살펴보자.

초기 기독교 사회에서 이런 질문을 했다. 나사렛사람 예수가 선택받은 유대인으로서 하나님의 약속을 완성했다면 그것이 어떻게 기독교인들에게 적용되어질 수 있는 것인가? 기독교인들은 성급하게 그 질문에 대답했다. 하나님의 선민사상은 유대인뿐만이 아니라 이방세계를 넘어선 곳에까지 확장되었다. 그래서 크리스천들도 하나님의 선민으로 받아들여졌다고 믿게 되었다. 긴 세월 동안 유대인들에게만 국한됐던 선민이 그리스도 예수를 가교 삼아 전 세계인들에게 확장되었다. 예수는 그 선민사상 확장에 몸체가 된 것이다(고전12장, 롬12장).

이렇게 예수를 가교 삼아 선민사상이 세계로 확장되었다고 할 때 선민의 원조격인 유대인들은 어떻게 되는 것인가? 유대인들의 선민권리는 결단코 폐기되지 않고 그대로 유지되면서 기독교 신자 개인에게 확장되었다고 설명한다(엡1:4, 벧전1:20). 그런가하면 유대인들에게 주어진 선민 특권은 세계로 이전되었다고 주장하기도 한다. 신약성경의 어떤 구절들은 이 사상을 강력하게 지지한다.

예수에게로 우리가 돌아가 한 몸(One Body)이 될 때 선민권은 크리스천에게 이양된다. 왜냐하면 유대인들이 거절해 버렸기 때문이다. 건축자가 버린 돌이 모퉁잇돌이 되어 그 집을 받치는 기초가 되었다는 이 말씀은 오랜 세월 동안 기독교회에 통용되었다. 그러므로 유대인들은 더 이상 선민이 아니라는 것이다. 교회만이 새로운 선민, 택함 받은 백성이다(벧전2:9, 딤전2:10, 롬6:13). 초기 기독교인들은 하나님이 아브라함과 야곱의 후예들을 뽑아 선민 삼은 것같이 예수로 우리들을 뽑아 새 선민으로 삼으신 것이다(요15:16, 신7:6). 새 선민사상은 신약성경 도처에서 발견할 수 있다(롬8:33, 골3:12).

두 번째 이슈는 이것이다. 앞에서 조금 언급했듯이 인류평등사상에 위배된다는 것이다. 인류평등을 하나님께서 제일 먼저 말씀하시고 실천하시고 인류 모두가 평등하게 살라고 하셔야 하는데 왜 하나님 스스로가 인류 평등에 반대되는 사상을 주장하실까? 그러므로 선민사상은 결단코 특권의식이나 유아독존적 자기 고상함을 보이는 것이 아니라 이것은 사명의식이다. 세계를 향한 책임이며 이 같은 사상은 구약성경에서도 나타난다(렘31:37). 예레미야가 주장하는 예언의 내용은 이것이다.

이스라엘이 하나님을 향해 신실하고 믿음을 지키는 백성이 되고 율법을 잘 준수하므로 세계를 향한 사명을 느끼라는 것이다.

과연 유대인은 세계 보편사상으로 봉사했는가 아니면 자기 독선과 이기주의에 살았는가? 우리 기독교도 이렇게 믿는다. 그럼에도 불구하고 선민사상은 하나님께서 이스라엘을 특별히 사랑하신다는 기본 관계는 변함이 없다.

오늘날 대중의 흐름을 볼 때 유대인=선민이란 등식을 그대로 인정하는 듯하다. 기독교인을 두고 선민이라고 인정하는 일반대중은 그리 많지 않을 것이다. 유대인의 선민 특권이 유대인에게서 기독교인 앞으로 이양됐다고 믿는 사람도 많지 않다. 만약 크리스천들이 유대인들보다 하나님을 가까이 닮아가고 그 계명을 바로 지켜 바르게 산다면 하나님께서 유대인들에게 베푸신 사랑과 특권이 이양될 수 있다고도 말할 수 있을 것이다. 그러나 분명한 것은 하나님이 아브라함과 맺은 선민계약, 자녀계약은 결단코 파기될 수 없다는 것이다. 여기서 대답 못할 여러 가지 질문이 나올 수밖에 없다.

유대인들에게 허락된 선민특권이 어떻게 하여 기독교인들에게도 가능할 수가 있을까? 유대인들에게 허락된 선민 축복이 어떻게 세계 만민에게로 확대될 수가 있을까? 아브라함을 통해 전 유대인이 선민이 되듯이 예수를 통해서 전 이방인이 선민이 될 수 있는 길은 무엇인가? 이 질문들에 대한 간략한 답변은 바울의 가르침 속에서 찾아야 할 것이다.

"복음으로 하면 저희가 너희를 인하여 원수된 자요 택하심으로 하면 조상들을 인하여 사랑을 입은 자라 하나님의 은사와 부르심에는 후회하심이 없느니라"(롬11:28-29)

선민사상은 유대교와 기독교가 대화할 수 있는 가장 우호적인 이슈이다. 유대인들의 입장에서 볼 때에 선민사상이 유대인에게서 기독교회로 이전되었다는 주장도 가능하다. 그 이유는 구약의 성경 여러 곳에서 세계가 모두 다 하나님의 자녀라고 말하고 있기 때문이다. 물론 이 문제에 상호간의 긴장된 분위기를 불러일으킬 내용도 없지는 않다.

이것을 우리는 대리원리(Substitutionary Theory)라고 한다. 축복받은 사람이 바뀌졌다는 뜻이다. 유대인의 자리에 크리스천이 대신하게 되었다는 원리이다.

이와 같은 사상은 기독교 역사에서 여러 다양한 용어로 표현되었다. 교회는 새 이스라엘이다. 교회는 선택받은 백성들의 모임이다. 헌것은 새것으로 교체된다. 교회는 구약의 선지자들의 예언을 성취하였다. 유대인들은 교회의 선구자로 역할을 했을 뿐이다. 신약성경은 낡아 쓸모가 없게 된 구약을 대신하여 신약성서가 주어졌다.

이 문제 속에는 유대교와 기독교 모두가 부정도 할 수 없고 인정도 할 수 없는 이슈들로 가득 차 있다. 기독교인들이 선택받은 새 백성으로 받아들여졌다는 현실적 사실을 주장하면서도 유대인들의 선민특권이 폐기되었다고 주장하지 않는 곳에서 대화가 시작될 것이다.

선민사상

3. 요약 : (유대교의 주장)

1. 유대교는 믿는다. 이스라엘 예루살렘은 천지창조와 함께 창조하고 결정한 신적 결정에 유대인들은 자부심을 느낀다. 이것을 선택사상 이라 부른다.
2. 선택 사상은 항상 논쟁을 불러일으켜 왔는데 그 내용을 바로 이해 하면 모든 인류가 동의할 수밖에 없는 것이다. 하나님과 이스라엘 의 관계는 계약인데 이 계약은 특권이 아니라 전 인류를 봉사하기 위한 책임 있는 부름이다.
3. 토라를 지키는 것이 두 번째 선택 이유이요 세 번째 주의 분노의 날에도 버리지 않으신다는 영원한 계약인데 그 증거로 오늘날까지 유대인 멸절의 위기 속에서도 지켜 도덕적 순결을 지켜 하나님의 자녀인 것을 보여주었다.
4. 기독교는 유대인과 하나님과의 육적 관계를 하찮게 생각하나 하나 님이 처음 유대인을 선택할 때 육체에서 시작했다. 그 후 유대인의 육적 관계가 승화되어 영적으로 나아갔는데, 기독교는 신학적 조작 으로 기독교인이 진정한 자녀라고 하는데, 스스로도 인정할 수 없 는 이설이 아닌가.

4. 요약 : (기독교의 주장)

1. 선민사상은 구약의 중심사상이다. 기독교도 이 사상을 그대로 인정 하고 받아들인다. 그러나 이 사상은 전 인류를 하나로 볼 수 없는 어두웠던 시절에 온 인류를 부르기 위한 수단으로 이스라엘을 민 족들의 한 모델로 택한 그 당시의 현실이다.

2. 유대인들이 하나님의 자녀가 된 것은 아브라함을 통해서이다. 아담이나 노아는 유대인이 아니었다. 마찬가지로 전 인류는 예수를 가교로 하여 하나님의 자녀가 될 수 있다는 논리는 너무나 당연하다.
3. 유대인들만이 하나님의 자녀라고 하는 것은 평등하신 하나님 사상에 위배된다. 유대인이 하나님의 자녀로 존속하면서 전 인류도 예수를 통한 하나님의 자녀이다.
4. 실제로 기독교인을 선민이라고 인정하는 사람도 많지 않을 것이다. 유대인을 선민이 아니라고 말하는 사람도 많지 않을 것이다. 그렇다면 이 선민의 문제로 인하여 유대교와 기독교는 창조적인 대화를 할 수 있게 될 것이다
5. 신약의 핵심은 새로움이다. 새 아담, 새 시대, 새 백성, 새 피조물 등이다. 세계 만백성이 하나님의 자녀가 되리라는 선포는 구약 여기저기에서 발견되는 것을 유대인들도 부인하지는 못할 것이다.

15. 바리새인Pharisees은 누구인가?

1. 유대교의 주장

히브리인들이 포로에서 돌아온 제2성전시대를 지배한 종교적 무리들 가운데 가장 활약이 큰 집단이 바리새파라는 지식인 그룹이었다. 마카비 하스몬가(Hasmoneans B.C. 165-160)혁명 후 바리새파가 출현하여 예수시대에 그 전성기를 이루었다.

바리새인이란 히브리어 어근 파르쉬에서 왔는데 갈린 사람, 구별된 사람으로 분리주의자란 뜻이다. 이들은 이방인, 이단, 그리고 부정한 거소에 함께 하지 않는 거룩을 찾는 무리들이다.

주전 2세기에 출현한 바리새파는 예수 당시 6천 명의 회원을 거느린 막강한 신앙 단체로서 사두개파와는 어떤 이유로도 함께할 수 없음을 확실히 했다. 그들의 신조는 사두개파와 분명히 달리하고 있었다. 어떤 의미에서 사두개파는 성전의 유지 권한을 송두리째 가진 제사장 종교집단 같으나 실상인즉 경제 정치집단이었다. 탈무드 문학에 의하면 바리새파는 사두개파들과는 정면으로 대립되는 종교 집단으로 사두개파들이 돈과 성전을 쥐고 백성들을 통제하는 로마정부와 야합한 제사장 무리들이다.

바리새파는 그 신앙이나 삶에서 전혀 사두개파의 가르침과는 달리 했으니 그들은 사후 생명 부활을 믿고 또한 선악간의 심판과 보상을 믿었다. 사두개파는 사후세계의 생명과 부활을 믿지 않고 오직 성전과 의식과 국가 체제만을 제일로 생각했으나 이와 반대로 바리새인은 토라의 철저한 연구와 실천을 행하며 백성들에게 가르쳐 함께할 수 없는 사두개의 성전에 가지 않고 회당을 중심으로 신앙생활을 했다. 끝까지 소망을 잃지 않고 기대하면서 예언계시 문학적 발전에 지대하게 공헌했다. 메시야 왕국이 일견 정치적인 것 같으나 그들은 이 땅의 정치보다 정치를 초월한 왕국을 추구했다.

바리새파는 마카비시대에 정식 출현됐다고 볼 수 있으나 유대인들은 포로 후 크게 두 계급으로 나뉘어져 완전히 헬라파 부유계급과 에스라 시대에 히브리 신앙에 철저한 하시딤(순정파)은 그 신앙과 생활이 달랐다. 그들은 성서 보관기록을 담당한 서기관의 영향을 받아 높은 지위에는 오르지 못하고 토라를 배우는 경건파들이었다. 그러므로 헬라 로마 정권과 결탁한 사두개파와는 결단코 함께할 수 없었다.

바리새파와 사두개파 둘 사이의 투쟁은 세대를 거치면서 끊임없었다. 로마 정권과 결탁한 사두개파를 바리새파 사람들이 감당할 수 없어 결국 바리새파 사람들은 산헤드린 공회(유대인들의 최고 종교의회)에서 축출 당하였다. 그럼에도 불구하고 바리새파는 그 영향이 커져만 갔고 사두개파는 쇠퇴하여 갔다. 탈무드와 미쉬나(Mishina 유대인들의 구전경전)에 이들의 성전 장악 투쟁과 율법해석에 관해 상세히 기록되어 있다. 그러나 성전이 무너짐과 동시에 사두개도 완전히 무너졌다.

우리의 월력으로 7월 달에 오는 대속죄일(Yom Kippur;음력 7월 10일경에 오는 대 속죄일로서 신년제 다음에 거행된다)에 사두개파 수장 대제사장의 예배집전을 허락하느냐 않느냐를 가지고 사두개파의 바리새파의 처절한 투쟁과 싸움이 있었다. 바리새파가 사두개 대제사장의 예배집전을 반대한 이유는 로마정권에 임명 받은 대제사장은 히브리의 신앙전통에 어긋난다는 것이었다. 전혀 성서적 이해 없이 정치적으로 로마정부로부터 임명을 받은 자가 어떻게 대명절인 히브리 속죄예배를 집전할 수 있느냐 하는 주장이었다.

　미쉬나는 이렇게 이야기를 마치고 있다. 예배를 종료할 무렵 대제사장은 통곡하고 바리새인들도 통곡하였다. 물론 그 통곡의 속뜻은 서로가 달랐을 것이다. 대제사장은 유대인 무리들이 자기를 의심하여 인정하지 않았기 때문일지 모르며 바리새인들은 신앙의 순결성이 없는 로마의 정치 앞잡이가 신성한 욤기푸르 예배를 집전하는 것을 보고 통탄했을 것이다.

　이런 과정을 거쳐 즉 예수의 시대를 전후한 1세기 히브리인들의 정신세계는 바리새인들이 전적으로 지배하였다. 그들은 경건한 삶, 토라의 연구, 빛 속으로 가는 의로운 생활을 강조하였다.

　그 당시의 대지도자였던 샴마이(Shammai), 히렐(Hillel), 아키바(Akiba), 이스마엘(Ishmael) 같은 지도자들은 유대교에 엄청난 영향을 끼쳐 유대인들의 삶에 방향을 제시하였다. 이들은 모두 바리새파 사람들로서 오늘날 정통유대교도들은 그들이야말로 바리새인들의 전통을 바르게 세운 지도자로 존경을 받는다. 가령 그들이 없었다면 오늘날 유대교가 존재할 수 없다고 할 정도로 큰 영향과 가르침을 준 지도자였다.

　바리새파의 주장 가운데 가장 특징적인 것은 이것이다. 토라는 하나님 말씀이다. 죽은 자의 부활, 사후에 심판이 있어 반드시 심판이 있다. 메시야왕국은 반드시 이 땅에 건설된다. 그러나 그들 중에서도 항상 논란이 된 것은 하나님은 전지전능하신 분이시다. 인간은 자기의 선택으로 선행도 하고 악행을 하며 사후 영원한 죽음으로 또는 영원한 생명으로 축복을 받는다. 사두개파와의 가장 큰 논쟁의 이슈가 된 문제는 지금도 끝나지 않은 논쟁으로 남아 있다. 하나님이 전지전능하시다면 어찌 인간이 죽음으로 가는 것을 그냥 두시는가? 바리새인들은 정결한 삶과 교육을 지극히 중요하게 강조하므로 현자들에 대한 최고 존경을 받고 있었다. 그래서 그들은 학자들의 가르침을 따라 자기와 가족 그리고 나라를 다스려 나갔다. 항상 토라 앞에서 자기를 성찰하며 가난하거나 부유하거나가 관계없이 인간은 토라의 교육을 통해 위대하고 고상한 길을 갈 수 있다고 믿었다. 토라를 가르치는 자를 더 중요시했다. 인간은 가르침 없이는 동물과 다를 바가 없다 하며 아무리 천하게 태어나도 가르침을 통해 하나님의 길을 가는 자녀가 된다고 믿었다.

바리새인들은 영성 신앙을 대단히 강조했다. 영성적이란 영적인 또는 성령적인 삶을 말하는 것이 아니다. 영성적이란 하나님의 말씀을 실천하는 수덕의 삶, 경건 고행의 수련을 통해 신의 품성을 나 자신 속에 취득하는 것이다. 바리새파 사람들은 히브리 전체에게 토라의 실천, 검소와 정결한 삶을 가르쳤다. 이렇게 함으로써 히브리들이 토라를 지킬 수 있다고 믿었다. 바래새들이 비난 받는 이유는 그들의 가르침 때문이 아니라 가르침대로 살지 못하는 삶 때문이었다.

기독교의 신약성서는 바리새인들을 혹독하게 경멸하고 질타한다. 바리새인들은 위선자로 규정하며 신랄하게 심판하지만 그들은 경건하고도 바른 삶을 살려고 무한히 노력한 지식인들이었다. 신약성경이 그토록 신랄하게 비난 함에도 불구하고 신약성서의 가르침은 바리새인들의 가르침과 별다를 바가 없고, 또한 강한 영향을 그들에게서 받았다. 신약의 전반을 형성하고 또한 기독교를 형성하는 신앙의 주체자라 할 수 있는 바울 역시 바리새인이었고 또한 바리새인 최고 지도자인 가마리엘(Gamaliel)의 가르침을 받은 사람이다. 뿐만 아니라 예수 역시 바리새인을 향해 비난을 퍼부었지만 그 또한 바리새인이었다. 이 바리새인의 영향이 신약 전체 구석구석까지 영향을 미치지 않은 곳이 없다. 바래새는 유대인의 정신적 흐름을 인도하는 자들이었다. 그런가 하면 바리새인의 정신적 유산이 서구문명 전체에 긍정적으로 영향을 준 위대한 역할을 했다고 볼 수 있다.

이 바리세파의 영향 하에서 랍비가 생겨났다. 어떤 경우 바리새와 랍비는 동일어였다. 그래서 당시 바라새들을 선생이라고 불렀던 것이다.

바리새인 Parisees은 누구인가?

2. 기독교의 주장

반셈주의적 기독교인(반유대적 기독교인)이 가진 가장 혹독한 경멸의 상징적 표현 가운데 하나는 바리새파이다. 바리새인에 대한 오해는 너무나 깊고 광범위해서 유럽 문명 전체를 지배하고 있다. 바리새인이라고 하면 반드시 생각하고 연상하는 것은 위선자란 뜻이다. 따라서 위선자는 바리새인이요, 바리새인은 위선자로 통할 정도이다.

오해의 측면도 많이 있지만 그렇다고 해서 반드시 오해만이 아닌 진실의 측면도 그 속에 있다. 이유 없이 예수께서 바리새인들을 질타했을 리 만무하니 복음서의 텍스트를 면밀히 관찰하면 그렇게 부를 만한 측면도 적지 않다.

16세기 루터가 가톨릭을 향하여 반동을 한 것처럼 바리새파 역시 그 당시 수구파인 제사장 그룹을 향한 반동을 일으켰다. 그들의 논쟁의 핵심은 하나님과 인간과의 관계, 율법에 대한 태도, 선행에 관한 입장, 삶과 죽음 문제, 그리고 마지막으로 인간의 삶과 미래는 신의 은혜에 의해 인간의 선택의 문제라는 것이었다. 여러 면에서 볼 때 가톨릭을 향한 루터의 반동 역시 맥을 같이하는 점이 많다.

사도 바울 역시 어떤 점에서 칭찬받을 만하고 어떤 점에서 비난을 받을 수도 있다. 그가 유대교를 비난하면서 유대교의 가르침을 기독교에 접목시켜 예수 그리스도의 가르침을 합리화했다는 사실이다. 바울이 유대교도라는 사람들은 유대인으로 태어난 유대인이 아닌 개종 유대교도들이다. 바울은 이방인들이 율법을 지키지 않아도 계명의 소추를 당하지 않은 채 구원받을 수 있다고 한 것은 유대적인 것은 아니지만 노아의 계약법에 의한 것이다(창세기 9장). 유대적이 아니면서 노아 계약 법적이란 말 자체가 하나의 모순이 아닌가? 유대교적은 아니지만 성서적이다. 이렇게 말할 때 한 부분은 정당하고 한 부분은 정당하지 못한 것과 마찬가지다.

바울은 창세기 16장의 하갈과 사라의 이야기를 비유하고 있다. 그는 유대인을 단순한 하나의 표상으로, 상징으로 해석한다. 진정한 유대인이 어떤 것인지를 바울은 하갈과 사라의 이야기를 통해서 설명한다는 뜻이다. 유대교는 예수의 출현과 더불어 그 효력이 상실되고 새로운 가치의 시대가 왔다고 선포한다. 따라서 혈통적으로 유대인의 정통성을 주장하는 것은 옳지 못하고 마찬가지로 영적인 의미가 없는 회당 역시 어떤 의미가 없는 것으로 해석한다. 앞서 말한 아브라함의 정부인 사라와 하갈의 이야기 비유에서도 마찬가지로 유대인들이 주장하는 혈통적인 자식은 진정한 자손이 아니라고 할 때 유대인들의 혈통 주장은 아무런 의미가 없다는 뜻이다.

사도바울은 바리새였고 또한 바리새인의 대 선생이신 가마리엘의 문하였고 또한 그가 가르친 토라 역시 바리새적이었다. 바울을 비난하는 어떤 학자들은 바울이 예수의 사상을 이해하지도 못한 채 크리스천이 되었고 크리스천이 됐음에도 그의 의식은 여전히 유대교의 토라 사상 속에 있었다. 그러나 실상 그의 사상과 신학을 보면 예수 만나기 전과 예수 만난 후의 것은 확연히 다르다.

그의 사상과 신학의 핵심은 그리스도 안에서 은혜를 입어 의인이 된다는 사실이다. 인간의 노력과 율법의 준수를 통해서 인간이 완전해진다는 공덕사상을 포기하고 바울은 그의 과거와 바리새적인 율법체계를 터무니없는 엉터리라고 결론지었다. 이것은 유대교를 향한 불경이었음에도 그는 당당히 선언하고 그렇게 믿고 또한 그의 믿는 바를 온 유럽 천지에 전파했다. 이런 점에서 바리새파는 반지성적이고 반 개화적인 열성뿐인 참담한 것이라고 규정했다(롬10:2). 그럼에도 불구하고 그들은 모두를 아는 것처럼 오만 불손하였으니 위선적이라 할 수밖에 없는 것이다(눅12:1, 마23:27-29).

앞서 언급한 기독교 반셈주의(유대인을 반대하는 기독교인)자들은 유대인을 향해 중상 모략하기 위한 자료로 신약성경을 사용했다. 사랑과 동정이 없는 비평은 저주에 가까운 것이다. 신약성경에 나타난 바리새파 사람들을 향한 부정적인 발언을 전부 동원하여 비난한다. 이것은 어리석고도 잔인한 행동이다. 이것은 다른 관점에서 예수와 그의 제자들이 하신 말씀을 바로 이해하지 못한 소치이다. 따라서 우리는 문장만 보지 말고 그 진정한 뜻을 파악하지 않고 바리새인들을 비난하는 것은 옳지 않다.

바리새파를 향한 기독교인들의 반감은 나쁜 선입관이 아니라 오히려 메시야 예수를 배척한 바리새파들의 행동을 비난한 것이다. 바리새파 속에서 훈련받고 생활한 사람들은 눈이 어두워져 바리새파 유대교 외에는 모두가 정당하지 못한 것으로 규정해 버린다. 그래서 예수 안에 나타난 하나님의 은혜 세계를 보지도 인정하지도 못하기 때문에 예수를 메시야로 인정치 않고 배척한 것을 기독교인들은 이해하지 못하는 것이다(롬 9:30-10:4).

두 번째 생각할 수 있는 것은 유대교 바리새파들이 극단적인 죄악으로 규정한 것들, 거지와 창녀와 이방인들과 함께 먹고 마시는 것을 바리새인들은 용서할 수 없었다. 예수가 세리와 창녀가 우리보다 먼저 천국에 갈 것이란 말을 들었을 때 바리새인들은 기절할 정도로 놀랐다.(마21:31).

이러한 생각의 차이로 인하여 바리새인들은 예수를 증오했고 예수는 그들을 위선자라고 규정한 것이다.

다시 한 번 정리하면 바리새인들이 주장하는 선과 하나님을 기쁘게 하는 일이란 선행, 공적, 부모로부터 물려받은 인간적 신앙, 그럼에도 불구하고 예수와 바울은 극단적으로 그것을 부정하였다(롬1:18, 마3:7, 눅 19:9).

바리새인들이 주장하는 중심신학은 정당하고도 성서적이었다. 그럼에도 불구하고 그들이 주장한 세목들은 보편성이 없는 자기들의 주장이요, 유대민족에 국한 되는 종교를 주장하는 국수주의자에 불과하다. 가장 심각한 문제는 그들은 사람을 거룩과 속됨으로 구별 짓고 자기들만이 거룩하고 모두가 부정한 인간으로 규정하는 것이다. 그렇다고 해서 신약성서에 나타난 바리새인들에 대한 비평을 너무나 미세적이고 협의적으로 하면 안 된다. 대체적으로 긍정적인 그들에게 극단적인 과오는 자기 오만, 그럼으로써 타인은 버려진 인간으로 바라보는 오만이다. 이 같은 바리세인을 바로 연구하는 것은 기독교인들의 책임의 몫이다.

예수께서 하신 말씀 가운데 아비나 어미에게 공경이 없으면서도 하나님께 다 바쳤으므로 나는 정당하다고 말하는 것과 바리새인들의 주장은 같은 것이다. 율법을 지키고 계명을 가르치고 영생을 믿는다 할지라도 그들은 보편성 없는 율법의 세목만 강조하므로 그들은 하나님의 법을 버린 셈이다. 예수께서 분노하시고 그들을 규탄한 이유가 여기에 있다. 병든 사람을 낫게 하고 귀신 들린 자들을 자유케 하고 창녀와 가난한 자를 새로운 인생으로 바꾸어 주는 깊은 뜻은 보지 않고 불경한 그들을 가까이 하고 고쳐 주느냐고 따지면서 예수를 비난했다. 그럼에도 그들은 안식일을 주장했고 혈통을 주장함으로써 하나님의 뜻을 정면으로 거스르는 것을 예수로 볼 수가 없다(요5:15).
이러한 논쟁과 알력의 발전으로 예수는 십자가에 달려 죽을 수밖에 없었으니 예수 죽인 죄악을 유대인, 특히 바리새인에게 돌리는 결론으로 가게 된다.

성서해석학의 문제가 예수와 바리새인들 사이에 있었다. 그 해석학은 극단적인 차이를 가지고 있었기 때문에 같은 성경 가르침을 가지고서 정반대의 가르침으로 발전하였기 때문에 그 결과도 달라진 것이다. 안식일 문제만 하더라도 바리새인과 예수는 정반대의 견해였다. 예수는 안식일을 준수함으로 거룩으로 가는 것 이상으로 인간의 생명에 대한 사랑과 동정으로 해석했다. 그렇게 함으로써 안식일은 해방과 자유의 상징으로 가르쳤다.

성서해석에서 중요한 차이 가운데 하나는 예수는 계명의 중요 서열을 분명히 했다. 예를 들어 십계명이 1-10까지 중요 서열이 분명하므로 중요한 것은 중요하게 지킬 수 있는 것을 가르쳤듯이 율법의 중요핵심을 선명하게 했는데 바리새인들은 지극히 미세한 것을 확대 해석함으로 중요한 우선순위의 가르침을 잃어버렸다.

이보다 더 중요한 문제는 성서해석에서 바리새인들은 성서원본을 해석하는 것이 아니라, 성서의 해석, 즉 미드라쉬를 해석한다. 미드라쉬는 오래된 고전이라 이해하기 어렵게 되자 그 해석을 또 해석하여 놓은 주석서를 성서로 간주하고 해석하는 것임에도 예수는 성서의 원전을 가지고 논쟁하였다. 바리새들의 성서는 성서가 아니라 성서주석의 전승을 가지고 성서로 알고 가르쳤는데 예수는 주석에 주석서가 아닌 원전이었으니, 전승과 원전과의 투쟁인 셈이다.

하나님의 사랑이야말로 하나님의 자녀이신 이웃에 대한 사랑과 관심으로 현실화하므로 바리새인들을 격동케 했다. 여기에 바리새인들에 대한 바른 판단이 나올 수 있다고 믿는다. 이와 같은 바리새인적 신앙의 경향은 여전하기 때문이다.

바리세파는 누구인가?

3. 요약 : (유대교 주장)

1. 바리세파는 하스몬가의 혁명 후 군사정치 문제에 뜻을 달리한 분리주의자들이 거룩을 찾는 집단이었다. 쿰란 공동체와도 연관이 있다는 학자들의 주장도 있다.
2. 당시 유대사회를 지배한 집단은 사두개파였는데 이들은 로마정부와 연계한 정치 집단으로 성전과 경제권을 잡고 이스라엘을 통치한 로마의 앞잡이와 다를 바가 없는 제사장 무리들이었다.
3. 사사건건 사두개와 바리세파는 경쟁적으로 다투었다. 사두개파는 성전 정치 경제권을, 바리세파는 토라, 교육, 메시야 소망을 가지고 백성들을 대했는데 초창기에는 사두개가 정권을 잡아, 성전에서 바리세파를 축출했지만 성전 파괴 후 사두개는 그 힘을 완전히 잃어 멸절하였다.
4. 예수 활동 후기 바리새의 활동은 그 절정이었다. 당시 위대한 바리세파의 지도자인 샴마이 히렐 등이 등장하여 랍비문학의 초석을 놓았다.
5. 바리새의 주장은 토라 속에서 다시 태어나 교육 받은 인간으로서 새 인간 새 삶을 하는 경건한 영성인을 추구했다.

4. 요약 : (기독교의 주장)

1. 기독교인이 최고로 경멸하는 이름 가운데 하나는 바리새이다. 기독교인에게 있어서 바리새는 위선자, 위선자는 바리새로 알려져 있다. 여기에는 진실의 측면과 과장의 측면도 있다.
2. 바리새는 그 당시 종교집권파인 사두개를 향해 반란을 일으켰다.

루터처럼 그들이 내건 테마는 신인관계 율법해석 삶과 죽음에 대한 해석, 사후 부활의 문제, 선택의 문제, 선행에 대한 문제 등이었다.
3. 바울의 가르침은 심각한 모순이라 한다. 그는 바리새적 율법해석을 예수의 것이라 견강부회했다. 그러나 그의 가르침이 예수 해후 완전히 달라진 것을 우리는 안다.
4. 바리새의 잘못은 무엇인가? 그들은 자기들만이 의인이요 모두가 잘못된 악인으로, 인간을 구별 차별하였다. 만민을 평등하게 대하여 세리와 창녀와 함께한 예수와 충돌할 수밖에 없었다.
5. 율법에 있어서 그들은 흠이 없는 자들로서 철저한 율법주의자였지만 세목에 열중함으로 대승적 하나님의 큰 뜻에 이르지 못하였으나 그들의 대부분은 랍비로서 오늘날 유대정신의 산파역을 감당했다.
6. 예수와 바리새들의 성서해석의 차이의 주원인은 무엇이었던가?

16. 언약 Covenant

1. 유대교의 주장

성경에 나타나는 언약이란 말은 하나님과 인간 사이에 형성되는 계약의 동의(agreement) 또는 합의를 의미한다. 하나님께서 인간과 동의 내지 합의를 하신 사건이다. 지금 우리는 하나님과 인간 사이에 맺어진 이 합의에 대해 생각한다.

전능하신 하나님, 영원하신 하나님께서 그가 지으신 사악한 인간과 계약관계를 형성했다는 것은 놀랄만한 신비한 비밀이 있다. 계약은 관계의 형성으로 대체로 상호 유익에 기초한다. 하나님께서 인간과 어떤 모습으로든 관계를 형성하여 상호 유익을 도모하자는 비밀은 무엇일까?

상호 유익이라고 하지만 이것은 전적으로 하나님께서 인간에게 베푸시는 은혜요, 자비의 의도를 보이는 것이다. 계약이란 문제를 한 번 생각해 보자. 대체적인 계약은 상호 동등한 입장에서 형성되는데 하나님과 인간과의 계약은 파격적인 일이다. 신이신 하나님이 망나니 같은 인간과 대좌하여 계약을 맺을 수 있는가? 이런 예를 들면 좀 더 설득에 가까이 갈 수 있을까? 세계적인 음료회사인 코카콜라가 자기들이 사용하는 콜라병 마개를 만들어 공급하는 계약을 체결하기 위해 보잘것없는 작은 회사의 사장을 불렀다. 그것도 일 년이나 십 년도 아닌 영원토록 보장하는 계약을 체결했다면 그 사람은 하루아침에 재벌 수준으로 신분이 바뀔 것이다. 마찬가지로 우주를 지으신 하나님께서 보잘것없는 인간을 불러 계약을 체결한 사건을 생각해 보자.
　유대인 성경에 나타난 하나님과 인간과의 계약은 특별한 의미를 가지고 있다. 대홍수 후 하나님께서 노아와 그 아들들에게 말씀하셨다.

> "내가 내 언약을 너희와 너희 후손과 함께한 새와 육축과 땅의 모든 생물에게 세우리니 방주에서 나온 모든 것 곧 땅의 모든 짐승에게니라 내가 너희와 언약을 세우리니 다시는 모든 생물을 홍수로 멸하지 아니할 것이라 땅을 침몰한 홍수가 다시 있지 아니하리라"(창9:9-11)

　그리고 하나님께서 하늘의 무지개로 언약의 영원한 증거로 세우셨다. 그 후 하나님께서 아브라함과 계약을 체결하사 열국의 조상이 되며 가나안 땅을 영원한 소유로 주시겠다고 하셨다.

> "내가 내 언약을 나와 너와 네 대대 후손의 사이에 세워서 영원한 언약을 삼고 너와 네 후손의 하나님이 되리라 내가 너와 네 후손에게 너의 우거하는 이 땅 곧 가나안 일경으로 주어 영원한 기업이 되게 하고 나는 그들의 하나님이 되리라"(창18:8-9)

　하나님께서 그의 아들 이삭과 야곱과 더불어 다시 계약을 체결하셨다. 재계약인 셈이다

> "여호와의 사자가 하늘에서부터 두 번째 아브라함을 불러 가라사대 여호와께서 이르시기를 내가 나를 가리켜 맹세하노니 네가 이같이 행하여 네 아들 네 독자를 아끼지 아니하였은즉 내게 네게 큰 복을 주고 네 씨로 크게 성하여 하늘의 별과 같고 바닷가의 모래와 같게 하리니 네 씨가 그 대적의 문을 얻으리라 또 네 씨로 말미암아 천하 만민이 복을 얻으리니 이는 네가 나의 말을 준행하였음이니라 하셨다 하니라"(창 22:15-18)

　그렇다고 해서 유대인들이 자기들만이 아브라함의 후예라고 주장할 수 있는 성경적 근거는 약하기 때문이다.
　하나님과의 계약 체결은 분명히 하나님이 주시는 은혜의 계약이다. 계

약할 수 없는 상대와 계약을 하므로 인간이 엄청난 특권을 누릴 수 있게 되었기 때문이다. 기독교 신학에서 하나님과의 계약을 해석하는 방법과 그 의미는 유대교의 그것과는 다르다. 유대교에서는 아담이 타락하여 원죄 가운데 있다고 해석하지 않는다. 그래서 아담 자신이 하나님과 맺은 에덴동산의 계약을 갱신해야만 했다. 하나님께서는 아담의 타락으로 인하여 계약을 통해 내린 모든 특권을 몰수해 버렸다. 이제 계약 대신 하나님과의 반목으로 인해 저주와 명령을 따라 살도록 했다. 기독교는 이 사실을 유대교에 적용시킨다.

유대교에서는 인간의 원죄를 인정치 않는다. 모든 인간은 백지 같은 흰 바탕인데 그곳에 어떤 채색을 하느냐에 그가 한 작품이 되고 안 되고 결정된다고 가르친다. 다시 말하면 인간의 선과 악, 옳고 그른 것, 두 개를 동시에 만날 수밖에 없다. 선을 택하느냐, 옳은 것을 택하느냐, 아니면 악한 것과 그런 것을 택하느냐는 본인의 의지요, 결정이다. 모든 사람이 바르고 선한 길을 택하기를 원한다. 그러나 자기도 모르는 사이에 생각 없이 악의 길을 택하는 수도 있다. 그럴 경우 인간은 잘못에 대해 회개하고 바른길을 가도록 자신을 훈련시켜야 한다. 징계를 받으면서 고생을 하더라도 반성하고 바른길을 가야겠다는 의지가 있어야 한다. 그 벌은 이 세상에서 만날 수도 있고 저 세상에 가서 만날 수도 있다. 이 문제에 대한 논란은 사회학적으로 또는 심리학적으로 심각하다. 어떤 결론을 내릴 수 없는 난제이다.

우리가 선한 길을 택하느냐, 악한 길을 택하느냐 하는 것은 심각한 영적 투쟁이다. 또는 관습적 타성이나 심리적 경향성으로도 본다. 아담 이후 인간이 당하는 가장 큰 고민 가운데 하나는 이 선택의 문제이다. 모든 인간은 스스로 선택할 수 있는 의지와 능력이 있지만 잘못 했을 경우 그 책임은 피할 수 없는 것이다. 유대교에서는 자기 잘못에 대한 책임 징벌은 반드시 받아야 한다고 가르친다. 다윗이 그랬듯(삼하24) 잘못이 있을 때 반드시 죄의 대가는 치르지 않으면 안 된다. 기독교에서는 그렇게 가르치지 않는다. 하나님의 특별한 은혜는 그리스도를 통해 사하심을 받고 구원의 길로 갈 수 있다고 가르친다. 여기에 서로가 너무 다른 신학의 뿌리가 있기 때문이다.

하나님께서 시내산에서 그의 모든 백성들과 더불어 계약을 또 다시 체결하셨다. 하나님께서 친히 그 백성에게 나타나시어 계명을 주셨다. 그리고 이스라엘 백성들과 하나님 사이의 특별한 관계를 크게 강조하셨다. 이스라엘 백성들은 하나님이 주신 계명을 받아 지킬 것이라고 언약했다. 그 대가로 하나님께서 그 백성을 크게 축복하실 것을 약속하셨다. 만약 이스라엘이 계명 준수의 책임을 지키지 않을 경우 하나님께서 경고하시고 징벌로 저주하신다.

하나님이 이스라엘과 맺은 계약은 영원한 계약이기 때문에 결단코 파기된다거나 소멸되지 않는다는 점이다. 가령 이스라엘이 하나님과 맺은 계약을 이행하지 않을 경우 이스라엘에 부과될 여러 징벌이 나열되어 있다.

"내가 야곱과 맺은 내 언약과 이삭과 맺은 내 언약을 생각하고 그 땅을 권고하리라"(레26:42)

"그런즉 그들이 대적의 땅에 거할 때에 내가 싫어 버리지 아니하며 미워하지 아니하며 아주 멸하지 아니하여 나의 그들과 세운 언약을 폐하지 아니 하리니 나는 여호와 그들의 하나님이 됨이라 내가 그들의 하나님이 되기 위하여 열방의 목전에 애굽에서 인도하여 낸 그들의 열조와 맺은 언약을 그들을 위하여 기억하리라 나는 여호와니라"(레26:44-45)

하나님과 이스라엘과 맺은 언약의 성격은 두 가지로 구분할 수 있는데 그 첫째는 영원이요, 두 번째는 폐기 불가능이다. 이래서 생긴 것이 유대교이다. 유대교는 하나님과의 언약의 영원성과 폐기 불가능 때문에 생긴 종교이다. 이스라엘은 항상 생각했다. 유랑의 서러움 속에서 죽음보다 더한 고난을 당하면서도 이스라엘은 하나님의 버림을 받고 그 관계가 끝났다고 믿지 않았다. 예언자들은 항상 예언을 선포했다. 하나님과 이스라엘의 언약은 갱신되었고, 그 땅과 축복은 반드시 회복된다고……

유대교와 기독교의 대화의 관점에서 하나님과 맺은 이스라엘의 계약의 영원성과 폐기 불가능성에 대해 성서적 연구가 가능할 것이다. 과연 이스라엘과의 계약은 영원하며 폐기 불가능한가? 아니면 그 계약은 영원하되 계약권이 유대인에게서 크리스천에게로 양도된 것은 아닌가? 아브라함의 믿음의 양자로 입적되어 아브라함의 믿음의 삶을 계속하고 있는 크리스천들이야 말로 진정한 아브라함의 후손이라는 주장은 불가능한가?

유대교에서는 전혀 받아들일 수 없는 내용이지만 히브리어 언약(Covenant)인 베릿(Berit)이란 단어를 쓴다. 언약 계약을 할 때 그 증거로 돌기둥을 세우거나 망울을 삼키거나 악수를 함으로 그 증거를 삼았다. 아브라함이 하나님과 계약을 할 때는 그 증거로 할례를 받았다(창15:18). 오늘날 유대인들은 아브라함과 하나님의 언약계약을 할례의 계약(Berit Milah)이라고 한다.

유대인들은 할례를 단순한 의학적 문제나 건강의 문제로 보지 않고 할례를 시행하므로 베릿, 즉 언약 속으로 데리고 가는 것이다. 지금 태어났으나 약 4천 년 전 아브라함의 할례 계약에 참여시키는 것이다. 그럼으로써 그 계약은 자손들에게 전승시키므로 아브라함의 계약을 유효화 하는 것이다.

유대인의 어머니로부터 출산된 어린 아이는 자동적으로 유대인이 된다. 유대인으로 태어나 할례를 받으면 아브라함의 언약에 참여하게 되는 것이고 출생으로 인하여 자동적으로 하나님과 이스라엘 백성간의 맺은 시내산 계약(Covenant of Mt. Sinai)에 참여하여지는 것이다. 이것은 인간이 가진 숙제이기도 하고 특권이기도 한 자유 선택에 위배되는 일이다. 그 대신 계약에 따른 책임을 수행하지 않을 경우 유대인들은 엄중한 책임을 하나님으로부터 추궁 받는다. 유대인의 법에 의하면 유대인이 비록 계약을 부인하고 다른 종교로 개종했다 할지라도 그는 여전히 유대인으로 남는다. 유대인이 무슨 말, 무슨 행동을 한다 할지라도 유대인은 계약에 묶여 있고 운명적으로 계약에 대한 책임을 져야 한다.

하나님과 언약을 법적으로 계약 체결을 한다는 것은 성경의 가르침, 성경의 율법(Halakah)의 골자를 이룬다. 언약의 내용이 할하라카이기 때문이다. 언약은 성서 내용의 골자요 핵심이다. 그래서 하나님과의 언약의 내용이 유대인의 율법과 민법의 기초가 되어 있다. 현대 유대인의 법이 시민주의에 입각하여 세상의 모든 민족 국가의 법들과 큰 다름이 없지만 유대인의 법의 골자는 언약법의 정신에 따라 형성되어 있다. 사실법이란 인간과 인간 사이에 이루어지는 사회계약이다. 인간성의 자유를 유지하고 국가를 운영하기 위한 것이지만 실상인즉 사람과 사람들 간의 계약이다. 따라서 이스라엘의 법은 하나님과 인간의 계약 관점에서 형성되었다.

가령 이방인이 유대인의 계약에 참여하기 위해서는 반드시 개종을 해야 한다. 개종을 하려면 반드시 하나님과의 언약 계약이 무엇인지 책임과 축복을 어떻게 누릴 수 있는지를 배워야 한다. 남자의 경우 나이와는 상관없이 할례를 받지 않으면 개종의 과정은 끝난 것이 아니다. 이것은 물리적이긴 하지만 반드시 언약의 외적 표시를 받아야만 하는 것이다. 개종을 위해서는 엄격한 학습뿐만이 아니라 세례를 받아야 하고 공중 앞에서 유대인으로 다시 태어난 것을 결신 선포해야 한다. 이러므로 비유대인은 유대인으로서 하나님과의 언약과 계약을 체결함으로써 새롭게 태어는 것이다.

비록 유대인으로 태어나 자동적으로 유대인이 됐다 할지라도 유대인으로서 가정의 교육과 회당의 엄격한 교육을 받아 언약에 대한 책임과 영적 축복이 무엇인지를 철저하게 배워야 한다. 철저한 교육과 영적 훈련을 통해 유대인들이 하나님과의 언약 계약에 참여하게 되는데 이때 반드시 기억해야 할 것은 자유 선택이다. 유대인으로 태어나고 영적 교육을 받았다 할지라도 아브라함의 계약에 참여하는 것은 자유의사이다.

유대교와 기독교의 성서적 대화에서 중요 이슈로 삼을 수 있는 것은 아브라함의 계약이 혈통적이냐 아니면 유대교로 개종 않고도 아브라함의 믿음으로 인하여 기독교에로 전환되었는가 하는 것이다.

언약 Covenant

2. 기독교의 주장

성경에 여러 종류의 언약이 소개되고 있다. 실상 계약과 언약은 내용상에서 같은 것인데 당시 성문화되지 않고 구두 약속으로 계약이 체결되었기에 언약이라고 할 뿐 계약의 조건에는 어떤 하자도 없다. 우리가 눈여겨 살펴볼 이스라엘의 언약의 특징은 이것이다. 엄격하게 윤리 도덕성을 포함하는 것이다. 그리고 권리와 책임 즉, 축복과 징벌이 확실하며 언약의 체결 여부는 철저한 자유의지라는 것이다.

법적으로 계약에 있어서 중요한 것은 시간의 문제이다. 이 계약이 언제까지 유효하냐는 것이다. 이스라엘의 계약은 하나님과 인간과의 상호 관계 설정인데 상호신뢰가 특징이다. 어떤 종교에서도 볼 수 없는 하나님과 사람과의 약속, 법적으로 계약을 형성했다는 것은 역사에서 찾아볼 수가 없다. 종교가 법의 정신으로 시작하여 그 법을 지키므로 인간이 고상하고 위대하여지도록 고무시키는 것이다.

한나라의 한비자가 나라를 다스림에는 덕과 예로서 되지 않고 법으로 원칙을 세워야만 가능하다고 한 것을 혁명적이라고 평가한 학자가 있었다. 그러나 이것은 기껏 2천 년이 조금 넘을 뿐, 인간 삶의 질서와 선의 길이 법에 있다고 보아 하나님과 인간관계를 법으로 설정한 것이 아브라함시대, 4천 년 전후가 되니 얼마나 깊고도 오묘한 통찰력인가? 주전2천 년 전 인간의 삶은 하나님 앞에서 약속하고 책임을 지는 법의 전제를 가지고 인간의 교화와 미래를 논했으니 성경의 가르침은 단순한 종교적인 은혜만이 아니라 삶의 지혜의 원천이 된 셈이다.

법이란 것을 우리는 별것 아닌 것으로 생각한다. 법이란 대단한 것이다. 길이 없는 황무지에 길이 나게 되어 걸어 갈 수 있고 자동차를 타고 갈 수 있다고 생각해 보자. 그 지역의 발전에 끼치는 영향은 말할 것도 없고 얼마나 편리하겠는가? 법도 마찬가지다. 법이 있으니 귀한 줄 모르지만 전혀 없던 세계에 법을 만들어 놓았다. 이것은 새 천지를 만드는 것과 마찬가지다. 혼돈과 무질서의 세계에 성경은 법을 만들어 인간이 가야 할 바른 길을 제시한 셈이다.

하나님께서 친히 아브라함을 부르사 언약 관계를 설정했다는 관점에서 이것은 은혜 계약이다. 하나님의 무조건적 인간 신뢰, 인간 위탁이기 때문에 이것은 은총이다. 하나님이 주신 선물이다. 아브라함이 하나님과의 언약 관계의 패러다임이 창세기에 나타난다(창15장, 17:1-14). 이 창세의 패러다임이 예레미야 선지자가 재론하고 있다(렘34). 첫 계약에서는 어떤 책임이나 징계가 나타나지 않고 오직 그 언약의 표시로 할례만이 나타난다.

이와 비슷한 예가 하나님과 다윗과의 관계, 그리고 비느하스의 경우(민

25:10-13)에도 나타나고 노아와 더불어 온 인류와의 계약관계(창6-9장)도 나타난다. 노아의 경우 어떤 조건도, 심지어 할례도 없이 계약이 형성되고 오직 무지개가 그 증거로 나타날 뿐이었다. 은총의 계약의 대가로 책임이 부과된 것은 초기 언약이 아니라 아주 후기 언약 속에서 나타난다. 그러므로 책임 없이 주신 선물이요, 언약이기 때문에 이것은 전적인 은총이다.

언약의 발전 과정을 깊이 연구해 볼 필요가 있다. 언약이라 하여 유대교가 주장하는 축복과 징벌의 도식 속에서만 주어진 것은 아니다. 신약성경에도 언약의 패러다임이 나타난다. 신약에서는 희랍어로 디아데케(Diatheke)로 나타나는데 성질상 메시야 시대가 올 그 시대까지 유효하며 그것이 계약의 증거가 되는 것이다. 그러므로 신약의 이 계약이 구약에서 말하는 베릿 나탄(Berit natan) 즉 은혜 계약이 뜻하는 바이다. 신약에서 말하는 은혜 계약은 조건이 없는 것이므로 구약의 초기 언약과 같은 성질이다.

유대인의 생활법률서(Halaka)에서는 구약 초기의 언약이나 신약적인 언약을 전혀 고려하지 않고 후기 언약, 즉 축복과 징벌이 함께하는 언약을 말하고 있다. 유대인의 법은 엄격한 법이기 때문에 613조로 된 할라카(Law)에서 언약을 이행하지 않을 경우 무서운 책임과 벌이 따른다고 가르친다.

신약에서 주장하는 언약은 주께서 오실 때까지 기념하라는 성만찬의 언약, 피의 언약이 그것이다. 에베소서와 히브리서는 이 땅의 피의 언약은 유효하지 않다고 했다. 유대인들은 레위기적 피의 제사가 인간을 새롭게 하여 하늘 백성이 된다고 하나 선지자들은 그것을 부정한다. 천천의 송아지의 피가 있어도 인간은 새로워지지 않는다고 했다. 오직 하늘에서 오신 하나님의 아들의 피만이 인간을 새롭게 하여 계약의 상속자를 만들 수가 있다(히9:23). 계약을 갱신하여 인간을 새롭게 하는 피의 제사가 아니라 하나님의 아들의 피는 단번에(히(:28) 새롭게 되기 때문에 모세보다 아론보다 더 위대한 계약 갱신의 후예를 만들어준다(히9장).

바울 선생은 신약성경의 어떤 사람들보다 더 앞서 간다. 갈라디아서 4:21-28을 보면 시내산의 언약으로 태어난 자도 종이 되고 육체의 언약은 의미가 없다는 것이다. 같은 내용의 다른 표현이 고후3:6에 나온다.

"저가 또 우리로 새 언약의 일꾼 되기에 만족케 하셨으니 의문으로 하지 아니하고 오직 영으로 함이니 의문은 죽은 것이요, 영은 살리는 것이다."

구두나 문자로 언약을 맺는 것이 아니라 교회를 통해 영으로 맺은 언약이 진정한 언약이라 했다.

설명의 절정은 여기에 있다. 법령으로 맺어진 언약과 새 계명으로 맺어진 언약은 그 내용에서 비교도 할 수 없다. 예수가 말한 새 계명, 그 계명을 지킴으로서만이 진정한 계약의 후손, 언약의 축복 자녀가 되는 것이다.

"새 계명을 너희에게 주노니 서로 사랑하라 내가 너희를 사랑한 것같이 너희도 서로 사랑하라"(요13:34).

바울 선생 역시 로마서에서 구약의 모든 계명을 완성시킬 새 계명을 설교했다.

"피차 사랑의 빚 외에는 아무에게든지 아무 빚도 지지 말라 남을 사랑하는 자는 율법을 다 이루었느니라 간음하지 말라, 살인하지 말라, 도적질하지 말라, 탐내지 말라 한 것과 그 외에 다른 계명이 있을지라도 네 이웃을 네 자신과 같이 사랑하라 하신 그 말씀 가운데 다 들었느니라"(롬13:8-9).

성경을 전체로 요약하여 아브라함과 시내계약의 진정한 갱신 그리고 그 계약의 전수자가 어떤 사람인지를 분명히 설명하고 있다.

바울선생님은 하나님과 아브라함과 맺은 계약과 마찬가지로 은혜 계약의 새 시대의 시작이 그리스도로부터라고 주장했다. 시내산의 계약이나 아브라함과의 계약과 구약의 모든 계약은 일시적이기 때문에 영원한 계약, 새 계약이 나타나면 그림자 같은 옛 계약은 사라지는 것이다. 아브라함과의 계약이 그렇듯이 다윗과의 계약 역시 일시적이요, 개인적이다. 하나님의 계획과 뜻은 취소시킬 수 있는 인간적인 방법은 없다.

그러나 분명히 아브라함 아래 이루어진 은혜계약, 혹 그 후에 맺어진 법의 계약은 완전한 새 계약이 올 때 자동적으로 폐기되는 것이다. 자동적으로 폐기된다기보다 새 계약 속에 그것이 전부 포함되어 있기 때문에 아브라함과의 계약의 뜻은 그대로 존속되는 것이다.

시내산 계약은 실제로 아브라함 계약보다 4백 년 이후에 맺어졌다. 여하간에 바울선생님의 말씀대로(갈3:15) 이루어진 언약은 폐할 수가 없기 때문에 유대인들은 아브라함의 계약, 시내산 계약을 가지고 즐거워할 수밖에 없다. 실제로 그것은 대단한 은총이다. 그러나 우리가 구약성경을 상고하노라면 가치 있는 계약이나 법은 항상 갱신되고 연장되어 새롭게 되었다. 지난 과거의 은총을 생각하며 기뻐하는 것도 좋지만(롬9:2-). 그 계약의 완성이란 관점에서 보면 불완전하기 짝이 없다. 예수가 그 계약을 완성시켜 인류 모두를 자유와 생명의 축복 가운데로 인도하였다는 사실을 생각하면 유대인들의 계약에 대한 이해가 얼마나 잘못했는지 알 수 있다(고전3:16-18).

출애굽사건, 시내산 계명하사 사건에서 우리는 구원과 해방의 의미를 발견하게 된다. 출애굽사건이나 시내산 사건이 그곳에서 끝났다고 단정해 보자. 얼마나 의미 없는 사건이겠는가? 그것이 대약속의 구원과 해방의 땅으로 가게 하는 길목이란 데서 의미를 찾는다. 마찬가지로 우리는 역사적 시내산 사건에서 초역사적 의미(Transhistorizing)를 찾아야 한다. 하나님의 오묘한 신비적 의미에서 볼 때 진정한 새 계약으로 발전하지 못하고 아브라함 계약과 시내산 계약만을 붙잡고 고집하는 것은 성경의 기본 뜻에도 어긋나고 역사적 발전 의미에도 어긋나는 일이다.

우리 기독교의 결론은 이것이다. 새 계약이라는 말, 신약뿐만 아니라 구약에서도 강하게 주장되고 있는 용어이다. 이 말은 지난 옛 계명에 집착하자는 뜻이 아닌 그 이상을 찾자는 것이다(고전11:25, 고후3:6, 히8:13, 9:15, 렘31:31). 옛것들, 낡은 모든 것들은 그것이 지향하는 새로움의 최고 정점이 있다.

플라톤적 사고에서가 아니라 어떤 무엇이든 이상적 완성의 모습이 있다는 것이다. 자동차의 발전의 모습을 보라. 발전에 발전을 거듭하였으나 또 다른 발전의 숙제가 우리에게 그리고 미래에 있다. 마찬가지로 하나님과의 언약 역시 차고 넘치는 완성의 단계가 있다. 그것이 바로 예수께서 십자가 위에서 하신 말씀 '다 이루었다' 언약의 정점이다.

언약

3. 요약 : (유대교의 주장)

1. 하나님과 인간의 관계설정을 언약 계약이라 했다. 하나님은 인류 최초 이스라엘을 불러 어버이와 자녀관계를 맺었다.
2. 하나님과 인간은 대등한 관계의 계약은 전혀 불가능한 것이었으나 하나님의 초대요 은혜의 부름이었다. 즉 은혜의 계약이다. 계약의 외부적 표식은 할례였다.
3. 하나님과 이스라엘과의 관계가 태생적인가 아니면 계약적인가?

태생적이나 상호계약에 의해 에덴동산에서부터 부자 관계가 법적으로 형성되고 그 계약은 갱신에 의해 영원해진다. 이에 대해 기독교는 에덴동산의 신인 관계는 파기됐다고 하나 유대교는 원죄를 인정치 않는 데서 서로의 교리를 달리한다.
4. 에덴동산의 계약이 파기됐듯이 아브라함의 계약 역시 불순종으로 파기된다. 여기에 예수에 의해 양자관계가 형성되어 진정한 언약은 예수로 인하여 만민에게 주어진다.
5. 유대교의 언약의 특성은 영원성, 폐기불능, 갱신성인데 기독교는 이에 반대한다. 언약의 성격에 대해 유대교와 기독교는 열린 마음으로 토론해야 할 소재이다.

4. 요약 : (기독교의 주장)

1. 언약과 계약은 본질상 같은 것이나 법적 구속성에서 다르다. 성경의 계약은 본질상 동등한 입장이 아니나 하나님은 은혜로 임하셨는데 이 계약의 본질은 은혜 상호 책임 도덕성 자유 의지가 깊이 이해되어야 한다.
2. 법의 통치가 동양에서 겨우 2천2백 년인데, 사천 년 이전의 노아, 아브라함의 언약 계약의 발상은 위대하다. 유대기독교사상에서 뿐만 아니라 인류사에 공헌은 지대하다.
3. 계약은 여러 종류가 있다. 굴욕계약,상호존경계약도 있다. 신약성경이 말하는 계약은 혈통 계약 아닌 은혜 계약인 고로 절대적 순종과 존경으로 지켜야했다. 계약은 상호 만족이며, 피의 계약은 그 종말이 있다. 이에 유대인은 그 조건에서 실패했다.
4. 본질적으로 유대인은 계약에 대한 이해에서 실패했다. 모든 계약사상의 성격을 보아도 알 수 있듯이 유대인의 법 할라카에서도 법의 위반은 영원한 소외라고 한 것이 무엇을 의미하는가?
5. 진정한 계약은 생명으로 하는 영의 계약이다. 영의 계약이전의 모

든 것은 그림자일 뿐 일시적 시한부 계약은 진정한 계약이 오므로 물러가는 것이다.
6. 구약에서도 여러 번 계약이 갱신되고 새롭게 되면서 진정한 새 계약이 오게 된다고 했다. 예수로 인한 메시야 계약이 새롭게 온 이상 피로 맺은 계약은 자연 폐기됐다.

17. 교리 Dogma

1. 유대인의 주장

　교리는 일반적으로 신조 또는 교단의 최고 기구가 권위를 가지고 공식적으로 발표하는 결정이라고 말할 수 있다. 결정된 교리에 따라 종교적 신앙의 성격이 분명해진다. 그 교리를 받아들여 생활하는 자를 우리는 그 종단의 신자라고 하며 그것을 거부하는 자를 이단이라 하여 그 믿음 공동체의 회원으로 자격을 박탈당하게 된다. 교리는 어떤 종단의 신앙과 생활의 규범이 되어 모든 회원들의 삶의 가이드라인이 된다.
　위에서 언급한 정의에 따라 교리를 논한다면 유대교에서는 교리 문제를 토론할 수 없는 사정이다. 기독교는 교리 문제에 지대한 관심을 가지고 있고 또한 노회나 총회에서 신학자들을 통해 교리를 작성하여 발표한다. 시대의 변화를 따라 그 시대에 적응할 수 있는 신앙의 표현을 한다. 기독교는 교단마다 교리나 신조의 이름으로 신앙의 성격을 발표한다. 또한 이 교리 발표로 인하여 끊임없는 분란도 일어나고 있는 듯하다.
　이에 비해서 유대교는 비교적 교리 문제에 대해 무관심한 편이다. 유대교 역사를 살펴보면 랍비들의 총 연합회 모임이 여러 차례 있었고 미국만 하더라도 일 년에 한 번씩 모인다. 그들이 유대인의 신앙을 표현할 신조를 새롭게 하기 위해 두 차례 모였지만 그들은 과거의 신조를 다시 확인하는 것으로 끝났다. 그들이 확인한 신조란 하나님과 이스라엘간의 언약, 그리고 후대 성인들이 만들어 놓은 것들이다. 유대교는 시대가 변화하고 환경이 변한다 할지라도 어떤 특별한 교리를 첨부하거나 새롭게 만들지 않는다. 오히려 과거의 교리와 신조를 새 시대에 어떻게 잘 실천할 수 있는가를 서로 토론할 뿐이다.

어떻게 보면 이것은 탈무드의 신학정신이다. 탈무드가 왜 생겨나게 되었는가는 여러 설명이 가능하다. 탈무드가 형성되기 전까지 탈무드의 전신은 구전과 미쉬나와 미드라쉬 상태로 있었다. 그러나 유대인의 집단적 삶이 예루살렘을 중심한 것이 불가능한 것을 감지한 유대인들은 세계 어디를 가도 하나님의 말씀대로 살 수 있는 방법을 설명한 삶의 가이드라인이 필요했다. 유대인의 관심은 어떻게 사느냐를 고민하지 교리나 신조의 작성 같은 것에 신경을 쓰지 않는다.

분명히 유대교도 분명한 신학적 입장이나 신념을 가지고 있다. 그럼에도 불구하고 우리는 그러한 신념을 새롭게 표현하고자 노력하는 것보다 어떻게 살아가느냐가 더 중요한 문제라고 보아 왔다. 토라와 예언서의 가르침이 유대인들의 영적, 그리고 윤리적 삶이 어떠해야 하는지를 잘 설명하고 있다. 문제는 어떻게 하나님의 변함없는 계명을 생활 속에서 실천할 수 있는가를 연구하는 것이 유대교의 경향이다.

설령 새로운 시대에 설명하기 어려운 계명이 있다 할지라도 그것은 그 계명의 문제가 아니라 우리가 그것을 바로 이해하지 못하는 것이 문제일 뿐 우리는 실천하도록 노력한다. 핵심은 유대인은 하나님이 주신 성서의 옛 약속을 지금 실천하는 것이고 그 가르침을 따라 지금 살아가는 것이다.

역사를 살펴볼 때 몇몇 랍비들이 개인적으로 신조의 새로운 표현을 하고자 노력한 것은 사실이다. 그러나 대부분의 새로운 신조는 유대교 이단이 나타나 유대교의 신앙을 뿌리째 흔들려고 할 때 그들을 향해 유대교의 신앙이 완벽하다는 방어용으로 만들어졌을 뿐이다.

미쉬나(Mishnah; 유대교의 구전성경) 산헤드린(Sanhedrin; 유대인의 최고 법률기관)이 만든 십장(Ten Chapter)의 논문은 이렇게 시작한다. 토라의 거룩성을 무시하고 인간 생명의 부활을 부정하고 랍비들의 가르침을 반대하는 이 세상에 살고 있는 유대인의 입장을 설명한다. 이러한 세상에 살고 있는 유대인들의 삶이 어떠해야 하는지를 깨우치고 있다.

유대인들은 복잡한 교리나 신학의 논쟁을 좋아하지 않는다. 특히 유대교 신학에서 조직신학이란 전혀 환영받는 분야가 되지 못하기 때문에 몇 학자들을 제외하고는 조직신학이란 찾을 수 없을 정도이고 교리 서적 역시 거의 없는 형편이다. 오히려 실천과 행동을 위한 지침서 또는 기도문 같은 것은 계속 연구하여 새 책들이 나오고 있다.

유대인들이 지금도 암송하여 생활화하는데 기초가 된 대표적인 신조가 있다. 의사요, 철학자요, 유명한 랍비인 모세스 마이모니데스(Maimonides 1135-1204)가 미쉬나 주석 서두에 유대교의 신조 13개를 만들어 놓았다. 유대교에서는 마이모니데스의 신조를 변함없이 오늘날까지 우리 유대인들의 신앙을 표현하는 것으로 받아들인다. 이 신조는 예수 당시에 생존했던 유대인 철학자 필로(Philo)가 유대교의 근본적인 교리를 다섯으로 요약한 것을 약간 확대한 것이다.

1. 하나님은 모든 창조물의 창조자이요, 운행자이시다.
2. 하나님은 한 분이시다.
3. 하나님은 영이시다.
4. 하나님은 시작과 마지막이시다.
5. 기도는 오직 하나님 한 분에게만 드려야 한다.
6. 예언자들이 모든 말씀은 토라와 마찬가지로 진실이다.
7. 모세는 최고의 예언자이요, 그의 예언은 진실이다.
8. 우리가 가지고 있는 모든 토라는 모세에게 주어졌다.
9. 율법은 변함이 없고 지금의 법외에 다른 법은 없다.
10. 하나님은 모든 인류들과 그들의 생각을 아신다.
11. 하나님은 율법을 지키는 자에게 상주시고 지키지 않는 자를 징벌

하신다.
12. 메시야의 오심을 믿는다.
13. 죽은 자의 부활을 믿는다.

13조의 신조는 유대인 전체의 신앙을 대표하는 신조이다. 이 신조는 살아계신 하나님(Yardman)이란 노래로 만들어져 아침기도회의 마지막에 모든 참석자가 기쁘게 부른다. 저녁예배 그리고 특별 절기, 금요일 저녁, 안식일 서두예배 때에도 함께 부른다.

앞서 언급한 필로의 교리 요약은 이렇다.
① 하나님에 대한 믿음.
② 유일하신 하나님만 계신다는 확신.
③ 이 세상은 하나님의 창조물이니 영원하지 않다.
④ 온 우주는 하나이다.
⑤ 부모가 아이를 사랑하듯 하나님은 온 세계와 그 창조물을 사랑하고 보살핀다.

이 외에도 약간의 신조가 있지만 그 내용에서 일치하며 유대인의 삶을 안내하는 중요한 길잡이 역할을 한다. 그러나 분명한 것은 이 같은 신조나 교리가 없다고 해도 성서, 즉 율법 그 자체만으로도 완벽하다. 하나님이 주신 토라를 능가하는 교리나 신조는 우리에게 없다고 믿기 때문이다. 혹시 어떤 대학자나 랍비가 어떤 신조를 만들어 내어 놓았다가 인정을 받지 못했다 할지라도 그는 여전히 유대인이요, 그의 신앙 역시 훌륭하다고 인정한다. 설령 어떤 학자나 일반 유대인이 토라의 거룩성을 부정하고 죽은 자의 부활을 받아들이지 아니 하고 오실 메시야를 기다리지 않는다 할지라도 그는 여전히 유대인이다. 그는 그렇게 부정함으로 자신이 유대인임을 증명했기 때문이며 언젠가 하나님의 품안으로 돌아올 것이기 때문이다.

결론적으로 기독교에서 교리를 중시하는 것만큼 유대교에서는 중요하지 않다. 유대교와 기독교의 대화에서 도그마의 필요성을 논하는 것은 서로의 신학과 신앙의 입장을 설명하는 좋은 주제가 될 것이다.

교리 Dogma

2. 기독교 주장

크리스천의 믿음의 성격을 표현하는 신조가 어떻게 하여 생겨났을까? 기독교 역사에 나타난 신조는 엄청나게 많다. 모든 교단의 신조나 교리를 모은다면 몇 권의 책이 될 것이다. 그러면 이러한 신조가 어떻게 하여 생겨났을까?

기독교 신조의 대부분은 교회 안에서 생겨난 이단들에 대항하여 변증하기 위한 것이었다. 이단이란 기독교의 진리를 혼란시켜 신도들을 당황하게 만들고 또는 잘못된 길로 오도하는 사람들이다. 이 사람들의 주장을 반박하기 위해서 새로운 신조를 만들었다. 이것이 일차적인 목적이요, 두 번째 목적은 시대의 변화에 따라 신앙을 새롭게 표현할 필요성이 있을 때 새로운 신조를 만들어 발표했다.

기독교도 유대교와 마찬가지로 바른 길을 가르치기 위해서 신조를 만들었다기보다 바른 생활의 실천을 위해서 만들어 왔다. 인간 삶의 환경은 항상 변하고 시대가 변할 때마다 이 설을 주장하는 사람들이 생겨났다. 그 때에 교회는 신조를 만들어 새 시대에 대처하고 이 설에 정설을 펼 필요성이 있었다.

70인역(Septuagint:72명의 유대학자들이 알렉산드리아 도서관에 비치하기 위해 구약성경을 번역한 것임)이나 신약성경 속에 나타나는 교리란 말은 항용 법령 또는 새로운 규정으로 번역했다. 특히 신약성경 속에서 신조나 교리를 말할 때는 주로 윤리적인 문제 또는 사회적인 규범이나 바른 삶의 문제를 의미했다(눅2:1, 엡 3:9, 단2:13). 세월이 흐름과 동시에 그 말은 점차적으로 종교적인 용어로 변해 갔다. '사실', '나에게 있어서 의미가 있는' 그런 뜻으로 발전하였다. 4세기 교부 크리소스톰(Chrysostom St.) 시대에 와서는 그리스도께서 교회를 통해 주신 이성을 넘어선 곳에 있는 진리로 이해했다.

크리소스톰에 의해 신학적으로 발전되기 시작한 신조란 말은 교회가 사회를 향해 또는 이단을 향해 정론을 펴는 표어로 사용되어졌다. 특별히 가톨릭교회는 그 이후 수없는 신조를 발표했다. 처음에는 그러지 않았지만 후일에는 성경의 권위와 같은 자리에 두게 되었다. 이것이 가톨릭교회의 전통이 되어 교회의 발표는 곧 하나님이 선언으로 간주하여 무오 즉 성경과 마찬가지로 과오가 없는 것으로 강요했다.

신조주의 혹 교리주의가 된다는 것은 교회가 하나님과 동일한 왕권을 행사할 수 있는 것을 의미한다. 이것은 유대교나 기독교에 다를 바가 없는 병폐 현상이다. 산헤드린의 결정은 곧 하나님의 결정이라고 주장하며 모두가 잠잠하게 만든다. 심지어 산헤드린의 결정은 최고의 결정이기 때문에 하나님도 잠잠해야 하고 예수님도 잠잠해야 했던 결정을 유대교에서 내린 바가 있다. 이 결정의 한 예로서 예수의 죽음이다. 마찬가지로 가톨릭교회도 그러하였다. 그들의 결정이 신의 결정이라 하여 입을 여는 자는 모조리 죽이는 결과를 만들어 내었다. 따라서 교리나 신조는 믿음의 내용을 정리하고 이단을 방어하는 좋은 점도 있지만 신조주의나 교리주의가 되면 진리의 무한한 세계를 어떤 형식 속에 묶어 버리는 과오를 범하게 된다.

신조의 내용 볼 때 유대교나 기독교는 그리 큰 차이가 없다.

1) 유일신 신앙

2) 인간을 향한 하나님의 사랑과 보살핌
3) 성경의 거룩한 영감
4) 죽은 자의 부활의 새 생명

실상 구약을 믿는 유대교는 성경에서 찾을 수 없는 영혼의 불멸성까지도 강하게 주장하는 모습들이 확연히 드러나고 있다. 후기 유대교 사상이 만들어낸 묵시문학적 주장인 영혼 불멸설을 삽입하여 강하게 주장하는 것은 분명히 기독교의 영향이라 생각된다.

유명한 교회 교의학을 쓴 칼 바르트 박사는 이렇게 말했다. 진리의 내용을 간단한 신조 속에 다 포함하여 발표한다는 것은 위험한 일이다. 그리고 잘못하면 그 신조가 성경의 가르침보다 더 위에 올라가서 성경을 신종 맞게 해석하고 가르쳐야 할 경우도 없지 않기 때문이다. 중세의 긴 가톨릭의 통치 아래서는 그 같은 일이 비일비재하였다.

실상인즉 성경 속에 하나님은 진리의 표상으로서가 아니라 스스로 임재하신 분으로 묘사되어 있다. 하나님은 교리 문답이나 신조 속에 갇히어 그 속에서 만날 수 있는 분이 아니라 인격적으로 만나게 되어 있다. 물론 교리 문답 같은 것이 교육적 목적을 위해서 전혀 필요하지 않은 것은 아니지만 하나님을 교리나 신조로 묶어 둔다는 것은 위험한 발상이다. 교리란 성경 본문의 문자에서 압축하여 진리를 표현코자 하는 시도이다. 성경은 엄청난 형이상학적 우화와 설화로서 그 신비를 설명을 설명하는 것인데 그 신비를 교리 속에 다 함축시킨다는 것은 위험한 일이란 뜻이다.

예를 들면 마태복음이나 누가복음에 나타나는 유대교의 미드라쉬(Midrash:성서주석)와 하가다(Haggadah:유대교의 설화집)를 우리는 어떻게 이해할 것인가? 예수께서 행하신 기적이 역사를 어떻게 교리 신조 속에 담을 수 있는가?

  가톨릭교회만큼은 아니지만 짧은 교회 역사 가운데 가장 많은 신조를 내놓은 교회는 칼빈의 개혁파 교회일 것이다. 쥬네브 신앙고백(1541), 쮜리히 신앙고백(1545), 라테라노 신앙고백(1552), 스위스 신앙고백(1676), 쥬네브 자유교회 신조(1848), 불란서 신앙고백(1559), 웨스터민스터 신앙고백(1647) 그 후 여러 번 수정되어 나오고 있다. 과연 이렇게 많은 신앙고백이 필요할까?

  유대교와 기독교의 대화에서 기독교는 유대교의 언약 재확인이라는 확신적 태도에서 배울 점이 많다고 생각한다. 물론 새로운 시대와 상황에 대처하기 위한 진리의 새 표현이라고는 하나 남발은 안 한 것보다 나을 것이 하나도 없기 때문이다. 신조란 것은 성경 전체에 대한 상징이나 은유에 불과한 것이다. 그러므로 신조란 우리가 실제 신앙생활에서 체험하고 표현해야 할 것으로 이해해야 할 것이다.

교리

3. 요약 : (유대교의 주장)

1. 교단의 최고 기관이 모든 신자들의 신앙의 성격을 표현하고 고백하는 것을 교리 교의라 한다. 유대인들은 교리의 표현이나 교의의 새로운 작성에 별 무관심하다.
2. 탈무드 정신과 같이 유대교는 하나님의 말씀을 설명하여 어떻게 실천하느냐에 관심이 있을 뿐 교리나 교의 작성에 매진하지 않고 매년 또는 몇 년에 한번 정도 옛날의 신조를 확인하고 어떻게 잘 지킬 것인가를 의논한다.

3. 삶의 실천문제에 지대한 관심을 가진 유대교는 미쉬나 십장, 그 후 생긴 마이모니데스의 신앙 13조가 몇 천 년의 유대인의 신앙을 표현하는 대표적인 고백이다.
4. 실제로 마이모니데스의 13조마저 알렉산드리아의 필로의 신앙 5개조를 확대 해석한 것에 불과하다.
5. 유대인의 신조는 토라를 그대로 지키데 탈무드의 실천적 해석서에서 이해한다. 또 다른 대표적인 신조요약은 613조의 토라 요약이 있다.

4.요약 : (기독교의 주장)

1. 개신교의 교리나 신조가 왜 생겨났을까? 교회에는 항상 교회의 신앙에 대항하는 집단이 생겼다. 그와 같은 이단을 막기 위해 두 번째로 시대의 변화에 따라 삶의 스타일이 달라지기 때문이다.
2. 신약에서 신조 교리란 말은 기본상 바른 에토스, 바른 삶의 규범을 말해 왔다. 시대가 지나면서 그것이 신조화했다.
3. 교리의 새로운 표현에 좋은 점이 많지만 진리를 교리의 형식 속에 넣는다는 것은 진리를 형식화하여 위험한 발상이 될 수도 있다.
4. 기독교의 교리 역시 유대교와 마찬가지로 아주 단순하다. 유일하신 하나님, 사랑의 하나님, 말씀의 영감, 주 예스 그리스도의 부활에 대한 신앙 확신인데, 이 점에서 유대교는 기독교보다 현명하다.
5. 기독교의 교단 중 가장 많은 신조를 발표한 교단은 칼빈의 개혁파이다. 그만큼 자기가 믿고 있는 신조에 대한 확신 내지 의견이 많다는 것으로 표현할 수 있을 것이다.

18. 반셈주의 Antisemitism

1. 유대교의 주장

반셈주의(antisemitism)와 반 유대주의(Anti-Judaism)는 어떻게 같고 다른가를 염두에 두고 반셈주의를 정리하는 것이 좋을 것 같다. 언뜻 보기에는 같은 것으로 생각되나 이 둘은 다른 것이다. 반셈주의를 정리하면 반 유대주의는 자연히 정리되기 때문이다.

반셈주의의 역사는 장구하지만 이것이 정치적인 의미를 띠고 태어난 것은 19세기, 더 정확히 말해서 1879년 이전에는 반유대주의는 있었지만 반셈주의는 없었다. 그 이전까지는 반셈주의와 반 유대교주의는 같은 것으로 혼합된 채 내려 왔다. 여기서는 반셈주의와 반유대주의를 같은 것으로 설명하고 결론에 가서 두 개를 구분하고자 한다.

성경은 아주 초기부터 반유대주의 행동을 보여주고 있다. 이스라엘이 애굽을 탈출할 때 아말렉 군인들의 증오를 받아 큰 공격을 받는다(신 25:17-19). 랍비들은 이 성경적 사실을 유대인을 증오하는 반 유대주의의 시초라고 생각한다. 그 후 가장 극단적인 반 유대주의 사건이라고 생각되는 대표적인 반유대주의의 표출은 에스더서 3:8-9에서 찾을 수 있다.

"하만이 아하수에로 왕에게 아뢰되 한 민족이 왕의 나라 각 도 백성 중에 흩어져 거하는데 그 법률이 만민보다 달라서 왕의 법률을 지키지 아니하오니 용납하는 것이 왕에게 무익하나이다. 왕이 옳게 여기시거든 조서를 내려 저희를 진멸하소서. 내가 은 일만 달란트를 왕의 일을 맡은 자의 손에 부쳐 왕의 부고에 드리리이다"(에3:8-9)

극열한 반유대주의 사건은 하스몬 마카비 시대(B.C.167) 안티오쿠스 (Antiochus) 왕의 유대인 말살정책이다. 얼마나 지독하게 유대인을 죽였던 지 그를 광인이라고 불렀다. 주후 38년 알렉산드리아의 반유대 폭동, 그리고 십자군을 만들어 동유럽에 살고 있는 유대인을 모조리 죽였다 (1648). 그런가 하면 거의 최근에 일어난 최악의 학살사건은 홀로코스트 (Holocaust) 대사건이 있었다.

유대인을 증오는 이유는 여러 가지가 있는데 그것을 다음의 세 가지로 정리하여 본다.

1) 유대인은 사회문제와 경제 문제에 좋든 나쁘든 영향을 주어 왔는데 그 문제에 대한 분노와 책임을 항상 유대인에게 돌렸다.
2) 하나님께서 유대인을 택했다. 유대인들은 이에 따른 어떤 특권의식을 사회 속에 표출할 때 증오의 대상이 되었다. 예컨대 사회적 높은 신분, 재정적 능력을 소유할 때 더더욱 그랬다.
3) 이유 없이 유대인들만 보면 기분이 나빠져 증오감이 솟구쳐 오르는 것이다. 저들은 구원을 받아 어떤 상황 속에서 살아남는데 무리는 무엇인가? 이것은 지극히 심리적 병리 현상이다. 따라서 두 번째 문제는 성서적 또는 신학적 문제이고 첫 번째는 속죄양 (Scapegoat)의 원리라 할 수 있을 것이다.

안티세미티즘의 관점에서 유대교와 기독교의 대화를 다루는 것은 퍽이나 난감한 문제이다. 반유대주의 역사는 길지만 기독교는 그것을 대부분 문학의 소재 정도로 다루어 유대인을 조소했다. 너희들이 고난당하는 것은 당연하다고 생각할 정도였다.

유대교와 기독교의 증오관계를 역사적으로 살펴보자. 기독교가 로마의 공인된 종교로서 대중화되어갈 때 유대인을 향한 적대감은 대적죄의 수준이었다. 유대교가 이단이라는 정도가 아니라 예수를 죽인 살인자로 낙인찍었다. 준열한 박해가 따랐다. 그래서 중세시대에 살아남기 위한 수단은 오직 기독교로 개종하는 것뿐이었다. 유대인을 죽이는 것은 소나 말을 죽이는 정도였기 때문에 유대인을 박해하는 것은 아무런 문제가 안 되었다. 유대인은 하나님의 아들을 죽인 종자이기 때문에 죽여도 전혀 문제가 되지 않았다. 스페인에서 시작한 과잉 고문 박해가 포르투갈과 그 밖의 거의 모든 나라들에 퍼져 갔다.

홀로코스트 시절, 기독교가 히틀러에게 전령관 역할을 유대인을 죽이게 했는데 이것은 하나님의 분노의 표시라고 해석했다. 역사를 거슬러 올라가면 루터(Martin Luther)가 유대인 말살정책에 씨를 뿌린 셈이다. 물론 대학살 시 기독교회가 은신처를 제공하며 유대인을 살린 예도 많지만 중추적으로 교회가 그 같은 일에 적지 않게 협력했다.

초대 교회시대에 어떤 유대인은 개종을 하려고 해도 기독교회에서 받아주지 않았다. 너희들은 하나님과 그의 토라에 계약되어 있는 몸들이기 때문에 그곳에 있는 것이 낫다고 했다. 이것은 유대인을 향한 분노였다. 신약성서에 나타난 예수 십자가에 대한 책임을 전부 유대인들이 덮어 쓰게 되었다. 최근 가톨릭에서 지난날의 잘못에 대해 사죄를 하였지만 사죄로 끝날 정도가 아닌 잔인한 학살이었다.

중세 때 유명한 '피' 사건이 있다. 유대인들이 유월절 법궤에 사용하기 위해 크리스천의 어린아이들을 죽여 그 피를 가지고 갔다는 사건이다. 이 이야기 속에는 어떤 진실도 없는데 교회 강단에서 설교함으로 전 유럽에 이 소문이 번져 박해 살해(Pogroms)가 여러 세기 동안 계속되었다. 앞서 언급한 홀로코스트 역시 기독교의 반 유대 적대 감정에서 유발되고 가능해진 사건이다.

여기에 두 가지 지적해야 할 사항이 있다. 중세시대는 완전한 가톨릭교회 시대였기 때문에 유대인을 전멸시키려면 얼마든지 전멸시킬 수가 있었다. 그러나 중세는 그렇게까지는 하지 않았다. 그 이유는 유대인의 경제적인 능력 때문이라고 하는 자도 있고 신학적 문제 때문에 그랬다는 사람도 있다. 두 번째 지적 사항은 최근의 기독교 안에 일어나는 문제이다. 기독교 학자 사회의 깊은 곳에서 일어나는 일이기 때문에 소수의 사람밖에 모르고 있는 실정이지만 쌍수를 들어 기뻐해야 할 일이다.

역사적 신학적 모순이 일어난 사건들을 바로 잡아 보려는 학문적 시도이다. 편견 없이 정직한 사람들이 하는 일들이다. 물론 기독교의 일반 가르침에 위배되는 행위지만 고대사를 새롭게 정리하는 노력이 일어나고 있다.

오늘날 일어나는 반유대주의 현상은 두 가지 측면에서 일어난다. 인종의 측면과 국가적 측면(Racial and Nationalistic)이다. 동서양을 막론하고 인종차별의 문제는 20-30년 전까지만 해도 보편적인 현상이다. 지난 세기 동안에 가장 열렬하게 토론하고 사회문제로 투쟁하며 해결해 온 문제가 있다면 그것은 인종의 차별 문제일 것이다. 많은 문제들이 해결되어 어떤 분야의 인권은 지나칠 정도로 강조됐다고 할 정도로 인종 문제는 더 이상 토론이 안 될 수준이 되었다. 그럼에도 불구하고 유대인을 향한 인종의 문제는 전혀 해결되지 않은 채 그대로 있다고 주장한다. 예를 들면 유대인들이 기독교로 개종했다고 해도 인종의 문제는 전혀 해결되지 않았기 때문에 인간 유대인에 대한 증오심이 첫째 지적이고 두 번째 지적 유대라는 국가의 문제이다. 이스라엘 국가 형성 전에는 인종의 문제가 이슈가 됐지만 최근에는 인종과 관계없이 국가 단위의 증오심이다.

유대인이 새로운 국가를 형성하는 기본 동기는 시온주의(Zionism)라 할 수 있을 것이다. 이것이 문화적 의미든 종교적 의미든 간에 시온주의는 모든 유대인으로 하여금 고향으로 돌아가 이스라엘 나라를 세우자는 것이었다. 그래서 이스라엘 나라가 회복하게 되었다. 인종 단위로 살던 유대인이 국가 단위인 이스라엘이 되었다. 이스라엘이라는 국가 단위의 증오가 최근에 강렬하게 생기게 되었다. 요약컨대 반유대주의라 불리는 안티 세미티즘이 최근에 두 가지의 흐름으로 구별할 수 있다는 것이다. 첫째가 인종차원이요, 두 번째가 국가 차원이라는 것이다.

최근 시온주의와 아랍 국가주의의 알력은 고대 안티세미티즘을 부활케 했다. 물론 그 세미티즘이 오늘날 반 시온주의라고 하는데 아랍국가주의가 얼마나 극열하게 반 시온주의에 저항하는가를 볼 수 있다. 그들의 학교 교과서는 마치 나치시대의 그것과 거의 동일하게 만들었다. 아랍 국가주의 정치 만화가들은 신문에 옛날 나치가 사용했던 그 그림을 재현하고 있다. 팔레스타인 해방기구, 지금은 국가로 다시 일어난 국가주의가 유엔에 영향력을 주어 시온주의는 인종주의의 표본이라고 결정해 버렸다. 그 후 이스라엘과의 평화 협정에 의해 그것을 변경시켜 놓았다 할지라도 그 분위기는 변함이 없을 것이나 결국 이것은 반유대주의의 다른 형태일 뿐이다.

이렇게 볼 때 반셈주의, 반유대주의 반시온주의는 아랍 연합국의 눈으로 볼 때 같은 것으로 비쳐진 것 같다. 정치, 외교적으로 좋은 수사를 쓰고 있지만 유대인 증오는 그 말살에까지 가야 만족을 느끼는 분위기다. 심지어 신실한 기독교인들마저 인종주의 편견에서 벗어나지 못하고 시온주의를 비난하는 성명을 내고 있는 실정이다. 이러한 상황에서 인종, 국가 그리고 종교적 오해를 떠난 바른 마음에서 유대인의 문제, 이스라엘 국가의 문제를 보지 않는 한 유대교와 기독교의 대화는 쉽지 않을 것이다. 뿐만 아니라 아랍 연합국들마저 유대교 기독교의 틀 안에서 대하지 않는 한 중동의 평화와 유대교 기독교의 대화 역시 힘들 것이다.

서두에서 언급한 반셈주의와 반유대교주의를 간단히 설명한다. 우리는 미국인도 일본인도 미워하는 사람이 있다. 자기의 철학에 맞지 않아 호불간 선택을 할 수 있다. 유대인을 싫어 한다는 점에서 반셈주의나 반유대교주의는 동일하다. 반셈주의는 무조건 유대인이 싫은 것이다. 그러나 반유대주의는 싫어할 이유가 분명하다. 이론적으로 싫어해야 할 이유를 설명하고서 싫어한다.

반셈주의는 앞에 언급했듯이 1879년 이전에는 없었다. 유대인이었던 빌헬름 마(Wilhelm Marr)가 배교하고 독일인이 되어 유대인의 잘못을 지적하고 비난하므로 600만 명 대학살까지 가게 했다. 여기에서 반셈주의란 용어가 태동하게 되었다.

반셈주의 Antisemitism

2. 기독교의 주장

안티세미티즘, 즉 반셈주의란 그 용어의 애매성 때문에 오해를 받는 실정이다. 셈족(Semites)이란 알메니아 이남의 서부 아시아와 이란 서쪽에 살던 여러 민족을 칭하는 말이다. 일반적으로 중동 전체를 칭한다고 할 수 있는 말인데 이 말이 유대인을 향한 적대감을 표현하는 용어가 되어 버렸다.

반셈주의란 반유대 편견을 나타내는 용어인데 이 속에는 유대인을 향한 의심·경멸·적대·증오·반감을 표현하는 것이다. 또한 이 용어는 히브리 종교를 향한 것과 유대인 혈통을 이어 받은 전체에 적용된다. 앞에서 언급했듯이 셈족이란 유대인만이 아님에도 불구하고 반셈주의란 유대인을 향한 살인적 증오에만 쓰인다.

막스 다이몬트(Max Dimont)가 쓴 〈유대인 하나님 역사: Jews, God of History〉. 속에서 반셈주의가 얼마나 잔인하고도 악랄한 것인지를 잘 설명하고 있다. (이 책은 〈역사로 본 유대민족〉이란 제목으로 도서출판 한글에서 출간). 반셈주의는 기원 이전부터 존재했었다. 그리스 로마 당국은 유대인이 그들의 문화에 동화되지 않고 따르지 않는다고 유대인을 미워했다. 디아스포라

18. 반셈주의 Antisemitism 237

인 이산 유대인들 역시 그 지역의 문화에 전혀 동화되지 않았다. 현지인들의 종교에도 전혀 그들이 동화되지 않을 뿐만 아니라 오히려 히브리 종교심을 더욱 강화했다.

반셈주의에 기독교인들이 가담한 것은 시간적으로 길지만 그 이유도 적지 않다. 초대교회의 첫 기독교인들은 유대인이었다. 그들은 유대인인 예수를 그들의 메시야로 신봉하면서 오랜 세월 동안 조상들이 기다리던 분이 바로 나사렛 예수라고 선전했다. 예수를 메시야로 믿던 사람들은 메시야 신봉 유대인들이라 하여 이들이 하나의 분파를 이루었다. 그러니 유대교와 이 분파 사이의 골은 깊어지고 더 이상 함께할 수 없게 되었고 불가피하게 분리할 수밖에 없었다. 일세기말 팔레스타인 유대인들은 유대인 크리스천들을 파문시키고 회당에 발을 들여놓지 못하게 했다. 이 문제는 예수와 그를 따르는 제자격인 지도자를 포함한 사건이었다. 정확한 묘사는 아니지만 요한복음에 이 사건의 잔영들이 적지 않게 남아 있다. 요한복음은 유대인들에 의해 크리스천들이 회당 출입을 하지 못하여 축출당할 그 시점에 기록되었기 때문에 그 배경에서 요한복음을 읽어야 할 것이다.

둘째로 기독교인들이 반셈주의적인 이유는 신학적인 문제이다. 유대교를 떠나 예수의 추종자가 된 사람들이 사용하는 용어에서부터 반유대적이었다. 하나님을 아버지라 부르고 선택은 교회를 통해 모든 사람들이 그의 백성이 되었다고 선언했다. 복음서 기자는 당시 랍비인 바리새와 예수를 등장시켜 논쟁하는 것을 강조했다. 예수야말로 구약의 완성자요, 바리새인들은 아무것도 아닌 진리의 방해자로 묘사했다.

셋째로 이것 역시 신학적인 문제인데 교회의 지도자인 교부들의 가르침과 그들의 저작인 문서에서 유대인들의 전승 절기 예배가 구약의 뜻을 어긴 것이며 잘못 시행하고 있다고 주장했다. 기독교적 관점에서 유대인들의 생활과 신앙을 해석함으로 그들의 잘못된 믿음과 행동 때문에 그들이 고향에서 추방당하고 그들의 성전은 파괴되었다고 했다. 뿐만 아니라 그리스도 예수를 부정하므로 징벌을 당하고 있다. 저스틴(Justin), 크리소스톰(Chrysostom), 어거스틴(Augustine) 같은 초대 교부들은 유대인들은 징벌을 받아 영원히 세계를 방황하는 이산자들이 될 것이라고 주장했다.

네 번째 이유는 중세기에 들어와서도 여전했다. 교황을 중심한 교회지도자들의 성경 해석과 유대인에 대한 평가는 전적으로 반셈주의적이었다. 교회와 유럽 국가들이 유대인들의 사유재산을 인정하지 않았다. 법적으로는 유대인들을 보호한다고 선언하면서도 그들은 유대인들을 향해 잔인했다. 여러 방면에서 차별 당했고 자유에서는 멀리 떨어진 곳에서 정신적 고통을 당하면서 기독교회의 세례를 강요당했다. 특히 스페인에서는 금요일 오후부터 토요일까지 교인들이 회당으로 가서 돌을 던지게 했다. 교회뿐만 아니라 문학에서도 유대인을 돈만 아는 수전노, 돈에 미친 자로 묘사하여 지금까지 유대인은 돈의 화신으로 생각하고 있다.

중세기 후반에 와서는 십자군을 만들어 유대인들을 혹독하게 학대하고 죽였다. 개종하거나 세례를 받지 않은 자는 죽음을 면할 수 없게 되었다. 한국인들이 동경 대지진 때 우물 속에 독약을 넣어 일본인을 죽였다고 모함했듯이 유대인들이 우물에 독약을 넣었다고 헛소문을 내었다. 그래서 유대인 어린아이들을 무차별 살해했다. 그래서 1492년 스페인에서 유대인들은 추방당하고 1497년에는 포르투칼에서 추방당하고 1215년 4차 교회회의에서 유대인들이 어떤 특정된 지역에 갈 때는 유대인 표시 배지를 달도록 결정했다.

16세기에 일어난 종교개혁이 유대인을 향해 개혁적인 호의를 가졌는가 하면 전혀 그렇지 않았다. 마르틴 루터는 가톨릭교회에서 유대인을 박해하던 그대로 유대인들을 차별하고 박해했다. 그 점에서 루터는 지금도 비난받고 있고 홀로코스트도 루터의 신학에서 출발했다고도 한다. 18세기 후기에 와서야 비로소 유대인들에게 어느 정도의 작은 자유가 허락되었다. 이것은 법적인 문제이지 실제로 유대인들에게 자유가 허락된 것은 아니었다. 물론 소련이나 루마니아는 법적으로도 자유를 허락하지 않았다. 유대인의 차별·편견·학대는 여전했고 헤겔(Hegel)철학에서 유대인의 종교는 열등의식의 표현이라고 했는데 헤겔철학의 영향 역시 작지 않았다. 그래서 유대인들을 더욱 심하게 무시하게 되었다. 히틀러는 유대인을 속죄양 취급을 하면서 세계 제1차 전쟁의 화염을 더욱 높게 하였다. 1935년에는 유대인들의 시민권을 박탈해 버렸다. 유대인의 피가 섞인 모든 사람들에게도 같은 불이익을 내렸다. 그리하여 홀로코스트의 공포 속으로 들어가는 불행의 시작이 오고 말았다. 인류 역사상 이 같은 재앙은 없었다고 단연코 말할 수 있는 끔찍한 사건이 일어나고 말았다.

오늘날 우리가 접하는 유대인에 대한 적대감, 증오감 같은 것은 지난 세월에 있었던 유대인 학대 사건들에 비교하면 서론에 불과할 정도이다. 유대인들은 5천 년에 가까운 세월 동안 죽음보다 더 어둡고 혹독한 고통을 끊임없이 당하면서 살아남았다. 많은 개신교 교회들이 유대인들에 대한 증오와 박해에 대해 애도의 뜻을 선포했다. 독일은 말 할 것도 없고 가톨릭교회도 과거의 잘못과 오해에 대한 사과 성명을 발표했고 그 대가를 치르겠다고 말할 정도였다. 유대인을 향한 영적인 굴레, 역사적인 책임이 저들에게 있다고 고백했지만 유대인들의 마음이 풀리겠는가? 10년, 100년도 아닌 5천 년에 가까운 세월을 당해 온 반셈주의의 희생을 누가 보상하여 주랴!

반셈주의에 대한 역사적 사실을 밝히고 그 원인이 어디 있는지를 찾는 것이 유대교와 기독교의 대화의 시작이 될 것이다. 반셈주의의 문제를 안이하고도 변명에 찬 방법으로 피해 가서는 결단코 안 될 것이다. 시들어 죽어가는 영혼을 재생시키는 노력과 태도를 가지지 않는 한 유대교와 기독교의 대화는 불가능할 것이다.

어떤 신학자들은 이렇게 평가하기도 했다. 기독교인들이 복음이 가르치는 아가페 사랑으로 살지 못하고 퇴락한 도덕적 기준에서 살았기 때문에 이 같은 일들이 일어났다. 어떤 신학자들은 이렇게 평가하기도 했다. 선민사상과 교회 이론에서 대리사상을 말할 것이 아니라 유대교와 기독교의 공동연구를 통해 더 깊은 연구가 있어야 한다. 선민사상을 유대인에게서 기독교인에게로 회당에서 기독교의 교회로 옛 언약에서 새 언약으로, 그리고 새 이스라엘로 이전되었다는 대리사상을 재고하자고 하면 기독교인들은 놀랄 것이다. 그것이 성경의 핵심 사상인데 어떻게 양보할 수 있느냐고 말할 수도 있다. 유대교는 기독교의 길을 준비하는 서막이요, 기독교야말로 하나님이 뜻하신 생명의 길이라고 믿어 온 기독교가 어떻게 그런 문제들을 유대교와 토론할 수 있겠는가?

기독교는 좀 더 정직해야 하고 지금껏 가지고 있던 유대인에 대한 편견을 버려야만 우리의 신앙도 바로 서게 될 것이다. 유대인들 역시 미묘하고도 어려운 이 문제를 서로가 토론할 수 있도록 더 깊은 인내심과 이해심을 가져야 할 것이다.

넓은 의미에서 유대 기독교에 묻고 싶은 말은 어떤 의미에서 인간을 하나님을 닮은 인격, 또는 하나님을 어떻게 인격(Three Person)이라고 부를 수 있는 근거가 있는가 하는 것이다. 사실은 이런 말은 암시적이긴 하나 성서에서 직접적으로 표현한 적이 없기 때문이다. 이런 문제는 지금껏 별로 다루어 보지 못한 주제 가운데 하나이다. 같은 하나님을 믿는 유대교와 기독교의 공통적 믿음 속에서 그리고 그 사랑 속에서 함께 다루어 보아야 할 문제일 것이다. 그럴 때 인간의 참된 성서적 모습을 찾을 수 있을 것이다.

반셈주의

3. 요약 : (유대교 주장)

1. 반셈주의와 반유대주의 여러 면에서 같은 성격이지만 서로가 다르다. 반유대주의는 유대인의 시작과 함께한 것이지만 반셈주의 앤티세미티즘은 19세기에 생겨났다.
2. 반유대주의는 유대인의 앞길을 막는 아말렉의 활동(출19)에서부터 파사왕 아하수에르 왕의 신하 하만이 유대인 몰살정책 하스몬가시대 로마의 유대인 몰살, 중세 기독교인의 십자군 유대인 박멸, 홀로코스트가 대표적인 사건들이다.
3. 유대인을 증오하는 이유는 무엇인가? 한 마디로 이유가 없다. 그러나 대체로 사회경제 정치에 끼친 영향 유대인의 오만한 특권 의식 등이다.
4. 기독교가 유대인을 미워하는 이유는 그들은 메시야 살인자, 루터의 편향적 게르만족의 우월성을 보이는 논문 때문에 히틀러가 나왔다 설도 있다.
5. 중세시대 유대인을 몰살할 수 있는 교회의 세력이 있었는데 왜 몰살시키지 않았는가? 경제력과 정치력에 유대인을 향한 편견과 동정심을 든다.
6. 앤티세미티즘은 어떻게 생겼는가? 1879년 유대인 빌헤름이 민족을 배신하고 유대인은 죽어야 한다고 주장했다. 인종과 국가 이스라엘의 재건 문제가 그 아래 숨어 있지만 이는 무지막지하게 이유 없이 유대인을 죽어야 한다는 주장이다.

4. 요약 : (기독교의 주장)

1. 셈족이란 아랍 전체를 뜻하는 말인데 어떻게 반셈주의가 유대인을 증오하는 무서운 용어가 됐는지 모를 일이다.
2. 기독교가 반셈 감정을 가지게 된 것은 유대 기독교의 불화로 인한 감정의 문제, 신앙 신학의 무제로 인하여 그 골이 깊어졌다.
3. 기독교가 가지는 반셈주의의 원인은 신앙문제, 신학적 문제 생활의 차이, 중세 교황의 신앙지도가 철저한 반셈주의의 가르침 때문이라 생각된다.
4. 중세후반 소외를 통해 게토가 생겨나고 루터의 신학 헤겔의 철학으로 모든 모함을 유대인에게 돌려 무참히 학살하게 됐는데 독일인과 가톨릭교회가 진심 어린 사과를 했다.
5. 반셈주의로 인한 유대인의 고난과 죽음은 입으로 하는 사과로 끝낼 수 있는 문제가 아니다. 오해로 인한 모든 편견을 함께 연구함으로써 풀고, 특히 같은 하나님을 믿는 신앙의 문제를 깊이 연구해야 할 것이다.

19. 영성 Spritualty

1. 유대교의 입장

유대인의 영성은 두 가지 특성을 지니고 있다. 그 첫째는 하나님과 이스라엘과의 언약 관계 속에서 하나님과 교통(Communication)하는 것, 두 번째로 하나님의 경험, 하나님이 주신 소명·책임·임재·개인과 사회와의 관계를 생활 속에 행위로 실천하는 것이다. 유대인의 영성이란 삶의 훈련이요, 경건의 연습이다. 경건의 연습이란 무엇인가? 경건이란 하나님을 향한 신자들의 태도를 말한다. 바꾸어 말하면 경건의 연습은 믿음의 실천 즉 삶을 두고 말한다.

히브리어에는 영성이란 말에 격이 맞는 신학적 표현은 없다. 그래도 영성에 가까운 두 단어가 있는데 할라카(Halakah)란 말과 에누나(Enuna)란 말이 있다. 대체적으로 할라카는 아가다(Aggaah)와 비교되는 말로 법이나 규범으로 번역되는데 그렇게 정확한 번역은 아니다. 영성에 대한 성경적인 본래 의미는 존재와 행동의 이상적인 길, 즉 하나님과의 언약을 실천하는 행동으로 생각할 수 있다. 에누나는 믿음으로 번역할 수 있는데 하나님과의 옛 언약 관계를 지금 다시 재현하고픈 영적 소망, 그리고 하나님과의 언약의 의미를 삶 속에 지금 실천하는 것이다.

유대인의 영성이란 이런 것이다. 하나님과 기도의 교통을 지속하면서 하나님의 언약 규례를 어김없이 매일 실천하는 것이다. 이것은 유대인의 삶이요, 영적인 신앙이요, 그리고 세계를 향해 높이 솟아오를 수 있는 신비였다. 유대인의 영성은 이상한 종교 활동이 아니라 살아가는 삶의 모든 것을 포함한다. 하나님과 끝임 없는 교통, 교제를 하면서 밥 먹고 일하고 자식 낳아 기르며 자식을 바르게 가르치며 바르게 살아가는 삶이 유대인의 영성이다.

우리가 생각하듯이 영성이란 생활을 전폐하고 기도원을 찾고 금식을 통해 성령적 신비를 체험하는 것이 아니다. 유대인의 신학에 성령의 자리가 전혀 없는 것은 아니지만 그들의 영성에 성령과의 직접적인 관계는 전혀 없는 것이다. 그들의 삶속에서 토라를 배우고 탈무드를 실천하는 신앙이 영성이다.

이와 같은 유대인의 영성을 가장 분명히 표현한 성경은 시편 16:8이다.

> "내가 여호와를 항상 내 앞에 모심이여 그가 내 우편에 계시므로 요동치 아니하리로다."

유대인의 영성은 매일의 삶 속에서 하나님의 살아계심을 체험하는 것이다. 기도하고 성경구절을 암송하고 쉐마(Schema)를 하므로 자신을 성결케 하고 하나님이 창조하신 이 세계를 또 성결케 한다. 그러나 인간의 악이 끊임없이 인간의 심정을 괴롭히기 때문에 그것을 이길 수 있도록 하나님의 실존을 체험한다.

하나님의 살아계심을 유대인들은 생활 속에서 항상 선포하고 반복한다. 성전에서 쉐마를 하는 것처럼 직장에서 계속해서 성구와 쉐마를 암송한다. 이것이 하나님께 드리는 산 제사요, 희생물이라 생각하며 계속한다. 기도와 성서연구는 영성의 두 가지 큰 흐름인데 이것이 인간의 악성을 제거하며 우리의 마음속에 거룩을 세우는 일이다. 특별히 주후 70년 예루살렘 성전이 파괴되고 난 후 짐승 제사를 드릴 수 없게 되자 유대인들은 기도와 성서 연구를 산 제사로 드린다. 이것이 유대인의 영성의 큰 흐름이다.

기도는 유대인 영성의 가장 중심을 이룬다. 회당에 하루 세 번 모여 기도한다. 성전에서 하나님께 기도하며 하나님의 위대하심을 하루 세 번 찬양하고 선포한다. 유대인들의 기도의 삶이란 신앙생활의 전부라 해도 과언이 아니다. 기도에서 하나님을 만나고 배우고, 이웃과 교제하고 새롭게 태어난다. 회당 중에도 가장 성스럽고 거룩한 부분은 아론 하 코데쉬(Aron Ha-Kodesh)라는 방주가 놓여 있는 곳이다. 그 방주 속에 토라, 즉 모세오경이 들어 있는데 항상 이 방주는 예루살렘을 향해 있다. 예배와 기도, 모든 신앙의 행위는 예루살렘을 향해서 행해져야 한다.

방주 앞에 켜 있는 불은 영원한 빛이다. 이 불빛은 성막을 밝히고 성전을 밝히는 영원한 광명이요 영광이다. 이 영원한 불빛은 시편(119:105)과 잠언서(6:23)에 나온다.

"대저 계명은 등불이요, 율법은 빛이요, 훈계의 책망은 곧 생명의 길이라"

두 번째 중요한 곳은 나무로 된 강단인데 이 한가운데서 예배 인도자가 앉는 의자가 있고 그 의자 앞 탁자 위에서 토라를 읽는다. 공동체는 기도로 운영되고 기도로 움직여 나간다. 제단 위에 황소를 제물로 바치듯 입술의 기도를 드린다.

유대교에 있어서 기도는 하나님이 살아계심을 증명하는 일이고 하나님과의 만남 역시 쉐마 기도 한가운데서 가능하다. 쉐마 기도는 여러 곳에서 조금 다른 표현으로 나타나지만 신명기(6:4-9, 11:13-21)와 민수기(15:37-43)에의 쉐마가 가장 많이 암송된다. 항상 19번의 축복 뒤에 따라 오고 하나님을 거룩하게 하는 예배의 중심이다. 중세 이후에는 박해 속에 순교 당한 자를 위한 기도가 더 첨가되었다. 이 기도예배에 더 첨가

된 것은 시편과 감사의 노래가 있다.

　유대인의 영성의 중심은 기도라고 말했다. 기도의 중심은 쉐마이고 쉐마는 매일 행하는 것으로 한 분이신 하나님에 대한 회당의 헌신, 하나님 나라에 대한 충성, 그리고 하나님의 계명에 기쁨, 순종을 드리는 것이다. 이 기도를 통해 행해지는 모든 것이 유대인의 영성이다. 쉐마 기도에 관련된 몇 가지의 중요한 사상이 있는데 쉐마 기도는 항상 창조, 하나님의 계시, 구원에 대한 감사가 그것이다. 그래서 아침 쉐마 기도는 빛의 창조를 기도하고 낮에 드리는 쉐마는 빛의 창조에 대한 감사를 기도하고 저녁기도는 항상 새로운 창조를 행하시는 하나님을 찬양하는 기도였다. 모두가 창조의 위대하심과 하늘나라에 대한 개인적인 헌신을 나타내 보이는 것이다. 유대인들은 이 기도 속에서 하나님을 배우고 삶의 바른 자세를 훈련한다. 항상 유대인 됨을 자랑으로 여기고 하나님의 자녀로서 당당하게 살 것을 다짐한다.

　쉐마 기도 다음으로 중요한 두 번째 기도는 아하바 라마(Ahavah Rabbah) 기도이다. 아침 쉐마 기도 다음에 하는 기도인데 아하바 라바는 위대한 사랑, 크고 깊은 하나님의 사랑이란 뜻인데 기도는 이렇게 시작된다.

　　"차고 넘치는 사랑으로 우리를 사랑하시는 우리의 주 하나님, 위대하시고 차고 넘치는 자애하심을 보여 주셨나이다"

　이스라엘에 보내어 주신 빛나는 마음의 광채에 감사를 드리는 기도이며 유대인들이 온 종일 주의 뜻을 나타내는 삶이 되며 기도 가운데서 하나님의 현현하심을 접할 수 있도록 드리는 기도이다. 이것은 예배시간이나 안식일에 하나님이 현현하시어 함께 하심을 확인하자는 것이 아니다. 매일 드리는 기도는 매일 매일의 생활, 작업하는 순간에 하나님이 현현하시어 함께하시기를 기원하는 것이다. 유대인의 기도는 160의 제목으로 300페이지 정도의 분량으로 모든 경우에 모든 기도를 할 수 있도록 준비되어 있는데 그들은 매일 중요한 기도는 반드시 반복한다. 생각나는 대로 자기의 언어로 마음 내키는 대로 기도하는 것이 아니라 조상 때부터 오늘날까지 정하여 만들어 온 기도를 계속한다. 그 기도 속에서 성경을 읽히고 배운다. 어떤 기도는 시편에 있는 그대로를 기도로 드리고 한 자도 틀림없이 히브리어로 암송한다.

기도 속에서 영성을 새롭게 하는 가장 중요한 요소는 카바나 민항(Kavanah and Minhang)이다. 카바나란 헌신, 전신을 바치는 희생을 뜻한다. 기도 가운데 드리는 카바나는 헌신을 위한 어떤 태도, 마음의 자세를 뜻한다. 카바나는 영어에 정확한 번역어가 없는데 내 속에 있는 모든 것, 내 삶의 모든 것, 전신을 다해 하나님께 드리는 마음의 자세 그리고 그러한 삶을 뜻한다.

기도와 삶의 연결, 카바나 기도는 모세의 오경 속에서는 찾을 수가 없다. 물론 율법의 계명 속에도 찾을 수가 없다. 그러나 선지자의 글 속에서 찾을 수 있다. 이사야 29:13에 이런 말씀이 있다.

"주께서 가라사대 이 백성이 입으로는 나를 가까이하며 입술로는 나를 존경하나 그 마음은 내게서 멀리 떠났나니 그들이 나를 경외함은 사람의 계명으로 가르침을 받았을 뿐이라"

랍비문서, 특별히 탈무드 속에서 카바나에 대한 중요성을 소상하게 설명하고 있다. 초기 하시딤의 서적들 속에(18세기 폴란드의 하시딤이 아니라 기원전에 있었던 경건과 운동 모임) 카바나는 아주 중요한 가르침으로 다루고 있다.

민항은 할라카(Halakah;율법)의 기본적인 초석이 되는 것이다. 민항이란 말은 왕하 9:2-에 나온다. 이유 없이 하게 하다, 수레를 무력으로 끌듯이 강제로 행하게 하는 것이다. 랍비들은 성경 주석하기를 습관적으로 하게 한다. 율법을 습관적으로 지키게 하는 일종의 강제적 준수이다. 이것은 유대인의 예배 시에도 사용되는 용어이다.

항상 사용하는 것이나 습관이란 아주 자연스런 것이다. 하나님의 살아 계심을 표현하는, 그리고 젊은 세대에게 영성의 길을 가르치는 것을 일부러 하는 것이 아니라 자연스럽게 습관적으로 하는 것이다. 이것이 연속되어 유대인의 전승이 된 것이다. 민항은 유대인들의 열망을 뜻하기도 한다. 어떤 습관이나 행동이 이 세대에서 다른 세대로 전달되어 항상 하나님의 사랑이 새롭게 되어 간다. 유대인들에게는 관습이란 것은 대단히 중요하다. 관습이 되어 전혀 새로움이 없이 그대로 반복하는 것이 아니라 세대를 지날 때마다 새롭게 되고 또한 공동사회 전체가 새로워진다.

예를 들면 유월절 하가다(Passover Haggadah;유월절 구원의 이야기)를 읽을 때 때로 조용하게 때로는 크게 읽으면서 그 다음에 잃어버린 친구, 식구, 공동체 그리고 홀로코스트를 기억한다. 그러면서 우리들도 홍해를 건너고 바로에 쫓기고 우리도 홀로코스트 속에서 수난을 오늘 함께 당한다. 그럼으로써 유월절은 관습 속에 살아서 계속되고 홀로코스트도 습관적으로 지속되어진다. 세파라딕 유대인들(sephradim,스페인과 포르투갈 중심으로 흩어진 유대인들, 북 아프리카나 그리스, 이태리 남부 프랑스)은 풍성한 영성을 계발하여 민항을 그대로 실천하고 있다.

예배 속에서 민항은 이렇게 실천된다. 회당의 예배는 율법 선지서 성문서의 강독·찬양·기도의 연합이다. 이 순서 속에서 유대인들은 자신의 삶을 결단한다. 그리고 어떻게 사는 것이 유대인다운 삶인지를 생각하고 그것을 확인하고 하나님 앞에서 실천한다. 기도는 반드시 생활 속에서 실천하지 않으면 하나님 앞에서 거짓말쟁이가 된다고 믿고 있다. 생활은 기도의 연장인 셈이다. 그것이 계약된 민족의 삶이요, 그 속에서 하나님과의 만남이 이루어진다. 유대교의 예배는 최초에 조상들이 하나님을 만나 약속하고 계약하고 축복받은 것을 재확인하고 재현시키는 역할을 한다. 이것이 민항의 실천이다. 유대인 율법이 할라카(Halakah)의 실천인 셈이다.

유대인의 영성은 기도 속에서 형성되는데 그 기도는 다음의 네 가지로 대변된다.
매일의 기도(세 번 드림), 안식일의 축제(기도), 유월절 구원의 감사(기도), 욤키파(대속죄일 7월 10일경)의 속죄의 감사(기도)인데 이 중에서도 안식일은 매일의 삶을 영성화시키는 가장 중요한 시간이다.

유대인들의 성일축제를 준비하고 지키는 것은 개인이나 공동체의 영성을 훈련시키는 가장 중요한 행사이다. 이 행사들을 통해 유대인들은 하나님을 만나고 믿음의 조상들을 새기고 나아가서 공동체 안에서 형제들과 통일된 신앙을 개발하고 자신의 신앙의 삶을 발전시킨다. 이렇게 함으로써 유대인들은 관성적으로 매일 하나님을 만나고 형제의 신앙을 격려하고 자신의 삶을 풍성하게 만든다.
예를 들면 대속죄일(Yom Kipper)는 안식일 중의 안식일인데 24시간 금식하며 기도하고 하나님 앞에서 실천하지 못한 것은 기도 취소(Koi Nidre), 기도를 함으로 속죄를 받는다. 숫캇(Succot) 축제라고도 하는 초막 주제는 속죄일 다음에 오는데 그들을 애굽에서 나와 광야에서 초막을 짓고 살던 조상들의 삶을 재현하기 위해 7일 내지 8일간 초막을 짓고 땅바닥에서 산다. 그러면서 부모들은 자녀들에게 초막절의 의미를 이야기하고 실천한다.
안식일 축제는 유대인 영성의 중심이다. "하나님이 일곱째 날을 복 주사 거룩하게 하셨으니 이는 하나님이 그 창조하시며 만드시던 모든 일을 마치시고 이 날에 안식하셨음이더라"(창2:3). 유대인의 삶에 안식일의 영성은 가장 뜻 깊은 영성이다.

이것은 하나님이 내적 자아를 부르시는 거룩한 시간이다. 금요일 오후 일몰 시간부터 토요일 일몰 시간은 철저히 엄수한다. 안식일은 하나님의 창조와 자유의 기념이요 계약의 재확인이다. 안식일마다 그들은 항상 종말론적 결단을 하며 하나님의 선택받은 자녀로서 하나님의 증인이 되고 하나님 나라의 완성을 위한 각오를 하게 된다.

히브리 성경은 안식일의 선포를 출20:8-11과 신5:12-15에서 하고 있다. 신명기의 안식일 선포는 노예에서 자유에로의 해방과 기쁨을 선포한다. 금요일저녁, 성화예배(Kiddush)에서는 기쁨과 승리의 포도주 축배를 들고 감사한다. 히브리 성경에 안식일을 어떻게 지키라는 상세한 지침은 없다.

성경은 말씀하기를 "기억하고 지키라"(Remember and Keep). 지키라는 뜻은 온 가족이 하는 일을 중단하라는 뜻으로 쓰어졌다. 에스라시대부터 탈무드 완성시기인 5세기까지의 성인들과 랍비들의 안식일 성수 지침을 여러 서적 속에서 찾을 수 있다. 요점은 이렇게 개인이든 공동체든 간에 삶의 모든 면이 하나님께 드려지는 헌신이어야 하고 안식일의 모든 행사 모든 순서 속에는 종말론적 의미가 차고 넘쳐야 한다. 종말론적이란 긴 설명이 필요하나 간단히 말해서 과거를 청산하고 새 시작, 새 창조의 시대의 개막을 뜻한다고 볼 수 있다. 안식일 영성에서 유대인은 두 가지를 기념하고 마음에 새긴다. 휴식과 자유이다. 유명한 독일의 유대인 신학자는 다음과 같이 말한 바 있다.

"안식일은 단순히 일을 쉬고 게으름을 피워도 된다는 것은 아니다. 어떤 창조적인 적극성이 그 속에 있다. 우리의 영이 신비한 세계를 바라보는데 전혀 방해를 받지 않는 날, 새롭게 되고 영권을 내 속에 끌어들이는 날이다. 이 날 삶에 대한 방향을 찾고 창조를 향한 휴식의 날이다. 이것이 없다면 안식일은 아무런 의미가 없는 텅 빈 조개껍질 같은 것이다."

안식일은 한 주의 삶이 신비스럽고 창조적이 되게 하기 위한 안식일이기 때문에 단순한 휴식의 순간이 아니다. 내적으로 영적인 창조와 활동의 날이다. 안식일은 휴식의 날이다. 휴식이란 세상을 향한 휴식일 뿐, 영적인 세계, 영원한 창조를 향한 또 다른 작업이다. 영적인 세계를 향한 창조적인 에너지는 우리의 삶을 새롭게 한다. 삶을 이 세상의 진부한 곳에서 완전히 새로운 새 세계를 향하게 한다.

그러므로 안식일은 인간의 내면세계, 그리고 자아 발견의 날이기 때문에 인간의 결점을 제거하여 완벽을 찾아준다. 비록 세상에 살지만 영원을 우리의 가슴속에 도입하는 날이다. 영원한 창조를 향해 창문을 여는 날이다.

안식일의 예는 모두 안식일이 무엇인지를 말하고 있다. 모든 참석자들은 그 날에 새로운 영을 받고 삶이 개화되고 자기 속에 있는 창조적인 자아를 다시 찾게 된다.

그러므로 안식일은 자기 변화, 그리고 자기의 깊이와 높이를 다시 발견하게 한다. 한 주간의 일상 삶은 직업에 종사하여 새 창조를 하지만 안식은 내적 창조를 만드는 날이다. 안식일은 유대인 영성의 중심이다. 하나님이 안식일을 만드시고 안식일은 유대인을 만들었다.

안식일이 시작되는 금요 저녁식사 때의 포도주 축배는 안식일의 두 번째 의미인 창조 다음의 자유를 감사하는 것이다. 그 축배의 기도는 이렇게 시작된다.

"우리의 거룩한 날들 가운데 가장 중요한 날 애굽에서 탈출하는 자유를 기억하며" 애굽에서 탈출하는 자유를 얻었던 유대인들은 이 해방의 기쁨이 자유 그 이상, 새로운 창조를 의미한다. 노예에서 해방과 새로운 창조는 안식일 시작예배에서 매 주일 유대인들은 반복한다. 그러므로 해방과 창조는 계속되는 것이다. 노예란 영성과 신앙의 삶을 모르고 세속에 억압당하는 삶을 뜻한다. 애굽의 노예의 삶은 인간 삶속에 있는 모든 종류의 억압과 굴레를 뜻한다. 금요일 저녁 안식일 축복예배는 세대에서 세대를 거쳐 그들의 자유와 창조의 기쁨을 축하하고 기념하는 것이다.

유대인들은 가정에서부터 그 자유를 축하한다. 그리고 항상 그 자유를 향유할 수 있도록 기억하고 기념한다. 자유가 없다는 것은 영적인 절식이요, 영적인 죽음이기 때문에 가정에서부터 자유를 즐기며 축하한다. 이 축하의 예배와 실천의 삶을 그들은 이천 년 동안 지속하여 왔는데 이것을 그들은 예배 속에서 풍성하게 지켜 왔다. 그래서 유대교의 신앙은 예배의 영성, 기도의 영성 속에서 성장하여 왔다.

오늘날 유대인들이 나라를 새로 세웠다는 것은 예배의 영성, 기도의 영성, 자유의 영성을 실천한 것이다. 유대인에게 있어서 기도란 말이 아니고 죽음과 삶이 교차하는 삶이요, 하나님의 온전하심에 이르게 하는 영성이다. 유대인의 기도서 300페이지가 넘는 분량을 그들은 매일 암송하고 뜻을 새기고 그대로 삶속에 실천하는 삶의 영성을 추구한다.

영성 Spritualty

2. 기독교의 주장

기독교에서 일반적으로 오해되고 있는 최근의 이슈는 '영성'의 문제이다. 영성을 육체적인 문제가 아닌 성령적인 영역의 문제로 이해하는 것이다. 크리스천들은 영성이 성경 안에서 살아가는 삶, 성령 충만의 상태로 이해하고 있다. 바울 선생께서 사람의 지혜로 된 것이 아닌 성령의 지혜로 주어진 선물을 어떻게 이해하고 개발 활용하는 문제를 말씀하셨다(고전2:12-13). 하나님이 주신 선물을 개발 훈련하는 것으로 이해하는 것은 문제가 없으나 성령 받아 살아가는 것으로 이해하는 것은 큰 잘못이다. 영성과 성령의 개념은 정반의 방법이란 사실을 알아야 한다.

우리가 영성이란 단어를 사용할 때 주의해야 할 점이 있다. 영성을 성령과 같은 개념으로 사용함으로 육과 영이 완전히 다르듯이 우리가 이론적으로 생각하는 것이다. 우리는 영혼을 구원하기 위해 육체와 싸워야 한다고 믿고 있다. 우리의 영혼이 육체의 포로가 되어 있어 육체가 없어지는 죽음의 그 날에 우리의 영혼이 자유할 수 있다고 믿어 육체적인 면을 부정 내지 가치 없는 것으로 인정해 버린다. 물론 육체 속에 끊임없는 시련과 시험이 있는 것은 사실이지만 육체를 부정하고 영혼만을 귀하게 생각하는 이원론은 잘못된 것이다. 크리스천은 히브리 성경이 가르치듯 영과 육이 이원론으로 있는 것이 아니라 영육이 통일성 속에 있다는 사실을 알아야 한다. 우리가 구원을 받는 것도 역시 영혼만이 구원을 받는 것이 아니라 영과 육이 동시에 구원을 받게 되는 것을 만든 것은 바로 이 점을 상기시킨다.

레위기 19:2에 이런 말씀이 있다.

너희는 거룩하라. 나 여호와 하나님이 거룩함이니라.

예수께서도 같은 말씀을 하셨다. 하늘에 계신 아버지의 온전하심같이 너희도 온전하니(마5:48). 거룩하니(Holiness), 온전하니(Perfection)는 다른 단어이나 같은 뜻으로 해석할 수 있다. 하나님께서 지극히 축복하신 아브라함, 이삭, 야곱 같은 사람들은 우리와 다를 바 없는 보잘것없는 약점 투성이의 인간들이었다. 그럼에도 불구하고 그들의 신앙의 목표는 하나님의 거룩과 온전함에 이르는 훈련이었다. 크리스천의 윤리신학에서도 이 땅에서 인간의 거룩함, 인간의 온전함이 하나님과 합일될 수 있는 것임을 주장한다. 믿음으로 온전함에 이르지 못하면 하나님을 볼 수 없기 때문에 온전함으로 하나님과 합일되어 영원한 생명으로 바꾸어지는 훈련, 이것이 영성의 목표이다. 이 세상에서 부분적으로 하나님과 합일된 삶을 사나 영원히 하나님과 합일되는 그 삶이 영성의 길이다. 성령은 인간의 변화 계기를 마련해 주나 온전한 삶의 훈련에 직접 관여하지는 않는다. 훈련은 경건의 연습이다.

인간의 성품에는 여러 가지 종류의 기질이 있다. 인간은 넓은 의미에서 동물류에 속하기 때문에 동물과 같은 야성을 소유하고 있다. 야성이 강하게 태어났거나 야성을 극도로 개발한 사람은 무서운 일들을 저지른다. 아프리카의 호랑이는 자기보다 몇 배나 큰 들소를 잡아 삼키는 끔찍한 일들을 한다. 호모 사피엔스(Homo sapiens)로 태어난 인간은 동물로 분류할 수 없는 지성과 영성도 있다. 불을 사용하고 도구를 만들어 활용하여 우주의 만상을 지배하는 지성은 영원을 그 가슴속에 심기에까지 도달했다. 태어난 채로 그냥두면 동물화할 수밖에 없는 인간이 문화와 문명을 만들어낼 수 있는 지성을 개발하게 된 것이다. 그런가 하면 감성도 있다.

인간의 심미성을 바탕으로 하는 감성은 감동하고 감동을 주고 웃고 울고, 그리고 아름다움을 사랑하고 창조하여 귀한 것을 품고 나누어 줄 수 있다. 그런가 하면 우리 인간은 어떤 동물도 가지지 않은 영성이 있다. 바울 선생님은 아레오바고 광장에서 어떤 사람들을 향해 "그대들은 어느 나라 사람들보다 영성이 강하다"고 했다. 영성은 지성, 감성을 초월한 신적인 속성, 그것을 추구하는 본성을 말한다. 쉽게 말해서 영성이란 인간의 종교성, 하나님을 찾아가는 신적 속성을 말한다.

태어날 때부터 유별난 야성을 가지고 태어난 자도 있고 강한 지성을 가지고 태어난 사람도 있고 범사에 뛰어난 영성을 가지고 태어난 사람도 있다. 그런가 하면 태어난 후에 후천적으로 지성을 개발한 사람도 있고 영성을 발전시킨 사람도 있다. 모든 사람이 동일하게 야성만 강할 수가 없고 모든 사람이 강한 지성만 소유할 수도 없다.

영화배우 가운데서도 야성적 배우, 지성적 배우, 또는 감성적 본성이 강한 배우들이 있다. 정확할는지 몰라도 지성적 배우인 벤 킹스리 같은 이도 있고 야성적인 찰스 브론슨, 또는 제임스 딘 같은 사람도 있다. 마찬가지로 예수님의 제자 중에도 베드로가 야성적 기질이 강한 사람이라면 요한은 지성적 기질이 강한 사람이라고 할 수 있을 것이다.

기독교인만이 유별나게 영성이 강하다고 말할 수는 없다. 이 세상에 모든 사람은 각기 어떤 성격이 강한 기질을 가지고 태어날 수가 있고 또는 후천적으로 강한 훈련을 받아 어떤 성품을 개발할 수도 있다. 지성을 전혀 모르는 산골 아이도 어려서부터 학문을 가까이 하여 훈련을 받으면 지성적 성품은 얼마든지 개발할 수 있다. 지역적으로 볼 때에 헬라가 지성적이라면 중동은 영성이, 중앙아시아 지역은 야성이 강하게 나타나는 지역이라 할 수 있을 것이다.

지성의 세계가 넓듯이 영성의 범위 또한 광범위하다. 모든 사람이 야성·지성·영성을 가지고 있듯이 불교의 영성이 있고, 회교의 영성, 힌두교의 영성, 그리고 기독교의 영성이 있다. 어떤 종교든 간에 영성이란 의미에서는 본질적으로 같은 것이지만 그 이해와 개발과정이 각기 다르다. 따라서 모든 영성은 인간 속에 있는 신의 속성이 절대자를 찾아가는 데서 출발한다는 점에서는 동일하다. 계시 종교가 아닌 인간종교인 불교는 어느 다른 종교보다도 강한 영성과 영성 개발을 실시한다.

영성의 본질은 인간 속에 있는 신적 속성을 개발하는 것이다. 인간 속에 있는 거룩함을 찾아 훈련시키는 것이다. 그럼으로써 인간의 수덕과 신비성을 높여 주는 것이다. 수덕주의와 신비주의(ascetism)는 영성의 두 가지 특성이다.

새벽 3시에 기상하여 심신을 단련하고 독경하는 것. 불목한이, 행자생활, 삭발 면벽 9년의 생활·입선·좌선·행선·수계·남성과 여성을 금하면서 산사에서 살아가는 것, 먹고 마심을 제한하며 육신을 죽이면서까지 자기를 단련시키는 것, 그러면서 절대적 가치를 찾아가는 것은 불교적 수덕 영성이다. 인간의 야성을 죽이고 불교적 도인으로 다시 태어나기 위해 자신을 닦아가는 삶은 영성적이다. 인간 본성을 제거하여 새 인간으로 다시 태어나 보살이 되고 미륵이 되고자 노력하는 불교의 영성은 어느 종교의 영성보다도 강도 높은 특이성이 있다.

이에 비해 기독교의 본질은 인간에게서 출발하는 것이 아니라 위에서 내려오는 수직적 초월 성격이 있기 때문에 인간의 노력과 수도에 의해 진리에 접촉하고, 도에 이르는 것에 역점을 두지 않는다. 신의 계시성과 절대주권을 강조하는 개신교는 영성의 문제를 관심의 밖에 두어 왔다. 그것도 아주 오랜 동안 그렇게 했다. 그런 점에서 개신교는 불교나 유대교 또는 구교에 비해 영성의 시행이나 전통에서 역사가 일천하다.

기독교적인 관점에서 본다면 영성이란 하나님의 형상을 본뜬 창조 본성 속에 있다. 창조된 인간의 본성은 하나님의 성품을 부여 받았다. 비록 인간이 범죄와 타락의 상태에 놓여 있다 할지라도 하나님의 품속을 흠모하고 추구하며 사는 본성 속에는 영성이 있다고 믿는다. 그럼으로 기독교의 영성운동이란 하나님으로부터 부여받은 거룩한 형상을 회복하여 가는 노력이다.

영성개발 내지 영성운동이란 하나님의 형상을 인간 속에 다시 회복함으로써 신적인 거룩한 인간으로 다시 태어나는 것이다. 따라서 영성개발

(Spirituality or It's formation)은 우리 자신을 개선 발전시켜 하나님을 향해 나아가는 영적 인간 회복운동이다. 다시 말하면 하나님 앞에 선 인간이 하나님의 성품에 참여할 수 있는 자세를 가지는 노력이란 뜻이다.

어떤 영성 신학자는 성령의 역사와 구원의 활동은 아가페적인데 비해 우리들 속에 있는 영성 개발 및 훈련은 에토스적이라고 말한 바 있다. 에토스가 무엇인가? 윤리성를 추구한다는 것이다. 구원은 하나님의 능동을 향한 인간의 수동인데 비해 영성은 하나님의 수동이요 인간의 능동이라고도 했다. 이 인간의 능동이 수덕의 길과 신비운동으로 나타났다. 하나님의 형상을 닮아가고 내 속에 있는 신적 속성을 훈련 고양시키는 것이다. 다시 말하면 영성이란 신이 준 영적 성품을 훈련과 개발을 통해 또는 고행을 통해서 다듬어 가는 것이다. 그렇다고 해서 기독교 영성 훈련이 고행신학(Ascetical Theology)에 근거한 것은 아니다. 영성의 인간적 개발차원을 너무 강조하다 보니 영성에 있어서 하나님의 역할은 너무나 수동적인 것으로 표현되었으나 영성 신앙 역시 하나님의 빛을 찾아간다는 점에서 영적이다. 이 영적인 영성 운동이 그 방법론에서 성령운동과 달리 한다는 점이다. 앞에서 말했듯이 영성 신학의 두 가지 특성 즉 영성 운동의 신비주의 속성이 영적인 차원에서 성령 운동의 그것과 일치하는 것이다.

성령의 역사는 타락으로 파괴된 하나님의 원수된 관계를 회복시켜 준다. 앞을 바로 바라보지 못하고 하나님을 깨닫지 못한 어두웠던 영적인 눈을 열어준다. 그러니 바르게 보고 걸어가는 것은 영성의 몫이다. 따라서 분명히 알아야 할 사실은 이것이다.

잘못된 인간의 본성을 바로 잡아주는 성령 역사 이후에는 반드시 신자들의 자기수련, 자기개선, 자기 개발이 따라야 한다. 성령을 체험하고 변화를 받고도 이웃을 아프게 하고 교회를 어지럽히는 악습은 우리들 속에 얼마든지 있다.

　베드로처럼 한 입에 두 말하고 자기도 감당하지 못하여 도망치는 악습들은 제자의 수도를 통해서 자기를 고쳐가야 한다. 하나님의 가르침에 따라 때 묻은 자신을 그리스도의 형상으로 바꾸어질 수 있도록 자기 연마를 하는 것이다. 물론 성령의 도움과 위로 없이는 참을 수 없는 힘든 과정도 있다. 그러나 영성 수련은 자기 노력이다. 말을 함부로 하여 남을 괴롭히고 교회를 어지럽게 하는 악습이 있는 사람은 침묵수련을 해볼 만하다. 침묵이 얼마나 힘들며 말이 얼마나 귀한 것인가를 일주일이나 한 달 계획으로 수련하는 것이다.

　영성 신학의 원리는 성 육신 신학에서 출발한다. 성 육신 신학의 의미는 하나님의 사람이 되는 과정, 하나님의 자기 버림, 하나님의 자기 굴욕과 아픔을 우리 인간이 묵상하고 체험하는 것이다. 역으로 말하면 성 육신의 과정을 통해 이 땅에 오신 예수님을 덧입고자 그 형상을 흠모하고 찬양한다. 인간 되신 예수 하나님의 형상을 내 속에 받아들이고자 자기를 쳐서 복종케 하고 매일 죽어서 사는 수덕훈련을 하는 것이다.
　그렇게 함으로써 예수님의 선하심, 인자하심, 겸손하심, 자기를 버리심, 거룩하심, 무궁무진한 능력과 사랑의 속성을 내 속에 심고자 노력하는 것이다. 하나님의 속성을 내 인격 속에 이식하는 것이다. 사람 되신 하나님의 예수와 교통함으로써 내적 사람이 신적 수준으로 업그레이드 되는 것이다. 영성 교통을 통해서 신의 속성을 크게 개발한 인물 가운데 바울, 어거스틴, 프란시스코 같은 인물은 유명하다.

　야성적 인간의 속성을 제거해 버리고 그 속에 하나님의 인격을 심고 물 주어 키워가는 것이다. 하나님의 사람이 되었듯이 역으로는 사람이 하나님의 인격으로 변하여 가는 성육신적 신앙 과정이 우리 속에 일어나는 것이다. 하나님의 사람 되심의 성육신 신앙이 역으로 인간이 하나님 속에 참여하는 진리의 패러다임을 만들어 신앙을 연습하는 것이다. 이것이 영성이다.

요한복음 서두에서 말하는 말씀이 육신 되심이란 단순한 말이 아니라 하나님의 자기 버림이요 결단이요 행동이다. 하나님 자신이 인간 속에 참여하여 우리와 같이 되었다는 것은 불가능한 것이다. 그러나 짐승처럼 버려져 있는 우리 인간도 사람 되신 그리스도를 통해서 하나님의 경이에 참여하자는 훈련이 바로 영성 훈련이다.

지금도 하나님께서는 말씀을 통한 행위로서 우리의 삶의 자리에 함께 하고 계신다. 성육신의 말씀이 우리의 내적 인격 속에서 우리로 그렇게 될 수 있다고 권고하고 계신다. 성육신의 내용은 경이요, 변화요 그리고 하나님의 행동이요, 실천이다. 그럼에도 불구하고 우리는 모든 것을 입으로 다해 버린다. 노래가 있는 강연장으로 예배를 대신한다. 그것이 종교의 모든 행위라고 생각해 버린다.

교회는 예수 그리스도를 머리로 하여 인류가 하나님 한 분 안에 참여함으로써 이루어진 공동체이다. 교회의 최우선의 사명은 하나님을 항상 찬양함으로써 그와 더불어 교제를 가지는 것이다. 그리스도와의 관계를 통해서 인간의 인성을 고양시킨다. 그리스도와의 관계를 통한 변화를 내 인격 속에 그리고 내 삶에 전이시킨다. 그리고 이 관계를 하나님과 나에게만 국한시키지 않고 밖으로 확장시켜 가는 것을 선교라고 부른다.

영성신학의 원리는 하나님의 무궁무진한 사랑이 하나님의 자기 변화를 통해 인간 속에서 우리들과 하나가 되고자 하는 것이요, 우리 인간은 그 사랑에 감격하여 하나님 속에 참여할 수 있다는 가능성을 뜻한다. 이것은 엄청난 변화이면서 새 창조이다. 그러나 하나님과 하나 되고자 하는 열망이 있음에도 불구하고 우리의 삶 속에는 부단한 방해와 도전이 있다. 때에 따라서는 사회적 환경이나 가정적인 환경이 하나님과의 관계를 막고 때로는 교회 그 자체가 하나님과의 교제를 막을 때도 있고 목사가 그것을 막을 수도 있다.

우리의 예배는 생각과 삶의 변화에 동인을 제공해 주는 것이다. 인간의 힘으로 할 수 없는 어려운 일들을 할 수 있도록 능력을 제공하여 준다. 그렇게 함으로써 신앙과 삶이 하나가 되는 것이다. 이런 점에서 오늘날을 우리 교회의 종교 행위를 다시 한 번 같이 생각해 보아야 할 때이다. 구교의 형식과 계율에 의한 예전에 중점을 둔 영성 개발을 멀리 한 개신교 교회도 이에 못지않은 심도 깊은 은혜와 불가시적 영성 행위를 개발해야 할 줄로 안다.

가톨릭의 영성은 수도원마다 다르게 행해지고 있으나 원론적으로는 예전적 또는 사목적(Liturgical and Ecdesial) 영성이다. 예전적 사목적 영성이란 교회중심으로 그리고 예전 중심으로 깊은 신앙의 경지, 하나님과 하나 되는 길이 있다고 가르친다. 유대교는 기도를 통한 삶, 배움의 영성을 강조하나 부르심은 받은 택자 외엔 영성의 길, 하나님의 길로 갈 수 없다고 강조한다. 이에 비해 우리 기독교의 영성은 빌립보 2장에 바울선생이 자기를 비워 종의 자리에까지 가는 자기부정(Self-Denial)의 영성을 주장한다.

두 번째로 생각할 수 있는 개신교의 영성은 가난한 자와 압제 받는 자와 함께하는 선교적 영성, 실천행위이다. 자기 부정의 영성이라 하여 잘못된 길로 가는 자기금욕, 40일 금식 또는 순교에까지 가야만 영성의 바른 길로 가는 것이 아니라 좀 더 적극적인 형제의 아픔에 동참하는 행위 영성이다. 이런 행위 영성을 통해 가난과 아픔을 조율하면서 자기 성장이 이루어진다. 이와 같은 행위 영성은 꼭 가난한 크리스천에게 국한시킬 것이 아니라 아프리카, 남미, 중동의 모든 인류들과 함께 하는 선교적 행위이다.

　가톨릭의 영성을 사목과 예전에 국한시켜 교회 안에서만 영성 개발이 가능한 것으로 제한하나 하나님의 임재는 우주적이다. 우리의 일상의 삶 전체에 함께하고 있다. 엘리야가 하나님께서 우레와 번개와 지진 속에 계신 것이 아니라 세미한 음성 속(왕상19:12)에 계신다고 말씀하신 것처럼 하나님의 세미한 음성, 형제의 아픔의 세미한 소리를 듣는 것일 것이다.
　개신교는 유대교의 기도와 배움의 영성, 가톨릭의 예전과 사목적 영성보다 또 다른 영성의 길을 개발하여 교인들을 훈련시켜야 한다고 본다.

영성

3. 요약 : (유대교의 주장)

1. 유대교의 영성은 두 가지로 분류한다. 언약을 중심한 하나님과 관계의 확인이요 두 번째는 하나님과의 언약을 매일 실천하는 삶이다. 따라서 그들의 영성은 토라를 실천하는 인간의 삶속에 존재한다.
2. 유대교의 영성을 이렇게 정리할 수 있다. 애굽에서 이스라엘의 구원자로서 함께하신 신의 현존을 오늘도 체험하는 것이요 그 하나님이 주신 말씀을 실천하는 순종이 영성이다.
3. 유대교의 영성의 실천성은 기도와 성서연구 속에 있다. 유대교의 삶은 기도의 삶이다. 그 중에서도 하루 세 번 드리는 쉐마 기도이다. 기도 속에서 반성과 충전과 새 출발이 있다. 성서연구는 우리가 어떻게 사느냐는 확실한 가이드가 되기 때문에 성서를 바로 알아야 실천할 수 있기 때문이다.
4. 유대교의 영성은 습관적 반복영성이다. 매일 삶 속에서 영성의 기도와 토라 연구를 반복하면 그것이 전승이 되어 몇 백 년, 몇 천 년

을 흘러가게 된다. 기도 역시 그냥 읊조리는 것이 아니라 300번 이상의 기도문을 반복하여 암송함으로 조상의 신앙 속에서 하나님을 만나게 된다.
5. 유대교의 영성은 안식의 영성이다. 공동체적 축제영성이다. 안식의 영성은 휴식과 재창조를 느끼고 축제의 영성은 현재의 공동체가 몇 천 년의 민족 공동체를 함께 공유하게 된다. 예를 들면 유월절 축제를 하면서 공동체 몇 천 년의 신앙 전승을 함께하게 된다.
6. 유대교의 영성은 가정영성이다. 가정은 유대인의 교육 예배 하나님 토라 등의 모든 것을 실천하는 현장이다. 가정에서 그들은 모든 것을 배우고 위로 받고 실천할 수 있기 때문에 가정은 최초의 그리고 최종의 영성장이다.

4. 요약 : (기독교의 주장)

1. 기독교 영성의 가장 큰 오해는 성령운동의 연장으로 보는 것이다. 영성운동과 성령운동은 그 기본에서 반대적 개념이다. 영성은 훈련이며 성령은 위에서 내려오는 불가항력적 은총이다.
2. 인간에게는 지성 야성 영성이란 품성이 있는데 영성이란 성령적인 것이 아니라 하나님의 속성을 닮은 인간 품성인데 타락으로 인하여 망가진 인간속의 신성을 교육 훈련시켜 발전시키는 것이다.
3. 기독교의 영성을 수덕과 신비적인 것으로 나눈다. 수덕은 덕을 쌓는 바른 삶이며 신비적인 것은 신과의 직접적 교제를 뜻한다. 이에 비해 불교적 영성은 지극히 금욕적이다.
4. 가톨릭의 영성은 교회 활동에 국한시키는 사목적이다. 이에 비해 개신교의 영성은 선교적이며 봉사적 영성으로 활동적이다.
6. 유대교의 배움과 기도의 영성, 가톨릭의 사목적 영성보다 개신교의 영성은 좀 더 수덕적 삶의 질을 높이는 수준 있는 방향으로 나갔으면 한다.

20. 사랑 Love

1. 유대교의 입장

유대인의 세계에서 사랑이란 아하바(Ahavah)라고 하는데 여러 의미를 함축하는 단어이다. 그 첫째로 인간적인 사랑을 뜻한다. 예컨대 야곱이 요셉을 사랑하고 이삭이 어떤 음식을 좋아하고 요나단이 다윗을 사랑하고 아가서의 저자가 그 애인을 사랑하는 통속적인 인간의 정을 말한다.

아하바가 의미하는 두 번째 의미는 인간을 향한 하나님의 마음, 이스라엘을 귀히 여기는 하나님의 애련을 뜻한다. 여기서 의미하는 하나님의 애련은 히브리어로 헤세드(hesed) 라하밈(rahamim) 체데크(tsedek)로 표현한다. 헤세드는 창조물을 향한 하나님의 무조건적 사랑과 보살핌, 즉 가장 순수하고 본질적인 관심이다. 그래서 주님께 감사하라. 그는 영원한 사랑- 헤세드이기 때문이라(시118:1). 천지를 창조하시고 하나님께서 보기에 좋았더라고(Good) 말씀하신 것과 동일한 의미이다.

라하밈은 어머니의 자궁이란 단어에서 파생된 말로서 전혀 자격 없는 사람에게 베푸는 자비를 뜻한다. 자궁은 무진장의 생산성을 가지고 있다. 우리의 선의나 어떤 노력을 한다 해도 우리 인간은 하나님께 다 닿을 수가 없다. 그럼에도 불구하고 하나님께서는 우리 인간에게 지고한 왕권으로 오시는 것이 아니라 자비로 찾아오시는 모습을 뜻한다. 인간은 하나님의 사랑이나 용서를 전혀 받을 수 없는 가소로운 존재지만 하나님은 무궁한 자비로 찾아오시는 것이다. 랍비 문학에서 랍비들의 설화와 비유 은유에서 쉽게 찾을 수 있다.

헤세드와 라하밈은 조건 없이 무조건 주시는 사랑이다. 하나님은 하나님이시기 때문에 주시는 무량한 사랑이다. 부모가 자식을 무조건 사랑하고 보살피는 것과 맥을 같이 한다고 볼 수 있다. 체데크는 인간적이고 상호적이다.

하나님은 인간이 어떻게 살아야 할지에 대한 어떤 윤리적 표준을 주었다. 토라가 그것인데 인간이 살아야 할 최상의 길을 보여준다. 도덕적 문제, 제사적 문제 지적인 문제에 대해 바르게 살기를 요구한다. 우리가 이 최상의 표준에 맞게 살면 하나님의 사랑을 받을 자격을 갖추게 되는 것이다. 그래서 인간은 하나님의 요구에 맞게 살려고 노력한다. 그래야 하나님의 사랑과 축복을 받게 된다. 하나님 앞에 서기에 부족함이 없는 인생이 되도록 최상의 품행을 추구한다. 체데크는 도덕적인 용어이다. 선하고 착하므로 하나님이 받아 주시는 것이다. 이것은 조건적이고, 상호적이고 계약적이다.

아하바 랍바(Ahavah rabbah)는 위대한 사랑, 아하바 아람(Ahavah alam)은 특별한 사랑, 그의 선민을 향한 유별난 사랑을 뜻한다. 이 사랑은 변함없고 무량하고 끝이 없는 영속적인 것이다. 이 사랑은 특별하고 불가해하여 설명하기 어려운 신비한 것으로 항상 현재적이고 영원하고 비밀적이다. 이것은 하나님이 주신 일방적 약속으로 항상 갱신되기 때문에 영속적이다.

하나님과 이웃을 사랑하라는 명령적 계명을 눈여겨 고찰해야 할 필요성이 있다. 네 이웃을 내 몸과 같이 사랑하라(레19:18)는 구절을 보자. 먼저 네 이웃을 내 몸과 같이 사랑하라는 말을 단순하게 해석하지 않는다. 탈무드의 전승에 의하면 오늘 내가 여기 존재하는 것은 나 하나의 자력에 의한 것이 아니라 이웃의 사랑 위에서 가능하다. 나 아닌 모든 사람은 나의 이웃이다. 때론 이웃은 악이기도 하다. 사랑이란 명령하여 되는 것이 아닌 원초적 느낌이다. 사랑이란 공감이다. 뜻을 함께하고 생각을 같이하는 것이다. 인간의 상황과 조건은 복잡하다. 어떻게 이웃을 사랑할 수 있는가?

몇 가지의 대답이 나와 있다. 상대가 사랑 받을 가치가 있는 선한 것이라면 사랑할 수 있다. 악을 미워하고 하나님을 사랑하라 그는 선하심이라(시97:10). 이웃을 사랑하는 것이 어떤 태도의 변화를 불러일으키는 대단한 사건은 아니다. 이웃을 향하여 항상 좋은 선의를 품는 것이다. 우리 자신에게 잘하듯 이웃을 향하여 선의를 품고 그들이 잘되기를 기원한다. 가장 고전적인 해석은 하나님께서 자기의 형상대로 세상을 만들었으니 하나님의 형상을 가진 모든 것을 아끼고 사랑하라.

초대 대랍비 히렐(Hillel)은 이렇게 말했다. 자신에게 싫어하는 것을 하지 않듯 이웃에게도 하지 마라. 부정적인 표현이기는 하지만 기억할 만한 경구(Aphorism)이다. 고급 논리를 가지고 자신을 설득하는 것이다.

두 번째 생각해 보아야 할 구절이다. "너는 마음을 다하고 성품을 다하고 힘을 다하여 네 하나님 여호와를 사랑하라" 여기에도 마음에 걸리는 문제가 있다. 사랑을 어떻게 강요할 수 있는가? 인간이 어떻게 하나님을 사랑할 수 있는가? 하나님을 사랑하는 행동이 어떤 것인가?

여기에도 여러 대답이 나올 수 있다. 어떤 사람은 이렇게 말한다. 하나님을 사랑하는 방법은 그가 계심을 믿고 그의 계명을 지키는 것이다. 어떤 이는 이렇게 대답한다. 계명을 따라 헌신하는 것이다. 하나님의 이름을 위하여 재물을 드리는 것이다. 어떤 이는 대답한다. 하나님을 사랑하는 길은 우리의 영과 뜻을 하나님에게 전적으로 굴복하며 순종하는 것이다. 어떤 이는 이렇게 대답한다. 하나님과 더불어 황홀경에 사는 것이다. 어떤 이는 이렇게 대답한다. 하나님의 창조와 섭리 그리고 토라를 궁구하는 것이다.

히브리의 사고에서 아하바(Ahavah)는 기독교의 헤세드(Hesed)와 같은 뜻이 있다. 헤세드의 본질적인 뜻은 하나님의 은혜에 해당된다. 하나님의 법적 사랑도 사실인즉 은혜에 속한다. 도덕적 의의 뿌리인 체데크는 의로운 사랑 진리의 사랑에 해당되는데 기독교의 믿음, 그 믿음에서 나오는 자비스런 선행과 유비된다. 기독교의 선행은 헤세드 정의, 사랑, 그리고 그리스도의 희생에서 나온 진실이다

사랑

2. 기독교의 주장

히랍말 사랑이란 아가페인데 이것은 히브리어 아하브 즉, 아하바(Ahavah)에서 온 것이다. 사랑에 대한 표현으로 신약에서 제일 많이 쓰인 단어는 아니지만 사랑에 대한 가장 보편적인 묘사로 사용되었다. 일반적으로 크리스천들은 아가페 사랑을 논할 때 에로스(Eros)나 필리아(Philia)는 구별한다. 에로스는 반드시 보상을 요구하는 감각적 느낌이다. 반드시 육적이라 할 수는 없지만 에로스는 육욕적이다. 필리아는 대체로 혈연적 관계 속에서 이루어지는 사랑이다. 예를 들면 부모가 자녀를 사랑하고 형제자매가 아끼고 사랑한다.

아가페 사랑은 자신을 드러내지 않은 연민, 동정, 보살핌으로 전혀 보상을 요구하지 않은 조건 없는 사랑이다. 신약성경에 나타나는 아가페 사랑은 크리스천들이 보여주어야 하는 사랑인데 그것은 예수 그리스도가 보여주신 삶의 태도이다.

신약성서에 나타나는 아가페 사랑의 가장 표본적인 실례는 고린도 전

서13장이다. 사도 바울은 아가페는 모든 사랑의 근원으로 크리스천 사랑의 본질로서 어떤 선한 행위나 선물마저도 아가페 없는 것은 아무 의미 없는 것이라 규정한다. 자기의 기적과 은사가 최고라고 자랑하며 오만해 하는 인간을 향해 사도 바울은 이렇게 가르쳤다.

"사랑은 언제까지든지 떨어지지 아니하나 예언도 폐하고 방언도 그치고 지식도 폐하리라"(고전13:8).

영구한 사랑을 추구하는 결혼식장에서 많이 애송되는 노래로서 신약성서가 보여주는 가장 기억할 만한 구절이다. 크리스천뿐만 아니라 인류 모두에게 보여주시는 하나님의 본성이 사랑임을 가르친다. 그래서 사랑은 위대한 것이다. 아가페 사랑의 언어로 가득 찬 요한서신에 이런 말이 있다.

"사랑하는 자들아 우리가 서로 사랑하자, 사랑은 하나님께 속한 것이니 사랑하는 자마다 하나님께로 나서 하나님을 알고"(요한일서 4:7).

다른 곳에서는 요한이 이렇게 가르친다. 사랑과 하나님은 동일한 것으로 하나님을 아는 자는 사랑을 아나니 하나님은 사랑이시기 때문이라고 했다. 하나님께서 인간을 지으신 것도 인간에 대한 사랑 때문이며 천지를 창조하신 것도 하나님의 사랑의 표현이다. 사랑이 없으면 하나님께서 결단코 천지 창조나 인간을 창조하실 수가 없는 것이다. 그러나 이보다 더한 하나님의 사랑의 표현이 있다. 하나님께서 하나밖에 없는 그의 외아들을 이 땅에 보내신 것이다.

하나님이 세상을 이처럼 사랑하사 독생자를 주셨으니(요 3:16).

예수는 하나님의 자신을 본성을 보여주는 사랑의 현현이다. 예수는 하나님 자신의 인카네이션으로 사랑의 원천이다. 그래서 예수께서 서로 사랑하라 너의 원수까지도 사랑해야 한다고 가르친다(마 5:34). 이웃에 대한 사랑 역시 아가페 위에서 실천되어야 한다고 했다(눅10:29-37). 따라서 크리스천의 사랑은 어떤 종류의 사랑이라 할지라도 아가페 사랑 위에 서야 한다. 에로스의 사랑이든 필레아의 사랑도 아가페 위에 서지 않으면 그것은 이기심이요, 자기 충족이다. 에로스나 필레아가 저급의 사랑이란 뜻이 아니라 모든 사랑은 아가페 위에 있지 않으면 자기 성취에 불과한 욕심으로 남을 자기 목적을 위해 이용하는 것밖에 아니라는 것이다.

그래서 예수께서는 하나님의 사랑과 인간의 사랑을 구별하지 않고 동일한 것으로 연결시켜 놓았다(마22:36-40 요 4:20). 어떤 학자는 예수께서 랍비들의 가르침을 활용한 것이라는 주장도 있지만 최근에 밝혀진 연구에 의하면 예수의 독창적인 가르침이라고 했다.

사랑은 생명이 근원이요 창조의 동인이다. 아버지가 아들을 사랑하기 때문에 책상도 얼음 스케이트도 만들어 주듯이 하나님도 인간을 사랑하셨기 때문에 천지를 창조했다. 이것은 해도 되고 안 해도 되는 선택의 문제가 아니다. 반드시 해야 하는 것이다. 우주와 생명의 본질이 사랑이기 때문이다.

세상에 모든 악한 범죄는 사랑하지 않기 때문에 일어나는 부산물들이다. 살인, 도둑질만 보자. 사랑한다면 그 같은 일이 발생할 수가 없다. 어떤 종교에서는 사랑하지 말라고 가르친다. 사랑하므로 질투하고 헤어져야 하므로 번뇌의 씨앗이 된다고 한다. 그것은 우주와 인생의 근원을 잘못 본 것이다. 어떤 상황 속에서도 인간은 사랑의 바탕 위에 서 있다. 인간의 모든 문제는 사랑으로만 해결될 수가 있다

어떤 사랑이든 관계가 없다. 에로스든 필레아든 아가페든 모든 사랑은 하나님의 속성을 드러내는 것이기 때문에 진실되게 사랑하면 거룩한 것이다. 모든 사랑은 아름다운 것이다. 생명을 던질 수 있는 사랑이라면 이 세상에 불가능할 것이 없게 될 것이다. 그러므로 예수가 십자가에서 죽으심은 구원보다는 사랑의 실천을 보여주신 것이다. 그러므로 예수의 종교가 사랑의 종교요 우주와 인간의 본 진리의 사랑 위에 있다는 것은

바른 인식이다.

  이 땅에 예수의 사랑이 바로 실천되는 곳이 바로 하나님의 나라가 이루어지는 나라이다. 물질·인간·생명·우주 만상이 사랑으로 태어났고 사랑을 위해 존재한다. 가정·사회·교회·국가·세계 모두가 인류를 향한 사랑으로 태어났고 사랑의 실천을 위해 존재한다. 이 땅에 승리자는 얼마나 많은 업적을 쌓았는가가 아니라 얼마나 많은 사랑을 했는가가 중요하다.

사랑

3. 요약 : (유대교의 주장)

1. 유대인의 사랑은 아하바인데 보통 세 가지로 나누어 생각한다. 도덕적 존경을 제테크, 자비와 인애를 헤세드, 사랑할 수 없는 대상을 향한 것을 라하밈이라 한다.
2. 사랑 가운데 가장 위대한 사랑을 아하바 아람이라 하는데, 이것은 헤세드에 가장 가까운 것으로 참고 기다리며 자기를 바치는 희생적 사랑을 뜻한다.
3. 사람이 어떻게 사랑할 수 있는가? 사랑하지 않는 자를 어떻게 사랑하는가? 하나님은 사랑하라고 했다. 그 말은 세상 모두를 너의 하나님이 만드셨으니 그를 사랑하는 것이 그분이 만든 것을 사랑함이라.
4. 히렐이 가르친 율법 전부의 요약, 너에게 싫은 일을 하지 않듯 누구에게도 싫은 짓을 하지 마라. 이것이 사랑의 길이다
5. 우리가 실천해야 하는 사랑은 아하바 아람 헤세드이다. 기독교에서 말하는 하나님의 은혜로 인한 사랑이란 바로 헤세드의 은혜일 것이다.

사랑

4. 요약 : (기독교의 주장)

1. 기독교의 사랑 역시 구약의 아하바에서 시작했다. 이 아하바 속에 그리스적 표현 아가페 에로스 필레아가 있다.
2. 하나님 속에 있는 사랑은 아가페인데 하나님의 모든 창조 행위는 그의 사랑에서 나왔다. 그러므로 아가패가 없으면 세상에 지어진 것도 없고 천하를 다 준다 해도 아무것도 아니라 했다.
3. 하나님의 본질은 사랑이다. 하나님의 이해는 사랑이다. 유대교의 하나님은 사랑보다는 법으로의 하나님으로 이해한다.
4. 에로스나 필레아가 세상적이기 때문에 나쁘다는 뜻이 아니라 반드시 아가페 위에 서야만 진정한 사랑이란 뜻이다.

21. 전승 Tradition

1. 유대교의 주장

모든 민족, 모든 사회와 모든 가정이 나름대로 전통을 가지고 있다. 흑인은 흑인의 전통, 백인은 백인의 전통을 지키면서 수백, 수천 년을 살아 왔다. 이 지상에 많은 민족 중 유대인들만큼 이스라엘 전통을 중시 여기며 지키면서 살아 온 민족이 없을 것이다. 시대가 변하고 사상이 변한다 할지라도 그들은 그 변화를 수용하면서도 전통을 잃지 않고 지켜 왔다. 그 전통의 역사 5천 800년이 됐는데도 변치 않고 그들은 지켜 나갈 것이다. 이 지구의 역사가 끝나는 그 순간까지 그들은 그들의 조상이 물려준 역사적 전통을 지켜나갈 것이다.

미쉬나(Mishina) 첫 장 선조들의 윤리장에 이런 말이 있다. 모세는 시내산에서 토라를 받아 여호수아에게 전해 주고 모세는 장로들에게 장로들은 선지자들에게 전해 주었다. 선지자는 이스라엘 대중들에게 전해 주었다. 이 미쉬나의 가르침이 유대인들에게 전통이 무엇인지를 설명한다고 생각한다. 그렇다면 이 전통이 어떤 의미가 있으며 어떤 역할을 했는지 살펴볼 것이다.

유대교의 기본 가르침은 시내산에서 내려졌다. 그 후 시내산의 가르침이 해석과 교정을 거치면서 유대교의 핵심 가르침이 되어 왔는데 이 발전이 전통의 긴 세월 속에서 만들어진 것이다. 넓은 의미에서 유대인의 전통은 성서의 가르침·절기·예배 등의 모든 것을 높은 수준으로 발전시켜 오늘날 그들의 빛나는 삶을 만들어준 것으로 믿는다. 유대인에게 있어서 전통은 전승이다. 전통은 화석처럼 굳어진 옛날의 역사라면 전승은 끊임없이 움직이고 전수하고 가르치는 산 역사이다. 전승은 과거가 역사로서 아니라 현재와 미래가 되어 살아 숨 쉬는 현존적 사실이다. 과거의 것을 어떤 것이든 좋은 것은 하나도 버리지 않고 보존하고 전수시켜 삶의 지혜로 만든다.

유대교의 위대한 가르침 역시 전승 속에 발전하여 그 전승이 유대인을 위대하게 만들었다. 유대교의 가르침은 단절되지 않은 역사 속에 계속적으로 대화함으로 세대에서 세대로 이어져 왔다. 전승이란 창세 이래 세상 끝날 때까지 계속될 산 역사의 고리이다.

유대인의 전승 문제는 그들의 모든 지혜와 사상의 온상이라고 생각한다. 전승은 받아서 넘겨준다는 뜻인데 유대인의 신비 사상인 카발라(Kabbalah)마저 받아들인다. 진리와 신비의 환상과 지혜를 받아들인다는 뜻이다. 모세도 하나님의 말씀을 받아들였다. 성서의 해석도 받아들였다. 모든 시대의 성현 지혜자들도 조상들의 가르침을 받아들이고 전달해 주었다. 그들의 모든 귀한 지혜와 신비 사상을 받아들여 더 고상하게 전해 주었다. 이 전승의 모세시대 그리고 아브라함의 시대까지 거슬러 올라가 오늘에까지 이르렀다. 그러나 토라의 전승은 모세에게 있다. 이 전승 속에 토라가 있고 미쉬나가 있고 미드라쉬가 있고 탈무드가 있고 예언과 지혜서가 있다. 그들에게 전승이 없었다면 그 모든 빛나는 지혜가 없었을 것이다.

중세의 가장 위대한 신학자 마이모니데스(Maimonides)가 그의 미쉬나 주석 서문에 이렇게 썼다. 모든 율법의 근원지는 모세에서 시작하여 오늘에까지 이르렀는데 모세의 전승이 없는 어떤 법도 그 가치를 인정받을 수 없다고 했다. 아무리 위대한 랍비도 모세의 토라 전승을 무시 한다면 그것은 유대인의 율법도 지혜도 아니라고 했다. 유대인에게 있어서 전승이란 그 자체로서 위대하고 존귀한 것이다.

개신교가 온전한 성서의 권위를 인정하는 맛소라(Masorah) 역시 넓은 의미에서 전수되어 온 전승을 의미한다. 히브리어 성서 본문을 읽는 전승을 의미하는 맛소라는 계속 지혜가 전승되어 간다는 뜻이다. 유대인들은 특별한 전승 또는 전통을 맛소렛(Masoret)라 한다.

앞서 말했듯이 신비주의 카발라는 예언자들의 가르침을 받아들임으로 시작했다고 학자들이 주장하지만 카발리스트(Kabbalist;신비주의자들) 들은 시내산에서 모세가 율법을 받아들이는 전승에서 시작했다고 할 정도로 전승은 중요한 것이다. 많은 사람들이 오해하는 것은 카발라주의자들이 신비한 사상을 자기들이 만들었다고 생각하기 위해 그것이 아니라 그들은 모세와 예언자들의 가르침을 받아들인 것이라고 한다. 그러므로 전승은 유대인의 모든 지혜 모든 율법, 모든 교훈을 전달하고 생산해 낸 창조물과 같은 것이다. 그들은 전통과 전승은 모든 과거의 것을 지키고 새롭게 생산하고 그들의 탈무드와 성서는 또한 유대인을 위대하고 고상하게 지켜준 힘이다.

히브리 언어에 전통의 뜻을 나타내는 몇 개의 단어가 있다. 맛소라(Masorah)는 묶는다. 연결시킨다는 뜻인데 과거와 현재, 그리고 과거와 미래를 하나로 묶는다는 뜻인데 현재는 과거의 전승의 연속이요, 미래는 연장인 셈이다. 그 연장의 한가운데 전승의 고리가 있다. 구전은 기록을 낳았고 미드라쉬는 하가다, 할라카를 만들어 탈무드를 형성했고 그 위에 성서가 형성된 것이다.

두 번째 민학(Minhag)이란 것이 있는데 이것은 관습, 또는 종교 의식의 뜻이 있는데 유대인의 경전과 신앙의 삶이 관습 속에서 전승되어지고 종교생활에서 준수하게 내려 왔다는 뜻이다. 따라서 민학 역시 전통의 뜻을 가지고 있다.

앞에서 간략히 언급했지만 카발라(Kabbala, Cabala) 역시 전통 또는 전승의 뜻을 지니고 있다. 물론 카발라는 유대교의 신비주의 사상의 뿌리라고 말할 수 있지만 단어 자체로는 '전수받다, 과거의 것을 받아 살려 나간다'는 뜻으로 중세기의 신비주의 사상 카발라(기독교 신비주의가 종교개혁에 영향을 주었는데, 기독교 신비주의는 카발라 정신에서 받은 영향이 크다) 역시 모세 시대부터 이어 내려오는 성서의 신비 사상이라고 그들은 주장한다.

마지막으로 삼마 혹 세마(shama, Shema)란 것이 있다. 물론 이 말의 원 뜻은 '듣는다, 들어서 깨달아 지킨다'는 뜻이 있는데 유대인의 신앙 정신의 기본인 쉐마 신앙이 바로 이것이다. 삼마 혹 쉐마는 듣고 또 듣고 들어서 잊지 않고 마음에 새기고 실천하며 가르친다는 뜻인데 일반적으로 하가다(Haggadah)보다 할라카(Halakah ; 율법)에 주로 적용된 것으로 끊임없이 듣고 들어 후세에까지 가르쳐 듣게 하고 듣게 한다는 뜻으로 전통을 의미한다.

유대인의 보수 정통 개혁파를 막론하고 어떤 교파든 그들은 성서만큼 전승의 가치를 높이 평가한다. 모든 것은 그들의 전승 속에서 생겨나고 전승 속에서 성장했고 그들의 전승이 그들의 삶을 오늘까지 유지할 수 있는 힘이 되었기 때문이다. 그렇다고 해서 그들은 전통을 굳은 화석처럼 딱딱한 것으로 생각지 않는다. 그들의 전통의 정신을 해치지 않는 한 상황과 그들이 사는 문화에 항상 신축성 있게 적용한다. 그래서 그들의 전승은 항상 새로운 전통을 만들어 미래를 준비할 수 있게 한다. 다시 말하면 그들의 전통은 살아 있는 삶의 스타일이요, 미래를 바르게 가르쳐 주는 나침반 같은 것이다.

민학(Minhag)이란 중요한 것이기 때문에 조금 더 설명을 하는 것이 좋을 것 같다. 앞서 말했듯이 민학이란 히브리어로 습관 혹은 관습을 뜻한다. 유대인에게 있어서 관습이란 수천 년을 통해 전해져 내려오는 종교적 규례를 의미한다. 그렇다고 민학의 관습이 반드시 토라적 가르침이 있었기 때문에 생긴 것은 아니지만 유대인이 매일 생활을 하는데 중요한 가이드라인이 된 것만은 사실이다. 예를 들면 밥을 먹고 어떤 반찬을 먹어야 하며 샤밧(Sabbath) 시작 때 촛불을 몇 개를 켜며 그 촛불의 빛을 얼굴로 가리고 보며 또한 촛불의 빛을 넓게 펼치는 것 등은 성서에는 없지만 생활 관습 속에 지켜져 내려 왔다.

그러나 이 관습이 지역에 따라 다르게 발전되고 준수되어져 내려 왔다. 크게 두 흐름의 관습이 있는데 세파딕 관습(Sephardic)과 아스케나직 관습(Ashkenazic)이 있다. 세파딕은 스페인과 포르투갈 지역을 중심한 유대인의 관습이고 아스케나직은 독일을 중심한 유대인의 관습이다. 이것은 크게 나누어서 두 개의 관습의 큰 흐름이고 나라와 지역에 따라 그 관습이 조금씩 달랐다. 아프리카의 유대인의 민학과 남미의 유대인의 관습이 달랐다. 물론 성서적 가르침에 핵심에서는 동일하면서도 관습은 그 지역의 문화와 절충하면서 발전하며 왔다.

민학이란 관습은 주로 할라카적(Halakah) 관습이다. 잘 알려진 랍비 문서에 있는 것이 이렇게 오늘날 우리의 삶 속에도 그대로 존재하고 있다. 이 말은 수백 수천 년 전의 관습도 오늘날 그대로 살아 있다는 뜻이다. 모든 관습이 수천 년을 지속한다는 말이 아니고 지킬 가치가 있는 것만이 오늘날에도 남아 있다는 뜻이다. 모든 유대인들은 민학의 관습을 철저히 지키려고 노력한다. 왜냐하면 민학 관습은 유대인의 경전이 토라에서 시작했다고 믿기 때문이다. 그 특징 가운데 하나로서 아무리 시대의 사조가 변하고 문화의 충돌이 있어도 유대인들 관습 즉, 민학을 지킨다. 이것은 보수파나 개혁파나 정통파가 차이가 없다.

실상인즉 유대인의 역사 속에서 흘러 내려오면서 발전한 전승이란 적지 않은 모순을 가지고 있는 것을 인정한다. 시대와 지역에 따라 같은 성서의 가르침에서 출발한 전승이지만 서로가 전혀 다른 모습으로 발전했는가 하면 어떤 지역의 전승을 어떤 지역에서는 전혀 인정할 수 없는 것들도 있기 때문이다. 예컨대 사두개파의 전승에서는 랍비들의 전승을 받아들이지 않고 인정하지 않는다. 뿐만 아니라 하나님께서 모세에게 구전교훈이나 구전성서를 주셨다고 인정하지 않을 뿐만 아니라 그것이 정확하게 전해 왔다고 보지 않는다. 시대가 흐르면서 첨부하고 삭제하고 편집하고 교정되어 내려 왔다고 생각했다.

랍비들의 탈무드 주의에 반대하여 8세기에 일어난 카라이트(Karaites)들은 성서의 거룩성, 말씀의 신성은 믿지만 랍비들의 전승과 탈무드의 신성을 믿지 않았다. 그들은 성서의 문자적 의미, 성서 자체의 해석이 없고 가감 없는 독파만이 하나님의 말씀이라고 믿는다. 그래서 사두개와 카라이트들은 유대 역사에서 항상 변두리에 밀려나 있는 실정이었다. 유대인 대부분은 기록된 문자 토라와 더불어 구전 토라를 동시에 믿고 그대로 실천한다.

최근에 와서 전승의 문제는 다시 뜨거운 논쟁거리로 등장했다. 특히 개혁주의 유대교(Reform Judaism)는 랍비들이 주장하는 전승의 해석과 그 흐름을 거부하고 있다. 개혁주의 유대교는 놀라울 만치 학문에 있어서 정직성과 시대의 흐름에 민감하게 적응하는 자유주의 유대교이다. 그들의 본산은 오하이오 신시내티(Cinncinnati)에 랍비대학이 있고 로스앤젤레스, 뉴욕, 플로리다, 그리고 예루살렘에 있는데 심지어 예배도 안식일이 아닌 주일날 드리는 회당도 적지 않다.

개혁주의 유대교는 많은 유대인의 전승 행사와 전승교훈을 거부한다. 구전 전승, 랍비 전승, 심지어 성서 전승까지도 검증 없이 다 받아들이지 않는다. 이에 비해서 정통파 유대교는 모든 전승을 다 받아들인다. 모세시대부터 지금까지 전해 내려오는 성서 전승, 구전 전승, 그리고 역사 전승까지 다 받아들이고 지키고 있다. 이에 비해서 보수파 유대교회는 좀 특이하다. 구전 전승, 성서 전승, 랍비 전승뿐만 아니라 유대인의 역사에 나타난 모든 전승을 받아들여 현대의 삶에 적응시켜 새로운 의미를 부여한다.

기독교인들이 바라보는 전승에 대한 태도와 그들의 태도는 큰 차이가 없다. 예를 들면 유월절이 기독교의 부활절이 되듯 그들은 새롭게 해석하고 현대 삶에 적응시키기 때문이다. 이러한 관점에서 기독교와 보수 유대교 회당과의 성서적 전승적 대화는 용이하리라 생각된다.

전통, 전승 Tradition

2. 기독교의 입장

성서 해석의 방법 중 가장 널리 알려지고 그 범위도 확실하면서도 가장 많이 사용되어 온 것은 전승 비평이란 것이 있다. 전승 비평의 특징은 과거의 어떤 설화가 어떻게 오늘에 이르기까지 발전 변화 편집되어 왔는가를 연구하는 경향인가 하면 문서비평 또는 양식 비평도 지금의 성서 문자성서 설화에서 시작하여 거슬러 올라가 그 원형이 어떠했는가를 연구하며 본질을 밝히고자 한다.

전통 또는 전승이란 물려내려 오는 것이다. 조상들이 그 자손들에게 넘겨주는 모든 것을 포함한다. 전승을 인정하든 안 하든 분명한 것은 전승은 성서에 가득 차 있다. 유월절 행사와 그 의미가 시대에 따라 같은 의미를 다르게 해석되고 또한 다른 모습으로 발전하여 전해 내려 왔다. 수많은 유대인의 전승 가운데 부림절, 하누카(Hanukkah) 같은 것 역시 전승으로 발전하여 내려와 하누카는 오늘날 성탄절과 같은 기간에 거의 같은 의미로 지켜지고 있다.

이 말을 하는 이유는 전승을 말하는 것이 아니라 전승 속에 유대교와 기독교의 역사, 성서의 모든 것이 용해되어 있다는 것이다. 어떤 의미에서 성서 역시 전승의 한 부분이라 할 수 있다. 그러므로 전승의 흐름은 대하처럼 넓고도 길기 때문에 한계를 정하기 어려울 정도이다. 많은 성서학자들은 구약성경의 대부분이 부분적인 문서로 또는 구전으로 내려오다가 포로기 때 문서화할 필요성이 있어 정리했다고 보는 것이 일반적인 견해이다. 그러므로 전승적 해석 방법은 가장 포괄적이고 가장 뿌리 깊게 성서를 이해케 하여 준다. 성서에 있어서 전승이란 그만큼 중요하기 때문에 깊이 연구해야 할 필요성이 있는 것이다.

성서 연구를 깊이 그리고 과학적으로 하노라면 성서 전체가 구전 전승을 통해서 진화하면서 전해 내려 왔다는 사실을 인정하지 않을 수 없다. 당시는 종이나 양피지는 희귀하고 값이 비싸 일반적이지 못했다. 그뿐만 아니라 그 당시 글을 읽고 쓸 수 있는 사람도 많지 않았다. 그렇기에 문서로 경전을 보존하는 것은 어려웠고 글을 읽을 수 있는 사람도 많지 않았기 때문에 문자가 이스라엘 대중 사회에 보편화되지 않았다. 그래서 성서는 이스라엘의 전승의 한가운데 있었고 전승은 이스라엘을 성서를 중심한 실제 안내자이기도 했다. 이스라엘을 본래 하나님의 지시를 따라 살아가는 하나님의 사람들이다. 종교인이라기보다 이스라엘은 생활인이었다. 그 생

21. 전승 Tradition

활 가운데는 성서가 있었다. 그러므로 그들의 삶의 전승 속에서 항상 성서와 함께한 민족이다. 그들이 어떤 행사, 어떤 삶, 어디에서 살지라도 그들은 성서의 전승 속에서 실천했다. 따라서 현학적인 사람들은 히브리어가 읽을 수 없는 자음으로 형성됐다고 하지만 예컨대 여호와 야훼(Yahweh) 즉 모음이 없는 자음 문자라 하지만 신실한 학자들은 그렇게 믿지 않고 있다. 쉬이 읽을 수 있고 쉬이 말할 수 있는 문자로 생각한다는 뜻이다. 그래서 글이 없어도 그들은 전승적으로 성서를 애송하고 이야기하고 전할 수 있는 것으로 본다. 오늘날 유대인의 학자들 가운데 구약성경 전체를 암송하고 어떤 이는 시편 전체 또는 율법서 전체를 암송하는 사람을 직접 만나보았고 이것 역시 구두 전승의 한 실례라고 생각한다.

히브리 랍비대학에서 공부할 때 한 학생이 성경을 읽는데 한 줄을 뛰어 넘어 읽었다. 학생인 우리들 중 감지한 사람이 아무도 없었는데 교수 랍비가 말했다. "잘못 읽었어. 처음부터 다시 읽어"라고 했다. 랍비는 성서 전체를 다 암송하고 있었다.

두 번째로 우리가 생각해야 할 문제는 이것이다. 예수님의 가르침이나 그의 처신, 또는 초대교회마저 유대인의 전승의 한 흐름으로 볼 수 있다. 메시야 운동, 성령을 통한 새 인간 운동은 유대인들이 추구하는 신앙 운동의 한 전승임에 틀림없다. 요한복음만큼 유대인을 부정적으로 그리고 포악한 언어로 묘사한 곳이 없는데

'네 아비는 악마이다'(8: 44). '너희는 하나님의 양이 아니기 때문에 나를 따르지 않는다'(10:26-). 도리어 너희가 맹인이었다면 오히려 죄가 없었을 것이다(7:41).

이러한 표현들 역시 가족의 문제를 말하는 전승 때문이다.

실상 이것을 우리가 사실이라고 인정한다면 크리스천의 전승은 먼저

나사렛에서 출발했다. 나사렛을 중심한 유대인의 전승이 이스라엘의 영적인 문제, 인간 생명의 경애, 하나님의 인간적 이해 그리고 열두 부족을 열두 형제로 보는 전승이 나사렛 전승이었을 것이다. 물론 이 나사렛 전승은 야곱 전승 또는 열두 족장 전승으로까지 거슬러 올라가 연결되는 것이지만 요점은 신약에 나오는 어떤 사건 어떤 교훈도 구약성서와 전승적으로 연결되지 않은 것이 없다는 사실이다. 아마 이러한 전승은 다른 지역의 유대인들과는 다른 것이 분명히 나사렛 지역에 있었을 것이다. 사실 이런 내용들은 엄청나게 유대인들의 구약 전승을 부정하는 것인데 이것이 엣세네파 혹, 쿰란파에서 유래된 것인지는 확실치 않으나 복음의 기초 전승이 된 것은 사실이다.

기독교가 유대인들을 향한 반감정 때문에 유대인들과 관계된 것을 부정, 축소시키는 경향이 있지만 신약성경 또는 초기 기독교회의 형성은 실상 유대전승의 연속이라 할 수밖에 없다. 초대교회, 예수 제자와 그 공동체 형성만 보더라도 그 내용은 전부 유대 전승의 연속이란 사실을 부정할 수 없음에도 기독교는 유대교의 전승과 역사를 중히 여기지 않은 듯하다. 물론 유대교의 전승 가운데 전혀 받아들일 수 없는 것도 적지 않지만 유대 전승은 기독교를 형성하는데 기본 기초가 되었다는 사실을 인정해야 한다는 것이 학자들의 입장이다. 가령 기독교가 유대교를 부정한다면 기독교 자체의 뿌리도 없어지는 결과가 나올 것이다.

그러나 기독교가 새로운 종교라는 것을 천명하기 위해서는 자기의 뿌리를 부정할 수밖에 없는 입장이 있었다. 자기의 정체를 확실히 하기 위해 기독교는 유대교의 전승을 버렸을 뿐만 아니라 부정하고 폄하했던 것이다. 당시 대중은 기독교를 유대교의 한 종파로 이해하고 있었다. 기독교는 유대교의 한 종파가 아니라는 것을 밝히지 않으면 새로운 종교가 될 수 없었던 것은 사실이다. 그러나 지금에 와서 기독교를 유대의 뿌리에서 나온 한 종파로서가 아니라 완전히 독립된 자율적 종교로서 유대교와 대화할 수밖에 없다. 같은 뿌리에서 나온 종교라 할지라도 2000년이 지나는 동안 너무나 다른 길을 걸어 왔기 때문에 그 차이점을 함께 나누는 데부터 대화는 가능할 것이다.

마태복음과 누가복음에 나오는 산상보훈은 기독교의 본질을 나타내는 교훈으로서 유대교의 가르침보다는 완전히 다른 세계, 더 높은 윤리적 이상을 보여준다. 예수 자신이 말씀했듯이 랍비나 장로들의 가르침과는 기독교의 가르침이 완전히 다르다는 것을 분명히 밝혔다. 유대교와 기독교의 차별성을 신약성경에서 이렇게 진술하고 있다.

> 당신의 제자들이 어찌하여 장로들의 유전을 범하나이까? 그러면 너희들은 너희들의 유전 때문에 하나님의 계명을 범하느뇨? 장로들의 유전이란 어떤 것일까? 바울은 내가 유대교를 지나치게 믿어 내 조상의 유전에 대하여 더욱 열심이었으나 헛된 철학과 헛된 속임술로 너희를 노략질 할까 조심하라. 이것이 사람의 유전과 세상의 초등 학문을 좇음이요 그리스도를 좇음이 아니니라(마15:2-3, 막7:3, 5-7, 눅11:38, 갈1:14, 골2:8,16)

예수는 친히 율법학자와 담론하면서 그 성서 해석에서 완전히 다른 견해를 피력함으로써 유대교와 구별했다. 율법 학자들의 관심은 유대교의 부활과 부흥이었지만 예수는 종교의 부활보다 인간의 부활에 관심을 보였다. 율법학자들의 관심은 어떤 점에서 민중에 아부하는 것이었다. 구전 토라가 대중화되어 있는 유대 사회에 전통과 관습을 지키지 않는 것은 하나님을 향한 불경이라고 주장했다.

율법자들의 목적은 현실적이고 실제적인 문제였지 토라의 깊은 뜻을 찾는 것은 아니었다. 그들의 또 다른 목적은 대중의 관심으로 성서의 뜻을 어둡게 하여 유대인들을 합법화시키는 것이었다. 그렇다면 레위기서 (19:18)에 나오는 이웃이란 누구냐? 하는 질문에서부터 기독교와는 다른 견해를 가지고 있다. 이웃이란 사랑하는 유대인, 자기들과 함께하는 사람으로 규정한다. 결국 유대인들만이 그들의 이웃이란 뜻이다. 율법사들의 이런 성서 해석이 유대교의 전승이 되어 세월을 따라 흘러오면서 생활 속에서 굳어져 버린 것이다.

예수는 율법학자들의 관습적이고 체면적인 성서 해석을 단호히 물리쳤다. 율법을 가지고 전승이란 이름으로 말장난하는 율법학자들이 진저리가 나 예수는 설명 없이 그들의 행위를 부정해 버렸다. 신약성서에 있어서 이웃이란 원수까지도 포함하는 뜻을 가지고 있다(마5:43-45). 뿐만 아니라 유대인들이 생각하는 간음과 예수의 해석은 그 차원에서 완전히 달리 했다. 예수와 바리새인과의 성서 해석 논쟁은 어떠한가? 율법학자들의 그것보다 훨씬 더 격렬했다. 할라하 카로 요약되는 유대인의 율법과는 완전히 다르다는 것을 예수는 가르치고 있다. 문자 하나하나를 해석하여 사람을 혼란스럽게 하고 그들에게 율법이 무엇 때문에 주어졌는가? 율법의 목적이 사람을 죽이는 것인가, 아니면 살리는 것이냐고 묻는다.

다시 분명히 정의하면 예수에게 있어서 토라는 인간과 삶을 위해 존재하는 것이다. 안내자요 친구요, 항상 함께하는 대화자이다. 그러니 사랑이니 이웃이니 하는 것이 어려운 제목이 아니었다. 누구와 더불어 보살피고 아끼며 함께 살아가는 것이었다. 그러나 율법학자에게 있어서 율법은 자기들만을 위한 것이요 그들의 삶의 족쇄요, 또한 자랑으로만 여겼으니 이웃이니 사랑이니 하는 문제가 삶 속에 자연스럽게 풀려지는 것이 아니었다. 그러므로 사랑과 이웃을 인간 삶의 지평에서 자연스럽게 이해하는 것은 불경이며 모독이었다. 그래서 그들은 토라를 생활로 보지 않고 전승으로 만들어 버렸다(골2:8, 갈1:14). 토라를 생활로 보지 않고 생활 속에 끌고 들어가 습관처럼 누구도 변경시킬 수 없는 전통으로 만들어 버렸다.

그러니 그들에게 있어서 토라는 짓누르는 짐이요, 벗어 버릴 수 없는 족쇄가 되어 버린 것이다(마23:4, 눅11:46, 히2:1). 노예는 노예로서 즐거운 것이다. 족쇄에 묶여 두들겨 맞으면서도 그 삶을 즐거워하는 것과 마찬가지다. 유대교에 있어서 전승은 모든 것을 간직하고 생산하며 자기들의 삶을 지켜주는 생명 같은 것이지만 실상인즉 그것이 그들의 눈을 어둡게 하는 죽음이었다.

그러면 이제 전승의 좋은 점이 무엇이며 나쁜 점이 무엇일까? 예수는 랍비들의 체면적, 말장난 같은 말씀 전승을 향해 말씀은 영원불변한 생명이라고 하셨다(마5:17, 7:12, 22:40). 그러면서도 예수는 유대교의 전승과 관습을 존중했다(막1:44). 그의 제자들 역시 마찬가지였다. 바울 선생님은 말할 것도 없다(롬2:13, 3:30, 7:12). 그럼 장로의 전승이란 것을 한 번 살펴보자. 장로의 전승은 거의 항상 하나님의 계명을 거역하는 것이다(막15:2). 진정한 전승은 주 예수 그리스도께서 생명과 부활로 인도하는 것으로 스스로 대치해 놓으셨다(고전11:23).

오늘날은 그렇게 문제될 것이 하나도 없다. 초기 기독교 시대에 그 이전 예언자의 시대에는 유대교의 전승은 항상 새 시대를 향한 걸림돌이 되었다. 그들은 생명적 전승과 죽음의 전승 사이에 고민했고 그것을 구별하느라 싸웠다. 죽음의 전승은 항상 거짓 선지자의 것이었고 생명의 전승은 하나님의 선지자들의 것이었다. 거짓 선지자들은 돌로 만든 예루살렘을 하늘처럼 떠받들고 그것을 팔아 영광과 존귀 그리고 먹고 살았지만 생명적 선지자들은 항상 주의 미래와 새 삶의 문을 열어 주었다. 주의 선지자에서 시작해서 예수로 연결되는 생명의 전승이다.

진정한 전승은 결단코 화석처럼 굳어져 버리지 않았고 역사 속에 항상 살아 있고 그것은 항상 살아 후대에까지 아름답게 전수된다. 살아있는 시내는 마르지 않고 계속 흐르고 또 흘러 큰 강을 이루듯이 전승 역시 마찬가지다. 아름다운 것은 흐르고 흘러 더 아름다운 정신의 유산으로 남는다. 예를 들면 토라의 전승은 신약성경을 낳았고 유월절 전승은 부활절을 낳았다. 유명한 유대인 랍비 히렐이 말했듯이 토라복음의 하나님이 유일한 아들이 메시야로 연결되는 전승을 제외하고는 모두는 주석에 불과하다는 말을 기억해야 할 것이다. 하나님의 말씀과 생명 전승은 지금도 계속 살아 전 인류의 생명 우물이 된 것 역시 살아 있는 전승이 만들어준 것이다.

정확하게 말해서 예수 역시 구약의 메시야 전승의 열매이다. 구 언약이 새 언약으로 바뀌어 신약성경이 된 것은 예언자의 전승의 성취이다. 신약성서를 만들 때 가장 중요한 표준이 바로 생명적 전승이다. 어떤 제자가 그것을 썼다 할지라도 생면 전승이 시내산에서 모세를 통해 선지자를 통해 예수로 인해 열매를 맺었다는 것이다.

다른 문제에서 유대교와 기독교가 뜻을 달리할 수 있으나 이 점에서 즉 생명 전승은 생명을 낳는다는 것이다. 물론 유대교의 경전과 기독교의 경전이 다르지만 전승의 생명성에 대한 입장은 동일할 것이다. 때론 전승에 대한 이해에서 뜻을 달리할 수도 있겠지만 이것이 성서의 핵심이요, 미래를 향한 성서의 가르침이라는 것에 동의할 것이다.

전통, 전승

3. 요약 : (유대교주장)

1. 모든 민족은 자기 민족의 전통이 있다. 그러나 유대인들만큼 전통을 귀히 여기며 전통을 따르는 민족은 없다. 히브리어에 전통이란 받아서 넘겨준다는 뜻인데 그들의 지혜와 삶의 모든 진리는 받아서 자손들께 넘겨주는 데서 강한 민족이 됐다.
2. 유대교의 전통은 시내산에서 시작됐다고 믿는다. 시내산 전승은 말씀과의 만남의 전승인데 이것을 기념하여 많은 절기의 전승이 있어 오늘날까지 지속된다. 카발라 신비주의자들은 그들의 전승도 그 때부터라 주장한다.
3. 유대인에게 전승은 그들의 선생이상이다. 죽어 화석이 된 것이 아니라 지금도 살아 생동하는 전승 속에는 말씀·사상·생활·미쉬나 토라 등 유대인의 모든 것이 다 포함되어 있다.
4. 기독교가 표준으로 받아들이는 맛소라 성경의 의미도 전승이란 뜻이다. 이와 같은 뜻을 지닌 전승의 의미는 민학 카발라 쉐마 등이 있다. 성서 역시 전승의 열매라고 본다.
5. 전승의 본래적 의미는 동일하지만 유대인이 사는 지역에 따라 전승이 다소 그 지역의 문화 정신에 따른 성격이 있다. 그 대표적인 것이 스페인을 중심한 세파딕 전승, 독일을 중심한 이스케나직 전승이 있다. 바리새 전승과 사두개의 전승의 차이도 그 예중의 하나이다.
6. 유대인 역사를 통해 유대전승에 가장 반대한 집단은 카라이트운동 (성서 근본주의자로서 성서를 읽고 쓰는 것 외엔 하나님의 가르침이 없다고 주장한 중세후기 유대운동)과 현대의 개혁파 교회일 것이다.

4. 요약 : (기독교의 주장)

1. 성서연구에 전승 비평이란 게 있다. 성서의 본래 자료가 어떻게 하여 오늘날까지 오게 되었느냐는 것이다. 문서 비평과 양식비평이란 것은 그 전승 과정의 변화를 찾는 것이다. 이 연구들은 성서의 설화 형태에까지 전승적으로 소급하여 올라가 연구하는 것으로 전승의 흐름이란 이만큼 중요하다.
2. 인정하든 안 하든 우리의 성서, 신앙, 삶 모두는 전승의 흐름 가운데 있는 것이다. 극단적으로 말해 오늘의 구약의 모습 모세시대의 그것과는 똑같지는 않았을 것이다. 이 말은 성서 역시 전승의 흐름 속에서 형성된 것이라고 말할 수 있을 것이다.
3. 전승이란 하나님의 말씀이 삶속에 용해되어 하나의 습관 내지 문화가 되어 세대를 통해 전해 내려온 것이다. 구두 전승이 말씀 형성의 시작이었다고 믿는다.
4. 전승을 향한 최악의 비난을 퍼붓는 요한복음마저 그 뿌리에는 구약에 있고 그 뿌리에 근거하여 토라의 바른 정신을 찾자는 운동이었다. 이것이 신약의 새 전승의 출발이라고 믿는다.
5. 기독교의 독립성 내지 생존을 위해 초대교회는 힘주어 유대전승을 부정할 필요가 있었다. 이것은 기독교의 정체성 확립을 위한 초기 태도였지만 이것 역시 새로운 유대전승의 한 흐름이었다.
6. 따라서 예수는 공공연히 말씀(토라) 위에 있는 전승을 신랄하게 공격했다. 여기서부터 복음 전승이 형성되어 나사렛 쿰란이라는 복음 전승이 형성되었다고 믿는다.
7. 예수의 쿰란 나사렛 전승이야말로 진정한 생명 전승이다. 예수야말로 구약의 모든 전승을 새롭게 바꾸어 모든 인류가 생명에 참여하도록 문을 열어 놓았다. 구약의 핵심인 메시야 전승을 완성하여 생명의 새 전승을 만들었기 때문이다.

22. 보편주의 Universalism

1. 유대교의 주장

유대교의 보편주의와 지역주의 또는 국수주의의 적절한 균형은 히브리 성서를 열자마자 그 서두에 나타난다. 창세기의 서두 첫 구절은 이스라엘의 시작을 알리기보다 우주와 세상의 시작을 알리는 보편주의로 시작한다. 태초에 하나님이 천지를 창조하시니라이지 태초에 하나님이 이스라엘을 창조하시니라로 시작하지 않는다. 유대인의 넓은 보편주의 정신은 그들의 삶 전체 특히 그들의 월력 표에도 잘 나타나고 있다.

비록 성서는 분명히 해의 시작을 성서중 가장 의미 있는 사건인 출애굽사건으로 설명하고 있지만 유대교는 민족의 해방 사건인 출애굽 사건으로 일 년의 시작을 말하지 않고 우주의 창조를 월력뿐만 아니라 모든 것의 시작으로 생각한다. 중세의 유명한 탈무드 성서학자 라시(Rashi 1040-1105)는 성서의 시작인 창조는 유대인만의 것이 아니라 전 인류의 시작이라 했다. 하나님의 세상 창조의 위대한 능력은 하나님이 주신 인류를 향한 선물이다. 이 우주를 창조한 하나님은 개인적 의미 또는 민족적인 의미뿐만이 아니라 우주적 뜻이 있는 것이므로 성서의 보편주의는 곧 유대교의 보편주의인 것이다.

보편주의와 민족주의라는 두 개의 주제는 창세기 이후 지금까지 유대인들이 균형을 잘 맞추어 살아온 신앙의 주제이다. 성서는 이스라엘을 하나의 모델로 사용하였지만 실상 세계의 보편주의를 지향하고 있다. 성서는 유대인을 성서의 영웅으로 그리고 지도자로 높이 받들지만 그것은 세계를 향한 하나님의 실례에 불과할 뿐 성서는 끊임없는 보편주의가 성서 중심이 되어 있다. 이사야가 말하되 예루살렘 성전은 만민의 기도하는 집이라고 했다(사56:7).

논란 많은 요나서는 하나님의 주된 관심이 이스라엘과 적대관계에 있는 앗시리아에 전적으로 쏠려 있는 것을 볼 수 있다. 선지자들의 메시야 꿈은 이스라엘의 승리와 인류 전체가 새롭게 다시 태어나 새로운 삶을 사는 데 있다. 이사야를 위시한 소선지자들은 예루살렘이 승리하는 마지막 날 열방이 다 함께 기뻐하며 그곳에 모일 것이라고 했다.

유대교의 일신론 사상, 창조주 유일신은 온 세계와 그리고 온 인류가 그의 창조력과 생명적 사랑의 관계 속에 하나된 것을 말한다. 창세기는 인류는 창조주 아래 하나된 것을 보여주어 범죄하고 항상 도망치며 살 수밖에 없는 자에게도 그 생명을 보장하여 주었다. 창세기 이후 흩으러진 인간의 모습을 노아 홍수 속에서 다시 새롭게 된 일을 보여준다. 노아는 인류의 새로운 조상이라는 상징적 인물로 나타난다. 그의 본심은 인류 보편적이고 선의에 가득 찼지만 인간의 추한 본능의 모습을 보여주었다. 인간의 본심은 선하여 스스로의 힘으로 악에서 떠나 살 수 없기 때문에 모든 인류에게는 악을 다스리고 인도해 줄 법이 있어야 한다고 하나님이 결정하신 것이다(창8:21).

모든 인류는 이 하나님의 법 아래서 있어야 한다고 유대교는 믿고 있다. 모든 인류는 하나님과 노아와의 계약법 아래서 심판 받아야 한다고 믿는다. 그렇다면 인간이 얼마나 하나님의 법에 충실하게 사느냐는 것을 측정할 수 있는 표준이 무엇인가 하고 묻는다. 유대인들은 전통적으로 이렇게 가르치고 있다. 유대인이나 이방인이나 남자나 여자를 막론하고 인간의 행위로 하나님의 거룩한 현존 앞에서 살아야 하며 그곳에서 안식해야 한다는 것이다.

하나님을 향한 유일신 신앙이 가지고 오는 결론이라 할 수 있다. 유일신 사상이란 천하 만물이 그 하나님의 품안에서 창조되고 그 안에서 생성하는 믿음을 갖게 한다. 최근까지 우리 곁에 있는 최대의 유대인 신학자 아브라함 헷셀(Abraham Joshua Heschel)은 이렇게 말한 바가 있다. 하나님은 우주의 모든 곳에 계시고 그리고 전혀 존재하지 않을 수도 있다. 우리의 아버지가 자식에게 전부일 수도 있고 전혀 상관이 없는 원수같이 될 수 있는 것과 마찬가지다. 시편 기자의 고백처럼 하나님의 존재하심은 우주만상과 연관되어져 있어 어느 누구도 하나님의 존재를 부인할 수 없을 것이다. 하나님의 유일성은 하나님이 모든 만물과 모든 인류와 관계되어 있다는 것을 의미한다. 만물은 오직 한 하나님의 품안에 함께 있다. 이로써 유대교는 보편주의임을 확인할 수 있다.

하나님과 인간과의 관계는 노아의 법에 기초하고 있다고 언급했는데 하나님에 대한 이러한 인상은 모든 인류들의 가슴에 심겨져 있다. 유명한 탈무드학자 벤 아자이(Ben Azzia)는 이렇게 말한 바 있다. 유대교가 주장하는 보편주의 성서의 가장 중요한 내용은 아담의 혈통에 대한 기록이다. 하나님께서 인간을 창조하시되 자기의 모습으로 하셨다(창5:1). 창세기 8:20-9:17의 설화는 이 보편적 신의 혈통인 인간이 지켜야 할 의무를 설명하고 있다(창8:20).

인간은 하나님이 창조하신 자연 질서를 만들었듯이 인간도 반드시 사회질서를 지켜야 한다. 모든 인간관계는 하나님의 신성이 인간 속에 있다고 인정함으로부터 시작해야 한다. 랍비 문학에서는 인간의 의무에 대해 발전시켜 구체적으로 설명했다. 즉, 인간 삶의 원칙을 7개로 나누어 설명했는데 이것 역시 노아의 계약에 근거하고 있어 노아계약의 원리가 유대인들의 개인 문제나 사회와 국가 국제 관계에 그대로 적용되어지고 있다.

벤 아자이와 동시의 위대한 인물 랍비 아키바(Akiba)는 네 이웃을 네 몸과 같이 사랑하라는 가르침(레19:18)이야말로 모든 인류가 한결같이 지켜야 할 보편적 원리라고 주장했다. 지금도 논쟁거리가 되고 있는 '이웃'에 대한 해석이다. 유대인들의 이웃은 이방인들은 절대 아닌 유대인들만을 가리킨다는 주장이다. 신약성경에서는 네 원수를 미워하고 네 이웃 유대인만을 사랑하는 유대교의 가르침이라고 말하나, 사실 이것은 유대인 사회에서도 논란거리가 되고 있다. 랍비들의 의견도 양분되고 있다. 히렐(Hillel)의 유명한 말 토라의 모든 가르침은 이 한 마디 속에 요약된다. 자신이 싫어하는 일은 이웃에게도 행하지 마라. 여기서 이웃은 배교와 이방까지도 포함한다는 주장이다.

히렐의 토라 가르침이야말로 구약성서가 보편적이라는 사실을 증명하는 것이다. 하나님의 유대인을 향한 특수한 사랑, 따라서 유대인들이 이방과 유대인을 구별하는 것은 보편사상을 반대해서가 아니라 하나님께서 유대인을 향해 베푸신 특수 은총을 두고 하는 말이다. 또한 하나님이 유대인을 향한 특수 은총을 주신 것은 유대인을 위해서가 아니라 모든 인류들을 위한 예시로 주신 것이므로 유대교의 보편주의 사상은 틀림없는 것이다.

유대인에게 내린 하나님의 특수 은총은 토라의 가르침에 대한 것이다. 시내산에서 받은 토라는 유대인의 특수 은총에 대해 선명하게 가르치고 있다. 유대인들은 613조의 토라 율법 조문을 준수하는데 이 율법 조문은 그들의 개인생활과 사회생활 전반에 대한 표준 안내이다. 물론 613조문은 토라의 핵심 요약이라 하겠지만 실제로는 노아 계약법에 의존하고 있다. 유대인이 유대인된 것은 혈통이 아니라 이 613조를 준수하느냐 하지 않느냐에 달려 있다. 율법을 지키는 자만이 진정한 유대인이라고 규정한다. 유대인이 세계의 만백성과 구별되는 것은 그들이 613조 율법준수를 철저히 하는 것에 있다. 이후 율법 준수가 유대인들로 하여금 제사장의 나라 됨의 칭호를 받게 하는 것이다. 유대인의 특수 은총이란 특권이 아니라 그들에게 있어서는 책임이요, 행해야 할 의무이다. 시내산 계약은 유대인이 유대인 됨의 자기 이해(Self-understanding)를 분명히 밝히는 것이다. 이런 점에서 유대인들이 하나님의 특권적 혜택을 받은 민족이라고만 할 수 없는 것이다.

앞서 언급했거니와 시내산 계약이란 노아계약을 폐지하고 새 계약을 선포한 것이 아니라 노아 계약의 보충 설명이요, 세목에 대한 주석으로 계약을 갱신하는 것이다. 하나님과 노아와의 계약은 모든 계약의 원형이다. 이 계약은 유대인만을 위한 계약이 아니라 전 인류를 향한 보편계약이다. 노아는 유대인 이전의 사람이기 때문이다. 토라는 이 노아계약을 확대하고 세목에 관한 설명일 뿐 인간에게 짐을 지우는 법률이 아니다. 이 율법은 하나님의 은총이요 자비요, 사랑이다. 유대인은 모든 인류에게 내려진 보편적인 은총을 율법을 스스로 받아 실천하기로 했기 때문에 시내산 세목 율법이 추가로 내려진 것이다.

유대인들은 노아 계약의 세목 주석에 불과한 율법을 지킬 뿐 실상은 전 인류를 향해 내려진 노아법을 실천한다. 노아는 유대인이란 특수한 민족이 형성되기 전의 사람이기 때문에 아담과 마찬가지로 인류의 조상이라 해도 과언이 아니다. 그래서 노아 계약을 전 인류와의 계약이라 할 수 있는데 후일에 주어진 다른 계약법이 이전에 주어진 계약을 능가한다고 보지 않는다. 보편 계약법은 성서에 나타나는 여러 특수한 계약법과 맥을 같이하고 있다. 다시 말하면 보편법은 특수 은총법과 같은 것이다. 특수 은총법은 모든 사람에게 내려진 보편법이지만 이것을 받아 실천하는 사람에게는 특수한 것이 되는 것이다.

랍비 문학에 이런 말이 있다. 모세는 이스라엘에게 613조의 법을 만들어 주었고 다윗은 11조의 법, 이사야는 6조의 법, 미가는 3조, 아모스는 2조, 하박국은 1조의 법 즉, 의인은 믿음으로 살리니(합2:4)라고 가르쳤다. 마지막법인 하박국의 1조는 인류 전체가 지켜야 할 모범적 보편법이다. 의인이란 유대인의 문제가 아니라 인류 전체, 모든 개인의 문제이다. 랍비 문학이 가르치는 가장 핵심적이고도 중요한 가르침이다. 이와 마찬가지로 레위기서 18장 5절은 모든 인류에게 적용되는 보편법이다. 나의 법도와 규례를 지키라, 사람이 이를 행하면 그로 인하여 살리라. 이 레위기의 말씀은 유대인이나 또는 제사장이나 또는 크리스천에게만 적용되는 것이 아니라 모든 인류에게 적용되는 보편적 교훈이다. 의롭고 바르게 살라. 그렇게 함으로 네가 살리라는 것은 유대인만의 문제가 아니라 모든 인류의 숙제이다.

인간은 하나님이 내리신 바른 삶의 길인 계명을 지키지 않는 한 바른 삶은 불가능하다. 노아법이 보편법이듯이 실상은 모세의 모든 계명도 보편법이다. 모든 인류가 그 법을 지키고 살아야 한다. 유대인들은 특수하게도 그 보편법을 지키는 유일한 민족이 되어서 특수한 은총의 자리에 나아가게 되었다. 유대인들은 이 특수 은총법을 지킴으로 선민이 되어서 또한 선민의 성인과 문화를 창출해서 인류에 봉사하게 되었다.

유대인의 특수 은총법은 종교적인 문제가 아니라 인간 삶의 문제요, 문화적인 이슈이다. 종교를 가지느냐 않느냐가 문제가 아니라 문제는 모든 인류가 의롭게 그리고 하나님의 법을 따라 살아야 한다는 것이다. 이런 관점에서 볼 때 시내산 계약법은 많은 점에서 다르다. 시내산 법은 종교적이다. 왜냐하면 유대인들이 시내산법을 지킴으로 인하여 하나님의 거룩한 법의 증인이 되게 했기 때문에 유대인들은 전 인류가 하나님의 법을 따라 알아야 할 의무가 있는 것을 유대인이 모범적으로 보여주어야 한다는 것이다. 랍비 레오박(Leo Baeck)은 나치의 살인 캠프에서 살아남은 신화적인 인물인데 그는 이렇게 말한 바 있다. 세계를 움직이는 힘은 대중이 아니라 제한적 소수이다. 혁명도 한 사람의 가슴에서 시작된다는 미국의 철인 에네스(Enerse)의 말처럼 소수인 유대인이 하나님의 뜻을 인류에게 밝혀주는 창구 같은 존재이다. 그러므로 유대인의 특수 은총은 보편적이면서도 특수하게 해석될 수 있는 것이다.

유대교와 기독교의 대화가 이루어지지 않는 가장 큰 원인은 상대를 향한 우매한 중상 때문이다. 모든 문제의 책임을 상대에게 전가시키는 것이다. 유대인은 편협하고 민족 중심적이고 독선적이란 낙인이 찍혀 있다. 그런가 하면 기독교는 종교적 제국주의란 책임을 면하기 어렵다. 유대교의 특수 은총법과 보편법 사이의 모순과 적법성은 의미 있는 토론이 될 것이다.

유대교의 민족주의는 보편주의 원리를 지향하고 있다. 보편주의의 목적을 위한 방법으로 민족주의가 시작된 것이다. 보편주의와 특수 은총법 부정적 또는 긍정적 측면이 있다고 인정할 때 비로소 대화는 가능할 것이다. 보편주의가 기독교의 제국주의적 이름으로 포장될 수도 있고 유대인의 보편주의 신앙이 민족과 선민사상으로 가려질 수도 있을 것이다. 부정적 비판보다는 긍정적인 측면에서 토론할 때 바른 의미를 찾을 수 있게 된다. 양측의 대화는 상대를 향한 비난이나 공격을 하지 않을 때 새로운 가치관을 만들어내고 창조적인 대화가 될 것이다.

보편주의 Universalism

2. 기독교의 주장

기독교의 보편주의란 지극히 간단하게 설명할 수 있다. 하나님은 모든 사람을 사랑하시고 모든 인류가 구원 받기를 원하신다는 사실이다. 때로 기독교들이 잘못된 생각으로 보편주의를 반대하는 경우도 있다. 하나님의 선택하심이 구원받은 사람만 선택하셨다는 교리 때문에 보편주의가 아니라고 생각하기도 한다. 기독교는 하나님의 사랑과 구원과 선택 같은 문제를 말하기 전에 보편주의가 무엇인지에 대한 바른 해석을 해야 한다고 본다. 이 문제는 유대교와 기독교의 관계 속에서 따질 것이 아니라 기독교의 기능이 역사 속에서 한 지역이나 한 민족만을 위한 협의한 것이 아니었다고 하는 것을 증명해야 한다.

결론부터 말한다면 많은 사람들이 기독교의 핵심주제를 구원이라고 잘못 생각하고 있다. 구원은 예수님 이전에도 얼마든지 있었다. 아무리 기독교의 독선주의에 빠져 있는 사람이라 할지라도 아브라함, 야곱, 다윗, 이사야가 구원받지 못했다고는 말하지 않을 것이다. 예수가 없던 시대에도 구원은 있었고 구원받은 사람들이 있었다. 그렇다면 예수가 주장한 핵심적 메시지는 무엇인가?

예수가 부르짖은 핵심적 주제는 하나님의 구원의 보편주의, 아가페 사랑의 보편주의, 진리의 보편주의였다. 남자나 여자나 종이나 자유자나 유대인이나 이방인의 구별 없이 하나님의 구원에 초대 받았다고 설파한 것이다. 예수야말로 유대인의 안방에 있던 구원과 사랑과 진리를 온 세계에 그리고 모든 인류들에게 차별 없이 나누어 준 분이시다. 예수께서 하신 일이 바다의 모래알만큼 많을지라도 그 중에 가장 위대한 사역은 만민이 하나님의 자녀요, 왕 같은 제사장으로 살 수 있다고 깨우신 것이다. 그렇다면 기독교는 시작에서부터 좁은 민족주의적 신앙에서 보편주의적 신앙으로 전환시킨 사람이라 할 수 있지 않겠는가?

이제 기독교의 교리적 측면에서 보편주의를 생각해 보자. 기독교에서는 보편주의를 하나님의 은혜의 문제와 연결시킨다. 특히 은혜를 통한 만민 구원의 문제이다. 신약성경 디모데전서 2장 4절에 이렇게 말씀하고 있다.

22. 보편주의 Universalism

"하나님은 모든 사람이 구원을 받으며 진리를 아는데 이르기를 원하시느니라."

기독교야말로 구원과 진리의 보편주의를 실천했다는 이미 결론으로 내어 놓았기 때문에 과정인 측면을 살펴보면 "진리에 이르기를 원하시느니라" 진리란 예수님을 아는 것이라고 가르친다. 교리적으로 논하면 너무나 딱딱하게 짜인 논리 같아서 거부감이 생기지만 부득이 교리적인 측면에서 살펴보지 않을 수가 없다. 하나님의 만민구원의 교리는 하나님의 구원의 정의 문제와 연결된다. 보수적인 교리주의자들은 기독교의 보편주의에 대해 심히 엄격하다. 하나님의 만민구원은 하나님이 구원으로 예정한 사람을 한 사람도 잃지 않으신다는 뜻으로 해석한다. 또 어떤 학자들은 만민이 구원을 얻게 된다는 예정설을 이렇게 해석한다. 하나님은 구원 받을 길을 만민에게 허락하셨지만 자신의 자유 의지로 결정하고 선택한다(딤전4:10).

보편주의에 대한 극단적 신학적 입장은 이 세상의 종말에 믿는 자나 안 믿는 자 모두가 구원의 길로 간다는 것이다. 초대 교회에서 이 부패한 교리를 두 가지 이유로 배척했다. 첫째로 하나님이 선택하시는 것이 아니라 인간이 구원을 선택한다는 것을 부정했고 두 번째는 죽음 이후에 인간이 그 심령이 변하여 새 인간이 될 수 있다고 보지 않기 때문이다. 흥미 있는 사실은 인간이 죽음 이후에 천국으로 간다는 말을 하지만 그 사람이 지옥으로 갔다는 말을 초대교회에서는 하지 않았다.

교리문제를 떠나 크리스천의 관점에서 볼 때 하나님의 구원된 은혜와 구원의 문제는 우주적이요 보편적이다. 하늘의 비가 민족과 종족에 구별 없고 천민과 귀인의 구별 없이 내리는 것처럼 위에서 내려오는 은혜와 구원도 모든 사람에게 내리는 축복이다.

비가 하늘에서 모든 땅을 구별 없이 적시던 은혜와 구원은 구별이 없지만 기독교의 신학 교리에서는 이렇게 설명한다. 은혜와 구원은 메시야이신 예수를 향한 믿음과 긴밀히 연관되어 있다. 확실히 설명하면 은혜와 구원이란 정체 불명한 모두에게 주어지는 것이 아니라 그리스도 예수 속에 자신의 이름을 분명히 밝히는 자에게 국한된다는 것이다. 하나님의 은혜 역시 기본적으로 인류 전체에게 내려진 축복인 것은 분명하지만 어떤 특정한 사람만이 그것을 받아 누릴 뿐 스스로 거절하는 사람은 어쩔 수 없다는 것이다. 하늘의 비가 온 천하를 적시지만 즉시 흘려보내는 사람, 비를 땅 속 깊이에 간직하는 사람, 또는 댐을 막아 물을 가두어 두었다가 필요에 따라 항상 활용할 수 있는 것과 마찬가지다.

그러므로 구원의 은총 역시 그리스도에 대한 믿음의 형식 속에서만 가능하다. 예수 그리스도에 대한 믿음 하나님의 은혜를 감사함으로 받아들이는 것이 사람의 눈에 확연히 드러나는 것은 아니지만 은혜는 반드시 사모하는 자에게만 내려지는 것이다. 은혜는 구원을 받기 원하는 모든 사람에게 주어지는 보편성이 있다는 뜻인데 보편주의에 대한 특수 은총이란 이러한 상황을 두고 하는 말일 것이다. 보편적이면서도 특수한 것 세계적이면서 민족적이란 말과 같은 것이다.

기독교인들의 보편주의에 대한 이해와 관심은 오늘날 종교다원주의에 대한 이해와 관심과 비슷한 수준이다. 보편주의와 특수은총의 문제는 교리 문제로서는 균형 있게 충분히 해결된 것과 마찬가지로 그리스도의 사랑과 은혜가 모두에게 차별 없이 내려진 것처럼 모두를 구원코자 하는 하나님의 뜻도 균형 있게 충분히 해결되었다 할 수 있다. 그러나 중세의 연옥설은 엄청난 성서적 무지로 인해 생겨난 교회의 전통으로 전해져 내려와 예수의 사랑과 하나님의 구원의 예정의 의미도 흐리게 했다. 그곳에는 보편주의도 특수 은총도 전혀 적용될 수 없었다.

그런데 문제는 여기에 있다. 그리스도 예수 안에 있는 믿음을 통한 구원에만 집착하는 종말 구원 보편주의(Theory of Apocatastasis)는 전혀 선의나 좋은 양심 같은 것에는 전혀 점수를 주지 않는다. 종말 구원 보편주의란 무엇인가? 이 세상의 종말에는 믿음을 통해 모두가 구원을 다 받는다는 뜻이다.

종말구원, 보편주의(Apocatastasis)는 인간의 양심이나 인간의 선행에는 관심이 없다. 오직 그리스도 안에 있는 믿음을 통해서 세상 끝에 만물이 새 생명을 얻게 되는 것이다. 그러나 오늘날 기독교 신학에서 말하는 보편주의는 예수를 통한 만물구원이란 보편주의와는 다르다. 초대교회가 구원의 보편주의를 반대했기 때문이 아니라 하나님께서 인간의 자유와 인간의 결단을 전혀 고려하지 않는다는 점에서 다르다. 최근의 신학적 관심은 하나님이 모든 인류를 구원하시고자 하는 뜻에 더 집중하고 있다. 이 이론에 가장 유명한 신학자는 독일의 가톨릭 신학자 칼 라너(Karl Rahner)이다.

그의 신학적 논리는 익명의 기독교(Anonymous Christianity)라 부른다. 그의 신학사상을 너무 단순화한 감이 없지 않으나 종말에 가서는 모든 인류가 그리스도의 은총을 입어 구원 받는다는 것이다. 지금은 다른 종교, 또는 종교 없이 산다 해도 양심적으로 착하게 산다면 설령 잘못된 길을 간다 할지라도 종말에는 모두가 반성하고 착한 사람이 될 경우 모든 인류가 구별 없이 구원을 받는다. 그러므로 다른 종교의 세계에 산다 할지라도 모두가 하나님의 자녀이기 때문에 그것을 그는 익명의 기독교라 불렀다.

라너가 지적하는 요점은 이런 것이다. 비기독교인 모두가 구원을 받을 수 있다는 것은 선교적 노력에 의해서가 아니라 인류전체를 사랑하는 하나님께서 예수를 통해 구원하신다는 것이다. 예수 그리스도는 인류의 구원을 위한 중보자이다.

대부분의 크리스천들은 칼 라너의 구원관에 대해 분노할 것이다. 그러나 칼 라너는 말한다. 예수께서 말씀하신 복음서의 구원관은 인류 모두가 구원받는 것이라고 했다. 이론적인 면에 전적으로 동의하는 것은 아니지만 오늘날 기독교 신학의 주류에는 칼 라너 신학과 일치하는 만인구원설이 지지를 받고 있다. 그 원리에서 지지를 받고 있지만 최근 화제가 되고 만민 구원 즉, 기독교 보편주의라 할 수 있는 것이다.

세계 종교 가운데 기독교만큼 선교에 열정적인 종교는 없을 것이다. 그래서 세계만방 곳곳에 선교사를 보내는 것도 만인 구원설에 기초한 활동이라 할 것이다. 물론 만인 구원설을 공공연히 말하는 교회는 아니라 할지라도 모든 교회가 선교사를 보냈다. 어떤 형태든 그들은 이교 국가에 가서 대화를 한다. 그 모든 노력은 만민이 구원받아야 한다는 구원 보편주의를 지지하는 태도이다. 은밀한 가운데 극단의 이교국에도 선교사를 보내고 교회를 설립한다. 교회는 탁아소, 고아원, 학교, 문화원 등을 만들어 이교국 백성들과 대화를 시도한다. 심지어 선교를 하다가 순교를 당하기도 한다. 이 모두가 만인을 구원코자 하는 예수의 구원 보편주의를 실천하는 것이다.

한마디로 축소할 수 없는 내용이지만 회교국은 자국에는 어떤 종교의 선교도 허락지 않는다. 그러면서도 외국에 가서는 회당을 짓고 학교를 세워 선교를 한다.
몇 년 전 미국 상원에서 회교국을 향해서 이렇게 질문한 바 있다. 당신들은 타종교의 선교를 절대 허락지 않으면서 왜 미국에 와서 선교를 하고 회당을 짓는가? 이에 회교국은 대답하지 않았다.
유대교와 기독교의 대화, 보수적인 교회는 말할 것도 없고 복음적인 교회마저 대단히 민감한 문제로 받아들인다. 그러나 기독교와 유대교가 얼마나 보편주의 사상에 동의하는가를 함께 토론한다면 유익한 대화가 될 것이다. 어느 교회가 좀 더 세계적이고 좀 더 보편타당한 원리에서 활동하고 있는가를 다루는 것이다.

기독교 안에서 지금 토론 중에 있는 보편 구원설 또는 만민 구원론을 제시하여 토론한다면 상대에 상처를 주지 않는 좋은 대화가 될 것이다. 하나님은 모든 인류를 구원코자 하시는 뜻을 토론하는 동시에 예수 그리스도가 만인의 주가 되고 구원자가 되심이 만민 구원, 만인이 하나님의 자녀라고 하는 것을 쉽게 증명할 수 있을 것이다.

그러나 분명히 할 것은 예수 그리스도를 통한 구원을 확실히 하지 않는다면 성서에 대한 배신이 될 것이다. 구원은 오직 그리스도를 통해 오직 예수 안에서만 가능하다는 점이다. 다음의 성구를 우리는 기억하지 않으면 안 된다.

나를 보내신 아버지께서 이끌지 아니하면 아무라도 내게 올 수 없으니 오는 그를 내가 마지막 날에 다시 살리리라(요6:44, 14:6 마28:19)

그래서 유대교와 기독교의 대화에서 중점으로 다루어야 할 주제는 만인구원설이나 구원 보편주의가 아니라 민족이 협의한 담을 뛰어 넘는 글로벌 정신의 유무 문제이다. 이로 인해서 기독교의 선교의 뜻이 무엇인지, 구원사(History of Savation)에 있어서 유대인의 역할이 무엇인지, 그리고 유대교와 기독교의 차이도 함께 찾아 알 수 있게 될 것이다.

보편주의 universalism

3. 요약 : (유대교의 주장)

1. 하나님이 태초에 천지를 창조하시니라. 이 말씀은 이스라엘의 세계

가 열렸다는 것이 우주를 향한 하나님의 보편 세계가 열렸다는 뜻이다.
2. 하나님이 예루살렘을 지정하셔서 그의 집을 정할 때도 만민이 기도하는 전이라 했다. 보편 주의적 하나님의 역사 가운데 유대인을 뽑아 모델로 쓰시는 민족주의가 시작된 것이다.
3. 유일신 사상 역시 이 우주 어디든지 계시지 않은 곳이 없으신 임마누엘 신앙이니 천하 만물이 그 안에 그의 뜻으로 움직이심을 보여주신다.
4. 창세기 8:20 이하의 노아계약은 인류 보편적 만민 계약이다. 물론 아담의 계약까지 소급할 수 있으나 인생은 하나님의 말씀을 지키기 위한 희생적인 삶을 요구하는 것이다. 이것은 유대인만의 계약이 아니다.
5. 시내산 계약은 노아계약의 주석 및 세목확대 인데 한 민족을 택하여 하나님의 법을 지키는 민족은 어떻게 됨을 보여주는 모델적 기능을 보여줌으로 보편주의 원리에서 민족주의가 시작된 것이다.
6. 인간이 의롭게 되는 길은 하나님의 토라의 준수밖에 없다. 이것은 유대인에게 적용되는 법이 아니라 인류 보편법이다. 보편법을 위해 특수한 민족이 뽑힌 것뿐이다. 이것을 유대인의 특권의식으로 몰아 붙이면 유대와 기독교의 대화는 불가능하다.

보편주의

4. 요약 : (기독교의 주장)

1. 기독교가 보편주의라고 하는 것은 유대교에서 축출당하는 그때부터 자명했다. 유대교의 민족 중심에서 사마리아 스페인의 땅 끝까지 가는 주의 명령에서 선명했다.

2. 기독교의 핵심 교훈이 구원이라 생각하는 것은 오해이다. 기독교 이전에도 구원은 존재했다. 예수의 기본 정신은 구원이 아니라 구원의 보편화이다.
3. 기독교 보수주의자들은 기독교의 보편주의를 반대한다. 하나님의 특수 주권 속에서 제한된 구원을 베풀기 때문에 기독교를 보편주의라 할 수 없다고 주장한다. 분명한 것은 기독교는 보편적 특수 원리임을 알아야 한다.
4. 극단적인 보편주의를 주장하는 독일의 일부 신학자는 종말에 모든 인류가 익명의 기독교 진리에 따라 만인 구원에 이른다고 한다.
5. 선교란 무엇인가? 모든 족속에 구별 없이 찾아가는 구원을 말한다. 복음 전파는 예수의 보편 구원의 실천을 위해 주신 인간의 사명이다.
6. 기독교의 보편 구원설과 만인 구원설은 다른 주제이다. 기독교가 유대교에서 나온 기본은 남자나 여자나 종이나 자유자의 차별이 없다는 보편성을 말하는 것이지 모두가 자동적으로 구원에 이른다는 것은 아니다.

23. 유랑 Exile

1. 유대교의 주장

유랑·유배·방랑 혹 국외 추방은 유대인의 대명사같이 4천 년이 넘는 긴 세월 동안 그들과 함께한 이름이다. 인간의 삶이란 본질상 유랑이다. 그러나 유랑(Exile)이란 유대인에게 있어서 성전을 떠나 정처 없이 쫓겨 가는 삶, 하나님의 면전에 있지 못하고 점점 멀어져 가는 삶, 또는 버려진 삶을 뜻한다. 성경에서 가장 인상적인 유랑의 이야기는 에스겔서 10-11에 나온다. 유대인에게 가장 큰 상처로 남을 유랑의 예언이다. 선지자는 환상 가운데 예루살렘으로 이끌려 하나님의 영광이 머문 수레를 본다. 하나님의 영광은 실제로 있었던 현존이요 그 모습은 예루살렘 성전 안이었다.

상처 깊은 이야기는 계속된다.

"여호와의 영광이 그룹에서 올라 성전 문지방에 임하니 구름이 성전에 가득하며 여호와의 영화로운 광채가 뜰에 가득하였고"(겔10:4).

수레에 대한 묘사와 예언의 전개도 지속된다.

"그들이 그리로 가서 그 가운데 모든 미운 물건과 가증한 것을 제하여 버린지라 내가 그들에게 일치한 마음을 주고 그 속에 새 신을 주며 그 몸에서 굳은 마음을 제하고 부드러운 마음을 주어서"(겔11:18-19).

예언과 행위 예언이 연속되면서 설화도 곁들어진다.

"여호와의 영광이 성읍 중에서부터 올라가서 성읍 동편 산에 머물고"(겔11:23).

이러한 예언이 선포되고 난 다음 하나님이 성전을 떠나고 또 예루살렘을 떠나고 마지막에는 하나님께서 유대인을 떠나신다.

예언을 하는 예언자에게나 이스라엘 백성들에게 얼마나 가혹한 일인가? 하나님께서는 어려운 시간이나 좋은 시간을 막론하고 이스라엘과 실제적으로 함께하셨다. 그러나 그 하나님이 실제로 이스라엘을 떠나셨다. 떠나셨다기보다 이스라엘을 버리셨다.

이스라엘 백성들에게 있어서 성전은 하늘과 땅이 만나는 하나님과 이스라엘이 만나는 장소였다. 그곳에서 하나님의 뜻이 계시되고 그리고 인간의 기도와 결심이 그 뜻을 만나는 지점이어서 성전이야 말로 하나님과 인간의 해후지점이다(Encounter Point). 모두가 성전에서 하나님을 기쁘게 하는 제물을 드렸는데 하나님께서 성전도 제물도 열랍치 않으셨다. 하나님께서 성전의 법궤에 좌정해 계실 때 그들은 아버지처럼 의지했고 어머니처럼 친애했다. 그러나 이제 하나님은 그곳을 떠나셨다. 더 슬픈 것은 언제 하나님께서 돌아오실는지 누구도 모른다는 것이다.

그리하여 이스라엘의 유랑이 시작된 것이다. 소 없는 외양간에 아무도 신경을 쓰지 않고 꿀벌 없는 벌통을 누가 신경 쓰랴! 하나님께서 신경 쓰지 않는 이스라엘을 누가 신경 쓰며 누가 그들을 아끼고 사랑해 주랴! 그들을 낳아준 부모가 있지만 이스라엘은 이제 천하에 고아가 되어 보호 없는 삶을 살기에 이르렀다.

이스라엘의 유랑은 민족적 대재앙이었다. 이스라엘 국가는 자연 소멸된 셈이다. 땅은 그대로 남았으나 민족도 국가도 사라진 마당에 국가가 어떻게 존재할 수 있겠는가? 이스라엘은 시체가 되고 길거리에 버려진 상태가 되었다. 버려진 길거리에 주검이 쌓였으나 매장해 주는 사람은 아무도 없었다. 정치 종교 지도자들은 쇠사슬에 묶여 이방 땅으로 끌려갔다. 의로운 사람이 악인과 함께 학살을 당하고 무고한 사람이 배신자와 함께 죽임을 당하였다. 성도(Holy City) 예루살렘은 황폐되고 성지는 불모지가 되어 버렸다. 생존자가 있다 할지라도 기아와 병고 속에서 실신되다시피 됐고 성한 자는 노역으로 끌려갔다. 그들은 어떻게 해야 하며 어디로 가야 할지 행방을 정하지 못하고 방황했다. 왜 이런 일이 일어났을까? 누가 이런 일이 일어나도록 했을까?

애처로운 소리가 전국 강산에 메아리치고 넘쳤다. 슬픈 애가는 있었지만 차마 입 밖에 낼 수도 없었다.

"우리 머리에서 면류관이 떨어졌사오니 오호라 우리의 범죄함을 인함이니이다. 이러므로 우리 마음이 피곤하고 이러므로 우리 눈이 어두우며 시온산이 황무하여 여우가 거기서 노나이다 여호와여 주는 영원히 계시오며 주의 보좌는 세세에 미치나이다 주께서 어찌하여 우리를 영원히 잊으시오며 우리를 이같이 오래 버리시나이까 여호와여 우리를 주께로 돌이키소서 그리하시면 우리가 주께로 돌아가겠사오니 우리의 날을 다시 새롭게 하사 옛적 같게 하옵소서 주께서 우리를 아주 버리셨사오며 우리에게 진노하심이 특심하시니이다"(애5:16:22).

예레미야 애가는 이 당시 이스라엘의 가슴에 끓어오르는 슬픔을 설명하는 눈물이요, 아픔을 노래하는 것이다. 한에 쓰려 기진맥진한 그들의 뼈에 사무치는 애가였다.

주전 586년 그때부터 이스라엘과 그 역사는 이전 같지가 않았다. 누구도 측량할 수 없는 어둠의 세월이 시작된 것이다. 팔려간 곳에서 또 다시 팔려가고 그리고 또 주인이 바뀌었다. 주인이 바뀔 때마다 그들의 이름은 달라졌고 그 주인의 나라말로 불려졌다. 성전도 법궤도 없는 황량한 땅에서 고아처럼 버려진 아이처럼 비둘기 울음소리같이 슬피 울었다(사59:11).

적군의 왕의 배려로 성전을 다시 지었으나 하나님의 임재는 실현되지 않았다. 하나님이 계시지 않는 성전은 성전이 아니고 건물이었다. 돌이고 나무일뿐이었다. 주후 70년에 대 비극의 스토리와 함께 제2성전마저 불타 무너지고 말았다. 그때 랍비들이 깨달은 것은 계약이었다. 하나님과의 언약이었다. 언약을 이룰 경우 하늘과 땅의 지복과 존귀가 함께 하나 언약을 파기했을 경우 저주와 슬픔의 눈물로 가득 찬다는 사실을 알았다. 그토록 선지자들이 외치고 외쳐도 깨닫지 못한 그들이 이제야 그것을 랍비들이 깨달았다.

주후 150년 경 그래서 내린 그들의 방책은 이것이다. 유랑은 메시야의 종말이 오는 그날까지 계속되리니 우리의 지혜를 모으자, 바벨론에서의 고난의 삶과 팔레스타인에서의 슬픈 삶속에서 배운 지혜를 모으자, 나라 없이 나라를 살고 민족이 흩어진 가운데서도 하나의 민족을 만드는 지혜를 모으자, 그때 탈무드가 생겨난 것이다.

이후에 이스라엘이 당하는 모든 슬픔, 눈물, 아픔의 그림자는 전부 유랑이라는 비극이 빚은 그림자였다. 유대인의 대학살, 유대인을 향한 대음모, 유대인을 향한 모함 등 모든 슬픔 역시 유랑이 빚은 그림자이다. 유대인 학자들도 그렇게 해석하고 유대인의 예배도 그 슬픔과 아픔을 표현하는 것으로 바꾸었다. 2천 5백 년이 넘는 슬픔의 장소 속에서 그들은 뼈가 녹고 살이 썩어 내려앉는 고통과 아픔을 맛보았다. 가난하면 가난하다고 두들겨 맞고 부유하면 부유하다고 두들겨 맞는 아픔의 세월이었다. 약속의 위반은 이처럼 무섭고도 가혹했다.

유대인의 유랑이 잃었던 것은 나라와 성전뿐이 아니었다. 가장 중요한 그들의 예배의 모습을 잃어버렸다. 희생제물을 드릴 수가 없는 예배는 예배가 아니었다. 희생물이 없는 예배는 하나님께서 받으시지 않기 때문이다. 예배에 희생물은 없어지고 그 대신 희생의 기도가 생겼다. 성전에서 하루 세 번 드리던 기도처럼 이제 회당에서 하루 세 번 기도를 드리고 안식일과 축일 때도 그러하였다. 이스라엘의 예전의 변화는 이스라엘의 생각과 삶을 바꾸어 놓았다.

이스라엘이 두 번째 잃은 것이 무엇인가? 미쉬나의 주종을 이루는 농사법(Agricultural Codes)이 필요 없게 되어 버렸다. 농사법이 폐지됨으로 자연히 십일조의 헌물도 없어지게 되었다. 십일조의 농사 헌물이 없어지게 되자 그 대체법이 생길 수밖에 없었다. 농사가 아니라 할지라도 버는 것에서 십일조를 내는 현금 유통이 시작된 것이다.

세 번째 이스라엘이 잃은 것은 성전을 중심한 청결법이다. 제사장의 특권이요, 성전의 특권이라 할 수 있는 물로 행하는 청결법이 없어지자 성결, 거룩에 대한 개념이 달라지기 시작한 것이다. 일부 지역에서는 성수 성결법이 시행되었지만 그것이 없어지자 약식으로 하는 세례법이 생겨나게 되었다. 그렇다 할지라도 유랑의 삶이란 개나 돼지나 다를 바가 없는 누추한 삶인데 성수 성결법마저 없어지게 되자 그야말로 이스라엘은 누더기 같은 존재가 되었다.

네 번째 이스라엘이 잃어버린 것은 짐승의 희생제물 외에 성전에서 드렸던 예전, 예배의 방법들을 다 잃어버렸다. 그것을 재건하자는 교파도 있지만 그것은 일부 복원일 뿐 옛날의 예전의 신비는 더 이상 맛볼 수 없게 되어 버렸다. 그 중에서도 가장 귀한 전승을 잃어버렸다. 오직 속죄일(Yom Kipper)에 대제사장에 의해 부를 수 있는 여호와의 이름이다. 이스라엘의 하나님의 성호를 일 년에 단 하루 대속죄일에만 부를 수 있는 그 아름답고 귀한 이름을 부르는 전승은 사라져 버렸다. 지금도 모른다. 하나님의 성호를 어떻게 발음했는지, 모음이 없는 하나님의 이름 야훼(Yhwh)를 어떻게 호칭했는지, 그 옛날의 예전의 전승을 정확히 아는 자가 없다. 이것은 입에서 입으로 전달되어 내려온 전승이었기 때문이다.

유대인의 귀향은 저항이요 항거였다. 그들의 귀향은 바로 이스라엘 백성을 향한 하나님의 통치의 회복이었다. 약속의 땅으로 귀향하는 것은 성도 예루살렘에 이스라엘 백성이 돌아오는 것을 뜻한다. 하나님이 이스라엘 공동체 속에 사시고 이스라엘이 하나님 속에 다시 사는 것을 의미한다. 또한 이것은 이스라엘이 예루살렘을 향해 극도의 집착을 가진 것으로 풀이될 수 있다. 그렇다면 이스라엘의 귀향을 어떻게 해석해야 할까? 하나님의 임재와 언약이 회복되었다는 뜻인가? 하나님이 다시 이스라엘을 버리지 않고 사랑하시고 함께 한다는 뜻일까? 신학자들의 의견은 분분하다.

유대교 신학자들은 귀향을 하나님과 새로운 관계, 옛날과 같은 가까운 자녀 관계로 회복되는 것으로 해석한다. 이스라엘이 하나님의 대로를 활보하고 성도에서 찬양의 소리가 드리고 율법이 다시 읽어지는 그 날, 평화가 이루어져서 물질적 영적 축복이 다시 이스라엘에 내려진다고 해석한다. 모든 유대인들은 그렇게 믿고 있다. 과연 그러할까? 과연 지금 이스라엘에 평화가 회복되고 있는가?

크리스천들의 유랑을 우리가 이해하는 것처럼 이해하기는 쉽지 않을 것이다. 유랑과 귀향 하나님이 이스라엘을 증오하시어 세계를 향해 버린 바 되었다가 다시 그 관계를 회복하시는 것은 누구도 이해할 수 없는 이스라엘의 신비이다. 지금 하나님께서 그의 임재하심을 이스라엘에 깊이 심어내어 2500년 전의 그 기억을 살리시고 그 계약을 새롭게 하시는 경이의 시간이 지금 이루어지고 있다.

유랑 Exile

2. 기독교의 입장

유랑은 크리스천의 라이프스타일이다. 옛 장소, 묵은 삶을 버리고 떠나는 것은 크리스천의 기본적 삶의 양태이다. 우상과 범죄가 차고 넘치는 땅을 떠나 아브라함이 믿음의 출발을 하여 약속의 땅으로 들어갔다(히 12). 이스라엘은 애굽을 떠나 모세의 인도를 받아 언약의 새 땅을 향해 출발했다. 베드로도 그물을 두고 주님을 따라 떠났고 사도 바울도 그러했다. 떠남이란 본향을 찾는 크리스천의 믿음의 출발이 그 속에 있다. 이미 하나님의 버림을 받아 죄악 속에 살고 있는 우리 이방인들에게 떠남이란 결단을 요구하는 새 출발의 시작인 셈이다.

그러나 유랑을 떠남으로만 해석하지 않고 자의적이 아니라 강제성을 띤 유배, 추방 포로란 뜻으로 해석할 때는 그 의미가 완전히 달라진다. 미국에 살던 불법 체류자가 이민국 직원에게 붙잡혀 본국으로 강제 추방을 당하는 것을 보면 그것은 가난한 나라의 백성된 슬픔이다. 우리가 일본의 군국주의의 식민지가 될 때 우리들의 아버지, 어머니들은 억지로 이 나라를 떠났다. 원치 않는 소련과 중국으로 심지어는 티베트까지 유랑을 떠난 것을 우리는 알고 있다. 민족의 비극이었다. 유대인들은 수차례 이 같은 비극을 겪었는데 우리 크리스천들이 유랑, 유배라고 할 때 유대인들의 바벨론 포로(Babylonian Exile)를 두고 하는 말이다.

여기에서 나는 크리스천으로서 유대인의 유배 내지 유랑 생활을 말하고자 한다. 유대인의 유랑의 시작은 주전 586년 바벨론에 의해 정복당한 유대인들이 바벨론으로 강제 이주에서부터이다. 유대인의 바벨론 강제 이주는 하나님 토라, 성전을 다 버리고 짐승처럼 코에 쇠사슬을 꿰매어 끌고 가는 최악의 수모였다. 하나님의 형상대로 지음 받은 인간이 금수처럼 취급받은 어둠의 세월이 유대인의 바벨론 유배이다.

유대인의 바벨론 유배는 그들의 죄악에 대한 응징으로 하나님께서 준비하신 길이라고 해석한다. 유배에 대한 책임이 백성들의 죄악뿐이 아니라 지도자의 죄악까지 포함한다(사30:1-). 부자들이 나누지 않은 욕심에 대한 심판도 포함된다. 네 방백들은 패역하여 도적과 짝하며 다 뇌물을 사랑하며 사례물을 구하며 고아를 위하여 신원치 아니하며 과부의 송사를 수리치 아니 하는도다(사1:23). 바벨론포로에 대한 유대인들의 해석이다.

유대인의 바벨론 유배에 대한 히브리 성경의 특징적 표현은 전부 예언자들의 입에서 나왔다. 너희들의 죄악, 하나님과의 언약을 파기한 죄악, 가난한 이웃과 과부를 돌보지 않은 죄악으로 인하여 유배를 당하고 세상에 흩어질 것이라고 선포한다. 예레미야는 속히 그곳에 가서 땅도 사고 집도 짓고 자녀를 생산하라고까지 선포한다.

"만군의 여호와 이스라엘의 하나님 내가 예루살렘에서 바벨론으로 사로잡혀 가게 한 모든 포로에게 이같이 이르노라 너희는 집을 짓고 거기 거하며 전원을 만들고 그 열매를 먹으라 아내를 취하여 자녀를 생산하며 너희 아들로 아내를 취하며 너희 딸로 남편을 맞아 그들로 자녀를 생산케 하여 너희로 거기서 번성하고 쇠잔하지 않게 하라 너희는 내가 사로잡혀 가게 한 그 성읍이 평안하기를 힘쓰고 위하여 여호와께 기도하라 이는 그 성이 평안함으로 너희도 평안할 것임이니라"(렘29:4-7).

유대인의 바벨론 포로 70년은 용광로였다. 좋은 쇠, 나쁜 쇠, 녹슨 쇠 모두를 뜨거운 용광로에 집어넣어 새로운 쇠로 녹여 만드는 곳이었다. 하나님에 대한 이해도 달라졌다. 가나안 땅의 하나님이라고만 생각했는데 우주의 하나님으로, 예루살렘에서만 뵈옵던 하나님을 바벨론에서도 뵈었다. 성전의 거룩한 예배만이 하나님께 드려질 예배라 생각했는데도 회당에서 예배도 가능하게 됐다. 토라만을 모든 것으로 생각했으나 세계적인 새 학문에 접하는 변화도 일어났다.

바벨론 포로를 통해서 유대인들이 얻었던 수확은 크다. 바벨론 포로가 반드시 유대인의 삶의 모든 것을 빼앗아간 것이 아니라 갖다 준 것도 적지 않다. 그 중 가장 중요한 것이 유대인으로서 하나님을 향한 소명의식을 찾은 것이다. 유대인이 무엇인지를 깨닫고 열방의 빛이 되어야 한다는 것이다.

"나 여호와가 의로 너를 불렀은즉 내가 네 손을 잡아 너를 보호하며 너를 세워 백성의 언약과 이방의 빛이 되게 하리니"(사42:6).

"그가 가라사대 네가 나의 종이 되어 야곱의 지파들을 일으키며 이스라엘 중에 보전된 자를 돌아오게 할 것은 오히려 경한 일이라 내가 또 너로 이방의 빛을 삼아 나의 구원을 베풀어서 땅 끝까지 이르게 하리라"(사49:6).

이 소명적 자각의식이 나중에 유대인들이 디아스포라(Diaspora)로서 세상의 빛이 되어야 한다는 것으로 결론 내렸다. 지극히 작은 땅 팔레스타인에 갇혀 살던 유대인들이 디아스포라로서 세계 전체에 흩어져 열방의 빛이 되는 사명으로 포로의 삶을 해석하고 받아들였다.

신약성서에서 방랑과 돌아옴은 하나의 순환으로 나타난다. 집을 떠나 방황하던 차자가 아버지 집으로 돌아오는 순환의 모습이 그것이다. 길 잃은 양이 목자의 품으로 다시 돌아오는 것도 방랑과 귀향의 순환이다. 세상에 속해 설던 자가 사람의 손으로 지은 것이 아닌 진정한 고향 하나님의 도성으로 되돌아가는 것은 하나의 순환이다. 죽음에서 부활의 생명으로 되돌아가는 것은 생명의 순환이다.

따라서 신약에서 의미하는 방황, 방랑, 또는 영적인 유배는 반드시 나쁜 것이 아니라 새로운 세계를 향한 시작으로 봄으로 유배의 긍정적인 측면을 강조한다. 한곳에 오래 머물러 죄악의 타성에 젖어들 것이 아니라 끊임없이 변화하고 변함없이 떠나는 것이다. 바울 선생님은 다메섹에서 주님과의 해우 이후 그 당시의 세계를 세 바퀴 반을 도는 축복을 받아 예수의 복음을 세계화했다. 떠남이란 유대인에게 있어서 죄악의 응징이지만 신약적 의미에서는 생명을 향한 새 출발이다.

얼마 전 선교 자녀들의 모임이 있었다. 선교사 자녀의 가장 무거운 짐이 무엇이냐는 주제 아래 몇 가지의 공통적 의견이 나왔다. 너무 자주 이사를 간다는 것과 가난하다는 것이었다. 자주 이사를 간다는 것은 나쁜 점만 있는 것이 아니라 더 좋은 영원한 정착지를 찾아 몸부림치는 영적인 투쟁으로 생각할 수도 있다.

얼마 전 자녀들로부터 심한 추궁을 받았다. 고등학교 때 너무 이사를 많이 다녀 좋은 대학에 들어갈 수 없었다는 것이다. 생각건대 결혼 이후 30번이 넘게 이사를 하지 않았나 생각될 정도이다. 그러나 자녀들이 불평할 만도 하다고 본다. 그러나 이사 가는 것이 좋은 본향을 찾는 몸부림이지 취미가 아닐진대 뜻 없이 이사 다닌 것을 비난하는 목사 자녀들이 야속하기만 했다.

다시 히브리 성서로 돌아가 유배란 하나님의 언약의 법을 지키지 않음으로 내려진 하나님의 심판으로 해석되었다. 특별히 나그네들, 가난한 자, 압제받는 자, 고아와 과부들 냉대함으로 하나님과의 언약을 파괴했다. 언약 파괴 죄의 대가로 그들은 바벨론 유배의 길을 떠나지 않으면 안 되었다. 후기에 와서 기독교 신학자들은 추후 70년 제2성전이 불타 파괴됨으로 유대인들이 세계의 유랑인이 되어 흩어지는 것 역시 하나님에 대한 불경 때문이라고 해석했다. 기독교 신학의 관점에서 볼 때 이 불경이란 예수를 메시야로 인정하고 받아들이지 않고 십자가에 매달아 죽인 죄이다. 물론 예수를 십자가에 단 유대인의 죄악 때문에 세상을 유랑하게 되었다고 해석하는 신학자가 많지는 않으나 신앙의 감정상으로는 그런 경향이 없는 것은 아니다. 그러므로 유대인은 저주를 받아 세상 끝날, 즉 메시야가 오는 그 순간까지 그들은 유랑의 벌을 받게 될 것이라고 말하는 크리스천도 있다.

크리스천들은 유대인의 유랑을 언급할 때 항상 예언자들의 본문을 전례로 든다. 이사야, 예레미야, 에스겔, 다니엘서의 본문을 들어 유대인의 세계 유랑을 정당하고 그들은 저주를 받아 마땅하다고 주장한다. 특히 다니엘서의 본문은 유대인의 방랑과 저주가 당연하다는 것을 합리화시켜 주는 성경으로 널리 인용되고 있다. 이러한 가운데 유대인들이 약속의 땅으로 돌아오게 되는 것을 세계사적 특이한 사건으로 해석한다.

유대인의 바벨론 유배는 그들이 하나님과의 언약 파기 때문이라고 유대인들도 그렇게 해석하기 때문에 논란이 없다고 볼 수 있다. 그러나 귀향 후 제2성전을 수축하고 그 땅에 정착하기를 원했던 유대인들이 주후 70년 성전 파괴를 기점으로 다시 온 세계로 흩어졌다. 이것을 어떻게 해석할 것인가? 크리스천들은 이 문제에 대한 감정적인 해석으로 유대인을 오해할 것이 아니라 근거 있는 성서적 가르침을 통해 유대인을 새롭게 이해할 때 유대교와 크리스천의 성서적 대화는 한층 깊은 수준으로 갈 수 있을 것이다.

유랑

3. 요약 : (유대교의 주장)

1. 인생은 유랑길이다. 아브라함에게서 보는 유랑의 긍정성과 유대인이 당한 징벌로서의 유랑을 보자. 유대인들이 유랑을 통해 잃고 얻은 것이 무엇인가?
2. 유랑은 인간 삶의 실제이다. 그러나 유대인에게 있어서 유랑은 특별한 의미를 갖는다. 하나님이 이스라엘을 떠나는 유기 내지 버림

으로 묘사된다. 에스겔10-11장의 처절한 유랑의 성격을 보자.
3. 유대인의 탈무드는 인류의 정신 재산이다. 탈무드가 유랑의 유대인과 어떤 관계가 있는가?
4. 유대인들이 유랑으로 인하여, 성전 성례, 예배 그리고 무엇을 잃고 무엇을 얻었는가? 농사법을 잃었다. 그럼으로써 십일조를 소작물이 아닌 현금이 되므로 현금 유통이 시작된 것이다.
5. 유대인의 유랑은 기독교가 신학적으로 해석하는 곳에 비해 대단히 실제적이고 체험적이다. 우리는 유대인의 유랑을 징벌로 볼 것인가? 어떻게 해석해야 할 것인가?

4. 요약 : (기독교의 주장)

1. 유대교에 비해 기독교의 유랑의 해석은 대단히 낭만적이요 신학적이요 긍정적이다. 유대교에서 배운 유랑의 부정성, 즉 디아스포라의 자각이란 어떤 것인가?
2. 예수의 비유 속에서 유랑과 방황은 어떻게 해석되어지고 있는가? 그 비유 속에서 방랑이란 좁게는 유대인 넓게는 인류 전체를 의미하는 것이 아닐까?
3. 유랑의 하나인 유대인의 바벨론 포로에 대한 유대교와 기독교의 해석의 차이는 무엇인가? 바벨론 포로 유랑에서 유대인이 얻은 것이 무엇인가?

24. 계시 Revelation

1. 유대교의 주장

하나님이 자신을 인간에게 나타내어 보이실 때 일어나는 현상이다. 다시 말하면 계시는 영원한 초월자가 어느 시점에 특수한 장소에서 인간과 대화하는 것인데, 초월자는 인간을 찾아오기 때문에 인간이 신의 임재를 감지할 수 있는 능력을 가지게 된다.

모든 인간이 누군가 초월자를 향하여 기도하듯이 초월자도 인간과 커뮤니케이션을 한다. 그것은 성경이 보여주는 하나님과 인간의 본성이다. 그런 점에서 성경은 하나님과 인간의 만남과 대화를 보여 주는 기록이다. 성경이 우리에게 보여주는 것은 하나님과 인간의 대화는 너무나 자연스런 현상으로 나타난다. 하나님과 인간은 계시 속에서 만난다. 이 같은 현상은 계시종교인 성서 속에만 있는 것이 아니라 이교도의 미신 종교 속에서도 쉽게 볼 수 있다. 인간은 초월자 신과 만날 수 있다.

성서적인 표현으로(Nirah) 하나님이 자기를 보여주심 또는 하나님이 주기를 알려주심(Noda)인데 실제적으로는 하나님이 어떤 개인과 말씀하시는 것이다. 직접 말씀하시는 것과는 달리 어떤 매개를 통해서 나타나시기도 한다. 불타는 가시나무, 불기둥, 구름기둥 같은 것이다. 성서 가운데서 가장 강도 높은 계시 가운데 계신 분은 모세였다. 꿈속에서 또는 환상 속에서 하나님과 대화한 인물은 많았지만 얼굴을 맞대고 대화한 인물은 모세밖에 없다. 그래서 모세를 최고의 계시자요, 예언자로 인정한다.

고전 전통에서 계시란(Maamad har Sinai) 시내산 앞에 이스라엘의 백성이 서다라고 했다. 그 당시 하나님의 음성을 듣기 위해서는 시내산 앞에 모였다. 한 개인에게 말씀하신 것이 아니라 모든 이스라엘의 백성들, 남녀노소, 어린이까지 포함된 민족 앞에 말씀하셨다. 유대교는 하나님이 직접 유대인에게 나타나 주신 계시의 진성(Authentic) 계시종교이다. 토라와 계명을 계시로 주셨고 하나님께서 어떻게 살아야 하는지를 가르치고 보여주셨다.

시인이요 사상가인 할레비(Halevi 1085-1142)는 시내산에서 수없는 우리 조상들이 직접 받았고 오늘날 우리도 그곳에 있었다고 했다. 그리고 후일에 올 우리의 자녀들도 그곳에 가서 같은 토라와 그 계명의 계시를 받을 것이다. 그 사실은 시내산에서 있었던 과거의 역사 사실이요 영원한 현재로서 우리와 함께한다. 그러므로 유대교는 어떤 추상적인 철학이나 사색 또는 개인의 주장에서 시작된 것이 아니다. 유대교는 이 진실성에 대해 어떤 이론이나 논쟁의 대상이 되지 않는 완벽한 신적인 것이다.

하나님은 현상으로 또는 말씀으로만 계시하시는 것만 아니라 인간의 역사 속에 행동으로 나타나시기도 했다. 십계명의 말씀은 이렇게 시작한다. 나는 너를 애굽 땅, 종 되었던 집에서 인도하여 낸 여호와로라(출 20:2). 하나님은 역사 속에 행동으로 나타난다. 하나님은 인간의 삶 속에 직접적으로 힘 있는 손으로 개입하셔서 인간의 역사를 완전히 새롭게 전환하신다. 이와 같은 역사 개입의 현상은 태초에서부터 지금까지 계속되고 있다.

유대교 신학은 조직신학적 논리를 좋아하지 않지만 탈무드 문학은 계시에 대한 적절한 설명을 몇 가지 방법으로 해 주고 있다.

밭콜(Bat kol)은 하늘의 음성을 인간의 귀로 듣는 것, 루아 하코데스(Ruah Hakodesh) 인간이 하나님의 인도하심을 주는 성령의 손길, 네부아

(Nevuah)는 선지자들에게 능력을 행하는 선물, 이 같은 능력의 손길은 삼손을 비롯한 사사들, 모든 선지자들 학개, 스가랴, 말라기에게 나타나 역사의 종말론적 사건을 불러일으켰다.

하나님은 더 이상 선지자를 통하여 인간을 만나시고 말씀하시는 시대가 지나갔다. 기나긴 유대 역사 속에서 하나님은 어떤 매개를 통하지 않으시고 개인과 직접적으로 말씀하신다. 현대 탈무드를 완성한 랍비 카로 (Karo 1488-1575)는 유대 율법의 표준서(Shulhan Arukh)에서 이렇게 술회했다. 하나님의 거룩한 소리는 모든 개인의 영혼 속에 직접 말씀하시고 가르치고 인도하신다. 선지자를 통해서 경전적으로 말씀하신 하나님은 그의 계시를 쉬지 않고 지금도 계시하고 계신다.

이것은 사실이다. 지금도 영혼에 말씀하신다. 그러나 경전적인 의미에서 그렇다는 것은 아니다

중세의 신비주의 시대는 유대교와 기독교는 계시와 이성의 상관관계에 대해 상당한 관심을 가지고 연구했던 시기였다. 신비가들은 모든 지식은 계시를 통해서만 가능하다고 주장했다. 왜냐하면 이성은 불확실하여 믿을 것이 못 된다고 생각했기 때문이다. 어떤 중세학자는 이성은 지극히 뛰어난 것이어서 계시와 전혀 모순되는 것이 없다고 주장했다. 중세 최고의 유대인 학자 마이모니데스(Maimonides)는 진리는 계시를 통해서 가능하다는 것을 인정하면서도 이성은 계시의 우위에 있다고 주장했다. 마이모니데스는 말한다. 선지자도 계시를 이성을 통해서 받아들인다. 선지자들의 이성의 기능은 최상의 능력으로 계시를 감지판단하고 받아들인다. 물론 그의 의견에 반대하는 사람도 있었다. 계시와 이성의 문제는 모순되면서 함께 가는 동무와 같은 것이다.

근대에 와서 계시의 문제는 개인적인 문제로 규정짓는 경향이 있다. 개인 각각이 다르겠지만 어떤 상황을 통해서 인간은 하나님의 음성과 말

쏨을 받는다. 그러나 인간의 경험이 계시의 표준이 되는 것은 아니다. 그러므로 개인의 경험은 토라와 계시 앞에서 고개를 숙여야 한다. 유대교는 계시 위에 존재하는 종교지만 개인의 이성적 판단을 중시 여긴다. 그러나 계시가 개인의 이성적 판단에 걸림돌이 되어서는 안 된다.

계시 Revelation g11

2. 기독교의 주장

하나님은 계시 주체시고 또한 계시의 대상이다. 하나님은 숨어 계시지만 그의 사랑하는 자에게는 자신을 "보여주시는 분이시다(사45:15, 창35:7, 신29:28).

한 분이신 하나님은 거룩한 계시를 자연과 인간의 역사 속에 나타내어 보내시어 신이신 하나님과 인간을 연결시켜 주는 고리가 된다. 자연과 인간은 거룩한 하나님과는 동과 서가 먼 것처럼 함께할 수 없는 것이다. 그러나 자연과 인간은 하나님께로부터 나왔기 때문에 하나님의 거룩한 신성이 잔존하고 있어 자연과 인간을 통해 하나님의 계시를 볼 수 있다 (시19:1-6 사40:26 롬1:19). 그런가 하면 신의 계시는 자연의 모든 질서를 뛰어 넘기도 한다(수10:12 사38:8). 자연뿐이 아니라 인간의 역사는 하나님의 계시의 현장이다. 계시는 자연 역사 인간 위에 나타난다. 하나님은 공중누각이나 하늘 높은 창공에 나타나지 않고 인간 삶의 현장에 계시를 통해서 나타나신다(사7:7 8:10 19:22-23). 역사 위에 일어나는 모든 사건은 하나님의 뜻을 보여주는 계시이다.

하나님은 어떤 특정한 인간에게 나타나시어 직접 말씀하심으로 자신을 계시하신다. 하나님은 자연을 통해서 그리고 역사를 통해서 하나님은 자기를 계시하신다. 역사에 일어나는 어떤 사건에든 신의 의지가 포함되어 있다. 그러므로 여기에 해석학이 필요하다. 계시의 말씀과 자연의 변화와 역사의 사건들이 어떤 뜻이 있는지를 해석하는 것이다. 그 해석의 표준은 말씀 속에 있다. 이제 계시의 정점으로 가 보자.

교회는 예수 그리스도를 역사의 정점으로 받아들인다. 역사의 정점일 뿐만 아니라 인간에게 나타난 계시의 정점이다. 그리스도의 나타나심의 전과 후로 나누어 역사를 해석한다. 그리스도가 오시기 전은 약속의 시대요, 어둠의 세월이었지만 그리스도의 후기는 밝음의 시대 약속의 성취 시대를 이루어 가고 있다(눅10:1 24 히11:1 벧전1:10-20). 유대인만의 세계가 아니라 우주의 시대, 보편의 시대가 계시의 정점인 그리스도의 출현으로 가능하게 되었다(롬10:12 갈3:18 골3:11). 하나님의 충만한 계시가 그리스도를 통해서 오게 됐지만 이것은 하나님의 사랑과 은혜이다. 어떤 철학자가 예수 그리스도는 역사의 축, 우주의 중심이라고 하는 것은 우연이 아니다. 왜냐하면 하나님의 사랑의 뜻이 예수를 통해서 가장 강력하게 나타났기 때문이다.

앞서 그리스도가 충만한 계시, 하나님의 사랑의 축복의 시대가 우주적으로 나타난 사건이라고 했다. 계시는 그 수준의 단계가 있다는 사실을 우리는 잘 인식해야 한다. 우리가 알아야 할 가장 중요한 사건은 예수 그리스도는 창조주 하나님과 함께하신 분이다(눅10:22-요17:6-). 그래서 우리가 그리스도의 뜻을 나누는 것은 바로 하나님을 향한 진리로 가까이 가는 것이다.(마11:27고전2:10 12:3). 그의 뜻을 나누는 사건은 바로 그의 성령이 나타나심이다. 성령은 하나님의 뜻을 예수를 통해서 보여주는 것이다. 이 말은 오늘 하나님의 가장 높은 계시는 성령을 통해서 예수가 자신을 보여주는 것이다. 요한복음은 하나님의 아들을 아는 것이 하나님을 본 것이라고 증명한다(요14:9 갈1:16). 삼위일체 교리가 정리되고 난 후 기독교 역사의 흐름은 예수와 하나님은 본질상 동일한 분인 것을 가르치고 믿어 왔다. 바울은 증언한다. 예수는 하나님의 형상이요 그 본질이며 하나님의 계시의 본체라고 믿는다(빌2).

하나님의 본질로서 계시의 정점인 예수는 모든 사람들에게 나타난 공개적 비밀로서 온 우주에 주어진 계시이다(눅2:31요1:9). 이 공개된 비밀의 계시는 온 민족에게 조건 없이 주어진 계시의 정상으로서 특정된 지도자나 인물이나 민족에게 주어진 것이 아니다. 심지어 어린아이에게도 숨기지 않으시고 보여주신 모든 인류를 위한 계시이다(마11:25). 그러므로 하나님이 우리에게 나타나지 않았다고 변명할 수 없는 광명의 계시이다(고후3:14).

그러나 예수가 계시의 정점인 것이 어떤 사람에게는 걸려 넘어지는 방해물이 되기도 한다(롬9:33). 왜냐하면 민족의 눈으로 볼 때 받아들일 수 없는 사실이기 때문이다. 그러나 그 계시가 완전히 성취되는 시간에는 충만한 영광의 광채가 온 우주를 빛나게 할 것이다(막4:22 눅12:2 고전3:13 4:5). 그러나 지금은 이미 시작되었으나 성취된 것은 아니기에 계시완성의 기다림에 있다. 이 말은 의심할 여지없이 계시의 정점인 예수의 지식이 이 땅에 충만해지고 있다는 사실이다. 그때 만물이 그에게 복종하게 될 것이며 예수 자신도 하나님께 복종케 될 것이다(고전15:28).

계시

3. 요약 : (유대교의 주장)

1. 하나님이 인간과 만나기 위한 초대로서 계시를 표현한다. 인간이 어떻게 초월적 계시를 인지할 수 있는가?
2. 성서역사에서 계시의 최정상에서 경험한 모세의 계시 체험을 설명하라. 하나님을 대면한 자는 죽는다고 하는 금기에도 불구하고 하나님을 대면한 모세의 상황은 어떠했는가?
3. 시인 할레비의 계시의 정의를 눈여겨보자. 시내산에서 우리의 조상이 계시의 현현을 체험했을 때 우리도 거기에 있었다는 역사의 현존, 공동 체험 사상은 유대인들의 특별한 해석이다.

4. 계시의 현현, 세 가지 방법을 보자. 음성으로 듣는 것, 성령의 인도하심과 손길, 하나님의 사람의 인도하심 속에서 하나님의 계시를 체험한다고 했다.
5. 계시와 이성은 오랜 논란중의 논제중 하나이다. 마이모니데스의 견해, 이성이 계시 위에 있다는 주장을 어떻게 받아들이는가. 그의 생각은 유대교의 일반적 생각은 아니다. 마이모니데스의 신학을 평가하라. 그 같은 이성주의자도 유대교에서 건재할 수 있다는 사실에 주목하라.

4. 요약 : (기독교의 주장)

1. 잡신과 기독교의 계시를 통해 우리가 알 수 있는 것은 신의 실체이다. 어떤 모습으로 하나님이 나타나시든 기독교 계시의 특성은 하나님 자신을 분명히 밝히시는 것이다.
2. 계시는 하나님과 인간의 만남의 연결고리이다. 하나님은 어떤 특정된 사람을 계시에 초대하여 그의 뜻을 알려주었다. 이제 그 계시의 방법에 변화가 왔다. 어떤 변화인가?
3. 계시관에 유대교와 기독교의 차이는 없다. 차이가 있다면 어떤 점을 들 수 있는가?
3. 계시의 표준은 말씀이다. 말씀의 본질은 무엇인가? 말씀의 본질은 예수시다. 그러므로 계시의 정점과 표준은 예수시다. 하나님은 예수 속에서 그의 모든 뜻을 계시하셨다고 믿는 것이 유대교와 다른 기독교의 특성이다.
4. 헤겔은 예수를 우주의 한 가운데 축이라고 했다. 어떤 의미에서 그렇게 말했다고 보는가?

25. 선교 Missions

1. 유대교의 주장

이스라엘의 사명은 하나님과 자녀관계를 형성하는 율법을 받을 때 이미 나타났다. 유대인의 사명은 하나님의 우주 창조와 그가 주신 계명을 선전하는 것이다. 모세가 전해준 계명은 이렇게 말한다.

"너희가 내게 대하여 제사장 나라가 되며 거룩한 백성이 되리라"(출19:6).

포로 후기의 이사야는 이렇게 선포한다.

너를 세워 백성의 언약과 이방의 빛이 되게 하리니(사42:6).

하나님이 이스라엘을 만드심은 하나님을 증명하는 증인이 되게 하기 원함이다(사43:9). 랍비문학에서 이스라엘의 방황과 포로의 삶은 영원한 교훈을 삼을 수 있는 교과서요, 하나님이 이스라엘을 간섭하고 계심을 보여주는 사건이라는 것이다. 어떤 랍비는 이렇게 말한다. 포로의 삶은 이스라엘을 세계 시민이 되게 한 값비싼 유학이라고 한다. 포로기의 경험이 없었다면 이스라엘이 세계 시민도 될 수 없었고 강인한 민족도 될 수 없었을 것이다.

이스라엘이 이 땅에 존재한다는 것 자체가 하나님의 증인으로서 선교이다. 그렇다고 해서 어떤 활동도 하지 않는 소극적인 태도를 가지는 것은 아니다. 이스라엘 최고의 선교는 하나님의 계명을 지키어 하나님의 자녀로 사는 것이다. 하나님이 이스라엘을 거룩한 백성으로 부른 목적은 그의 거룩한 법을 지키는 것이다. 하나님의 이름이 높임을 받는 것은 하나님의 가르침을 실천함으로써 하나님의 위대성을 보이는 것이다.

아모스는 유대인과 에티오피아인을 이렇게 비교했다. 에티오피아인의 특성은 피부 색깔로 결정되지만 유대인의 특성은 하나님의 법을 지키는 것이다. 하나님의 법을 지키는 일은 인간을 가장 고상하고 위대하게 만든다. 동물적 인간성에서 벗어나 하나님의 사람답게 사는 길은 할라카 (Halakha;엄격법)를 지키는 길밖에 없다. 유대인은 성공을 하고 안 하고를 떠나 반드시 할라카를 지킬 때에만 유대인이 되는 것이다.

유대인은 유대인의 엄격법 할라카를 지킴으로써 박해를 당한다. 박해뿐만 아니라 투옥 당하고 죽기도 하고 또 세상을 유리하기도 한다. 그래서 고통 속에서 기도하고 눈물 속에서 찬양한다. 유대인이 고통당하는 것은 세상의 불의에 대한 항거로서 고통을 대신하는 것이다. 유대인이 기도하는 것은 세상의 평화와 정의를 위한 것이다. 랍비 유다 할레비 (Judah Halevi 1075-1141)는 유대인은 세상을 향해 육체 속에 있는 심장과 같은 존재이다. 심장은 육체에 비해 지극히 작은 것이지만 그 역할은 육체의 생명을 좌우한다. 마찬가지로 유대인은 세상의 심장으로 세상을 바르게 하는 생명의 법과 정의의 증인으로 존재한다. 이것이 유대인의 존재 사명이다.

유대인 됨의 목적은 창조주 하나님의 선전에 있다. 하나님의 선전은 그가 주신 법을 지키기 위해 유대인이 온갖 고난을 당하는 것을 마다하지 않는다. 아브라함이 하나님을 따르기 위해 부모의 땅 고향을 버렸다. 돈벌이가 괜찮은 우상 장사도 버렸다. 다니엘과 마카비 형제들은 하나님께 순종하기 위해 순교를 택했다. 랍비 아키바(Rabbi Akiba)는 하나님의 자녀임을 증명하기 위해 스스로 순교를 택했다. 이 같은 의로운 죽음을 키두스 하셈(Kiddush ha-Shem), 성서로운 순교라 한다. 유대인의 순교는 창조주 하나님에 대한 의로움의 선전이다.

유대인은 어떤 상황에서도 하나님의 법을 지키기 위한 고난, 순교 그리고 죽음까지도 마다하지 않지만 어떤 이방인들에게 이것을 권하지 않는다. 이 같은 수난의 삶을 하지 않으면 안 되는 유대인 됨의 삶을 어떤 누구에게도 선전하지 않는다. 유대인이 되고자 하는 것을 결단코 막지는 않는다. 그러나 권하지 않는다. 그러나 유대인이 되고자 하는 사람을 향해 제일 먼저 강조하는 것은 하나님의 법을 지키기 위해 유랑, 고난, 박해, 죽음까지도 할 수 있느냐고 다짐한다. 하나님의 자녀가 되므로 물질적으로 복 받고 성공의 길을 갈 수 있다는 등의 현세적 축복 약속은 일체 하지 않는다. 아브라함의 후예로서 받아야 할 고난의 삶은 스스로 결정하고 선택할 일이기 때문에 전도를 통하여 설득하지 않는다.

오늘날 유대인들은 옛날과 달라 아브라함의 할례를 요구하지 않는다. 그러나 어떤 유대 그룹은 할례를 요구하며 유대인 세례를 시행하기도 한다. 철저한 할라카 교육과 유대인 전통법의 준수를 훈련시킨다. 유대교로의 개종은 항상 열려 있다. 누구든지 유대인이 될 수 있다. 그러나 개종이란 아브라함의 후예가 되는 것이다. 아브라함의 후예는 아브라함의 후예의 길을 가야 하는 것이다.

유대인의 선교는 유대인의 생존이 걸려 있는 문제인데 유대인의 선교에 가장 큰 영향을 준 사건은 아우슈비츠 유대인 대학살 사건이다. 기독교인들은 지금도 의아하게 생각하는 것은 그 기나긴 순교의 역사가 있음에도 불구하고 왜 아우슈비츠의 살육사건을 그렇게 중시하는지? 유대인은 인간의 잔악성 앞에 양심의 희생을 말없이 드릴 수 있다는 것을 보여주었다.

유대인의 유대인 됨을 전 인류에게 가장 절실하게 보여준 사건으로 유대인은 인류의 모든 악을 받아 대신해 줄 수 있는 민족이라는 것을 증명하였다. 선교란 자신의 종교의 실체를 진실하게 보여주는 것이다.

현대과학은 대량학살이 가능하다는 것을 보여준다. 유대인의 대학살 사건은 유대인의 대실패로 역사는 받아들일 것이다. 그러나 이것은 유대인의 본질을 보여주는 대선교 사건이다. 하나님의 손에 사로잡힌 사람들만이 인내하고 관용하고 용서할 수 있는 사건임을 보여준다. 이리하여 유대인은 역사에 다시 나타날 수 있게 되는 것이다. 기독교인들은 왜 유대인들이 이처럼 편협한 국가 부활에 신경을 쓰냐고 할 것이다. 유대인들에게 민족의 부활은 신앙의 부활이요 하나님의 부름에 대답하는 것이다. 기독교인들이 유대 민족의 존속이 여호와 신앙부활에 있다는 것을 인정하지 않는다면 유대 기독교와의 대화는 불가능하다.

유대인의 눈으로 바라볼 때 기독교의 선교활동은 정말 이해하기 힘든 사건이다. 그토록 무거운 종교 과제를 담당해야 하는 개종을 그 많은 경비를 들여 강요하는지 이해하기 힘들다. 기독교는 유대교의 선교관을 이해하기 힘들어할 것이다. 유대인은 기독교의 선교관이 유대인들과는 다르다는 것을 알고 존경하지만 그들은 그렇게 생각지 않는다. 선하고 의로운 길이란 좁고 소수일 수밖에 없는 것이다. 이것은 누가 권하여서 될 일이 아니라 스스로 결단하고 행동해야 할 문제이다.

유대교와 기독교의 대화는 차이를 인정하면서 이해하고 존중하는 데서 시작된다고 할 수 있다. 세계 인류 전부가 하나님의 자녀로 살 수 있는 특권은 모두에게 부여된 일이지만 하님님의 자녀로 사는 길은 그의 말씀을 이해하고 지키는 데에 있는데 그 것은 소수일 수밖에 없는 일이다.

선교 Mission

2. 기독교의 주장

선교라는 라틴어원 Mittere는 보내다란 말에서 나왔고 소명, 즉 부르심이란 라틴어의 Vocare에서 나왔다. 부르심이란 여러 가지 모양의 인간의 길에서 돌아서 하나님과 동행하는 것이다. 부르심이란 함께하는 결혼생활, 봉사하는 목회, 즉 삶 가난한 자를 돌보는 것이라 할 수도 있다. 크리스천으로 부르심을 받았다는 것은 제자로서 예수를 따르는 삶을 뜻한다.

  크리스천으로 불림을 받았다는 것은 하나님을 위해 나아간다는 뜻이다. 그것이 그리스도의 뜻이다. 신약성서에서 선교란? 만민에게 가까이 온 하나님의 나라를 선포하는 것이다(막1:15). 예수가 가르친 설교 속에서 설명한 하나님의 나라를 그의 삶, 가난한 자, 병든 자, 버림받은 자, 용서 받지 못한 자, 귀신 들린 자들과 함께하므로 보여주었다.

  요한복음은 우리에게 이렇게 증언하고 있다. 영원한 생명을 주기 위해 이 땅에 선교사로 오셨다고 했다(요6:38-40). 이 세상의 구원을 위해 오셔서 이 세상을 사랑하기 위해 생명을 준다고 했다(요3:16-17). 요한복음도 그러하지만 공관복음은 예수의 선교 목적은 죽음에서 구원에 있다(막10:45). 그는 선한 목자로서 그의 양을 위해 생명을 주기 위해 오셨다고 했다(요10:1-10).

  사복음서에서 예수의 제자 됨이란 예수의 선교 사명을 나누는 것이라 했다. 예수는 사도들을 택하고 사도란 택함을 받아 보냄을 받은 자란 뜻이다. 사복음서는 말한다. 예수는 사도를 택하여 그의 설교를 전하고 귀신을 쫓고 병을 낫게 했다(막3:14-15 마10:1 눅9:1). 사도들은 예수의 동사자들이다. 파트너인 제자들에게 거듭 말씀하셨다.

  "하나님이 우리를 사랑한 것처럼 서로 사랑하라. 그리고 겸손한 자세로 사랑하라"(13:14.)

  형제를 위하여 생명을 바쳐 사랑하라. 형제를 위해 생명을 바치는 것 외엔 더 큰 사랑이 없다고 하셨다. 제자들은 생명을 함께하며 죽음과 부활까지 함께 하는 짝패라고 했다(눅15:12, 막8:31-38 마10:38 요12:24-26).

  복음서의 전승은 예루살렘을 넘어 전 세계 만방에 가서 하늘나라를 전하라는 것이다. 이 복음 전승은 예수 시대부터 초대교회 그리고 오늘까지 전승되어 내려온다. 세계만방으로 하늘나라를 전하러 갈 때는 그 증표의 선물을 주리니 성령이라 했다. 결단코 홀로 가게 아니 하시니 성령을 동반자로 주신다고 했다. 유대의 담을 넘어 만방을 향해 복음을 전파한 가장 모범적인 실례는 사도 바울이다. 그가 사도로 부르심을 받은 것은 부활한 예수 그리스도에 의한 직접적인 특명이라고 간증했다(갈1:16).

인간 사랑의 하나님의 뜻은 결단코 이스라엘에 국한된 것이 아니다. 하나님의 법을 지켜 선도의 길을 가는 것도 이스라엘에 국한된 것도 아니다. 하나님의 창조는 우주적이고 전 인류적이다. 인류 역사의 초기에 하나님께서는 모범적인 실례로 이스라엘을 선택했을 뿐이다. 이스라엘을 통하여 하나님께서는 모델을 보여주신 것이다. 이스라엘은 그 모델이 되는 특권을 가졌을 뿐이다. 하나님이 이스라엘만을 위해 사랑과 창조의 질서를 펴신 것은 아니다. 큰 회사의 상품도 초창기에는 선택된 제품 선택된 사람들께만 전시하듯 하나님은 그의 사랑을 우주 전체에 펴실 시대를 구약에서 약속하신 대로 메시야의 출현 때라 하였다. 그리스도 예수의 출현은 그 우주적 보편, 구원시대의 예표로 보여 주신 것이다.

유대인들은 그리스도의 출현을 오해하고 있다. 그러니 선교의 우주적 보편원리를 오해할 수밖에 없다. 하늘의 귀한 보화를 이스라엘 한 민족 소수만이 가지고 있는 시대는 아니다. 하나님의 법뿐만 아니라 세상의 상품 역시 마찬가지다. 아무리 좋은 것이라 할지라도 어떤 특정 집단이 전매특허같이 사용하는 시대는 아님을 유대인들도 알 터인데도 계속 오해하고 있다.

기독교는 선교를 통해 개종자를 만든다고 오해하고 있는 것 같다. 개종자를 만든다는 것이나, 기독교의 통치세계를 확장하는 것이 그리스도의 하늘나라의 선교의 뜻이 아니다. 그리스도의 선교의 뜻은 세계봉사이다. 사랑의 확장이다. 생명과 하늘 질서의 나눔으로 인하여 세계가 평화 속에서 그리스도의 통일 세계를 의도하는 것이다.

개종이라고 하는 것은 기독교 선교의 본질적 목표는 아니다. 기독교 선교의 기본 동기는 그리스도의 증인이 되는 것이다. 그리스도의 증인이란 하나님께서 예수를 하나님의 사랑의 실천자로 보내신 것을 의미한다

(요17:18 20:21). 하나님의 보내심을 받은 예수의 부르심을 받은 이유는 하나님의 사랑의 실천자, 그 복된 소식을 전하는 것이다. 그 복된 소식의 핵심적 내용은 역사적으로 이런 사람이 어디에 살았다는 것이 아니라 하나님의 아들 되심, 우리를 위해 죽으시고 다시 사신 인간이요, 하나님 자신이란 사실이다. 이 사실을 믿어 인간의 삶이 변화되게 하는 것이 크리스천의 사명이다.

이것을 선교라고 하든, 안내라고 하든 그것은 그렇게 중요하지 않다. 크리스천 됨의 사명은 모든 인류에게 이 사실을 알림으로 참된 삶을 살게 하는 것이다.

기독교의의 선교란 크리스천들에게 있어 엄청난 삶의 의미와 변화를 가져다주는 내용이다. 우리가 유대교를 이해해야 하는 것처럼 유대교 역시 기독교의 인류 보편적 사랑과 선한 사랑의 삶이 선교를 통해서 가능함을 알아야 한다. 기독교는 중세 기나긴 세월 동안 유대인들을 강제로 기독교인 되기를 강요한 실례가 있다. 이것은 어두웠던 시절에 있었던 불행이다. 우리의 사랑의 증인됨의 선교는 그와 같은 것이 아니다. 선교란 빵 속에 누룩이 빵 전체를 맛있게 변화시키는 것과 같은 사실이다. 기독교의 선교는 자기를 버려 종의 자리에 가서 세계를 향해 봉사하는 것이다.

선교

3. 요약 : (유대교의 주장)

1. 유대교의 선교사명의 핵심은 무엇인가? 하나님의 우주 창조를 선전하고 모든 인류가 계명을 지키는데 있다면 왜 구체적인 선교봉사 활동은 하지 않는가?
2. 유대교의 선교사명은 제사장의 나라가 된 것이었는데 포로기 후 선

교의 의미가 어떻게 달라졌는가? 이방의 빛이 되는 것이다. 그렇다면 이 속에 유대인의 선민적 우월의식은 없는가?
3. 유대인에게 있어서 선교를 위해 순교적 사명 같은 것은 찾기 힘들다. 그들에게 있어서 순교는 말씀을 지키고 하나님을 자랑하는 데 있었다. 그들에게 하나님의 자랑이란 유대인들의 우수성을 전시하는 것인가?
4. 유대교는 기독교의 선교 열정을 이해하지 못한다. 아브라함의 후예가 된다는 것은 생명을 건 결단인데 스스로 결행케 하지 않고 왜 그토록 하나님을 믿도록 권유하는가? 이것이 유대인들이 선교를 하지 않는 이유이다.
5. 유대인 대학살 아우슈비츠의 사건을 유대교는 최고의 선교사역으로 인정하는 이유가 무엇인가? 인류의 잔악한 악성이 인간의 진실을 짓밟고 살인하는 현장이 유대인이 이 지구의 양심이요 희생을 보여주는 계기가 됐기 때문이라고 본다. 그들의 선민 정신의 오만에 대한 징벌로 보는 우리의 견해는 옳은가?

4. 요약 : (기독교의 주장)

1. 유대교의 선교는 하나님의 천지 창조의 선전과 계명의 준수를 통해 거룩한 제사장의 나라가 되는 것임에 비해 기독교의 선교는 영원한 생명에의 초대이다. 제사장의 나라됨의 뜻이 무엇인가?
2. 하늘나라의 생명 초대, 그 나라 건설을 위해 열방을 향한 선교사로 예수가 왔다. 이스라엘은 선교의 특권적 모델을 버리고 특권적 의식의 중심에 선민이 있다. 때문에 하나님의 버림을 받았다. 예수의 선교는 모든 인류가 불림을 받은 보편적 구원의 시대를 여는 것이다.
3. 하늘나라 건설을 위한 선교의 능력을 위한 표징이 무엇인가? 성령을 선물로 주어 하늘 능력을 보이는 것이다. 그러므로 선교는 우리

선교는 모든 인류가 불림을 받은 보편적 구원의 시대를 여는 것이다.
3. 하늘나라 건설을 위한 선교의 능력을 위한 표징이 무엇인가? 성령을 선물로 주어 하늘 능력을 보이는 것이다. 그러므로 선교는 우리 개인의 문제가 아니라 하나님이 함께하는 하나님의 선교이다.
4. 선교는 한 개인을 개종하기 위해 교회로 인도하는 것이 아니라 하나님의 선함에 그리고 영광스런 구원 사역에 참여토록 하는 것이다.
5. 유대인의 선교는 하나님의 사랑에 참여 보다 계명 준수를 하므로 하나님의 자녀가 되는 것보다 유대인이 되는 것이라고 생각하지 않는가?

26. 성스러움, 거룩 Holiness

1. 유대교의 주장

유대교에 있어서 거룩은 신앙과 생활 속에서 가장 중요중심 내용이다. 거룩에 대한 개념을 두 가지로 나누어 설명한다. 신성케 하는 것, 카도스(Kadosh)와 영광스러움, 카보드(Kavod)인데 본질에서는 차이가 없으나 인간의 경험에 있어서 카도스는 경외·공포·초월의 뜻이 있고 카보드는 내재, 신에 가까이 감, 내적 변화 같은 뜻이 있다. 선지자 이사야가 예루살렘 성전에 옷자락이 가득한 경험을 한 것(사6:)은 카도스이다. 그 환상은 인간과 하나님은 함께할 수 없는 상거가 먼 존재이다. 하늘과 땅이 먼 것처럼 하나님의 존재는 인간에게 있어서 두려운 존재여서 초월적이다. 너희는 제사장의 나라가 되고 거룩한 백성이 되리라는 약속(출19:6)은 카보드이다. 하나님이 인간 속에 내재하사 이스라엘을 변화시키는 것, 이스라엘을 통해 세상을 새롭게 하는 것 역시 카보드이다.

카도스와 카보드는 인간이 최상으로 추구하는 거룩한 신성의 속성이다. 유대인이 끊임없이 듣고 교육받는 내용은 너희는 거룩하라 나 여호와 하나님이 거룩함이니라이다. 우리는 이 교훈을 두 가지로 해석한다. 유대인은 부정과 악에서 떠나 사는 것이다. 모든 것에서 하나님은 구별되신 분이시기에 유대인은 반드시 구별된 존재가 되어야 하는 것이다. 그래서 유대인은 그 삶에서 그리고 그 예배에서 완전히 구별된다. 이 점에서 카도스이다. 하나님이 주신 할라카 법을 실천함으로 인하여 유대인은 거룩한 하나님을 만나고 거룩한 목적에 참여할 수 있다. 거룩한 하나님의 계획을 실현하고 모든 인류가 하나님께로 나아가게 하는 것은 카보드이다.

유대인의 거룩의 경험은 거룩한 공간(성전) 거룩한 시간(안식일) 그리고 거룩한 사람(유대인) 속에서 나타난다. 이 세 가지의 거룩을 통해 온 세상과 인류는 거룩에 나아가게 된다.

하나님의 임재하심은 어떤 장소를 거룩하게 한다. 방주 시내산의 어떤 지역 지성소·성막·벧엘·예루살렘 그리고 이스라엘의 땅과 사람들이 거룩하게 됐다. 아브라함, 야곱, 모세, 이사야 같은 인물들도 하나님의 임재를 통해 거룩하게 된 예이다. 신의 임재를 받은 지역과 사람들은 하나님의 거룩을 나타내는 거룩한 것들이 됐다.

하나님의 임재는 그 장소와 그 시간은 거룩하기 때문에 그 장소와 시간을 거룩하게 보존한다. 그 장소에서 하나님을 찬양 감사하고 하나님의 말씀을 묵상 연구하고 신과의 교통을 도모하는 기도와 거룩한 행위들을 함으로써 영구히 거룩하게 보존한다. 토라가 반복되고 향기 있는 음식이 하나님께 드려지고 정결한 음식을 나누고 신을 대면하는 보좌를 만든다.

미니안법(Minyan) 거룩한 모임의 숫자인 10명, 모든 기도문이 거룩한 장소에서 만들어져 신께 드려진다. 유대의 전승에는 최소한 10명이 모인 곳에 신이 임재한다고 전해지고 있다. 미안법 혹 미니안법(졸저한글사 유대인의 EQ와 IQ 참조)은 회당 구성의 최소 단위이고 토라도 그 곳에 선포되고 아브라함, 모세, 엘리야, 다윗의 이야기도 함께한다. 거룩한 장소에서 거룩한 행사를 행할 때 거룩한 일들, 즉 기적이 함께한다.

유대인에게 있어서 거룩이란 애매하고 추상적인 것이 아니라 구체적이어서 계명으로 규정하여 특히 시간 속에서 체험하게 했다. 안식일과 큰 안식일 같은 축제일을 주셔서 구별된 시간을 가지게 했다. 1년 365일 중 하나님께서 가까이 오시는 날들을 정해 주셨다. 7일에 오는 안식일은 말할 것도 없고 축제일들을 특별 안식일로 지켰다. 하나님의 창조물인 시간의 거룩성을 일깨워 주시는 것이다.

안식일과 축제일은 축제기도(Kiddush)로서 시작한다. 안식일과 축제일을 주신 것을 감사 축하하는 기도이다. 이 기도는 이스라엘을 거룩케 하시기 위해 계명 주신 것을 감사하는 내용이다. 안식일과 축제일을 통해 하나님은 이스라엘을 거룩하게 하신 것을 감사한다. 이스라엘을 거룩하게 하신다는 말씀은 이스라엘 사람들의 삶과 역사(Time)를 거룩하게 하신다. 안식일을 지킴으로 인하여 이스라엘은 구별되고 거룩하게 된다. 거룩한 날이기 때문에 거룩한 행사를 함으로써 그 날이 거룩하게 된다. 이 날은 거룩하신 하나님과 인간이 일체가 되는 시간이다.

예컨대 안식일의 계명의 본질적인 뜻은 무엇인가? 하나님과 인간과의 만남을 통해 인간이 거룩해질 수 있는 기회를 주는 것이다. 유대인이 계명을 철저히 지키는 이유는 인간 속에 하나님의 형상을 심어 거룩케 하는 것이다. 인간 속에 있는 하나님의 형상은 하나님의 계명을 지킴으로 가능하다. 하나님이 주신 계명을 지킴으로 인간은 신의 성품에 참여하여 거룩하게 되기 때문이다. 너희가 계명을 지키면 너희는 내 안에 있고 거룩해지느니라. 계명을 만홀히 여기면 너희도 버림받아 더러워지리라(출설교문15:24). 속된 인간의 자리를 초월하여 거룩한 경지에 다다를 수 있는 길은 계명을 준수하는 것이다.

우슬초나 암양이 청결케 하지만 그것을 준비하는 제사장은 이미 더러워져 있다. 계명의 말씀이 거룩의 본질이라는 것은 계명이 신성하고 초월적인 신비이기 때문이다. 어떤 이성적인 설명도 논쟁도 필요가 없다. 계명의 능력은 인간의 차원을 초월케 하는 능력이 있어 신의 온전하심에 가까이 갈 수 있게 한다. 인간을 고상하게 만드는 길은 하나님 앞에서 말씀으로 자신을 훈련시키는 길밖에 없다. 이 계명이 유대인으로 하여금 세속의 부정에서 구별되게 하고 자기 부족에 대한 자의식을 갖게 되어 완벽으로 가게 한다. 랍비문헌에 이런 말씀이 있다. "성인들의 말씀을 지키는 자는 이미 거룩하여졌다." 우리가 말씀의 뜻을 이해하지 못한다 할지라도 말씀에 순종하면 인간의 삶은 거룩하게 변화된다. 기름을 먹지 말라고 한 말씀의 뜻을 모르면서도 몇 천 년을 유대인들은 지켜 왔다. 그 말씀의 뜻을 알든 모르든 지킴으로 인하여 유대인들은 건강한 거룩에 나아갈 수 있었다. 이 시대 지금 우리가 지키기에 힘든 유월절, 오순절, 초막절을 충실히 지킴으로 인하여 유대인들은 옛날의 그 거룩에 참여할 수 있는 것이다.

계명을 지키는 것은 힘들다고 생각한다. 아니면 계명을 준수하는 것은 부담스럽게 여긴다. 그러나 유대인들은 계명 준수를 기쁨으로 그리고 생활의 중심 부분으로 생각한다. 계명은 거룩하신 분에게서 나왔기 때문에 거룩한 것이지만 유대인의 계명은 삶의 길잡이요 지혜라고 생각한다. 유대학자들은 계명은 삶의 한가운데 있는 일상으로 생각하고 세상에 노예가 되지 않고 하나님과 동행할 수 있는 신비한 지혜로 받아들인다. 유대인은 태어나면서부터 계명의 호수에 푹 잠기어 산다.

노동·눈물·아픔·고뇌·기만이 있는 세상에서 떠나 자신을 거룩하게 보존할 수 있는 길은 계명 속에 사는 길뿐이다. 인간은 거룩한 분에 의해 거룩하게 창조되었기 때문에 거룩을 지키기 위해서는 우리의 삶이 계명 준수를 통해 성화되어야 한다.

유대인의 신성, 즉 거룩이란 우리와 함께 있고 그리고 또 멀리 있다. 초월적이고 내재적이란 뜻이다. 그래서 이 땅의 모든 사람은 거룩해질 수 있다. 유대인은 하나님의 선택을 받음으로 세상과 구별되었다. 유대인은 세상과 구별되므로 거룩하여지고 또 세상에 참여하므로 세상을 거룩하게 한다.

구약성서를 통해 유대인의 신성과 거룩에 대한 컨셉을 이해하고 있는 기독교는 유대교와 기독교의 대화를 통해 서로 배울 수 있는 기회가 된다고 생각한다. 유대교는 인간 속에 내재한 거룩성과 초월적 거룩성에 대한 조화를 절묘하게 잘 맞추어 가고 있다. 유대인의 예배와 기도문이 그 하나의 실례이다. 유대인이 드리는 예배와 기도는 그 자체로서는 텅 빈 행위와 말에 불과하다. 인간이 행하는 예배와 말이지만 그 행위 속에 하나님의 거룩이 임재한다. 거룩이란 경건한 인간 행위에 주어지는 하나님의 은혜 즉 인간의 행위에 대한 하나님의 응답이다.

　거룩하고 경건한 영성적 삶은 유대인 생활의 중심이며 목표이다. 유대인은 거룩하여 하나님 가까이 가기 위해 태어났다. 기독교는 유대인의 거룩한 시간, 거룩한 장소, 그리고 거룩한 사람의 개념을 충분히 이해할 것이다. 유대인의 거룩한 행위는 인간과 하나님, 현재와 영원을 연결시켜주는 역할을 한다. 예루살렘 성전, 회당 그리고 유대인의 가정은 바로 하늘의 신성한 그것을 보여주는 것이다. 물론 유대인들은 하늘에서도 따로 성전이 있을 것이라고 주장하지 않는다. 왜냐하면 하늘나라는 전부가 다 거룩한 곳이기 때문이다. 넓은 의미에서 계명이 우리에게 가르치는 것은 우리가 거하는 모든 곳은 거룩한 땅이다. 기도하는 시간, 예배드리는 장소, 그리고 하나님을 향해 예배드리는 사람 모두가 거룩하다.

　우리는 이 같은 거룩을 매일의 생활 속에서 오늘을 사는 이 땅에서 그리고 우리가 교제하는 모든 사람들 속에서 찾을 수 있다. 이 땅은 거룩한 하나님의 발등상이요 인간은 거룩한 하나님의 창조물이다. 또한 하나님은 내재하시고 초월하시기 때문에 거룩은 언제든 어디서든 누구에게든 하나님과의 관계성 속에서 가능해진다.

성스러움, 거룩 Holiness

2. 기독교의 주장

　거룩은 하나님이 은혜로 주시는 칭의(Justification)로 얻을 수 있는 것이다. 너는 의롭고 거룩하다고 칭함으로써 가능한 것이다. 그것은 은혜로 가능한 것이다. 거룩은 하나님께만 있는 것이다. 하나님의 은혜로 하나님과 교제함으로써만 가능하다. 그러므로 인간의 거룩은 하나님께서 값없이 거저 주시는 은혜에서 파생된 것이다. 더욱이 분명하게 말하면 거룩은 그리스도께서 죄 많은 인간을 향하여 주시는 은혜의 선물이다란 말이다. 너는 더 이상 때 묻은 죄인이 아니라고 선포하실 때 가능한 것이다.

기독교 조직신학에서 가장 중요하게 기억할 가르침은 칭의교리이다. 칭의는 하나님이 이스라엘을 불러 선택하는 것과 같은 특별한 축복의 말씀이다. 아무 가치 없는 존재를 향하여 하나님이 의롭다고 인정하는 것이다. 여기에 거룩이 주어지는 것이다. 복음서에는 구약에서 사용하는 의미의 거룩이란 용어는 사용하지 않는다. 하나님의 부르심에 순종하고 응답하는 것을 제자도(discipleship)라 했다. 제자도란 그리스도의 부르심에 응답하고 따르는 삶을 뜻한다(막1:17-20).

그리스도의 부르심은 완전한 결단을 요구한다. 세상의 어떤 일보다 우선한다(눅9:57-62 14:26). 세상의 삶과는 완전히 구별된 삶으로 예수의 모범을 따르는 것이다. 원수까지 사랑하는 삶으로 그와 같은 목회적 삶, 즉 섬기는 삶을 요구한다(마5:44-48). 예수의 하늘나라를 전파하고 병고치고 마귀를 쫓아내는 일을 해야 한다(마10:1-8). 나아가서 예수가 고난당하고 죽음까지도 감내했으니 그의 제자들도 그렇게 구별되는 삶을 살아야 한다(마10:24-25).

요한은 이렇게 기록해 놓았다. 예수의 부르심은 그를 순종하는 것이다(요1:35-51). 제자의 삶이란 다시 태어난 삶(3:3-7), 영원한 생명(4:14)이라 했다. 제자 됨이란 하나님이 주신 선물이다(6:37). 이 말씀은 그들의 새 신분을 의미한다(6:68-69). 그리스도의 제자 됨이란 서로 사랑함으로 그리고 원수까지도 용서함으로 제자 됨을 증명한다.

복음서와 요한복음에 거룩함 또는 거룩이란 말을 구약적 의미로 사용하는 곳은 없다. 사도행전에서 주님을 향해 거룩이란 말을 사용했다(3:13 4:27.30). 나아가서 그를 따르는 제자들을 향해서도 거룩이란 용어를 사용했다(9:13 32, 26:10).

사도 바울은 이따금 크리스천을 성도라 불렀는데 성도란 의미상으로 볼 때 거룩한 사람이란 뜻이다. 바울 사도는 성도 또는 거룩이란 말을 여러 모양으로 사용했다. 하나님이 거룩하게 하셨다(살전5:23). 그리스도 안에서 거룩하게 하셨다(고전1:2), 성령으로 거룩하게 하사(롬15:16). 거룩하게 되는 것은 죄악의 충동에서 떠나 하나님의 한 부분이 되는 것(고전6:15d 엡5:3). 그리스도의 죽으심을 통해 화해함으로 거룩에 이르게 하셨다(골 1:22). 거룩은 이루어져 가는 미완성품인데 그리스도의 강림하실 때 온전하게 된다(살전5:23).

크리스천의 거룩함이란 그리스도의 죽으심으로 인하여 하나님이 성령을 통해 주신 선물이다. 거룩은 그리스도의 죽으심을 통해 이미 완성되었기 때문에 성령과 함께 걷는 삶이되는 것이다(갈5:16). 크리스천의 거룩은 한 번 주어지는 것이 아니라 성령과 동행함으로 인하여 지속되고 그 열매로서 증거된다. 성령의 열매 가운데서도 사랑의 실천 이웃을 사랑하고 고려해 주는 것으로 완성된다(롬12:9-13). 복음서의 전통에서는 이웃의 사랑을 넘어서 원수를 위해서 죽는 것까지 연장된다.

신약적 거룩은 구약의 컨셉을 훨씬 넘어서 그 의미는 심원하다. 다양한 표현이 있는데 제자됨, 하나님과 하나됨, 순종, 이웃 사랑, 헌신, 하나님과의 동행, 그리스도의 공동체의 한 지체, 성찬과 세례에 참여, 거듭남, 회심 등이다. 이 모든 것의 공통적인 요소는 그리스도의 삶 속에 전적으로 참여하는 것이다. 여기에 또 하나는 개인적인 차원의 거룩과 공동체적인 차원 거룩으로 나눌 수 있을 것이다

기독교의 거룩의 본질은 그리스도의 은혜로 이루어지는 것이다. 기독교 역사를 살펴보면 시대마다 거룩의 의미와 적용이 다소간 변화되었다. 초대교회는 세례를 통해 그리스도의 죽으심과 다시 사심에 가입하는 것과 순교에 참여하는 것이었다. 4세기 이후는 수도원 생활을 하는 사람들에게 적용되었다. 문예부흥시대는 인문주의가 발달하여 개인의 개성이 존중되었고 종교 개혁시대는 개인과 하나님과의 관계가 거룩의 표상이었고 정치・종교・사회의 변화로 인하여 인간의 개인변화와 체험이 거

룩의 표시가 되었다.

 종교 개혁 이후에 거룩은 어떤 특정된 사람에게만 적용되지 않았다. 모든 크리스천은 세례를 통해서 거룩한 성도라 불림을 받았다. 세례란 자신을 십자가에 죽여 그리스도에 복종하는 제자의 길이 거룩이라고 앞에서 말했다. 그래서 크리스천의 거룩은 개인적인 동시에 공동체적인데 모두가 그리스도 속에 있는 하나님과의 관계성이다. 왜냐하면 하나님과의 관계성은 개인적이지만 우리는 공동체 속에 사는 사회적인 동물이기 때문이다.

 크리스천의 거룩은 세속적이다. 기독교는 세속종교이지 탈속 종교는 아니기 때문이다. 우리는 세속주의와 세속적이란 말을 구별해야 한다. 그런 점에서 크리스천은 하나님과의 관계성 속에서 가능하지만 또한 세상에서 이웃과 더불어 살아야 한다. 크리스천의 삶은 제자 됨이라고 했는데 제자 됨이란 그리스도를 따르는 삶이지만 세상을 떠나 살아야 하는 것은 아니다. 인간의 삶은 정치·경제·사회 속에서 살아야 하는 것이다. 그럼에도 불구하고 인간이 이 세상에 살지마는 복음은 이 사회 속에 살고 있는 크리스천을 세상과 구별하고 남다르게 한다.

 기독교의 거룩은 탈속이란 말이 아니고 항상 종말적이다. 기독교인은 이 세상 삶을 살면서도 미래를 향한 열린 마음으로 종말적 가치관으로 받아들여야 한다. 이 세상에 있으면서도 그리스도의 왕국이 이 땅에 완전히 실현될 때 그것이 어떤 가치로 인정받을 수 있는가가 거룩의 표준이다. 복음서는 시작에서 끝까지 종말론적 가치를 추구한다. 종말론적 가치를 줄 수 있는 내용만이 거룩이다. 이 세상의 모든 것은 사라진다. 그러나 종말론적 가치가 있는 것만이 영원한 것이기 때문에 그것은 거룩한 것이다.

 기독교의 거룩은 거룩한 하나님과의 관계를 형성하는 믿음이다. 이 땅에서 인간이 거룩할 수 있는 길은 본질적으로 관계의 형성, 믿음만이 거룩이다. 그러나 기독교의 믿음은 하나님과 인간의 관계 형성이기 때문에 이 땅에서 거룩이라고 하는 것은 완전할 수가 없다. 인간은 은혜로 의롭게 되었지만 의로운 죄인이기 때문에 이 땅의 거룩은 항상 불완전할 수밖에 없는 것이다.

따라서 기독교는 역사적으로 거룩의 칭호를 받은 땅·사람·시간 즉 성지 성인 성일의 의미를 부정하지 않는다. 예루살렘 모세 안식일은 거룩한 대상이다. 그러나 기독교의 거룩은 이런 역사적인 것을 뛰어 넘은 하나님과의 관계성 속에 있는 본질 속에서 찾는다.

성스러움, 거룩

3. 요약 : (유대교의 주장)

1. 거룩이란 무엇인가? 본질상 세상과의 구별이다. 그리고 하나님께 참여함이다. 유대인은 본질상 구별되이 선택 받았기 때문에 거룩한 존재들이다.
2. 유대교의 모든 교육과 삶의 최상 목표는 거룩함에 있다. 하나님에의 참여이다. 그렇다면 어떻게 거룩함에 참여할 수 있는가? 첫째 계명의 준수이다. 두 번째 그와 같은 것으로 모든 절기를 준수하는 것이다. 그것이 거룩한 시간의 참여이고 그 위에 거룩한 장소에 참여이다.
4. 유대인의 삶의 최고의 뜻은 거룩함을 입는 것이기 때문에 삶의 전부, 생명까지도 바쳐가면서도 거룩에 참여하기를 원하는 삶을 사는 것이다.
3. 하나님의 거룩의 참여의 또 다른 길은 매일의 경건한 삶이다. 경건을 실천하는 것이다. 즉 영성적 삶을 사는 것으로 가능하다.

4. 요약 : (기독교의 주장)

1. 기독교의 가르침 가운데 가장 한가운데 있는 것이 칭의 교리이다. 하나님이 인류를 향해 죄 없다, 거룩하다고 선포하는 것이다. 이것은 은혜와 사랑의 선포이다. 여기에서 죄 많은 인간의 신분 변화 즉 거룩으로 탈바꿈한다. 사용하지 않는다. 성례에 참여하여 세상을 벗어 버리고 새롭게 태어나는 것이다. 거룩은 하나님의 부름에 참여하는 것이요 그를 순종하고 따르는 교제를 통해서 발전한다.
3. 기독교의 거룩은 구약의 거룩을 훨씬 뛰어 넘는다. 신약에서는 구약에서 사용한 거룩이란 용어를 그대로 바울은 신자를 성도라 불렀다. 불림을 받은 사람이란 뜻이다. 여기에서 더 나아간다. 거룩한 일, 즉 남의 짐을 지고, 아픔을 함께하는 삶속에서 거룩이 성숙해 간다.
4. 기독교의 거룩은 대단히 세속적이다. 절기나 거룩한 장소 이상으로 하나님과 세상과의 관계 속에서 이루어진다. 절기나 성소를 부정하지 않는다. 그 이상으로 종말론적 결단을 통한 새 삶을 말한다.

27. 기도란 무엇인가?

1. 유대교의 주장

　인간에게는 본능이 있다. 자기 아닌 다른 사람에게 자기를 알리고자 하는 것이다. 사람에게만이 아니라 절대자를 향하여 자기의 생각·기쁨·환희·감사·노래·고뇌·분노·슬픔 등을 표현하고자 하는 본능이 있다. 신을 향한 사람들의 말들을 절대자이신 하나님이 들으시니 이것이 기도이다. 하나님은 인간의 소리를 들으시고 응답해 주실 힘을 가지고 계시기 때문이다.
　시편 기자는 하나님을 향한 기도에 대한 패러독스도 남다르다.

　여호와여 내가 주께 부르짖으오니 나의 반석이여 내게 귀를 막지 마소서, 주께서 내게 잠잠하시면 내가 무덤으로 내려가는 자와 같을까 하나이다(시28:1).

　인간은 신을 향해 호소할 권한이 있을까? 신이 인간의 소리를 듣고 대답해야 할 능력이나 책임이 있는가? 이러한 패러독스가 있음에도 불구하고 인간은 끝이 없는 기도를 해 왔다.
　유대교는 하나님과 인간의 끝없는 대화를 중요하게 가르친다. 성경에서 하나님은 인간에게 말씀하시고 앞길을 지도하신다(창 18:17). 그래서 인간은 하나님께 기도하여 그 길을 묻고 감사하고 찬양하고 또 고뇌를 아뢴다. 성경적 인물들은 모두 다 기도 속에 살았다. 시편은 기도의 사람들의 기도 모음이다.
　성서 시대의 사람들은 삶에 위기가 있을 때는 항상 기도로 자신을 지켰다. 야곱은 아내가 잉태했을 때 기도했다. 야곱은 삶의 위기에서 필요를 채워주시는 하나님께 기도했다. 모세는 하나님이 백성의 죄악을 용서하여 주실 때 기도했다. 기도는 마음의 표현이요, 감동의 자연스런 발로였다. 어떤 때는 기도가 어떤 의식이나 제의를 위해 공동으로 드리는 특수 형식이었다. 희생 제물을 드리는 기도, 속죄를 위한 기도, 감사의 기도, 왕의 대관식을 위한 기도, 수확의 기쁨기도 성전을 위한 기도 등이다.

유대의 전통에서 기도의 체계화는 그 당대의 최고 학자인 에스라와 에스라학파의 공헌이라고 생각한다. 그들은 기도를 용도에 따로 체계화하여 그 시대의 후세들의 기도의 길잡이가 됐다. 에스라의 기도문에 따라 개인과 대중의 필요에 적절하도록 번안하여 사용했다. 에스라의 기도문은 9세기 가온(유대인 최고 지도자) 아므람(Amran)이 가장 대중적인 기도문이 나올 때까지 사용되었다. 유대인의 모든 기도문은 아므람의 기도문을 따라 개인용과 대중적으로 번안되어 사용되었는데 형식과 내용에서 아므람의 기도가 표준이 되었다.

세파딕(Sephardic:스페인과 포르투갈 거주 유대인)과 에스케나직(Ashkenazic:독일계 유대인) 이태리 유대인들과 다른 지역의 유대인들도 각기 자기들의 버전을 자기들의 필요에 따라 변환했다.

전통적으로 유대인은 하루 세 번 기도를 한다. 아침기도(Shaharith) 정오기도(Minhah) 저녁기도(Arvith). 아침기도와 저녁기도는 쉐마기도를 포함하고 있다. 쉐마기도는 유대인의 기도 가운데 가장 잘 알려진 신명기 6:4 이하이다. "이스라엘아 들으라 우리 하나님은 오직 하나인 여호와시니 너는 마음을 다하고 성품을 다하고 힘을 다하여 네 하나님 여호와를 사랑하라" 이 세 개의 기도문은 아미다(Amidah)라는 침묵 기도를 포함하고 있다.

아미다 기도는 하나님 찬양·탄원·감사 그리고 타인을 향한 축복으로 이루어져 있다. 유대인의 법에는 기도에는 감사와 찬양 그 위에 반드시 목적 있는 기도여야 한다. 기도는 어떤 마술을 부리듯 황당무계한 능력을 전시하듯 하면 안 된다. 하나님을 향한 절대 의존적인 태도가 중요하다. 유대인의 기도의 특징은 중요한 주제를 반복하는 것이다. 가장 중요한 것은 자기의 복리를 추구하지 않고 오직 그 나라를 향한 간구이다.

반복이라는 것은 유대 전승에 있어서 특징이다. 반복은 암송이고 반복적 암송을 통해서 의식화되고 생활화된다. 의식화되고 생활화 된다는 말에 주목해야 한다. 반복적 기도를 통해 그 기도가 자기 평생에, 그리고 백년 천년 동안 반복함으로 자기의식이 기도화 되고 그런 삶을 살아가게 된다. 여기에 유대인의 천재가 있다. 기도의 마력적 능력이 있다. 반복은 전신공명을 일으켜 자신의 생각과 정신이 기도화된다. 우리는 기도를 의식화가 되고 생활화가 될 정도로 지속하지 않는다. 유대인의 반복적 기도는 백년 천년 이천 년을 연속하면서 그들의 삶을 변화시키고 유대인을 천재화할 뿐만 아니라 하나님의 뜻이 이루어지는 것이다. 대를 이어 백년, 이백년, 천년, 이천년간 기도를 해보라. 어떤 결과가 일어날 것인지 짐작할 수가 있다

유대인의 대중기도의 특징은 세계에 흩어진 유대인들이 하나님 안에서 하나 되게 한다. 한 하나님 안에서 하나 되는 것이다. 유대인이 하나 됨을 위해서 가장 강조하는 것은 형제를 위한 책임이다. 여기에 덧붙여 예루살렘 성도(holy city)를 향한 열망, 즉 이스라엘의 완전 회복이다. 유대인의 기도문에는 성서 본문이 대단히 중하게 인용한다. 가장 대표적인 기도는 쉐마기도이다. 성서에 여러 쉐마가 있다. 쉐마기도는 신명기 6장 4절의 성서 본문 그대로이다. 특별히 랍비 문학의 기도는 성서 본문 기도가 대부분이다. 유대인의 예배는 기도임과 동시에 배움이다.

기도는 온전한 자유이다. 시간과 장소에 구애를 받지 않는다. 기도 속

에서 어떤 개인의 탄원·간구·아픔·눈물을 간구할 수 있다. 그러나 어떤 개인의 기도도 하나님의 나라와 관계 속에서 기도하는 것이다. 탈무드의 기도(Zeraim의 Berekoth) 가르침 속에 많은 랍비들의 개인 기도가 있다. 어떤 개인의 소원과 탄원들이 있지만 그 모두가 그 나라의 영원한 영광과 관계가 있다.

유대인의 기도는 어떤 중재도 요청하지 않는다. 유대인 회당의 기도 인도자(Hazzan)는 회중의 기도를 주재하는데 기도의 중심이 흐트러지지 않도록 하는 책임이 있다. 히브리어를 모르는 유대인들은 기도를 따라 하며 아멘을 반복한다. 히브리어를 암송 못한다 할지라도 그렇게 문제가 되지 않는다. 자기가 사용하는 언어로 따라 할 수 있기 때문이다. 히브리 시편에 이런 말씀이 있다.

"하나님은 주를 부르는 자와 가까이 함이라"

유대인에게 있어서 기도는 하나님과의 최고의 대화요 관계이지만 또한 영성훈련이다. 기도 속에서 누구의 방해도 받지 않는 코램데오가 가능하기 때문이다.

기도란 무엇인가?

2. 기독교의 주장

기독교의 기도 역시 유대교의 기도와 다름없는 하나님과 직접적인 대화이다. 절대적으로 하나님을 의존하는 태도이다. 하나님은 영이시고 초월자시이기 때문에 인간이 자기가 좋아하는 방법으로 조작하여 자기의 목적으로 끌어들일 수 없다. 하나님을 개인 소유화 또는 자신의 상상력으로 자기만의 하나님으로 만들 수 없다. 그러므로 기도는 나의 개인 성취가 아니라 신의 뜻을 따르는 올바름 위에서 이루어지는 대화이다. 이 두 가지를 잃으면 기도가 아닌 독백이다. 대화 속에서 상호간에 감동을 받는 변화의 과정이 있어야 한다. 자기 욕심을 충족시키려는 자기 고집은 물리친다. 그러므로 기도는 상호 참여이다.

히브리어의 기도 히파엘(Hitpael)은 상호적 내지 반사적이란 뜻이 있다. 그러므로 기도자는 신을 향해 반향적이어야 한다. 반향적이란 산울림처럼 갔던 소리가 갔다 다시 돌아와 나에게 들려지는 것을 말한다. 기도란 자기가 간청한 기도 내용에 대한 책임이다. 기도를 해 놓고 자기가 무엇을 기도했는지도 모르고 있다. 자기 혼자 소리만 실컷 떠들고 그냥 잊어버린다. 하나님이 응답하셨다 해도 왜 이런 일이 일어나는지도 모르고 있다. 기도란 상호 계약처럼 대화적이고 책임적이다.

하나님은 영이시고 초월적이기 때문에 인간의 기도는 더 역설적이다. 요한은 '하나님은 영이시니 신령과 진정으로 예배할지어다.'라고 했다. 그런데 인간이 구하는 것은 전부 신령과 진정만이 아니다. 세상에 사는 인간은 먼저 구해야 할 것을 잊고 있는 것이다. 이런 관점에서 볼 때 신을 향한 인간의 기도는 불가능하다. 그렇다고 해서 인간이 전혀 기도할 수 없는 존재는 아니다. 하나님이 전혀 초월적이고 영이라 할지라도 하나님이 우리 인간을 그의 형상을 따라 지으셨기 때문에 인간도 하나님 앞에 설 수 있는 것이다. 인간에게 계시로서 하나님이 찾아오셨다는 것은 하나님과의 대화 가능성을 보이는 것이다. 그러므로 하나님이 인간의 역사에 개입할 수 있다는 결론이 나온다. 계시란 어떤 대상을 향한 자기 개방이기 때문에 대화적이다.

모든 종교는 기도가 있다. 인간은 본능적으로 알지 못하는 절대자라고 믿는 대상을 향해 간구한다. 그 절대자라는 기도의 대상들의 모습을 보면 인도의 절대자들, 중국의 절대자들, 일본의 절대자들 그 절대자들의 숫자는 엄청나다. 중국의 관광객들은 마카오에 노름을 하러 가기 전에 절대자를 찾아간다. 기도의 대상도 분명치 않고 들어 줄 수 있는 능력도 없고 들어줄 수도 없는 내용들이다. 망해 가는 회사를 구해 달라, 노름에서 따게 해 달라, 내 아들이 시험에 합격하고 승진하게 해 달라. 대상 없는 이 같은 기도와 기독교의 기도는 어떻게 다른가? 모든 기도가 다 기도는 아니다. 신학적으로 인간은 하나님께 부탁할 수 있는 자격을 아주 옛날에 잃었다. 그러므로 하나님이 하나님에게 간구하여 주심으로 기도가 가능한 것이다.

이와 같이 성령도 우리의 연약함을 도우시나니 오직 성령이 말할 수 없는 탄식으로 우리가 마땅히 빌 바를 알지 못하나 우리를 위하여 친히 간구하시나니라(롬8:26).

기도에 대한 바울의 가르침은 상당히 은유적인 설명이긴 하나 갈라디아에서는 더 정확하게 가르친다(4:6).

너희가 아들인 고로 하나님이 그 아들의 영을 우리 마음 가운데 보내사 아바 아버지라 부르게 하셨느니라.

찾을 수 없는 하나님을 아들 하나님으로 인하여 아버지라 부를 수 있게 됐으니 우리가 가까이할 수 없는 신을 향해서 기도할 수 있다.

기도의 역설을 생각해 보자. 신 앞에 설 수 없는 인간, 그러나 지극히 작은 것에까지 미치는 그의 사랑은 아들 하나님으로 인하여 아버지라 부를 수 있게 되어 기도한다.

하늘에 있는 새를 보라, 하나님께서 먹이시고 아끼시지 않느냐(마6:26 10:29).

여기에 크리스천의 기도 원리가 있다. 하나님은 자비하시고 좋으시고 때를 따라 필요를 채워주시는 분이시기 때문에 우리가 간구해야 한다. 인간은 간구할 자격이 없지만 하나님은 우리의 간구를 들으신다.

구하라 주실 것이라. 너희가 악해도 좋은 것으로 자식에게 주는데 좋으신 하나님께서 무엇을 주시지 않겠느냐(마7:7-11).

'하물며'라는 말이 하나님의 속성을 보여준다. 하나님의 선함과 인간의 악함의 비교를 통해 우리의 간구에 하나님이 어떻게 하시겠느냐는 것이다. 아무런 자격이 없는 인간이지만 간구를 들어주시는 것은 은혜이다. 기도의 본질은 은혜이다. 하나님께서 주시는 은혜의 베풂이 기도인데 이에 우리는 어떻게 해야 할 것인가?

탕자의 비유(눅 15:11-)속에 나오는 탕자의 탄식의 기도는 기도의 한 모델을 보여준다. 탕자는 아버지를 향해 어떤 것도 간구할 수 없는 버려진 사람이다. 그는 아버지를 향해 요청할 수 있는 자격을 잃은 지 오래다. 그러나 아들은 다 잃고 잊은 지 오래였으나 아버지는 그의 정황을 다 받아 주신다. 상상도 할 수 없는 모든 것을 다 허락하셨다. 여기에서 자녀를 향한 아버지의 마음을 보여준다. 따라서 기도를 대하는 우리의 태도가 어떠해야 할 것인가?

기도의 본질은 감사다. 바울 선생님은 모든 간구를 기도로 하라고 했다(살전 5:17 고후1:11 롬12:12 골4:2 빌4:6엡5:4,20). 간구를 하지 말라는 것이 아니다. 간구는 감사 다음에 오는(마6:7-) 두 번째 항목이다. 이방인들처럼 자기 유익을 구하는 주절거림의 기도를 하지 말라고 했다. 먹고 마심의 문제로 번뇌하지도 기도하지도 말라고 가르쳤다(마6:33).

주님이 가르쳐 주신 기도는 기도의 한 모델이 된다. 기도의 시작과 결론은 하나님의 영광에 있고 먹고 마심의 인간 필요는 하나님의 일상적 뜻 속에서 다 이루어지는 것이라고 가르쳤다. 이 말씀은 인간의 모든 필요를 누구에게나 채워주시는 우주의 하나님으로서 시작도 하나님에게 마침도 하나님께 있음을 가르친다. 알파와 오메가의 하나님이란 뜻이다. 이방인의 기도는 전부가 인간적 조작과 요술 같은 술수로 되어 있다. 인간의 기복을 위한 인간 중심은 자기의 욕망이지 기도가 아니다. 하나님의 기도 역사는 인간의 노력과 땀 속에서 응답한다. 기도하여 놓고 하늘만 쳐다보고 있지 않는다. 기도는 하나님을 향한 인간의 결단으로 상호적이다.

개인의 간청을 전혀 하지 말라는 것은 아니다. 개인의 간청이라 할지라도 그것이 하나님의 영광에 이르는 것이냐는 문제이다. 교회의 역사가 장구하듯 기도 역시 장구한 전승을 가지고 있다. 개인이 기도할지라도 반드시 기도는 우리 아버지, 나만의 아버지가 아닌 우리 아버지로 시작해야 한다. 크리스천에게 있어서 하나님은 아버지, 우리 아버지로 이해한다. 이보다 앞서 하나님은 그리스도의 아버지시다. 우리가 기도할 수 있는 것은 그리스도를 인한 은혜 때문이다. 그리스도의 아버지시기 때문에 우리는 그리스도를 통해 기도해야 한다.

하나님의 아들과의 관계는 기도 속에서 뿐만 아니라 성찬과 세례 그리고 유카리스트 속에서도 나타난다. 크리스천은 하나님이신 그리스도 속에서만 삶이 가능하다. 그러므로 크리스천은 그리스도를 따르는 메시야 의식, 그 속에서만 삶이 가능하고 간구도 가능하다(갈2:20). 이것을 할 때 만나도 주어진다(계2:17). 우리가 이미 다 가진 것은 아니나 다 가진 기쁨의 부유 속에 사는 것이 크리스천이다(고후6:9-). 따라서 크리스천의 기도는 영원한 감사며 노래요 찬양이다.

기도

3. 요약 : (유대교의 주장)

1. 유대교의 하나님은 인간의 기도를 들으시는 인격자이다. 그러므로 유대인은 그 하나님을 향한 감격·감사·기원을 항상 생활 속에서 부단히 한다.
2. 끝없는 하나님과의 대화, 부단한 관계성 속에서 살아가는 것이다. 유대교의 기도는 대단히 조직적이고 반복적이어서 이천 년 동안 계속하는 것들도 있다.
3. 대인의 기도는 200이 넘는 기도양식이 있어 때에 따라 절기에 따라 기도를 한다. 보통 하루 세 번 기도, 아침·점심·저녁기도가 있고 쉐마기도는 빠지지 않고 하며 찬양과 감사의 아미다 기도는 어떤 상황 속에서도 계속한다. 성경속의 기도의 실례를 계속 반복하기도 한다
4. 유대인은 세계에 흩어져 살면서도 항상 같은 기도문을 가지고 같은 기도를 하기 때문에 기도 속에서 만나 하나가 된다. 특히 성서 본문 그대로를 반복하는 쉐마기도 속에서 만난다.
5. 유대인의 기도는 이천년간 반복되어 왔다. 기도의 반복을 통해 기도의 내용이 의식화되고 생활화 된다고 주장한다. 여기에 천재의 비결이 있고 기도의 응답을 향한 실천이 있다고 보는 것을 어떻게 해석하는가?

4. 요약 : (기독교의 주장)

1. 기독교 기도의 상호 참여란 무슨 뜻인가? 기독교의 기도는 하나님의 뜻한 바의 목적에 동참하는 것이기 때문에 인간 혼자의 요청이 아니라 상호 참여가 된다.
2. 인간은 땅위에 버림받은 죄인이고 하나님은 초월자이시기 때문에

대화의 기도는 불가능하다. 악인과 초월자 하나님과의 가교가 없기 때문이다. 그러나 인간에게는 초월적 신성, 하나님의 성품이 있기 때문에 간구할 수가 있는 것이다. 또한 연약한 인생이 기도할 수 있도록 성령이 기도 할 수 있도록 간구하여 주신다. 그에 앞서 인간이 기도할 수 있다는 것은 감사와 은혜이다. 대통령에게 부탁할 것이 있으면 부탁하라는 것과 같다.
3. 기독교와 세상의 기도의 차이는 무엇인가. 세상의 기도는 대상 없는 자기 목적 달성을 위한 기도이다. 그러나 기독교의 기도는 첫째 자기 목표의 달성이 아니라 하나님의 목적에 참여이다. 그러므로 기독교의 기도는 하나님을 향한 감사와 기쁨의 표현이다.
4. 유대교에 200개가 넘는 표준 기도서가 있다면 기독교는 주님이 가르쳐주신 기도 모델이 있고, 요한복음 17장도 좋은 기도 모델이 된다.

28. 이스라엘 Israel

1. 유대교의 주장

이스라엘이란 이름에는 대체적으로 세 가지의 의미를 가지고 있다고 유대인들은 믿고 있다. 백성(Am)·땅(Eretz)·나라(Medina) 즉 이스라엘의 사람, 이스라엘의 땅, 그리고 이스라엘의 나라를 의미한다.

이스라엘이란 이스라엘 사람 즉 유대인을 의미한다. 이스라엘의 뿌리는 최초의 이스라엘인 야곱, 아브라함- 사라 그리고 노아 아담- 이브로 거슬러 올라간다. 많은 사람들은 신화 혹은 설화라 하지만 중세 이전부터 유대인들은 할아버지 할아버지의 할아버지로부터 듣고 들어온 진실한 조상들의 전통이라고 인정하여 왔다. 누가 인위적으로 만든 이야기가 아니라 수천 년을 통해 들어온 할아버지들의 진실이 오늘까지 전수되어 왔는데 그 증거가 지금 유대인이다. 물론 기록된 성문법이 그것을 증거할 수는 없어도 글이 없던 시절부터 진실이 진실을 증명하여 왔다. 쇠줄이 서로 연결되어 끝이 없이 계속되듯이 진실은 그렇게 전해 내려와 민족의 족보를 만들어 왔다. 대체로 혈통을 통해 연결되어 왔지만 타 종족들도 개종의 절차를 통해 유대 혈통의 체인 속으로 연결되어졌다.

이스라엘 사람들(Am Yisrael)은 하나님으로부터 두 가지 언질을 받았다. 이삭을 통한 아브라함의 씨가 민족을 이루리라(창21:12). 두 번째 언질은 하나님과 이스라엘 백성과의 약속을 시내산에서 맺었다는 것이다(출19:5 신7:6-8). 이 위대한 사건은 유대인의 삶 속에 항상 살아 있어 영원할 것이라 믿는다. 이 두 언질의 기본 사상을 보존함으로써 유대인인 것을 증명하는데, 이것은 그들의 문화 종교 정신 및 삶 속에 영원하다.

유대인이란 선민사상의 관점에서 볼 때 이스라엘 사람을 의미한다. 하나님이 유대인을 자기의 백성으로 선택했다고 성경이 밝히고 있다. 최근 어떤 유대인 집단은 선민이란 개념을 별로 좋아하지 않는다. 대부분의 유대교 예배에서 하나님의 선민이란 말은 특권 의식의 표식처럼 사용하지만 재건파(Reconstructionist) 유대인들은 선민이란 말을 싫어하여 예배 의식 속에서 모두 제거해 버렸다. 개혁파(reformed) 유대인들도 같은 생각을 가지고 있다.

그럼에도 불구하고 그들은 유대인의 구별됨과 조상들의 전통의 가치는 귀히 보존하고 있다. 마찬가지로 세속적인 유대인 즉 유대교 신앙을 저버린 유대인들마저도 그들의 문화와 유대인들의 독특성은 귀히 여긴다. 그들은 신앙의 문제에는 소극적이지만 유대인의 문화와 정신에는 큰 기여를 하는 바가 있다. 소련의 유대인들은 유대인의 교육과 신앙생활은 철저히 금지되고 있지만 유대인들의 삶은 존속되고 있다. 예컨대 결혼문제, 식사문제, 안식일 문제, 절기 같은 것은 생활 속에서 유지되고 있다.

이스라엘이란 국가와 땅 내지 토지를 의미한다. 크리스천들이 말하는 성지를 뜻한다. 그들의 소유로서 이스라엘 사람들의 땅이란 주장은 아브라함에서 시작한다고 볼 수 있다(창17:7-8).

물론 이삭, 야곱을 통해 전승되어지는 땅 소유 주장은 후손들을 위한 약속으로 주어진다(신30:3-5). 세 번째의 소유주의 주장은 여호수아의 가나안 정복 사건, 그리고 다윗의 나라 통일 사건으로 전승된다. 네 번째 소유 주장은 바벨론 포로 후 에스라에 의해 귀향하는 사건이다. 오랜 세월이 지나는 동안 나라의 경계는 애매하게 흔들렸지만 그 땅에 대한 약속만은 흔들림 없이 영원하다는 사실이다.

이스라엘에 대한 또 다른 의미는 신학적이고 역사적인 관점이다. 먼저 신학적인 관점부터 고찰해 보자. 유대인을 선민이라고 하듯이 그 지경은 약속의 땅이다. 하나님이 직접 내리신 약속의 땅이요 백성이다. 이 둘에 대한 약속은 영원 관계를 의미한다. 어떤 이유 조건으로도 파기될 수 없는 영원한 계약이다. 두 번째로 역사적인 측면에서 살펴보면 하나님의 약속에 집착하고 그것이 법적인 효과가 있는 것처럼 주장한다. 어떤 한 지역이 어떤 사람 또는 어떤 사람들에 의해 점령을 당하면 시간이 지나면 그 사람들의 소유가 된다. 그러나 이스라엘 땅에는 유대인의 역사와 문화가 있다. 땅은 사람들의 고향이다. 그 땅에 유대인이 떠나 없었다고 하나 이천 년 동안 그 땅에 유대인은 그들의 문화와 역사를 이어 받은 채 살아 왔다. 그들의 말과 역사를 보존한 채 오늘까지 이어져 왔다. 땅이란 어떤 문화를 받기도 하고 거절하면서 자기를 지켜가는 것이다. 비록 나라라는 이름은 없었지만 이스라엘은 끊임없이 존속되어 왔다. 어떤 나라든 그 같은 굴절이 없는 나라는 하나도 없다.

이스라엘이란 또 다른 의미는 문화 정치 체제가 어느 역사의 시점에 실제로 존재했다는 것을 의미한다. 이스라엘의 역사에는 여러 왕조가 있었다. 모세의 통치시대, 여호수와 통치시대, 사사들의 통치시대, 기나긴 왕조, 그리고 에스라, 마카비 그리고 헤로디안 왕조, 그리고 이스라엘 국가 등이다. 그 정치 체제들은 각기 다른 국경선과 형태를 가지고 있었지만 그 흐름의 심연에는 선민 약속의 땅의 후손이란 것이다.

이스라엘 땅에서 유대인들의 정치적 주권은 두 가지 큰 의미를 지닌다. 첫째 유대인들의 정치적 주권은 하나님의 직접 통치 아래 있다는 사실이다. 두 번째 유대인들의 주권의 성격은 정의가 다스린다는 것이다. 다윗 왕이라 할지라도 정의 앞에서 무릎을 꿇어야 한다는 것이다. 유대인의 왕은 기름부음을 받은 메시야의 칭호를 받는데 메시야는 의로 통치하는 왕이란 뜻이다(시11). 메시야의 왕권 칭호를 받은 다윗 왕통은 하나님과 백성간의 계약이다. 하나님이 그의 왕권을 그의 백성을 위해 다윗과 그 후예들에게 조건적으로 주셨다. 신이 내린 조건을 위반할 경우 왕과 그 나라를 징치하시는 것이다

오늘날 유대인의 예식에서 나라는 구원을 상징한다. 나라는 백성을 보

호하고 안전하고 풍성하게 해주는 보루이다. 실제로 나라를 잃으면 모든 것을 잃는다. 그러므로 나라는 축복이다. 속화된 유대인들은 나라를 거부한다. 이스라엘의 건국을 반대했다. 지금도 유대나라의 발전에 무관하다. 나라가 없이 어떻게 민족과 그 문화가 보존될 수 있으며 우리의 생명이 **보호를** 받을 수 있는가?

종교적인 관점에서 평가하든 역사적인 관점에서 평가하든 상관없이 이스라엘의 재건운동이 1897년 언론인 헤즐에 의해 시작됐는데 이것을 시온주의 운동이라 부른다. 시온주의 운동을 정치운동으로 평가하는 사람도 있지만 이것은 정치운동 이전에 인간 운동이다. 자기의 땅인 고향으로 돌아가고자 하는 인간 본능적 욕구이다. 자신의 생명과 복지를 찾기 위해 고향으로 가고자 하는 유대인의 문화 운동이다. 자기의 땅인 고향으로 돌아가고자 하는 인간 욕구를 누가 막을 수 있는가?

세 개의 대주제, 백성, 땅 그리고 나라는 세상 사람들은 말할 것도 없고 크리스천들마저 이해하기 힘든 내용일 것이다. 아브라함의 후예인 유대인들처럼 크리스천의 세계에는 혈통적 크리스천, 즉 조상으로부터 받는 혈통과 더불어 크리스천이 되는 예는 없다. 다시 말하면 할아버지가 크리스천이니 손자도 당연히 크리스천이라 할 수는 없다. 뿐만 아니라 크리스천은 어떤 지역을 믿음의 성지란 개념으로 받아들이지는 않는다. 이 세 개의 유대인의 기본 개념을 이해하지 않고서는 유대교와 기독교의 대화는 불가능하다. 시대가 아무리 흘러도 유대인의 이 세 개의 신앙의 틀은 변하지 않을 것이다. 크리스천들도 이 역사적 계약에 대한 사실을 새롭게 이해해 주어야 할 것이다.

이스라엘이라는 나라의 문제는 지극히 당연한 문제이다. 어떤 한 집단이 나라를 이루는 것은 지극히 당연한 문제지만 복잡한 중동이라는 문제 속에서 이스라엘은 여러 가지 긴장을 불러일으키는 이슈이다. 크리스천들은 유대 땅과 예루살렘을 향한 신앙적 향수가 있기 때문에 상당히 동정적이다.

　백성, 땅, 그리고 나라에 대한 유대인의 대주제에 대해 동정 이상으로 유대인의 신앙의 기본 골격이란 점을 인정하지 않으면 유대인을 이해할 수도 없고 대화도 불가능할 것이다.

　앞서 말했지만 다시 한 번 정리하면 이스라엘과 유대는 어떻게 같고 다른가? 대체적으로 유대란 아브라함의 후예인 그 자손들을 말하고 이스라엘이란 유대인들의 나라 즉 정치적인 의미로 사용된다.

이스라엘 Israel

2. 기독교의 주장

　크리스천들이 이스라엘이란 말을 들으면 구약시대의 야곱의 넷째 아들 유다의 후예, 그리고 오늘날의 유대인들 전체를 의미한다. 유다는 비록 넷째지만 야곱을 대표하는 아들이요 또한 메시야의 뿌리요 마태복음에 의하면 예수님의 조상이 된다.

　크리스천들에게 이스라엘은 유대, 유대인과 동일어로 사용된다. 하나님과 다투는 자, 혹 하나님은 강하시다, 이스라엘은 하나님과 다투어 겨루는 사건 속에서 나왔다(창32:29). 후일 이것은 거룩한 부족의 이름으로 사용되어졌다. 이 부족은 열두 지파로 나누어지는데 이스라엘은 하나님과의 언약이란 뜻으로 쓰인다. 히브리 성경에서 이스라엘은 여호와의 백성(사1:3), 하나님의 언약(사44:21), 하나님의 선민(사 45:4), 하나님의 양(시 95:7), 하나님의 포도원(사5:7) 등으로 표현되는데 이에 유비되는 유대의 출현은 유대교로 발전하여 하나님의 사람의 사상과 신앙을 나타내었다. 유대교는 유대인과 이방인을 구별 짓는 무기가 되어 유대인을 유별나게 만듦과 동시에 세상의 미움을 받는 이유가 되기도 했다. 일찍이 선지자 예레미야가 내 백성을 불러내어 회복시킨다고 말한 바 있다(렘

30:10.31;2.31).

예수 당시 이스라엘은 정복당한 유대나라를 가리켰다. 예수는 이 나라에 주신 선물이요 영광(눅2:23), 이 나라의 왕(마27:42), 이스라엘의 구원자(행13:23), 이스라엘의 영광과 거룩이란 구약의 뜻은 신약성경에도 그대로 전승되어졌다(롬9:6). 여기에서 열두 지파의 영광은 야곱의 아들들의 영광이 아니라 새로운 야곱 예수의 제자들을 두고 한 말이다. 예수 당시 널리 알려진 새로운 사상은 거룩한 후예, 신 이스라엘이었다. 신 이스라엘의 새 백성, 하나님의 새 사랑의 대상자, 예수의 후예가 진정한 이스라엘이라는 것이다. 이 말은 신 이스라엘의 족장인 예수의 지파인 크리스천들의 우월 의식을 보여준다.

오늘날 유대인의 국가로서 이스라엘은 땅과 사람을 포함할 뿐만 아니라 그 이상의 형이상학까지도 가지고 있다. 많은 크리스천들은 왜 유대인들이 그 고토에 그토록 강력한 애착을 가지고 있는지, 자신들의 정체성을 그 땅을 통해서 찾으려고 하는지를 잘 모른다. 크리스천들은 성서 종교는 이미 유대인의 국수적 종교가 아니라 보편적 세계 종교가 됐는데 어떤 지역에 얽매일 필요가 있는가 하고 묻는다. 그러나 많은 크리스천들은 나라 땅 그리고 백성에 대한 유대인들에 대한 사상을 유대인 형제들로부터 듣고 배운다.

크리스천들은 왜 유대인들이 그토록 유대 땅에 대한 노스탤지어를 가지는지 그 땅과 그 백성 그리고 신앙과 연결시키는지를 어느 정도 이해한다. 왜냐하면 많은 크리스천들마저 유대인의 땅이 아니라 예수의 땅에 대한 노스탤지어를 가지고 있기 때문이다. 크리스천들은 유대인들은 예수를 죽인 징벌로 그 땅에서 추방당하여 세상을 유랑했다고 생각한다. 그래서 오랜 세월 크리스천들은 유대인들이 나라를 다시 찾는 일을 엄청나게 반대해 왔다. 앞서 언급했듯이 크리스천들은 시온주의를 찬성하지 않았다. 특히 가톨릭교회는 과거 유대인 박해에도 앞장선 역사를 가졌듯 유대인의 귀향에도 심하게 반대했다.

오늘날 많은 크리스천들은 유대인들의 귀향을 찬성하고 후원까지 한다. 성지라고도 부르는 팔레스타인에 살아야 할 최고의 적임자는 유대인이라고 믿는다. 왜냐하면 그들이 예수의 땅을 가장 가치 있게 보존할 수 있다고 믿기 때문이다. 오랫동안 중립의 입장을 취해 온 바티칸이 1993년 그리고 1994년에 입장을 달리하는 결정을 했다. 중동 국가들의 보복이 두려워 바티칸은 어떤 결정도 내리지 않은 채 있다가 중동 평화의 중재란 이름으로 이스라엘을 하나의 국가로 인정하기에 이른다.

1982년 세계교회협의회는 긴 세월 동안 유대교의 본산을 찾던 유대인들이 이스라엘을 유대인들의 삶과 종교의 중심이라는 것을 인정했다. 세계 정치의 지도국들은 팔레스타인이 아닌 아프리카에 유대 땅의 몇 배를 준다는 제안도 했다. 미국도 여러 다른 지역을 대안으로 제시했다. 복음 보수주의자들과 근본주의자들은 종말에 성경의 예언이 이루어지는 사건이라고 크게 환영하며 후원했다. 하나님의 약속은 결단코 파기되지 않으니 유대인의 귀향이 바로 하나님의 예언이 이루어지는 현실이라고 주장했다. 그런가 하면 극단주의자들은 이 같은 행동이 유대인의 대량학살(Holocaust) 같은 사건을 부른다고 했다.

크리스천 가운데서 일부는 이스라엘이 신학적, 정치적, 문화적, 도덕적 관점에서 귀향하는 것이 타당하다고 했고, 어떤 일부는 이스라엘의 귀향이 정치적 의도에 동조하는 것이라고 반대했다. 대부분의 크리스천들은 신학적 역사적 지식의 결핍으로 판단을 내리지 못하는 혼란 가운데 있다.

유대교와 기독교의 대화에 있어서 이스라엘의 회복에 관한 주장은 공정하고도 평화적인 측면에서 논해야 한다. 크리스천으로 가져야 할 태도는 유대인들의 주장을 조심성 있게 경청하면서 인권과 땅의 신학적 입장에서 판단해야 한다. 땅은 기거의 기본이다. 사람, 하나님의 자녀는 이 땅에 거처를 정하여 살 수 있도록 허락했다. 이것은 허락이면서 인간의 권리이다. 인간은 자기의 거처에서 존엄스럽게 살 권리가 있다. 어떤 속박에 묶여 있다 할지라도 인간은 자유로워야 하고 잃은 땅은 본 주인에게 되돌려 주어야 한다.

반셈주의(Antisemitism)는 극열한 유대 혐오주의자들이다. 이들은 생명을 걸고 유대인의 귀향을 반대하고 또 훼방하고 있다. 반셈주의와 반유대주의(Anti-judaism)는 동일한 것같이 보이지만 전혀 다른 것이다. 반셈주의나 반유대주의는 똑같이 유대인을 싫어한다. 반셈주의자는 비이성적이어서 무조건 유대인을 싫어하고 반유대주의는 이유를 합리적으로 설명하고 그 이유로 인하여 이 점은 경계해야 한다고 설득한다. 이들의 주장의 동기는 대체적으로 정치적 인종적 문제에서 시작됐다.

유대교와 기독교의 대화를 위해서는 반셈주의 반유대주의 그리고 반시온주의는 배제되어야 한다. 이들은 모두 다 어떤 편견을 가지고 핵심을 흐리는 정치적 인종 집단들이기 때문이다. (반셈주의와 반유대주의는 전혀 다른 것이다. 졸저:유대인은 EQ로 시작하여 IQ로 승리한다 P424 도서출판 한글 참조)

이스라엘

3. 요약 : (유대교의 주장)

1. 이스라엘은 유대인의 땅, 나라, 사람을 뜻한다. 그러면 유대와 이스라엘은 어떻게 같고 다른가?
2. 이스라엘은 야곱이 하나님으로부터 얻은 이름이다. 유다는 야곱과 레아 사이에 태어난 넷째 아들이다. 넷째지만 장자의 역할을 했고 메시야가 태어날 것이란 예언을 받았다. 그러나 이스라엘이 유다보다 앞서고 포괄적이다. 보통 이스라엘 사람을 말할 때 유다인이라 하지 않고 유대인이라 하고 정치적으로 말할 때 야곱의 거룩한 이름 이스라엘, 즉 국가를 의미한다.
3. 이스라엘과 하나님과의 언약의 내용은 무엇인가? 아브라함의 씨를

통한 민족을 이루고, 시내산 계약을 통한 율법의 민족이 되는 것인데, 선민사상은 어디서 출발하는가?
4. 헤즐에 의해 시작된 유대인 귀환운동을 시온주의 운동이라 한다. 이것은 정치운동인가 인간운동인가?(유대인의 EQ와 IQ, 최한구저, 한글사 출판 참조).
5. 땅은 주인이 잃고 나면 얼마의 시간이 흐르면 소유권이 말소된다. 팔레스틴 땅을 유대인이 자기 소유라고 말하는 것은 법적으로 정당한가?

4. 요약 : (기독교의 주장)

1. 이스라엘의 열두 지파가 유대민족을 만드는데, 열두 제자를 거느린 예수를 신 이스라엘이라는 것은 성서적으로 의미 있는 일인가?
2. 남왕국 유다에서 이스라엘이 분리하여 북왕국을 세움으로 유대와 이스라엘에 대한 감정은 혼란스럽다. 이스라엘은 배교로 인하여 앗수르에 의해 멸망하여 산화되어 버렸다. 그럼에도 이스라엘보다 유대인들이 미움 받고 박해 받는 이유가 무엇인가
3. 1982년 세계교회협의회가 팔레스틴 땅을 유대인들의 소유로 인정한 이유가 무엇인가? 예수의 고향이란 이유로 인한 노스텔지어 때문인가? 아니면 그들이 그 땅을 지키기에 가장 적당한 사람들이라고 생각하기 때문인가?
4. 정리컨대 이스라엘은 나라, 즉 정치적 의미로 사용되고 유대는 야곱의 후예들인 민족과 사람으로 불리고 있다. 따라서 유태인이란 말은 맞지 않다.

29. 성례 Sacrament

1. 유대교의 입장

유대교는 성례란 말을 사용하지는 않지만 거룩한 삶을 추구하는 구별된 종교이다. 유대인은 성례적 삶을 실제로 실천하면서 살아간다. 유대인에게 있어서 성례는 삶이요 삶은 성례이다.

유대교에는 인간의 행동을 변화시키기 위한 종교적인 의식행위가 많다. 각종 희생제물, 고난의 절기행사, 예언자들이 강조한 윤리적 삶, 기도 등등. 레위기 16장이 보여주는 여러 희생 제사들은 개인뿐만 아니라 민족 전체를 정화시키는 대속적 성례들이다. 유대인들의 성례는 항상 절기를 따라 행해지고 속세적 인간의 삶을 영원케 한다고 믿는다. 그러나 예언자들의 현실 비판적 예언 선포는 희생 제물이나 성례들에 대해 비판적이었다. 호세아, 아모스, 이사야, 예레미야 같은 선지자들은 인간의 역사를 하나님이 정의로운 뜻으로 움직여지는 것이기 때문에 성례적인 자기희생이 있어야 한다고 선포했다. 정의로운 바른 삶을 위한 자기희생이 속스런 인생사를 거룩하게 한다고 보았다. 자기희생적 성례를 가장 극열하게 보여준 것은 다니엘이다. 다니엘은 자기의 삶과 생명을 성례로 드렸다. 이러한 성례적 삶을 통해 사람들이 세속의 더러움에서 벗어나 성결로 나아간다고 생각한다.

후기 유대교 사상에서도 성례의 뜻을 의식보다는 생활 중심으로 이해하고 실천해 왔다. 예를 들면 성례를 생활 속에서 삶으로 실천하고 예배 속에서 기억하는 전통을 세워 왔다. 유대인의 초기 성례전통을 유대인의 세계적 안목에서 실천했다. 선지자들의 윤리적 요구는 삶의 실천 강령으로 변해 갔다. 유대인들의 종교법은 텅 빈 깡통과 같다는 말은 전혀 사실이 아니다. 유대인의 종교법은 매일의 생활 속에서 실천되는 희생과 자기 봉사로 이루어져 있다. 유대인들이 하나님을 믿는다는 것은 자기 부정 속에서 하나님을 따르는 순종이다. 하나님의 법의 실천은 날로날로 이 세상을 아름답게 개선하여 가는 것이다. 기도는 자기 소원 성취가 아니라 자기희생을 통해서 하나님과 친밀하게 교제하는 것이다. 기도는 미사여구의 문장의 암송이 아니라 하나님을 만나고 이웃을 만나기 위한 자기희생을 하는 것이다.

성례적 삶의 핵심은 자기 의지를 하나님께 드리는 것이다. 유대교의 리터지(liturgy) 예배·법·영성은 이 흐름으로 발전되어 왔다. 유대인의 법은 오직 시작일 뿐, 법의 핵심은 희생적 삶이다. 유대인의 삶은 하나님의 뜻에 가득 찬 성례적이다. 유대인들의 삶은 믿음보다 한 걸음 더 나아간 실천의 문제이다. 이런 점에서 유대교의 삶은 도덕적 신비주의로서 자기를 초월하는 정신인데 이것이야말로 성례전적이다. 예배 순서로서 성례 성사 또는 성찬 세례를 베푸는 것에 큰 의미를 두지 않는다. 하시딤(Hasidim)의 설화에 이런 말이 있다.

'우리의 마음이 하늘을 향해 있는 한 우리의 삶은 성례적이다.'

이런 점에서 유대교의 성례사상은 행동의 질을 요구한다. 유대인의 삶의 지침서는 구체적으로 어떻게 행동하고 어떻게 사는 문제를 구체적으로 설명한다. 행동은 의도에서 나온다. 그 의도는 하나님에 사로잡혀 인도받는 태도, 즉 613계명이 인간의 365일을 지배한다. 유대인은 이 생명의 행동강령을 저버리면 유대인은 치명적으로 버림을 받는다. 유대인의 신비적 삶은 법의 준수가 우주적 생명과 연결된 것을 분명히 가르쳐 준다. 전쟁과 평화 번영과 역경, 구원과 유배, 방황 삶과 죽음 모두가 유대인에게 주어진 계명을 준수하느냐 안 하느냐에 달렸다. 유대인은 그들의 새크라멘탈적 희생을 통해서 자신이 변하고 세상을 변화시킨다. 유대인의 이천 년 역사가 그것을 보여주고 그 극단적인 성례희생은 홀로코스트이다. 그들은 600만 명의 성례제물을 인류의 평화를 위해 하나님에게 바쳤다.

후기 유대교 신비주의는 행동적 성례를 다르게 평가한다. 후기 유대교 신비주의는 카발리즘까지 포함하는데 그들은 창조가 인간의 위기를 가져다주었다고 주장한다. 왜냐하면 거룩한 섬광이 온 우주에 퍼져 버려 세상은 거룩을 잃어버렸다고 한다. 그러나 성례를 행함으로 거룩을 다시 찾을 수 있는데 제물이나 윤리적 제사적 희생을 드림으로 그 거룩한 빛을 다시 회복할 수 있다고 본다. 구별된 지도자나 신비적 영의 사람들은 부패를 거룩으로 변화시켜 준다. 더러운 삶의 찌꺼기를 다 태워 영의 사람이 되게 한다. 신비주의자들에게 있어서 성례적 행위는 거룩으로 가는 길이라고 주장한다.

유대교가 말라빠진 율법주의자로 몰아붙이는 기독교도들은 행동적 희생적 성례의 삶을 살고 있는 것을 새로운 각도에서 이해해 주기를 바란다. 윤리적 선행, 희생적 봉사와 경건의 삶은 율법주의가 아니라 세상을 살리는 구속적 희생행위이다. 자기희생을 요구하는 유대교도들의 율법준수 정신은 세상을 변화시키는 힘을 가지고 있다. 긴 역사 속에서 보여준 유대인들의 희생은 진실된 성례로서 온 세계를 평화스럽게 했다. 유대교와 기독교의 대화를 함에 있어서 기독교도들은 이 깊은 유대교의 성례에 깊은 이해와 존경심을 가져야만 유대교를 바로 이해할 수 있다고 본다. 반복하지만 유대교의 삶과 종교와 삶이 하나인 것을 이해하고 유대인의 종교를 삶을 통해 이해하면 성례의 진정한 뜻을 변화시킬 수 있다고 본다.

성례

2. 기독교의 입장

성례란 종교의식으로 하나님 자신이 교회로 교회가 하나님을 향해 삶에 가장 귀한 것을 나누며 함께하는 표식이다. 성례는 하나님과 인간의 내적 만남으로 인간에게 구원을 허락하사 구원받은 인간이 하나님과 인간이 서로를 나눔으로 일체의식을 갖는 해우사건이다. 인간은 육신을 가지고 있다. 그래서 어떤 눈에 보이는 것을 매개로 하여 사상과 느낌의 감정을 나눈다. 우리의 속에 있어 보이지 않는 생각과 사상들을 언어나 어떤 제스처를 통해 나눈다. 언어와 어떤 제스처는 언어와 제스처 이상의 어떤 내용을 담고 있다. 종교는 어떤 구체적인 예식을 통해 언어 이상에 있는 신의 본질을 받아들이고 그것에 응답하는 인간 진심을 드린다. 그래서 크리스천은 믿는다. 하나님은 인간 내면과 교통하시지만 성례를 통해 인간과 함께하신다. 성례인 세례의 물은 인간을 정화시켜 하나님께 가까이 올 수 있는 새 사람이 되게 하는 것으로 받아들인다. 그래서 하나님과 일체가 된다.

성례는 하나님이 지금도 일하고 계심을 보여주며 그리스도가 교회 안에 임재하심을 나타낸다. 하나님의 구원의 은혜가 성례를 통해 보여주며 인간의 약점이나 공로가 전혀 문제가 되지 않은 온전한 하나님의 초대이다. 그러나 성례는 신비한 행위이긴 하나 마력적 기적적 행위는 아니다. 성례는 만남이다. 그리고 하나님이 기뻐하시어 인간에게 오시고 인간은 거룩한 초대를 받는 것이다. 따라서 이 성례의 효험은 영구하여 우리의 생각과 삶 속에서 지속된다.

성례는 기독교회가 가지고 있는 하나님의 임재에 대한 신념이다. 그리고 하나님 예수 그리스도를 통해 세례는 하나 되는 의식이다. 그래서 성례는 하나님의 역사이다. 따라서 이 일을 하나님이 교회에 맡겼다. 그런 점에서 교회는 하나님과 인간 사이의 매개의 역할을 한다. 따라서 성례는 교회 중심적이기 때문에 교회를 통해서 우리 인생은 하나님과 하나 되고 그 성례 속에서 인생을 축하하게 된다. 그러므로 하나님의 자녀는 교회의 일원으로 살아야 되는데 성례의 매개인 교회적 삶 때문이다.

개신교회는 교단을 막론하고 성례에 대해 공통적으로 세례와 성찬을 시행한다. 이 두 성례는 신약성서에 나타나 있고 예수님이 직접 가르쳐 시행하신 것이다(마28:16-20 막14:22-25). 세례는 그 뿌리의 힌트가 구약에 있는 것은 사실이지만 1세기 유대교의 청결의식에서 유래한 듯하다. 크리스천들은 세례를 통해 정결 성화된다고 믿는다. 뿐만 아니라 이 예식을 통해 생명과 죽음도 예수와 함께 나눔으로 부활에까지 연장된다. 크리스천들은 이 예식을 통해 그리스도를 주로 하는 공동체의 일원이 되는 서약이기도 하다.

성체 즉 유카리스트는 주님이 손수 준비하신 마지막 만찬으로 그의 죽음과 부활을 의미 기억하는 것이다. 성찬의 기원은 유대교의 예배 그 후 회당 예배에 둔다. 유카리스트는 주님이 준비하신 과거 사건을 기억하는 것만이 아니라 미래에 다가올 하나님의 왕국에 대한 기대와 지금 우리의 삶속에 실현되는 감사를 의미한다. 유카리스트에서 믿음의 공동체는 그리스도와 연합됨을 상기시키고 이웃과 형제 됨을 체험케 한다.

세례의식의 또 다른 목적은 확인이며 성찬의 또 다른 의미는 새 삶의 시작이다. 하늘 백성으로서 확인과 새 삶의 시작은 성령의 강림으로 힘을 얻어 크리스천 공동체와 세상을 향해 책임을 가지게 된다. 확신과 새 시작은 개신교 정통교회일수록 더 강조하고 가톨릭교회는 성인식으로 간주하는 경향이 있다.

성례의 또 다른 의미는 하나님을 향한 회개와 화해이다. 성례를 통해 용서와 평화의 지복을 받는다. 죄는 하나님과는 말할 것도 없고 우리가 이 사회와 하나 되지 못하게 한다. 성체의식은 자기를 헌신적으로 드려 하나님과 그리고 형제와 더불어 하나 되게 하는 희생 제물의식이다. 성례의 집행자는 의식으로만 집행함이 아니라 종교의 본질적 영적 뜻만이 아니라 사회와 삶 속에서의 의미를 상기시켜야 할 것이다.

환자를 위한 성례 의식 또는 안수식은 심히 아픈 사람이나 죽어가는 사람들을 위한 기도의식이다. 이는 당사자가 예수 그리스도의 고난에 동참하는 것을 상기함으로써 죽음에서 부활하신 그리스도와 함께하는 것이다. 이러한 의식은 육체적인 치료를 갈구하는 것이지만 그보다 앞서 영적인 회복 즉 하나님과 일체됨을 회복시킨다.

개신교는 흔하게 하는 의식은 아니지만 결혼성례는 남자와 여자가 일체되는 것과 주께서 교회를 사랑하듯 서로가 사랑하는 것을 축하하는 의식이다. 부부는 은혜와 힘을 받아 예수 그리스도의 뜻을 따라 살 수 있게 한다. 결혼은 개인사만이 아니라 그리스도 안에서 이루어지는 공동체의 일원이 되는 중요한 사회성을 가진 거룩 의식이다. 결혼의식을 거룩한 의식이라고는 말할 수는 없지만 공동체의 살아 움직이는 중요한 표시가 되는 것이다. 기독교에서 성례는 반드시 안수 받은 자격 있는 성직자가 집행하게 되어 있다. 성직자의 부름을 따라 모든 교인이 이에 참여하고 또한 교회 공동체와 사회에 봉사해야 한다. 성례 의식 속에서 종교성과 사회성은 충분이 강조되어야 한다.

인생의 삶의 과정 속에 성례식은 하나님과 인간의 만남의 표식인데 세례는 시작이요 성찬은 화해의 표식이라 할 수 있으나 성찬이 예수에 의해 시작되어 전수되어 왔다는 데도 이론이 적지 않다. 우리가 예수에 의해서 진수되어진 일이 둘이라 했으나 일곱으로 보는 견해도 있다. 역사적으로 볼 때 예수가 교회를 만드셨다는 증거는 없지만 교회는 그를 기념한다고 믿고 있다. 교회를 통해서 하나님의 나라 건설도 그에게서 시작했다고 본다. 그런 점에서 교회야 말로 하나님이 인간에게 베푸시는 성찬이다. 교회에서 성찬을 베풀지만 교회 자체가 성찬이란 사실을 깨닫지 못하면 진정한 의미에서 우리는 성찬의 의미에 가까이 가지 못한 것이다.

사실 초대교회에서는 매일 먹는 식사가 하나님이 베푸시는 거룩한 성찬이었다. 그들은 떡을 떼고 마실 때마다 그리스도를 기념하고 거룩한 그리스도의 살과 피를 체휼한다고 믿고 시행했다. 시간이 흐름에 따라 일상의 생활과 종교 의식은 구별할 수밖에 없어 성례가 제도화된 것이다. 사실 먹고 사는 것은 거룩한 일이다. 그러나 살다 보면 먹고 마심이 거룩이 아니라 배고픔을 해결하기 위한 방편이 되어 속화된 형식이 되기 쉽다. 그래서 어떤 시점에 성례식과 매일 생활은 분리되었는데 유대 전통에서는 성일의 음식만은 성례로 오랫동안 보존되어 왔다. 그러나 기독교 안에서도 구교와 신교 그리고 희랍정교회에서는 그 신학적 의미를 조금씩 달리한다.

성례

3. 요약 : (유대교의 주장)

1. 유대교에서 성례가 없는 이유가 무엇인가? 유대교는 거룩의 표시로 많은 절기가 있다. 그 절기를 통해 거룩한 예식이 행해지고 있기 때문이다.
2. 유대교적 입장에서 성례의 뜻이 무엇인가? 유대인의 성례는 전승되어온 절기의 준수이다. 모든 절기의 핵심은 자기 희생이다. 자기 희생의 표시로 짐승을 잡아 올렸다. 따라서 그들의 삶이 성례의 실천이었다.
3. 유대인의 성례에 가장 큰 변화를 준 사람들이 누구인가? 예언자들은 절기나 성례에 대해 비판적이었다. 인간의 삶이 성례전적으로 희생적 사랑의 실천이라고 주장했다.
4. 유대교의 성례의 핵심이 무엇인가? 자기 희생, 자기 드림이다. 자기 희생이 없는 행위는 성례가 아니다. 절기의 준수나 짐승을 바치는 행위도 희생정신이 없다면 성례가 되지 못한다.

5. 독일에서 600만의 유대인의 희생을 인류의 평화에 바친 성례라고 주장하는 것을 우리는 어떻게 받아들여야 하는가?
5. 카발라주의자들의 성례는 어떠한가? 유대교 신비주의자인 카발라주의자들은 윤리적 희생이야 말로 진정한 성례요, 그 힘으로 세상이 유지된다고 믿는다.

4. 요약 : (기독교의 주장)

1. 성례의 의미가 무엇인가? 하나님과 함께하는 교통의 수단이다. 그러므로 가장 귀한 것을 드리고 가장 귀한 거룩을 받는 예식이다.
2. 하나님이 교회에 맡긴 두 가지 성례는 세례와 성찬이고 예수께서 친히 가르치신 것이다. 성례를 통해 하나님의 임재를 체험하고 우리 자신을 드려 구별된 백성으로 칭함을 받는 축복의 행위이다.
3. 성례인 세례는 삶의 새 출발이고 성찬은 나눔의 영적 의미이다. 따라서 성찬에 앞서 반드시 회개와 화해가 이루어져야 한다. 인류의 가장 위대한 성례인 예수님의 드림은 하나님과 인간의 화해였다.
4. 초대교회의 성례식은 어떠했는가? 초대교회는 먹고 마시고 청결하는 매일의 생활이 성례였다. 그러나 교인의 수가 늘어남에 따라 번거롭게 되자 성례를 세례와 성찬 두 가지로 제한했다.

30. 창조 Creation

1. 유대교의 주장

창조는 엄청난 신비와 극적인 감동을 모든 독자들에게 주는 성경의 최서두의 이야기이다. 유대인의 생명책인 토라의 서두에 나오는 내용이기 때문에 유대인들의 사상에 지대한 영향을 끼치고 있다.

유대교 신학자인 랍비들은 창조 이야기를 과학적 기록이라고 설명하지 않고 도덕적 신앙의 고백이라고 가르친다. 그래서 정신적 도덕적으로 큰 의미와 영향을 끼친다. 하나님이 천지를 창조하셨기 때문에 신적인 가치와 의미를 갖는다고 믿는다. 천지와 우주는 우연한 사건으로 인하여 이루어진 애매한 것으로 보지 않는다. 하나님이 우주를 설계하시고 창조하시고 그리고 지금 운행하고 계신다. 인간은 자신의 행동과 생각에 책임을 느껴야 한다. 왜냐하면 하나님이 인간의 창조자시요 통치자이기 때문이다.

천지 창조의 사건은 하나님의 무궁무진한 능력자임을 보여준다. 말씀만으로 온 우주를 조성하셨다. 우주의 창조자로서 하나님은 신앙의 근원과 뿌리를 제공한다. 중세의 유대교 최대학자요 의사인 마이모니데스(maimonides)는 〈토라의 기본(Mishneh Torah)〉이라는 책 2장 두 번째 줄에서 이렇게 기록하고 있다. 인간의 사랑과 경외심이 어디에서 나오는가? 초월성에 대한 경외 · 사랑 · 생명 · 신뢰 · 지혜는 어디서 나오는가? 다윗이 살아계신 하나님을 향해 갈급한 심정으로 사모함이여 라고 한 것, 주의 손으로 지으신 만물을 보오니 라고 한 고백은 창조주 하나님을 향한 경외와 사랑의 표현이다.

랍비문학이 창조설화에서 제일 강조하는 것은 천지 창조가 아니라 하나님의 형상으로 지었다는 인간의 창조 이야기다.

바벨론 탈무드도 그렇지만 특히 예루살렘 탈무드가 가르치는 내용은 이것이다. 하나님께서 인간을 지으실 때 왜 한 사람 아담만 지으시어 세상을 충만하게 하지 않으셨는가? 대답은 이렇다. 어느 누구도 첫 창조의 아담보다 앞설 수 없고, 모든 인류는 창조를 받은 그 인간에게로 소급된다. 어떤 누구도 첫 창조인간 아담을 능가할 수 없고 모든 인류는 첫 창조 아담의 후예임을 부인할 수가 없는 것이다. 그런 점에서 모든 인간은 아담의 후예로서 동등하다.

창조 설화의 핵심 내용을 인간 창조라고 한다면 우주의 창조는 창조의 서론인 셈이다. 따라서 인간 창조의 진정한 의미는 하나님의 형상이다. 하나님의 형상이란 영적이고 지적인 품성을 뜻한다. 인간이 동전을 주조할 때 차이가 없이 동일하게 만들어지듯이 인간은 외형을 떠나 신의 형상에서 동일하게 창조되어진다는 뜻이다. 물론 인간의 성격과 외형은 다 다를 수 있지만 본질상 인간은 신의 성품을 받은 것에서 동일하다는 것이다.

창조 설화가 우리에게 주는 또 다른 영적인 의미는 안식사상이다. 하나님께서 엿새 동안 세상과 만물을 지으시고 쉬셨다는 사실이다. 따라서 창조 설화는 인간도 엿새 동안 일하고 쉬어야 하는 안식을 인류에게 주셨다. 금요일 저녁 성화기도(Kiddush)를 드린다. 안식일 거룩한 식사와 포도주 앞에서 창조설화의 마지막 구절, 심히 좋았더라(It was very good)를 온 식구가 한 음성으로 복송한다. 곧 하나님의 창조는 안식이란 사실이다.

유대교의 전통에서 창조를 철학적 또는 형이상학적 또는 과학적으로 사유하지는 않는다. 하나님이 인류를 사랑하여 이룩하신 첫 사건으로만 기억한다.

미쉬나에서 가르친다. 신비한 사실들(창조 및 하나님에게 한 것들)은 대중들에게 가르칠 수가 없다. 지혜 있고 명철한 개인 한 사람에게만 전달될 수 있다. 신비한 사실은 개인의 영혼에서 영혼으로 전달될 수가 있기 때문이다. 랍비 야곱 후리(jacobb Huli)는 그의 스페인어 창세기 미드라쉬에서 이렇게 말하고 있다. 신비한 것은 두뇌로서 탐구할 문제가 아니다. 하나님이 하늘과 땅이 창조되기 전에 무엇을 했을까? 그 이전에는 이 우주에 무엇이 있었을까? 창조 자체도 신비에 넘쳐 이해의 밖에 있는데 그 이상의 것을 궁구한다는 것은 인간의 한계를 넘어 있는 것이다. 설명할 수도 설명해도 인간이 이해할 수 있는 한계가 아니다. 신비적이고 형이상학적 지혜며 신비의 문제는 개인의 영의 세계에 속한 문제이며 믿음에 관한 문제이다.

유구한 이스라엘의 역사 전통에서 하나님이 천지를 창조하셨다는 사실, 무에서 천지를 창조하셨다는 사실을 부정하는 사람은 없다. 중세시대 유대인 철학자들은 헬라 철학의 명제 '물(matter)은 영원하다'는 주장에 지대한 관심을 가지고 격론한 적이 있다. 그 중 가장 유명한 인물은 모세스 마이모니데스(Maimonides)였다. 그의 서책, 당혹스런 질문에의 대답(Guide for the perplexed)에서 물이 영원하다는 명제는 이성으로 증명할 수 없는 문제라고 결론지었다. 마찬가지로 천지가 하나님에 의해 창조되었다는 것도 이성으로 증명할 수 없는 문제이다. 우리는 믿음으로 하나님이 천지와 물을 창조하신 것으로 안다. 그리고 하나님의 존재는 천지창조에 앞서는 문제라고 했다.

현대과학의 출현과 더불어 진화론의 원리는 성경의 창조원리를 정면으로 공격하게 되었다. 이에 대해 성서학자들은 당황한 나머지 신경질적으로 서로 반목의 입장에까지 가고 있다. 지금도 그 문제는 어떤 결론으로 정리된 것은 아니다. 그러나 실제로 창조론과 진화론 사이에는 극본적인 알력이 있는 것은 아니다. 다양한 이견들을 다음과 같이 정리할 수 있을 것이다. 첫째로 성경은 과학의 교과서도 아니고 또한 과학시대에 기록된 책이 아니다. 두 번째로, 성경은 신앙의 고백이요 인간의 삶을 위한 도덕적 원리를 제공한 책이다. 그러므로 성경을 과학의 원리에서 이해하고 평가하는 것은 우스꽝스런 일이다. 더욱이 창조의 설화 속에 생물체나 무생물체를 통틀어 어떤 진화의 언급은 나오지 않으나 진화론을 받아들이는 것은 어렵지 않다고 본다. 하나님이 엿새 동안의 창조를 과정적으로 진행했다. 진화적 창조를 보여주는 것은 없지만 엿새 동안이란 진행형적 창조가 진화적 과정임을 보여준다. 그리고 그 창조는 지금도 하나님이 일하시니 계속되고 있는 것이다.

하나님이 천지를 창조하실 때 엿새 동안에 이루셨다고 말씀하셨는데 아마 이것은 대단히 상징적인 표현이라고 생각한다. 창조의 설화 속에서 한 날은 24시간의 하루란 뜻이 아니다. 24시간이란 태양과 지구와의 관계성 속에서의 움직임을 뜻하는데 3일째까지 태양이 없었기 때문에 24시간의 하루 개념은 성립되지 않는다. 따라서 오늘날의 관점에서 24시간으로 창조를 계산하고 엿새를 오늘날의 시간 개념으로 창조의 완성을 이해해서는 안 된다. 창조의 과정이란 그렇게 단순하게 설명되어질 문제가 아니다. 창조설화의 엿새란 여섯 스테이지의 과정인데 한 스테이지가 몇 천 년 몇 억 년이라고 설명할 수도 있다. 하루라 번역하는 하욤은 24시간의 하루가 아니다. 유대교 창조사상은 연속의 과정, 진행형적인 진화속성을 가진다는 뜻이다.

유대교 사상에서 창조에 관하여 강조할 점은 하나님의 섭리의 문제이다. 섭리란 하나님이 세상을 향한 계획을 가지고 계속 손질하신다는 것이다. 하나님이 창조하셔 놓고 그냥 버려두지 않으신다는 것이다. 유대교는 영국의 이신론적 사고에 철저히 반대한다. 하나님은 그의 창조 속에 계속적인 손질을 쉬지 않는다. 그래서 유대인의 아침기도는 '당신의 창조를 매일 아침 새롭게 하고 시작하여 당신의 돌보심 없이는 이 우주와 창조도 지금도 존속하지 못함을 압니다.'라고 한다.

창조의 타픽을 논할 때 우리가 가장 중요한 주제로 생각한 것은 유일신 하나님이다. 유대교는 다신교(polytheism) 이원론(dualism) 법신론

(pantheism)을 철저히 거부한다. 이 우주에 존재하는 모든 것, 그것이 우리의 눈에 선하든 악해 보이든 모두가 하나님의 창조물이기 때문에 하나님은 만물의 근원이다.

창조

2. 기독교의 주장

이스라엘의 전통은 승리의 찬가로 모든 것을 시작한다. 특별히 유대인 은들은 창조를 하나님의 승리의 최고 절정으로 노래했다. 주의 손가락으로 만드신 주의 하늘과 주의 베풀어 주신 달과 별들을 내가 보오니(시 8:3). 하늘이 주의 것이요 땅도 주의 것이라 세계와 그 중에 충만한 것을 주께서 건설하셨나이다(시89:11). 이스라엘 역사도 마찬가지다. 어떤 고난 속에도 그들은 승리를 노래했다. 창세기의 설화는 아리스토텔레스가 말한 대로 만물이 생태하고 성장한 생명 승리를 노래한다. 성서는 창조의 승리 노래로 시작한다.

다른 한편, 이스라엘의 역사 시작은 우주적 신화로부터 출발했다. 벨하우젠(Wellhausen)의 성서 사상인 P문서에 속하는 창세기 1장은 역사라기보다는 신화적 창조 모습이다. 신성과 인간의 실존적 관계를 설명하기 때문에 이스라엘의 창조설화는 상호 계약적이고 구원적 사건으로 등장한다. 역설적으로 말하면 우주의 창조는 하나님의 인간을 향한 사랑과 관심, 그리고 구원의 표현이다. 어떤 랍비는 말한다. 이 세상은 아브라함을 위해 창조했다고. 그러나 결국은 인간의 복락을 위한 하나님의 창조였다는 사실이다.

창조가 성서의 최대 관심사는 아니다. 성서의 가장 중심사는 창조가 아니라 하나님과 이스라엘 즉 인간과의 관계이다. 창조의 사건은 아직도 계속되는 연속의 과정 속에 있다. 이 땅의 모든 생명체는 하나님과 인간과의 관계의 연속에서 나온 결과이다. 하나님이 오늘도 우리를 생존케 하시고 구원하시고 대속하시는 것은 또 하나의 창조이다.

창조 속에서 가장 힘주어 강조하는 것은 하나님의 무한하신 능력이다. 그리고 인간은 창조함을 받은 유약한 피조 존재라는 것이다. 창조의 설화 속에는 실패·좌절·낙담 같은 것이 개입하여 그것이 크게 보이지만 처음부터 전체를 관통하는 것은 승리인데, 승리는 바로 창조라는 사실이다. 하나님의 능력은 지극하고 인간은 흙으로 만들어져 먼지로 갈 수밖에 없는 하잘것없는 것이기에 오직 하나님만을 두려워하고 경외해야 한다고 고백한다(시33:8 욥10:9).

이 사실 또한 전혀 놀라운 것은 아니다. 이 세상의 영광, 즉 제사장 예언, 심지어 성전이나 율법마저도 그리고 하늘과 이 세상의 모든 것과 함께 사라져 버린다는 것이다. 천지가 없어지고 모두가 사라져 버린다 해도 오직 남는 것은 하나뿐이라고 말한 것은 놀라운 일이다. 다시 말하면 지금의 창조는 우주의 시간 속에서는 잠깐 있다 없어질 것이고 진실한 창조는 오고 있다는 사실이다(마24:35 막13:31 눅21:33 사 13:13). 진정한 창조는 오고 있다는 사실, 그 속에서 새 마음, 새 영의 창조가 있을 것이란 놀라운 사실이다(렘31:31-34 겔36:26-). 다시는 죄악도 죽음도 썩음도 없는 전혀 새로운 세계의 새 시작, 그리고 그곳에는 찬양과 환호와 기쁨뿐이나 새로운 삶의 신세계가 오고 있다는 것이 진정한 창조이다(계21:1-4:8-).

신약성서는 창세 이래 새로운 나라가 도래하여 그의 백성들에게 주어짐으로 인하여 거룩한 새 세계가 완성된다(마25:34 요 17:24 엡1:4-). 그리스도는 새 창조의 핵이요 만물을 통합한 중심이다(골1:15-). 그러므로 그리스도는 새 세계요 새 창조이다. 랍비 문학에 이런 말이 있다. 창세 이전에 이미 존재한 것이 있었나니 그 첫째는 이스라엘 토라 성전이요, 그리고 메시야였다고 했다. 이 말은 물리적인 세계만을 말하는 것이 아니다. 하나님의 창조는 낡아 가고 있기 때문에 그리스도를 통해 완전한 새 세계를 창조하신 것이다.

신약성서에서 요한은 창조를 다르게 해석한다. 세계는 로고스로 창조되었는데 그 로고스가 바로 말씀이신 예수라는 설명이다. 그래서 복음서가 창세기 1장 1절보다 앞선 창조의 모습을 설명한다. 복음서 특히 요한복음의 창조는 창세기의 창조보다 앞서고 더 뜻 깊은 창조를 설명한다. 새 창조에 있어서 중요한 지적은 창조의 외양을 말하는 것이 아니라 그 내공을 지적한다. 하나님의 창조는 여러 겹이 있어 엿새 동안의 창조로서 끝난 것이 아니라 새로운 창조는 계속되는데 하나님의 마지막 창조는 은혜와 사랑으로 창조되는 그리스도의 세계이다. 하나님의 속성이 창조 속에 계신다는 것을 설명한다.

창조

3. 요약 : (유대교의 주장)

1. 성경의 서두에 나오는 천지 창조사건을 과학적 사실이라기 보다는 신앙고백이라고 유대교 신학자들은 말한다. 그렇다면 이 사실은 사실이라기보다 도덕적 임팩트를 주기 위한 정신적 가설인가?
2. 천지 창조는 하나님이 무궁무진한 능력자이심을 보여준다. 유대교 신학자 마이모니데스는 인간의 경외, 감동 감사는 이 천지창조 사건 속에서 나온다 했는데 이 창조 가설을 유대교 과학은 어떻게 증명하고 있는가?
3. 천지창조의 엿새 동안의 기간을 진화적 창조라는 암시를 한다. 물론 엿새란 24시간의 6일을 의미하는 것은 아니다. 혼돈에서 창조 질서로, 무생물에서 생물로, 생물에서 남자로, 남자에서 여자로의 과정은 진화적 창조로 해석할 수 있는가?
4. 창조설화와 안식일 사상을 연결한다. 좋았더라, 좋았더라, 심히 좋

왔더라 하시고 안식하심도 또 하나의 창조로 받아들이는 안식의 의미를 생각한다.
5. 창조론을 논할 때 우리가 가장 먼저 생각할 것은 유일신 하나님 사상이다. 우주 만상이 천지 창조의 하나님의 손 안에 있다는 신앙이다.

4. 요약 : (기독교의 주장)

1. 벨하우젠은 천지창조를 바벨론 신화의 진화라고 보면서도 인간 구원적 사건으로 보는 이중성을 어떻게 받아들이는가?
2. 요한복음의 천지 창조를 창세기의 천지 창조보다 앞선 것으로 보는 신학적 견해를 어떻게 해석할 것인가? 새나라, 새천지의 도래를 예수 속에서 바라보는 기독교의 주장은 과연 정당한가?
3. 하나님의 여러 속성을 말할 수 있는데 창조의 속성, 창조 속에 계신 하나님은 태초에나 지금도 변함없는 창조를 하고 계신다.
4. 창조신학이 크리스천에게 주는 영적인 위력은 어떤 것인가? 창조자 하나님의 위대하심, 그를 향한 경외와 감사, 이 세상 모두는 창조자 앞에서 동일하다는 평등 사상 외에 어떤 영적인 의미를 주는가?

31. 순교 Martyrdom

1. 유대교의 주장

히브리어로 순교(Martyrdom)란 하나님의 이름(ha-shem)을 거룩케(Kiddush)하는 일이라 한다. 이에 반대되는 말은 하나님의 이름을 욕되게 하는 것(hillul ha-shem)인데 이 둘의 뜻은 종교적인 것과 윤리적인 것 둘을 다 의미한다. 다시 말하면 존경과 영광 그리고 그의 반대되는 치욕과 모독을 하나님의 이름에 가하는 것이다. 예를 들면 어떤 특별한 행동이나 업적을 유대인이 이루었을 경우 하나님의 이름에 영광이 된다. 하나님의 이름에 가장 큰 영광을 드리는 일은 인생에 귀한 것을 헌신하는 것이지만 그중에 가장 큰 헌신은 생명을 드리는 것이다.

그러나 이 문제는 그렇게 단순한 소재는 아니다. 왜냐하면 유대인은 어떤 이유에서든 생명을 귀히 여겨 지키라고 명을 받았기 때문이다. 예를 들면 유대인들은 안식일을 가장 중요한 계명으로 귀히 여긴다. 그러나 생명이 위독한 상황에서는 안식일 법은 그 자리를 양보한다. 바꾸어 말하면 유대인에게 자살은 금지되는 최고의 죄악이다. 순교는 유대교에서는 몇 가지 조항을 제외하고는 절대 금지하는 사항이다.

1) 우상숭배, 배교, 근친상간, 살인을 강요당할 경우를 제외하고는 자살은 인정하지 않는다.
2) 이교도 국가나 이교 당국이 이 같은 일을 강요하면 죽음을 택할 경우 순교로 간주한다.
3) 공동체 회당의 모든 식구들이 생명의 위협을 받을 때 생명을 바치는 일은 순교로 간주한다. 뿐만 아니라 이와 같은 상황에서 죽음은

공동체와 하나님의 이름을 영광스럽게 한 행위로 간주한다. 랍비들이 권유하는 최상의 지혜로운 권고는 그런 상황을 당하지 않도록 하고 피할 수 없이 그 같은 일을 당하면 도망가라는 것이다.

역사적으로 살펴볼 때 가장 주목할 만한 순교의 사건은 느부갓네살왕 시대에 일어난 사건일 것이다. 사드락, 메삭, 아벳느고가 왕의 상 앞에 절하지 않으므로 인하여 생긴 불경 사건인데 유대인 쪽에서 볼 때 순교를 각오해야 할 대사건이다. 그 후 사자 굴의 사건 역시 순교를 요하는 사건이라 할 수 있을 것이다.

그러나 실제로 대단위의 순교 사건이 일어난 것은 마카비 통치하에 있던 유대인들이 시리아-그리스를 향한 항거일 것이다. 처음에는 이교 신상을 섬기고 절하는 것보다는 죽기를 택했지만 나중에는 토라 공부를 포기하기에 이른다. 그 후 유대인의 대학살 순교 사건은 로마제국 치하에서 일어나고 또 그 후 기독교의 십자군 운동 때 일어났다. 세계 역사에서 유대인은 말할 것도 없고 세계 모든 사람이 주목하는 순교의 학살 사건은 독일 나치에서 일어난 홀로코스트이다.

근대에 와서 유대인들은 순교에 대한 정의를 아주 넓게 해석한다. 하나님의 이름에 욕을 돌리지 않기 위한 결단과 희생뿐만 아니라 토라 그리고 그의 백성들을 위한 생명의 희생까지 순교라고 본다.

이런 관점에서 볼 때 순교에 대한 새로운 패러다임이 발생했다. 첫째가 마사다(Masada) 사건이다. 마사다 사건은 로마의 잔악한 폭정에 항거하여 사막의 한가운데 있는 마사다 성채에 요새를 두고 로마와 싸운 전쟁이다(66-73ce). 예루살렘 성전 파괴 후(69-70) 유대의 요새는 몇 개가 남지 않은 상태였기 때문에 마사다 요새는 대단히 주목을 받았다. 유대 전사들은 장열하게 싸웠는데도 모든 것을 다 잃었을 때 그들은 자결하기로 결단했다. 마사다 사건은 이스라엘 역사에서 가장 의미 있는 것으로 받아들여진다. 마사다는 유대인들이 온 세계를 여행 하면서도 잊지 않고 기억하는 장소이다. 지금도 이스라엘 군대는 그곳을 깊은 의미를 새기면서 지키고 있다. 무장한 로마 군대를 대항하여 장열하게 저항한 순교사건 마사다 전쟁은 하나님의 이름에 영광을 돌리는 자랑스러운 일이다 (Kiddush ha-shem).

또 하나 기억할 만한 유대인의 순교 사화는 독일의 라인 강변에서 일어난 미증유의 살해사건이다. 유대인의 숫자는 작지 않았지만 전혀 무방비 상태였다. 마녀 사냥 같은 학살은 거칠어 마구잡이로 진행되어 전국적으로 걷잡을 수 없는 상황이 되었다. 수없이 많은 유대인들이 죽음 앞에서 용감했지만 친구 형제 동료가 구별 없이 짐승보다 못하게 죽어갔다. 이 사건은 유대 역사에서 전무후무할 대사건으로 유대인만의 사건이 아니라 세계사적 사건으로 기록될 것이다.

이 사건은 아스케나직(Ashkenazi), 즉 독일계 유대인 예배의 중요 의식과 신앙 고백이 되어 항상 반복함으로써 세계의 양심을 일깨운다. 이 사건은 순교의 반열에 가장 선두에 있는 유대인의 영성과 경건의 효시가 되는 가장 큰 주의 이름을 영광스럽게는 사건(Kiddush ha-Shem)이다. 홀로코스트로 불리는 이 사건들은 유대교 역사의 순교의 고전적인 표상으로 사탄과 악마를 향해서도 굴하지 않는 부활적 사건이다.

그들은 죽어가면서 사탄(Satan) 앞에서 생명의 경외와 생명의 영원함을 보여 주었다. 이 두 사건은 세계를 감동시키고 놀라게 하여 현재와 오는 세계에 거듭거듭 회자될 것이다. 그럼에도 불구하고 수많은 유대인들이 고통과 죽음 앞에서 유대인 됨과 자신의 신앙을 부정했다. 수많은 유대인들이 순교자의 길을 거절하면서도 죽음을 면치 못하였다. 그들에게는 영광도 신성도 찾을 수가 없게 됐다. 그럼에도 불구하고 유대인들은 그들을 순교자라 부른다. 인내의 한계 속에서 그들은 고통과 죽음을 피하고자 부득이 굴복했을 뿐이기 때문이다. 그들은 자진하여 기쁘게 순교의 자리에 간 것은 아니지만 결과적으로 순교의 반열에 가게 된 것이다. 히브리어에 홀로코스트(Holocaust)는 쇼아(Shoah)인데 아주 파괴적인 폭풍(시35:8, 74:11시1:15)을 의미한다. 영어의 홀로코스트는 희생적 헌물로서 제단에서 완전히 소각된 것을 뜻한다.

그러나 1933-1945에 일어난 대학살 속에서 강요된 것이지 희생적인 것은 아니었는데 영어의 뜻은 본질에 적절치 않다. 파괴적인 폭풍이란 뜻의 홀로코스트도 그 역사적 사실에 적절한 것은 아니다. 홀로코스트의 사건은 세계에 흩어진 유대인 전 인구의 삼분의 일을 앗아갔다. 생명만 빼앗아간 것이 아니라 유대인들의 정신과 문화의 혼마저 빼앗아갔다. 호로코스트 사건은 인간의 잔악과 비굴함, 그리고 정치 앞에서 인간의 무력함, 생명의 천박함을 전 인류에게 보여준 사건이다. 홀로코스트에 대한 무수한 연구가 있었지만 아직 계속해서 연구는 진행되어야 한다. 어떤 한 단어나 몇 줄의 설명으로 도저히 충분히 말할 수 없는 이 사건은 사건의 배면을 거의 말하지 못하고 있다. 어떤 한 민족을 승화시키거나 어떤 한 나라를 욕되게 하는 그런 행위가 아닌 인간의 문제로서 더 넓고 깊게 연구되어져야 한다고 본다.

이스라엘은 국가적인 차원에서 매년 1월 27일을 홀로코스트 기념일 (Yom ha-Shoah)로 지키고 있다. 거의 매년 유월절 그 다음 절기로 다가온다. 세계에 흩어져 있는 유대인 디아스포라 전부가 지키고 있는 이 행사에서 유대인들은 홀로코스트 신앙 고백을 암송한다. 예배의 모든 순서는 홀로코스트의 기억과 의미에 중점을 두고 있다. 미 대통령 자문위원회는 워싱턴 D. C.에 홀로코스트 기념박물관을 지어 주었다. 많은 유대인 단체들이 희생자들의 기념관을 만들었는데 그 중앙 기념관은 이스라엘 예루살렘에 있다.

홀로코스트 희생자 기념관의 설립과 신앙고백 그리고 모든 예배와 행사들의 목적은 두 가지로 설명할 수 있을 것이다. 지난 일들에 대한 기억과 후손들을 향한 교육이다. 사자는 기억되어야 하고 생자는 위로를 받아야 한다. 다시는 이런 일이 인류사에 있어서는 되지 않고 생명은 거룩하다는 것을 영원히 상기하자는 것이다 홀로코스트의 순교 사건은 현대 유대인의 정신을 재형성시켜주는 요인이 되었다. 이 깊은 상처를 밝히고 치료하는 과정이 없이는 어떤 대화도 순교의 의미도 찾을 수가 없을 것이다.

순교 Martyr

2. 기독교의 주장

순교자(Martyr)란 헬라어 말투스(Martus) 즉 증인이란 뜻이다. 신약성서와 초대교회에서 말투스 증인이란 그리스도의 죽음과 부활의 증인된 삶과 희생을 한 사람들을 그렇게 불렀다. 히브리어 성서에서는 이 같은 용어를 찾을 수 없다. 마카비 2서 6-7장에서 그 같은 말이 나타난다. 기독교에서 사용하는 순교 또는 순교자란 말은 구약성서나 유대인 사회에서는 사용되지 않았다.

신약성서 사도행전 22:20과 요한 계시록 2:23 11:3에 믿음을 위해서 죽는 사람 또는 부활의 증인된 뜻으로 사용되었다. 요한계시록 1:5에 예수가 죽음의 증인이라고 한 말씀을 근거로 하여 증인과 그리스도를 따라 감으로 죽음을 감당하는 것을 동일어로 생각했다. 근원적인 의미에서 생각해 볼 때 예수는 첫 순교자이다. 내가 너희들을 사랑한 것처럼 서로 사랑하라. 친구를 위하여 생명을 버리는 것보다 더 큰 사랑이 없다(요 15:12-)고 한 것은 안으로 이웃을 사랑하는 행위, 밖으로는 그리스도를 향한 믿음의 증인아란 뜻으로 사용되었다. 예수 자신을 부정하는 상황 속에서도 예수는 증언했다(요18:37). 사랑의 길, 진리의 길은 동일하다고 설파하셨다. 사랑의 길 희생의 삶은 메시야 예수에게 국한된 사역은 아니었다. 모든 사람이 그렇게 살아야 하는 것이다. 요한복음 15;20에 내가 너희에게 한말을 기억하라, 종이 주인보다 크지 못하다 한 말을 기억하라, 나를 핍박하였은즉 너희도 핍박할 것이란 말씀은 우리 모두가 똑

같은 운명이란 뜻이다.

초대교회 시대에 믿음 때문에 박해를 받는 것을 증인이라고 한 사실만은 분명한데 이 말은 사랑의 희생, 사랑의 죽음보다 더 귀한 것이 없다는 뜻이다. 그리스도를 위한 죽음, 이웃과 형제를 위한 희생의 길만이 하나님과 하나 되는 영교라는 것을 말한다. 인간의 삶에 가장 귀한 것이 무엇일까? 이 세상에 아무리 귀한 것이 있어도 세상을 떠날 때 우리는 모든 것과 해체된 상태에서 하직한다. 그럼에도 불구하고 영원한 생명이신 하나님과의 영교는 희생 그리고 진리를 위해 자신을 죽이는 것이다.

순교가 초대교회의 예배의식으로 발전하였는데 이 말은 그 만큼 순교의 희생과 죽음이 허다했다는 뜻이다. 그 당시 예배는 전부 거의 모두가 순교기념 예배였다. 사실은 크리스천의 첫 예배는 예수의 죽음과 부활 기념이란 사실을 기억하면 이해가 빠를 것이다. 매일 허다한 장소에서 당하는 순교의 죽음에 용기와 지혜를 주는 것이 그 당시의 예배의 대중이었다. 그 당시 교인의 영성은 순교의 영성을 통해 바른 삶의 태도를 습득하는 것이었다. 종교개혁 전까지의 예배는 거의가 다 성인 기념 예배로서 그들의 삶과 죽음을 기념하는 것이었다. 개신교의 시작과 더불어 성인 기념 예배에 대한 회의가 시작되어 개인숭배로 오해받을 소지가 있기 때문에 거의 다 줄어들었다. 아직도 가톨릭교회에서는 순교자 기념 예배는 진행되고 있지만 개신교에서는 특별한 경우를 제외하고는 거의 드려지지 않는다.

초대교회에서 세례는 종종 순교로 표현되기도 했다. 왜냐하면 물세례가 아니라 피의 세례의 경우 죽음을 각오한 의식이었기 때문이다. 왜냐하면 세례를 받아 기독교인이 됐다는 것은 바로 죽음으로 가는 과정이라고 볼 수 있기 때문이다. 오늘날 우리가 성찬 세례를 받는 것과는 비교할 수 없는 무거운 의미가 있었다. 뿐만 아니라 세례는 앞에서 이야기한 죽음을 의미함과 동시에 구원이기도 했다. 초대교회 시대에 순교의 의미가 이렇게 의미 깊게 사용되자 순교가 어떤 것인지에 대한 규정도 복잡해졌다. 여러 규정이 전해 오는데 그 가운데 다음의 세 가지로 정리할 수 있을 것이다.
1) 실제 육체적 생명을 공중 앞에서 잃었을 때
2) 그리스도의 진리와 복음을 위해 노력함으로 기나긴 증오로 생명을 잃게 될 때
3) 신앙과 진리를 방어하다 당하는 죽음. 여러 주장과 표준들을 종합 정리한 것이다.

 기독교회에서 순교의 의미는 엄격하지만 너무나 단순한 언어로 표현하기 때문에 별 의미 없이 받아들인다. 그리스도를 향한 믿음을 지키기 위해 죽는 사람들이란 어떤 사람들인가? 공산사회에서의 믿음 생활, 모슬람 사회에서 선교를 하다가 박해와 죽음으로 끌려가는 삶의 생활. 아니면 마틴 루터 킹 목사(Martin Luther King)처럼 흑인의 총에 맞아 죽는 것도 순교인가? 인권을 위해 싸우다 죽는 것도 순교인가? 노동 현장에서 노동 착취를 위해 싸우다가 죽는 전태일 같은 죽음도 순교인가? 신앙의 자유를 찾기 위해 북한을 빠져나와 중국을 거쳐 태국으로 가는 도중 중국 공안의 총에 맞아 죽는 것은 무엇인가? 간디처럼 순수한 사상을 위해 싸우다가 죽는 것도 순교라고 할 수 있는가?
 선교란 때때로 형이상황적으로 사용되어 육체적 죽음이 아니라 정신적 고통과 죽음을 당하는 사람들에게 사용되기도 한다. 복음서에서 말하듯 매일 죽음을 당하는, 날마다 죽는 삶을 뜻하기도 한다. 오늘날 그렇게 흔하게 쓰이는 것은 아니지만 사막의 아버지라 불리는 고행의 길, 남아프리카 미개인들의 진료를 위해 탈진해 쓰러질 때까지 봉사한 것도 순교의 길에 가까이 간 것이다.
 순교의 의미는 아주 광의적으로 사용되고 있다. 믿는 바를 위하여 죽는 것뿐만 아니라 믿는 바를 위하여 봉사하는 것도 순교적 삶으로 간주할 수 있는데 유대 기독교대화를 위해서는 초대 기독교 시대에 기독교인

때문에 죽은 유대인, 유대인 때문에 죽은 기독교인도 적지 않다. 천편일률적으로 네가 나를 죽였다, 내가 너를 죽였다고 단언하면 유대 기독교의 대화는 불가능하다. 살기 위해 억지로 세례를 받고 죽음을 피하기 위해 자신의 신앙을 양보한 것들을 기준으로 과거를 이야기하면 유대 기독교의 형제적 대화는 불가능할 것이다.

순교의 문제를 역사적으로 열거하면 우리들 사이에는 어떤 대화도 진전되지 않을 것이다. 나치시대에 600만 명의 유대인 학살의 아픔과 의미를 깊이 되새기지만 기독교인이란 이름으로 700만의 신자가 죽었다는 개신교의 아픔도 있다. 두 교회의 순교 역사를 통해 하나님이 어떻게 우리를 사랑하고 인도했느냐를 살핌으로 우리들의 미래의 희망적 교류를 찾는 것이 더 유익하리라 본다.

순 교

3. 요약 : (유대교의 주장)

1. 하나님의 이름을 영광스럽게 하기 위한 자기희생을 순교라 했다. 그렇다면 유대인 사회에서 하나님을 가장 욕되게 하는 행위는 어떤 것인가?
2. 유대인들은 순교를 그렇게 쉽게 받아들이지 않는다. 왜 순교를 쉽게 생각하지 않느냐. 인간의 생명은 무엇보다도 소중하기 때문이다. 유대교에서 안식일은 제일 중요한 절기임에도 생명에 관계될 때는 안식일 준수는 자리를 양보한다.
3. 순교를 거부하기 위해 배교를 했음에도 결국은 죽음으로 가게 되었다. 이런 죽음도 순교라고 인정하는 유대교는 인간의 인내의 한계와 나약함을 이해한 처사라고 보아진다.
4. 유대교는 자살을 절대로 반대한다. 그렇다면 순교도 잘못 판단하면

자살이 되어질 수도 있다. 유대교가 정하는 순교의 세 가지 규정을 어떻게 생각하는가? 유대교의 순교에 대한 독특한 사상은 무엇인가?

5. 유대교의 역사는 순교의 역사라 할 수 있다. 그 가운데 가장 혹독한 것이 홀로코스트였다. 파괴적인 폭풍, 홀로코스트는 자진한 희생이 아니라 강요된 죽음이었다. 이 죽음이 인류에게 갖다 준 순교의 의미가 무엇인가?

4. 요약 : (기독교의 주장)

1. 히브리어에서 찾을 수 없는 말투스. 순교자의 기독교적인 의미는 무엇인가? 예수의 죽음과 부활의 증인된 자란 뜻이다. 그렇다면 누가 증인된 순교자인가?
2. 초대교회의 모든 예배와 행사는 순교와 연관된 것이었다. 그만큼 기독교는 순교로서 시작된 것이다. 기독교의 순교 원칙 세 가지를 어떻게 생각하는가?
3. 독일의 나치에서 600만의 유대인 순교는 기억하면서 700만 명이 죽은 기독교인의 순교는 왜 기억하지 않는가? 유대인의 죽음은 지금도 보상을 받고 있는데 왜 기독교인의 죽음은 보상을 받지 못하는가?
4. 예수의 죽음이야 말로 첫 순교자이다. 매일 매일 순교적 삶이란 어떤 삶을 말하는가?

32. 영지주의 Gnosticism

1. 유대교의 주장

영지주의는 어떤 점에서 불가지론(Agnosticism)의 반대이다. 인간의 인지 능력으로 신비한 세계, 신의 세계를 이해할 수 있다고 본다면 불가지론은 그렇지 않다고 반대주장을 한다.

언어학적인 측면에서 보면 영지주의(gnosis)는 구원에 이르는 길을 인간이 인식하고 이해할 수 있다는 것이다. 수수께끼 같고 신비한 것은 사실이지만 이성적으로 헤아릴 수 있다. 영지주의가 역사에 가장 왕성하게 다루어진 시기는 2-3세기 교회 교부들과 초기 기독교 이단들이 크게 논쟁을 벌인 주제였다. 초기에 가장 뜨겁게 다루어지기는 이레니우스(Irenaeus 140-200)가 이단자들을 몰아내기 위한 이단 학설을 비판하는 글 속에서 발견할 수가 있다. 영지주의에 연관된 그의 이단 학설은 그보다 앞선 유스니오스(Jusnius 100-165)에게서 시작되었다고 보는 것이 옳을 것이다.

이레니우스의 작품들은 영지주의를 이단으로 규정하는 공격적인 내용들이다. 이레니우스는 이렇게 주장했다. 영지주의는 신에 대한 특별한 지식을 포함하고 있는 것은 사실이지만 잘못된 방향으로 가고 있다. 그래서 초대 교부들은 그들의 영에 대한 지식이 신의 계시로 됐든 또는 직관 통찰로 됐든 그것(영지:Gnosis)을 반대하였다. 영지주의자들은 계시 또는 직관을 통해 얻었던 지식을 구원의 길을 찾는 데는 반드시 필요하다고 믿었다. 당시 교회 지도자들은 이런 가르침을 대단히 위험한 것으로 규정했다. 그들은 예수 그리스도의 십자가의 죽음과 부활에 대한 크리스천의 믿음을 과소평가 내지 오도했기 때문이다.

교리적 오도가 그노시스파의 단순한 실수였다면 왜 초대교회가 그토록 많은 에너지를 낭비해 가면서 그노시스파를 공격했을까? 면밀히 연구해 보면 증거 없는 비방도 얼마는 있다. 교부들이 비방한 이 그노시스는 그들만이 가지고 있는 특색이 있다. 그노시스파는 엄청난 지적 엘리트로 자처한다. 그래서 그들은 특수한 지식을 통해 신지식에 도달할 수 있다고 뽐내며 자랑한다.

이 점에서 기독교 지식과는 전혀 다른 주장을 했다. 그들은 육체적인 것에 대해 경멸하는 경향이 있다. 따라서 예수의 부활은 육체적인 것이 아니라고 한다. 그리스도 메시야 오심의 예언서인 구약성경을 교회가 가지고 설교하는 것을 못마땅하게 생각했다. 구약의 하나님은 무지한 하나님이어서 구원의 하나님과는 다르다고 하는 것이다. 구약성경에 확연히 기록되어 있지는 않으나 강하게 암시되어 있는 우주론을 환상적으로 펴기도 한다. 결국 그들은 우주론적 자유주의자로 낙인찍히고 말았다. 그들의 예배의식 속에서 이상한 성적 예전을 실시하고 그룹섹스와 공동적 결혼을 생활 속에서 실천했다.

오늘날 우리가 그노시스를 분석하고 다루기에는 너무나 자료가 부족하다. 그 당시의 자료가 오늘날까지 순전하게 보존되어 온 것이 별로 없고 오직 그 자료를 인용하고 비평한 초대 교부들의 작품들이 대부분이다. 기독교는 그노시스의 출발이 유대교였다고 주장하나 그렇지 않다. 그노시스는 헬라적 사상과 기독교의 결합이지 유대교와 어떤 관계가 있었던 것 같지는 않다. 그노시스의 하나님은 어떤 사귀적인 존재로 이해되고 있기 때문에 구약의 하나님을 믿는 구약성경의 하나님과는 전혀 다른 것이었기 때문에 애초부터 유대교와는 교류가 없었다고 보인다.

그럼에도 불구하고 유대교의 어떤 학자는 이렇게 말하기도 한다. 그노시스의 하나님은 환상적이고 기괴하기 때문에 유대교 신비주의의 하나님 이해와 맥을 같이하는 부분도 있다는 것이다. 아니면 헬라의 신들이나 애굽의 신들 모양에서 어떤 유사성이 있는 것 같기도 하다. 그 가운데서도 그들의 신관과 구약의 신과 가장 유사성을 띤 부분은 창세기의 창조의 신으로서 모양이다.

알렉산드리아를 중심으로 발전한 유대인 상류 사회의 신관에서 그노시스들이 많은 영향을 받았다는 학자들도 있다. 이 사상이 헬라의 신과 철학적 사유에서 만들어진 신이라고 한다. 이것은 유대 헬라의 신크리티즘(Syncretism)이라고 볼 수 있다고 교부들은 정의하고 있다.

이런 학설도 있다. 설득력 있는 인기 있는 이론이다. 그노시스는 인도-유럽의 신비 사상의 구조를 본받아 기독교 신앙에 영향을 주었다는 것이다. 또 다른 여러 학설이 있지만 거의 동일한 내용들이다. 특히 바사의 종교인 조로아스트교(Zoroastrianim 배화교)의 경전의 영향이 강하게 나타나는 것을 볼 수 있다.

지금껏 연구한 바를 종합하면 그노시스의 역사는 곧 종교 역사의 연구하고 할 만큼 장구하고도 심원하다. 지식과 신비의 문제기 때문에 지식의 역사와 종교의 역사를 종합한 연구라고 할 수 있기 때문이다. 특히 독일계 학자들은 그노시스를 비교 종교학의 관점에서 연구함으로써 그 분야의 시금석을 놓기도 했다.

그노시스와 신약성경의 관계에 대해 연구한 학자들이 많은데 그 가운데 가장 두드러진 인물은 불트만(Rudolf Builtmann)이다. 그는 골동품 같은 고고학적 고대 지식과 신약성경의 내용과 비교 종합하는 일을 탁월하게 했다. 그는 신약성경의 석의에 발군의 실력을 지닌 놀라운 학자로서 옛 지식을 발굴하여 새 지식으로 표현했다.

불트만에 의하면 그노시스는 바사가 중국과 인도를 장악 통치할 당시

인도의 영향을 받은 바사의 종교 현상이란 것이다. 인간 시조인 인간 구원자에 대한 그노시스 신화가 있는데 그 구원자는 바로 하나님이신데 그가 구원에 이르는 지식을 인류에게 갖다 주었다. 이 지식의 구원자가 예수 그리스도와 유비가 되는 존재인데 이 그노시스 철학이 신약사상에 영향을 주었다고 본다. 기독교가 생기기 전에 있었던 그노시스 구원이 그리스도의 삶에 적용되어졌다. 이 같은 그노시스 구원의 지식이 가장 잘 드러난 것이 요한복음이다.

조로아스트교의 잔재의 하나인 맨대안(Mandaeans) 그룹은 세례 요한을 존경하고 예수를 경시했는데 이들이 초기 기독교의 신앙 사상을 형성한 사람들이다. 심지어 세례 역시 그노시스의 영향을 받은 예전이라 본다. 그래서 세례요한이 죽고 나서도 세례 운동은 계속되었는데 그 주동 그룹이 그노시스 사람들이다. 1947년에 쿰란에서 발견된 자료들에 의하면 그곳에서도 그노시스적 세례가 있었는데 세례 요한과 예수가 쿰란 공동체와 관계있는 것으로 주장한다.

이 이론에 따르면 인도 유럽의 신비주의와 히브리 사상이 통합되어 기독교 이전 기독교 사상에 영향을 주게 되어 1세기에 이르러 기독교가 그것을 채택하게 된다. 조로아스트 잔재인 맨디안의 숫자는 줄어들어 갔지만 그 사상과 예전을 채택한 기독교는 왕성하게 되었다. 어떤 점에서 장구한 세월 동안 발전해 온 그노시스 사상이 기독교 속에 용해되어 전해져 오고 있다고도 볼 수 있다.

유대교 사상의 흐름을 종합해 보면 유대교는 영지주의에 적극 반대해 온 것을 볼 수 있다. 특히 마틴 부버(Martin Buber)는 그노시스 사상은 유대교 사상과는 정반대의 내용을 주장한다고 했다. 유대교는 세상을 선하게 하나님이 창조했음을 찬양하는데 그노시스는 창조를 비하하며 세상을 중오한다. 유대교는 육체를 하나님의 창조물로 육신의 부활을 믿는데 그노시스는 육체를 부정한 것으로 본다. 유대교는 창조의 하나님에 대한 확실한 믿음을 가지고 있지만 그노시스는 유대교의 하나님을 불완전하고도 무식한 신으로 본다.

이에 비해 기독교는 어떤 부분에 대해 유대교를 반대하는 경향이었다. 특별히 세계 제2차 전쟁은 인류사상사에 큰 영향을 주었다. 인도 유럽 사상과 셈족 사상에 대한 입장도 많이 달라졌다. 특별히 유대인과 독일인의 사고방식과 사상에 대한 평가에 대해서도 많이 달라졌다. 심지어 나치의 정치에 반대하는 온전한 사상가들마저 생각이 완전히 달라졌다. 전쟁이 끝난 후 인종 우월의식을 가지고 있던 독일인들마저 그노시스와 유대교는 영원한 원수지간이라고 했을 정도이다.

그노시스의 획기적인 연구는 애굽의 나그 함마디(Mag Hammadi)에서 발견된 책들 때문이다. 이 책들은 두루마리가 아니라 오늘날의 책 같은 모양이었다. 이 서책의 발견은 사해 사본(Dead Sea Scrolls)의 내용만큼 신비하고도 놀라운 것으로 가득 차 있었다.

나그 함마디의 서책들은 거의 알려지지 않은 내용들인데 코틱(Cotic) 언어로 씌어 있었다. (코틱은 토착 애굽 종교의 하나로서 로마 시대에 사용된 언어이다) 나그 함마디 전집이 1970년대 중반에 거의 모두 번역 출간된 데 비해 사해사본은 아직도 전부 번역되지 않은 상태이다. 번역을 한다는 것은 그 언어를 통달해야 하는데 사해사본의 경우 그 문자 해독이 다 되어서 번역이 끝나가는 상황이다. 그 내용에 대해 우리가 이미 알고 있는 것은 사해사본의 경우 거의 모두가 유대법전인 할라카(Halakha:엄격한 규율과 법률 체계)라는 것이다. 아무리 유능한 히브리 학자라 할지라도 그 내용을 충분히 이해하기 위해서는 유대교의 자문을 받지 않으면 안 될 것이다.

나그 함마디의 서책들은 어떤 소종파들의 작품으로 알려져 있는데 영어 번역은 지체 없이 완성되었다. 지금 나그 함마디는 이집트 수도원의 아버지라 부르는 파코미우스(Pachomius)도서관에 소장되어 있다. 애굽은 예루살렘에서 떨어져 있어서 정통교리의 압력을 받을 필요가 없었기 때문에 자유스럽게 학문을 할 수 있었다. 당시 애굽의 크리스천들은 다양한 자료를 접할 수 있었기 때문에 당시 기독교를 다양하게 발전시키고 표현할 수가 있었다. 물론 그노시스가 기독교 이전에 없었던 것은 아니지만 초기 기독교 안에 있었다는 증거는 없다. 이방 철학자인 포로티노스(Plotinus 205-270)는 일찍이 그노시스 사상을 널리 퍼뜨리고 있었던 것은 사실이다. 그는 플라톤 이후 가장 위대한 사상가로서 그노시스 사상을 전파하여 신의 지식을 통해 신의 체험의 황홀경을 주장하여 지식으로 신을 이해할 수 있다고 믿었다.

앞서 언급한 볼트만의 합일적 방법으로는 이해되지 않는다. 초기 기독교의 신지식과 구원론 속에는 그노시스는 나타나지 않는다. 인도 유럽사상에서 창조자와 구원자는 동일 인물이 아니다. 기독교 이전에 그노시스는 이 같은 주장을 널리 펴고 있었다. 그러나 창조자와 구원자가 동일 인물이 된 것은 초기 기독교 시대이다.

학자들이 연구 토론하는 모임이 여러 면이 있다. 그 가운데서도 가장 기억에 남을 그 첫 번째 회의는 1966년 이태리 시실리(Sicily)에서 열렸다. 그 회의에서 가장 큰 수확은 그노시스란 용어의 정리였다. 그노시스란 용어를 단지 반우주적 세계관을 가진 종교에만 사용키로 했다. 이 같은 현상은 나그 함마디문서(Nag Hammadi)에서 볼 수 있는 것인데 초대 교부들도 같은 생각을 가지고 있었다. 기독교에서 그노시스란 용어를 어떻게 이해했든 간에 그노시스란 용어는 어떤 통일된 정의 없이 사용되어져서 혼란이 있었던 것은 사실이다. 물론 여기에는 전기 그노시스 원조 그노시스 후 기독교적 그노시스로 구분할 수도 있다는 뜻을 내포하고 있다. 그러니 어떤 누구도 이론을 제기할 수 없는 일치된 의견을 내놓은 것은 아니지만 어떤 구분은 만들어진 셈이다. 따라서 그노시스란 용어와 그노시스주의 즉, 영지적, 혹 영지주의란 말을 구별하여 사용하기로 그 회의에서 결론을 내린 것이다.

불트만의 학문적 노력은 훌륭했다. 기독교 이전 영지주의, 초기 기독교의 영지주의 그리고 3세기의 영지주의로 구분하는 것이다. 우리가 영지주의라고 할 때 이 세 구분은 분명히 성격을 달리하는 것이기 때문에 구별하는 것이 마땅하다.

영지주의의 핵심 교리는 이원론이다. 썩어 없어질 물질계와 무한하고 궁극적인 하나님의 사랑의 세계이다. 불트만의 학문적 공헌은 지대하다. 유대교와 영지주의와의 관계는 전혀 없는 것으로 불트만이 결론을 내렸는데 헬레니즘에서 자라 온 반 성서적이고 반 유대교적인 영지주의가 어떻게 하여 유대교적 뿌리를 가지게 됐을까?

첫째로 영지주의가 유대교의 활동 지역에 널리 유포되어졌기 때문이라고 본다. 이 문제는 기독교에도 같이 적용되는 것이라고 본다. 그러나 신약성경 속에 나타난 반 유대교적인 선언들이 영지주의와 어떤 점에서는 같은 흐름을 가지고 있기 때문이라고 본다. 유대교를 향한 반감의 표현이 신약성경의 반 유대교적인 요소와 일치하는 점에서 영지주의와 기독교 영리는 오해 받을 소지가 많았다. 유대교의 일신관은 하나님과 아버지, 그리고 성령의 삼위일체 신관에 위배되지만 영지주의는 다신교적 경향을 함께 가지고 있었기 때문에 혼돈이 생길 수밖에 없었다. 그러나 정통 기독교회에서는 그노시스 사상을 강렬히 배격하였다. 그들의 영의 세계와 지식의 역할, 즉 영에 대한 지식으로 구원받을 수 있다는 것은 구원과 예수의 기능을 약화시키기 때문이다.

두 번째 학술회의는 1976년 미국의 뉴헤븐(New Heaven)에서 열렸다. 나그 함마디 문서 속에 나타난 그노시스 종파들을 둘로 구분하는 작업을 했다. 세티안(Sethian)과 발렌티안(Valentian)의 구분인데 발레티안 문서들은 기독교의 영적 내용들과 아주 유사하고 깊은 관계를 가진 듯하며 이것은 발렌티누스(Valentinus)에 의해 발견되었다. 기본적인 내용은 기독교적인 것과 구별이 되지 않을 정도이다. 교부들에 의해 제외되었다. 발렌티안 문서(종파)는 세티안문서(종파)와는 아주 달라서 전혀 유대교의 전통을 따르는 듯하다. 그러나 유대교의 영지성보다는 통일성이 없고 잡다하다. 아마 여러 선생들이 가르친 결과가 서로 모순되고 일치하지 않아 상당한 문제를 야기한다.

뿐만 아니라 그 신비성에서 카발라(Kabbala)와 초기 영지주의는 유사성이 적지 않다. 신비성에 대해서는 말할 것도 없고 인간에 인기가 있고 그리고 비밀리에 확장된 점에서 유사하다. 영지주의는 여러 교에 크게 영향을 끼쳤는데 특히 기독교와 회교 그리고 유대교에 지대한 영향을 끼쳤다. 그 가운데 이 영향은 카발라 사랑에 크게 변화를 주어 중세에 이르기까지 그 변화가 이어지고 있었다. 그러나 그 영향에 대한 깊은 연구는 이루어지지 않고 있다. 왜냐하면 다양한 고대 언어 때문이다. 헬라에 콥틱어, 아람어, 페르시아어, 아라비아어, 히브리어 그 밖의 다른 언어도 다소 포함되어 있다. 영지주의와 유대교, 특히 카발라와는 대단히 복잡하고도 흥미로운 부분이 있지만 깊은 연구는 되지 않고 있다.

역사적 관계 외에도 영지주의는 유대교 사상에 큰 상처를 준 요소들이 적지 않다. 기독교나 유대교와의 연관 없이 그노시스를 종교의 대상으로 연구하지 않는 것이 좋다. 많은 사람들이 그노시스를 종교의 의식 기도 예배와 연계하여 연구하는 것이 사실이다. 어떤 사상이 종교에 영향을 끼친 사실을 우리는 많이 알고 있다. 플라톤 사상이 초기 기독교 신학에 엄청난 영향을 끼친 것은 잘 알고 있다. 마찬가지로 그노시스는 유대교에 지대한 영향을 끼쳤다. 유대교의 신비주의 멕카바(Merkabah) 신비 병기(겔1) 초기 카발라(Kabbalah) 루리안 카발라(Lurianic:루리아가 주창한 카발라) 그리고 하시디즘(Hasidism:청순주의)에 영지주의의 성격이 강하게 나타나고 있다.

철학자 한스 요나스(Hans Jonas)의 고전적 걸작 '그노시스적 종교들' 속에서 고대 영지주의와 실존주의의 연관성을 밝혔다. 길레스 크위스펠(Gillis Quispel)도 유대교에 끼친 그노시스를 연구하여 세계종교로서 그노시스(Gnosis as a world Religion)란 책을 썼다. 이 분야의 고전적인 걸작이지만 영어로 번역되지 않았다. 이 책에서 그는 흥미 있는 시도를 했다. 그노시즘과 심리분석 그리고 유대교와의 상호관계를 분석했다. 칼융(Carl Jung)은 매력적인 학자였다. 내적 심리적인 힘이 인간 행동에 끼치는 영향을 그노시스 사상에서 연구했다. 영적 지식이 인간의 삶에 어떤 영향을 주며 생활 속에 나타나는지를 연구한 융은 인간 이해에 지대한 공헌을 했다. 뿐만 아니라 그는 연금술에 관한 연구도 하여 당시 엄청난 반향을 일으켰다. 그의 수수께끼(영과 지식의 영향은 피할 수 없는 것) 같은 연구의 내용들이 거의 전부 그노시스의 사상에서 영향을 받은 것이었다. 그러나 그가 분명히 밝히기를 연금술이란 허무맹랑한 지식의 장난이라고 결론 내렸다. 연금술은 인간의 지식과 사고를 뛰어넘는 초월의 신의 지식으로 가능하다고 하는 연금술은 속임수라는 것이었다. 영지주의의 신화는 중년의 위기를 맞은 사람들에게는 엄청난 힘을 주는 정신적 요인이 있다고 결론 내렸다.

유대교와 그노시스가 전혀 다른 성격의 것이라 할지라도 유대교와 기독교는 발전해 감에 따라 그노시스의 영향을 받지 않을 수가 없었다. 뿐만 아니라 영지주의의 경향은 현재 지식 사회에도 큰 영향을 주어 영성의 중요성을 깨닫게 했다. 2-3세기에 왕성했던 영지주의와 반 영지주의와의 논쟁은 유대교가 헬라화 하면서 생긴 것이 아니라 유대교와 기독교의 신학 투쟁 때문에 일어난 일이라고 할 수 있을 것이다. 그 만큼 영지주의의 영향은 유대교와 기독교 속에 깊이 침투했다는 뜻이기도 하다.

영지주의 Gnosticism

2. 기독교의 주장

초대교회의 시대에 사용한 영지주의(Gnosticism) 그노시스란 말은 대중적인 단어가 되어 3세기까지 영향을 끼쳤다. 그노시스는 우리 인간의 생명의 출생지, 즉 영혼의 고향으로 돌아가는 영혼의 길을 가르치는 특별한 지식으로 알려졌다. 인간 영혼의 고향에 관한 두 삶은 신비적인 설화들이 있었지만 그노시스는 우리 영혼이 반드시 알아야 할 지식을 제공한다는 주장이었다. 헬라어로 충만(Fullness Pleroma)의 세계는 알려지지 않는 초월의 지식으로만 알 수 있는 것이다. 젊든 유약하든 상관없이 모든 인간은 하나님을 사색하는 방법에서는 불완전하고 인간을 신뢰하는 것은 온전하지 못하다. 영혼을 향한 불확실한 지식은 인간의 삶을 망쳐놓기 때문에 생명의 충만(Pleroma)에서 아주 멀리 떨어진 상태가 된다. 그노시스가 갖다 주는 생명의 충만을 모르는 지식은 악령 즉, 저급한 물질의 세계로 갈 수밖에 없는 운명이다. 지금 이 세계는 어둠과 악령의 힘의 지배를 받고 있기 때문에 그노시스의 지식에 의해 구원을 받아야 한다는 것이다.

하늘에 있는 아담은 계시하기를 자기는 신이 아니며 바른 지식의 길로 가라고 경고하고 있다. 그 지식은 이 땅에서 선량한 아담과 하와를 생산한다고. 그러므로 선악과가 우리에게 하늘의 바른 지식을 계시하는 것처럼 그노시스는 인류에게 하늘 생명지식을 일깨워 준다. 인간을 파멸로 끌고 간 악령은 인간을 물질세계의 어두움과 육체의 탐욕 속에 가두어 버린다. 하늘의 상속자요, 지혜의 아들인 그리스도가 올 때까지 그노시스의 빛은 인간에게 올 수가 없다. 지혜의 아들만이 탐욕 속에 있는 인간을 구출하여 거룩한 영적 인간으로 변화시킬 수가 있다. 그노시스의 지혜는 세례의 씻김, 안수례, 기도 같은 의식을 통해 인간 속에 있는 영이 새로워져서 생명의 충분인 영혼의 고향으로 갈 수 있다.

이 같은 그노시스 사상은 이스라엘 하나님에 대한 환멸을 경험한 유대교 이단 종파에서 나왔다고 19세기 독일학자가 밝힌 바가 있다. 신화적 창조설화가 창세기를 재해석하고 에녹계시록이 말하는 타락한 천사의 이야기를 도입했다. 유대교의 이단의 주장이 영지주의 사상의 근간을 이루고 있다. 창세기의 창조와 인간 타락의 내용을 휘황하게 적용하며 해석한다. 아담과 하와의 창조와 타락 그리고 선악과의 이야기가 대종을 이루고 있다. 따라서 기독교의 그리스도가 하늘의 신성과 동일시되어 지혜의 원천이며 안내자로 해석한다.

어떤 학자는 주장한다. 그노시스의 기본사상이 기독교 안에 스며들어 큰 영향을 끼쳤는데 특히 사마리아 파들은 그노시스의 영지 사상을 그대로 적용한 것이 역력히 보인다. 사도행전 8장 9-24 사마리아 마술사 시몬 마구스는 베드로에게서 성령의 기력을 사고자 한 기록이 나온다. 2세기경 그노시스 종파에 속한 예언자가 탄생하는데 시몬과 그의 첩이 크게 활약한다. 그의 첩은 전직 창녀로서 인간의 운명을 결정짓는 능력이 있는 예언자라 하였다. 인간은 악마의 힘에 사로잡혀 흑암에 갇혀 있을 수밖에 없는데 그노시스, 생명의 지혜가 구원하여 준다.

2세기에 나타난 자칭 예언자라 선포한 시몬은 당시 그노시스 종파의 거두로 상당한 소요를 일으킨 이단이다. 이레니우스(Irenaeus)의 작품, 이단(Heresies) 속에 상세히 기록되어 있다. 정통적인 기독교 학자들은 유대교가 그노시스에 대한 책임이 있다고는 하지는 않지만 그곳에 뿌리를 두고 있다는 사실만은 확실히 하고 있다. 19세기의 대학자 하낙(Adolf von Harnack)도 이에 전적으로 동의하면서 그노시즘은 헬라화한 기독교 즉, 기독교 지성화라고 규정했다. 3세기 로마의 장로 히포리투스(Hippolytus)

는 모든 이단들은 헬라사상의 과도한 채택으로 인하여 발생했다. 그럼에도 그노시스는 아담, 모세, 이사야 같은 성서 인물을 그들의 이론 속에 적용했다고 했다.

유대교와의 관계를 떠나 철학적인 관계를 살펴보자. 스토아 철학과 플라톤 사상에 2-3세기의 그노시스 사상을 형성하는데 큰 영향을 주었다. 애굽에서 발견한 나그 함마디(Nag Hammadi)문서 속에서 그 증거들을 쉽게 찾을 수가 있다. 초월의 절대자인 신은 초월적이고 불가해하다는 것은 플라톤 철학의 이원론의 영향을 크게 받았다. 3세기의 신 플라톤 철학은 로마의 학자들에게도 큰 영향을 끼쳤다. 이에 대한 사실들도 나그 함마디 문서 속에서 찾을 수 있다. 이 문서들은 영혼의 승화를 강조하는데 승화된 영혼은 그노시즘의 최고 목표인 초월적 신의 환상을 바라볼 수 있게 된다. 그리스도가 중보자가 되어 지혜의 길로 인도한다는 기독교적 그노시스는 반대했다. 그래서 어떤 학자들은 주장하기를 3세기의 그노시스는 기독교적인 사고를 떠나 플라톤적 종교 형태를 취했다고 한다.

정통적인 기독교 신학자들은 그노시스는 완전한 이단적 종파로서 복음의 뜻을 왜곡했다고 본다. 그들은 교회의 권위를 부정하고 복음적 믿음을 인정하지 않고 성경의 가르침을 버렸기 때문이다. 성경에 나타난 하나님 아버지는 구원자의 아버지, 메시야 예수를 부정하며 악의적인 신이라고 주장한다.

2세기의 그노시스의 최고 지도자들은 발렌티누스(Valentinus), 프토레미(Ptolemy), 헤라크레온(Heracleon), 바실리데스(Basilides), 이시도레(Isidore) 등인데 그들은 모두 다 기독교사로 자처한다. 그들은 설교, 찬송가, 성서주석, 신학 논문들을 많이 썼다.

불행하게도 그들이 쓴 작품들은 거의 남아 있지 않다. 저자 불명의 몇 작품이 나그 함마디 문서에 있는데 발렌티누스의 신학 작품으로 추측한다. 어떤 학자들은 발렌티누스 학교의 후학들의 작품이라고 보기도 한다. 그들의 신학 작품과 성서해석, 교리 주장은 그노시스의 구원론의 입장에서 설명한 것인데 기독교의 교리나 성서 본문도 그노시스의 구원론의 입장에서 해석해야 한다는 주장이다.

그노시스 즉 구원의 지식의 핵심은 이것이다. 계시에 의해 점화된 우리들의 내적인 거룩한 불꽃을 인식하는 것이다. 우리의 영혼 속에는 구원을 찾는 본능적인 불꽃이 있는데 그것을 인식하여 찾는 노력이 필요하다. 우리의 영혼은 하늘의 신성과 천사의 영을 가지고 있는데 영적인 행위, 즉 예배·기도·찬양·성찬·세례·안수 같은 행위로 인하여 살아 나게 된다. 그노시스 학자들은 주장한다. 정통적인 크리스쳔이라 할지라도 악령에 의해 기만당하는데 구원이란 이 세상의 것에서 온다는 것이다. 구원이란 영의 변화에서 오는데 영만 살게 되면 인간은 구원에 이른다고 주장했다. 영적인 예수는 십자가에서 죽지 않고 그 육신만이 죽었는데 그의 죽음은 인간의 죄악을 위한 속죄였다. 그노시스는 인간 육신의 부활을 믿지 않는다. 육은 악한 것이요, 마귀의 놀이터이기 때문에 육신은 저주를 받아 땅으로 가고 영혼만이 부활하는 것을 믿는다.

물질세계가 악이라고 하는 그노시스의 입장은 그들의 신화적 창조론에서 나왔다. 이 물질 세계는 무지한 사탄적 신이 빛을 감옥 속에 가두어 버리고서 창조했기 때문에 이 세계와 물질은 악한 것이다. 창세기 1:26-27에 나오는 우리 지음을 받은 인류는 무지한 신을 돕는 협력자로 해석한다. 그들이 사탄의 꾐에 속아 넘어가서 이 물질 세상을 악으로 만들었기 때문이다. 이것은 잘못된 해석이다. 이것은 기독교적 바른 성서 해석이 아니라 그리스도의 아버지 되신 하나님 이 세상을 창조하신 하나님이시요, 그 하나님은 모세에게 생명법을 주시고 예언자들에게 예언의 영감을 주신 분이시다. 2세기의 그노시스는 창조주와 율법을 생명의 원천이라 보지 않고 악으로 규정한다. 이 같은 그노시스의 사상이 유대교의 전통이나 교리, 또는 기독교의 가르침에서 나왔다는 증거는 없지만 영향을 주고받은 것은 분명하다.

2세기 그노시스의 교사 포토레미(Ptolemy)가 부유한 그의 후원자 프로라(Flora)에게 보낸 편지를 보면 구약성서의 가르침에 큰 영향을 받았다는 언급이 있다. 그들의 교리 속에는 구약적인 요소가 적지 않다. 그러나 그들이 말하는 구약의 창조주는 무식한 악마적 존재는 아니다. 뿐만 아니라 포토레미는 예수의 이론에 대한 가르침(마19:8)에 대해 항변하고 바리새 전통에 대한 예수의 비판(마15:4-9)도 옳지 않다고 주장한다. 하나님의 율법의 가르침도 그 수준이 각각 다르기 때문에 예수는 그것을 잘못 이해하고 있다고 했다.

율법에는 순수한 영원한 진리와 현실적인 가르침이 뒤섞여 있는데 예수는 형식적 필요나 요구를 파괴해 버렸다. 율법은 많은 부분에서 신령한 것에 대한 상징적인 의미가 많은데 예수는 문자적 의미를 파기하며 영적인 것은 영원케 했다. 프로테미의 주장은 율법에는 선한 것과 악한 것이 함께 있는데 악한 것에 대한 책임은 그노시스를 받은 자만이 분별할 수 있다고 했다. 그러므로 율법은 반드시 지고한 사람이 해석해야 한다. 세상은 시작에서부터 선과 악이 결정한 것이 아니라 악한 육체의 영이 지배하고 있기 때문에 물질에서 벗어나야 한다. 철저한 이원론적 주장 선과 악, 영과 물질, 영과 육신을 완전히 구별하는 것이다.

오늘날 학자들은 그노시스 혹, 그노티시즘 영지주의(Gnostcism)란 말은 여러 이단 또는 불건전한 종파를 의미하는 것으로 주장한다. 그 당시 그노시스란 이름을 가진 불건전한 집단이 한둘이 아니었다. 그러나 당시 이런 불건전한 교리를 가르치는 사람들을 진실한 크리스천으로 간주했다. 당시 예수께서 영으로가 아니라 육신으로 부활하여 여러 제자들께 나타나시어서 그의 부활을 증명했음에도 그노시스들은 예수가 영으로만 부활했다고 한다.

당시 반기독교 신학자인 셀수스(Celsus, 178)는 기독교인과 그노시스를 구별하지 않았다. 분명한 것은 불건전한 유대교 전통이 그노시스 이단의 설화 속에 나타나는 것을 확신한다. 2-3세기까지 그노시스의 이단 사상이 기독교 문서에 나타나고 있는데 거짓 선지자 마니(Mani)에 의해 창설된 마니주의자들이 강렬히 주장하여 기독교 교리를 혼돈케 했다. 그러나 그 당시 통일된 독립 사상이나 교단은 있지 아니하였다. 그러나 그들은 기독교 속에 숨겨진 비밀의 지혜가 있으나 대부분의 기독교인들은 그것을 모르고 있다고 했다. 나그 함마디(Nag Hammadi)문서 속에서는 기독교가 영지주의의 상당한 영향 속에 있었다고 기술하고 있다.

사회학적인 측면에서 볼 때 그노시스는 2-3세기에 왕성했던 학파였고 기독교에 엄청난 부정적인 영향을 끼친 것은 사실이다.

영지주의

3. 요약 : (유대교의 주장)

1. 영지주의는 구원의 길, 하나님께로 가는 지식을 알 수 있다고 주장하는데 반해 불가지론자들은 그 반대 입장이다. 기독교적 영지주의에 앞서 유대교적 영지주의가 있었던 듯하다. 이것은 영지주의의 내용이 구약의 그것을 채용한 것을 보아 짐작할 수 있다.
2. 영지주의는 영적 엘리트로 자처한다. 구원으로 가는 길은 인간으로서 알 수 없는 일이라 하나 영지주의는 깨끗한 직관으로 그 지식을 인식할 수 있다고 한다. 그들은 믿음이 아니라 지식으로 구원을 얻을 수 있다고 가르친다. 그러면 그 지식은 무엇인가?
3. 영지주의는 구약의 하나님을 무식한 하나님으로 본다. 지식의 하나

님은 지혜의 근원인 예수에게 나타난 진리의 길이라 했다. 이에 대해 이레니우스와 유스니오스는 그들의 예수 이해는 잘못됐다고 그들의 작품 속에서 이단성을 밝히고 있다.
4. 유대인들이 이해한 그노시스는 어떤 것인가? 구약 지식에 헬라철학을 입힌 신 크리티즘이다. 신에 대한 지식주의로서 오늘날의 신지학에 해당된다. 혹자는 인도 유럽 신비사상에 조아르스트교와 유대 신비주의 카발라의 결합으로도 보았다.
5. 영지주의는 예수의 십자가 죽음 그리고 부활의 사실을 부인한다. 그것은 역사가 아니라 영적인 현현이다. 도케티즘적 현상이다. 예수는 영이시니 죽은 몸은 실제 육체가 아니라 가현이다. 그들은 철저한 이원론자로서 육체는 악하고 더러운 것으로 경멸한다.
6. 불트만이 이해한 영지주의는 바사 인도철학의 영향에 헬라옷을 입힌 이원론으로 유대교와는 무관하다. 구약 문명권에 있었기 때문에 구약적 내용을 인용 표현하되 구약의 단일신론에 비해 영지주의는 다신교적이다.
7. 부버의 영지주의 평가는 육신과 물질을 부정하고 구약의 하나님을 무식한 신으로 치부한다. 구약의 방법론을 사용했으나 유대교와는 전혀 상관이 없는 신 지식학이라고 본다.

4. 요약 : (기독교의 주장)

1. 기본 의도는 촌스런 기독교를 헬라 철학의 옷을 입혀 세련된 세계 종교를 만들고자 한 것이다. 그래서 민족종교인 구약의 하나님을 시골스럽다고 부정하고 예수야 말로 멋있는 지성이라고 하는 데서 구약 해석과 복음 해석이 잘못되었으나 초대교회에서는 그것을 감지하지 못하였다.
2. 생명에 충만한 지식이 그노시스다. 하늘 지식이 새 아담 새 하와를 생산하는데 예수가 새 그노시스다. 그노시스 지식으로 구원을 받는

데 기독교의 철저한 헬라 지성화로서 당시 지식사회의 한 풍조였다. 신앙으로 구원이 아니라 지식이 구원의 길이다. 예수의 인성을 부인하고 십자가에 달린 것은 육체 예수가 아니라는 도케티즘적 논리다

3. 그노시스의 최고 지도자는 발렌티누스 프토레미 헬라크레온으로 구약의 신은 악마이다. 왜냐하면 구약의 신은 메시야를 부정하기 때문이다. 이들의 최고 관심은 구원인데 보편적 지적 진리의 종교를 세워 생명의 지식으로 구원에 이르게 했다.

4. 신약 행8:9-14에 사마리아 술사 시몬 마구스가 나타나는데 그는 그노시스의 영향을 받은 자다. 복음은 최고의 지성으로 초월의 신을 볼 수 있게 하는 지식인데 구약을 활용한 스토아 철학과 플라톤 철학으로 포장한 이단이었다.

5. 노스틱의 핵심은 내적인 불꽃을 인식하는 것인데 하늘 신성을 지식으로 깨닫는 것이다. 예수는 죽지 않고 오직 육신만 죽었다. 십자가 부활을 부인하고 물질과 육신을 저주한다. 아담이 신지식을 가져 물질세계를 악마로 만들었기 때문이다. 세상, 물질, 육신은 악한 것으로 부정한다. 결국 지식과 신앙의 문제였는데 신앙이 아니라 지식에 의해서 구원에 이른다고 주장한다.

6. 노스틱 즉 그노시스는 철저한 이원론자로서 세상과 육신을 무시하는 금욕주의와 엄격한 도덕적 생활을 강조했으나 본성의 깊은 욕구에 빠져 도덕적 방탕생활을 했다. 육신은 가치 없는 것이니 더렵혀져도 상관이 없다는 것이다. 바른 신지식과 이원론 사상은 바울 서신과 요한복음에 긍정적인 영향을 주어 진리를 바르게 정리하는데 큰 역할을 했다.

7. 오늘날 현대 그노시스라 할 수 있는 지식 위주의 신학이나 철학을 생각해 보자. 신학의 이름으로 포장했으나 심리학이나 정신활동의 긍정적 사고방식을 신앙화하는 것은 현대의 그노시스라 할 수 있지 않을까

33. 회개 Repentance

1. 유대교의 주장

유대인들이 사용하는 회개의 뜻이 무엇인지부터 생각해 보자. 회개의 히브리어는 데슈바(teshuva). 이 말은 슈브(shuv) 되돌아간다는 말에서 나왔다. 이 말은 히브리 예언자들이 제일 많이 사용한 경고문이다. 돌아가라, 죄악을 벗어버리고 의로운 하나님께로 돌라가라는 권고문에서 가장 많이 사용되었다. 당시 이스라엘을 향해 그리고 요나가 니느웨를 향하여 외친 소리이다. 옛사람인 당시대의 사람들에게 주었던 권고지만 시대를 거치면서 몇 천 년을 계속하여 사용되고 있다.

회개 데슈바는 엄청난 깊은 의미를 함축한 용어이다. 인간은 본래 의롭게 살도록 태어났다. 하나님 안에서 하나님의 뜻을 따라 살게 되어 있었다. 이것이 인간의 본래 자리이다. 불의와 죄악이란 인간의 정상적인 삶에서 벗어난 상태를 두고 한 말이다. 그래서 회개란 본래의 자리로 돌아가란 뜻이다.

데슈바는 인간이 본래의 자리로 돌아갈 수 있는 선한 뿌리를 가지고 있다고 믿는다. 인간은 본래 하나님의 형상을 가지고 태어났기 때문에 의로운 자리로 돌아갈 수 있다고 확신한다. 어떤 사람도 순간적으로 일탈할 수는 있지만 영원한 악의 굴레 속에 노예가 된다고 보지 않는다. 인간은 잘못을 반성하고 새로운 길로 갈 수 있는 능력이 있다고 믿기 때문이다.

유대교는 인간의 원죄를 부정한다. 모든 인간이 원죄의 굴레를 덮어쓰고 태어났다고 믿지 않는다. 모든 인생은 선하고 아름다운 존재로 귀하게 태어났다고 믿는다. 오히려 유대교는 매일 아침 이렇게 기도한다."주여! 당신은 우리에게 청순한 영혼 주신 것을 감사하오며" 모든 인간은 선을 행할 마음을 가지고 있다고 믿는다. 선한 일을 행할 능력도 있다고 믿는다. 선하고 악한 것이 무엇인지도 알 능력도 있다. 악을 행할 때 부득이한 형편에서 어쩔 수 없는 경우, 또는 반복되는 악의 습관으로 그런 짓을 한다고 본다. 그러면서도 마음속으로 반성하고 되돌아가고자 하는 본능이 있다. 이것은 모든 인간이 가지는 자기 책임인 자기 자책을 느끼며 산다는 것을 의미한다. 인간은 본래 하나님의 자녀로 태어났기 때문이다. 여기에 하나님과 인간 사이에 어떤 중재자가 있어 작용할 필요는 없다. 모든 인간은 하나님 앞에 서 있는 존재이기 때문이다. 모든 인간은 데슈아의 능력이 있어 하나님을 향한 방향 설정을 스스로 할 수가 있다.

토라의 가르침을 따르는 랍비문학에서 이렇게 가르치고 있다. 하나님은 인간을 지으신 자이기 때문에 지으신 자기에게 돌아오도록 되어 있다고 가르친다. 랍비문학에서 아무리 흉악한 탕자라도 아버지께로 돌아오는 아들을 묘사한다. 랍비문학의 하가다 비유에 이런 이야기가 있다.
현자에게 묻기를 탕자에게 어떤 벌을 내려야 마땅합니까? 하고 질문했다. 현자가 대답했다. 악마는 탕자를 찾아 기다린다. 선지자에게 물었다. 탕자에게 어떤 벌을 내려야 합니까? 선지자가 대답했다. 죄를 지은 영혼은 죽어 마땅하다. 거룩하신 분께 물었다. 축복의 거룩한 자여! 탕자에게 어떤 벌을 내려야 합니까? 거룩한 자가 대답했다. 회개하라, 그러면 모든 것을 속죄 받으리라.

유대인의 전승에 의하면 회개의 과정에는 세 단계가 있다고 말한다.

첫 단계는 깊은 회한의 단계로서 자기가 잘못했다는 것을 철저히 느끼고 과오에 대한 바른 인식을 가지는 것이다. 그 다음 단계는 자기 잘못에 대한 진실한 고백이 있어야 한다. 그것이 얼마나 심각한 죄악인지 랍비나 지도자와 토론하는 과정이 있어야 한다. 자기가 한 행위를 말하므로 자기 자신의 행위에 대한 바른 인식에 가게 된다. 세 번째 단계는 이것이다. 미래에는 다시는 하지 않겠다는 각오, 즉 새 결단을 가지는 것이다. 진정한 회개는 그 같은 죄악의 유혹 이와도 다시 그러지 않겠다는 결심에 따른 바른 훈도의 훈련이 있어야 한다.

이렇게 한다고 모든 것이 속죄되는 것은 아니다. 모든 속죄에는 책임이 따른다. 그에 따른 책임을 지고 다시 그 같은 죄악을 저지르게 되면 즉시 반성하는 태도를 통한 반성의 습관화가 필요하다. 인간을 향한 범죄의 경우 인간에게 사죄를 받지 않고서는 하나님의 속죄를 기대해서는 안 된다. 인간에게 용서를 받고 아니면 보상을 해 주어야 한다. 하나님을 향한 범죄는 하나님으로부터 직접 속죄를 받는다.

12세기 유명한 대랍비 엘리에제르(Elieze)는 선조들의 미쉬나 윤리서에서 이렇게 말했다. 회개해라, 내일이 오기 전에. 매일 회개해라. 죽으면 회개할 기회도 없어진다. 사람은 언제 죽을지 모르기 때문에 매일 매 순간마다 회개해야 한다. 그래서 죽음을 맞이하여 하나님을 뵈올 때 순결한 마음으로 만날 수 있어야 하기 때문이다. 일생에 저지른 죄악은 숨 넘어 가기 전에 모두 속죄를 받고 하나님을 뵈어야 한다.

대속죄일의 가르침 가운데서도 이렇게 말하고 있다. 회개는 매일 행해야 한다. 신년 축제(Rosh Hashana) 한 달 전부터 유대인들의 회개기도는 시작된다. 신년이 오기 전에 지난해의 모든 잘못을 회개하고서 새해를 맞이하자는 것이다. 신년 바로 전날 하나님은 모든 사람의 일 년 과업을 평가하고 심판한다. 회개는 우리의 잘못과 과오를 경감시키고 용서를 허락하고, 회개했기 때문에 오히려 축복을 내리신다. 신년축제와 대속죄일 (Yom Kippur)사이 10일간의 시간이 있다. 이것이 지난날들을 살펴보는 회개의 기간이다. 신년을 맞이하기 전에 마음을 청결하자는 영혼의 대청소 기간이다.

대속죄일, 욤기퍼는 금식기도일이다. 이것은 유대인의 달력에 가장 크게 표시해 놓고 엄수하는 반성 절기이다. 유대인의 전통에 이런 말이 있다, 죄를 지어라, 속죄일에 회개하면 된다. 그런 생각이나 생활의 태도는 절대 사죄 받지 못한다. 금식이나 기도는 괴롬을 주어 회개와 반성에 이르게 한다.

탈무드의 전승에 의하면 속죄를 받은 과오를 계속 반복하는 것을 권장하지 않는다. 이것은 정신의 자유, 과거에서 해방을 뜻하기도 하지만 회개는 중요하다. 회개하는 자는 회개하지 않는 성인보다 위대하다.
제일 성전과 제이 성전의 시대에 동물 제물이 속죄대가로 바쳐졌다. 사실 속죄 동물이 드려진다고 해서 죄를 속죄 받는 것은 아니다. 속죄는 통회하고 반성하는 마음 위에 있다.

유대문학과 랍비문헌에서 회개를 다룬 작품들이 많다. 19세기 랍비 이스라엘 스랜트(Israel Slanter)는 그의 작품에서 자기분석과 경건 영성을 일깨워 의의 길로 가는 운동을 일으켰다. 거의 모든 유대 작가들은 회심과 경건을 작품 속에서 깊이 다루었다. 문학의 양이 그 질의 품격을 말하는 것은 아니지만 많은 작품이 회개를 다루었다는 것은 유대인의 영성, 바른 삶이 회개와 반성에서 시작한다는 것을 보여준다.
착해지려고 노력하는 것보다 회개 반성하여 하나님께로 돌아가는 마음이 의로운 길이다.

회개 repentance

1. 기독교의 주장

회개란 말은 과거를 끝낸다는 종말론적 의미를 지닌 새 시작의 결단을 보여주는 것이다. 율법이 명령하기 때문에 하는 행동이 아닌 예수 그리스도의 부름에 응답하는 하나님의 나라의 용어이다.(막1:15 마4:17 눅15:19). 히브리어 데슈바(teshuva)는 응답한다는 뜻도 있다. 예수의 부름에 이미 임박한 하늘나라에 응답하는 것이다. 조건 없이 초청에 감사한 마음으로 대답하는 것이다. 따라서 이 응답은 쇄신을 향한 끝임 없는 반복적 사건이다(렘18:11 25:5).

아무리 깨끗한 옷을 입고 조심을 해도 옷은 더러워진다. 조심성 있게 입어 깨끗해 보여도 빨래를 하면 더러운 때가 나온다. 때가 많고 작고가 문제가 아니라 모든 것은 더러워진다. 주기적으로 세탁을 해야 한다. 성 프란시스코 같은 정결한 성인도 더러워진 내 영혼을 성령으로 청결케 해달라고 간구했다. 이 세상 전부가 죄악으로 물들어 있기 때문에 육체를 가지고 사는 한 생각에서 행동에서 더러워질 수밖에 없다. 어떤 성인이 햇빛이 들어오는 창가에 기대어 누웠다. 생각 없이 바라보다 비쳐오는 빛 속에 무수한 작은 먼지를 보고 놀랐다. 어둠속에 있어 못 보았을 뿐 빛 속으로 나갈 때 공기가 먼지투성이인 것처럼 우리의 영혼도 하나님의 빛 속으로 들어가면 셀 수 없는 죄악투성이라고 고백했다.

우리는 바울이 한 말을 기억한다. 이제 내가 사는 것이 아닙니다. 그리스도께서 내 안에 사시는 것입니다(갈2:20). 크리스천의 회개는 그리스도께로 돌아감으로 그가 우리를 대신하는 것이다. 우리는 더럽고 나쁘지만 그리스도는 항상 새로움이다. 우리는 성결하지 못해도 그리스도는 성결하다. 우리는 우둔하여 하나님이 받아 주시지 않으나 그리스도는 지혜로우시고 하나님과 함께 계시다. 그리스도가 내 안에 계시면 나는 더 이상 내 자신이 아니다. 속죄는 나의 개인 작품이 아니라 그리스도 예수와 나의 합동 작품이다. 그러므로 하나님의 용서는 자격 없는 인간에게 주시는 은총이다.(마18:23 막10:26). 이 용서와 은총은 예수 그리스도 안에서 우리에게 주어진 선물이다. 생명·은총·죽음·부활·영생도 여기에 포함된다. 그러므로 말씀과 성례 속에서 회개와 용서와 은총이 주어지는 것이다.

회개의 역사는 하나님의 은혜와 가치 없는 인간을 받아주신다는 감사의 열정에 의해서 가능하다. 회개케 하는 성령의 감동과 하나님께 돌아가고자 하는 개인적 자유의지에 의한 결단으로 회개는 가능하다. 언어학적으로 말할 때도 이것이 데슈바(TESHUVA)의 명사형인 나함(NAHAM) 뜻에 합당하다(시90:13 렘31:13 사40:1). 회개는 하나님이 성령을 통해 거저 주시는 은혜에 인간이 응답하는 것이다.

인류역사에 가장 참혹한 사건인 홀로코스트가 끝이 난 다음에도 교회는 그 죄과에 대한 회개를 적절히 하지 못했다. 600만의 유대인과 700만의 그리스천이 죽었음에도 그 처절함을 알지만 회개를 하지는 않았다. 어떻게 보면 그 처참한 죽음 앞에서 크리스천들은 다른 명분과 핑계를 찾고 있었는지도 모른다. 잘못 됐다는 생각을 하면서도 회개에 이르지는 못했다. 회개는 논리나 법에 의해서 명령한다고 되는 것이 아니다. 성령의 감동에 의해서 영혼에서 우러나와야 하는 것이다. 가톨릭에서는 물론 여러 절차의 이유가 있겠지만 유대인을 향해 회개 사죄하는데 천년의 시간이 필요했다. 홀로코스트 사건은 인간 속에 있는 하나님을 죽인 사건이었다. 이럼에도 불구하고 인간은 자신의 합리성을 찾는다.

회개는 인간이 할 수 있는 신적인 사건이다. 그렇다고 해서 성령의 감동과 인도하심을 인위적으로 해석해서도 안 된다. 내적인 사건이기 때문에 이것이 진정한 회개라고 단정할 수는 없지만 회개는 묵은 자신을 떠나는 사건이다. 과거의 자신을 버리고 새로운 하나님의 세계로 들어가는 변화의 사건이기 때문에 개인에게 있어서는 혁명이다. 따라서 회개는 하나님의 마음도 움직이며 또한 모든 것을 바꾸어 놓을 수 있는 위력을 지니고 있다. 느니웨성이 회개함으로써 파멸을 피할 수 있었다. 가정컨대 소돔 고모라도 회개를 했다면 멸망을 막았을 것이다. 하물며 한 영혼이 회개하고 종말의 신세계로 간다면 하늘은 얼마나 기뻐하실까?

신약성경에서 가장 드라마틱한 완벽한 회개의 모습을 탕자의 비유와 삭개오 사건에서 본다. 탕자는 성령의 감동으로 돌아와 아버지 앞에서 아버지라 부를 수 없는 자격 없는 죄인임을 보였으나 아버지는 완벽하게 그 자격을 회복시켜 준다.

삭개오는 회개와 동시에 과거의 책임을 4배의 보상으로 회개의 증거를 보이니 주께서 아브라함의 자손의 자격을 회복시킨다. 하나님을 감동시키고 예수님을 움직인 회개는 완전히 돌아감과 과거를 책임지는 새 출발일 것이다.

회개

3. 요약 : (유대교의 주장)

1. 회개란 본래의 자리로 돌아가는 행위이다. 돌아가는 운동에 가장 기억될만한 인물은 니느웨를 향한 외침 속에서 볼 수 있다. 돌아옴이란 하나님 앞에서 가장 아름답고 거룩한 일이다.
2. 인간은 하나님이 지으신 신성한 형상을 가졌기에 지으신 자에게 돌아가고자 하는 본능이 있다. 인생은 본래 의로운 분의 자녀기 때문에 중재 없이도 반성하고 스스로 돌아올 수 있는 존재이다.

3. 하나님이 제일 기뻐하시는 일은 자녀가 돌아오는 회개행위이다. 돌아와 회개하는 자녀는 어떤 잘못도 잘못이 아니다. 돌아온 자는 의인이지만 회개하지 않는 자는 잘못이 없다 할지라도 성인의 반열에 들지 못한다. 회개는 구체적으로 3단계가 있다.
   1) 잘못의 인식
   2) 잘못에 대한 진실한 고백
   3) 다시 안 하겠다는 결심과 선행 훈련.
4. 이다음에 해야 할 일은 반드시 보상을 치러야 한다. 유대인 탈무드에 내일이 오기 전에 회개하라고 한다. 내일 우리가 이 땅에 없을 수도 있기 때문이다. 유대인의 최고의 회개일은 대속죄일 욤기파이다. 7일 내지 10일간 회개하는데 제물이 아닌 통회하는 마음으로 해야 한다.
5. 착해지려고 노력하는 것보다는 회개하는 것이 최상의 덕행을 이루는 길이다. 의로운 인생길은 회개밖에 없기 때문에 회개야 말로 성인의 길이다.

4. 요약 : (기독교의 주장)

1. 회개는 종말적 사건이다. 왜냐하면 구시대, 지난날의 삶을 다 청산하고 새로운 시작, 즉 하늘나라로 나아가는 행동이기 때문이다. 회개란 과거에 대한 청결 청산을 의미한다. 그렇다면 아무리 깨끗해도 시간이 지나면 더러워지기 때문에 항상 청결 작업인 회개를 해야 한다.
2. 바울 선생은 이제 내가 사는 것이 아니라 내 안에 예수가 산다고 한 것은 청결 작업을 통해 내 속에 예수가 살아가도록 자신을 관리한다는 뜻이다.
3. 회개란 내 자신이 할 수 있는 것이 아니다. 누구나 반성하고 회한한다. 그러나 회개는 성령의 권고를 통해 하나님께 다시는 그러지

않겠다는 약속이요 결단이다. 그러므로 회개는 사람이 하는 것 같지만 성령의 인도로 하는 것이기 때문에 신적 사건이라 한다.
4. 회개는 인간사의 모든 불행을 막을 수 있다. 니느웨의 회개가 그것을 보이고 소돔 고모라의 불회개가 그것을 설명한다.
5. 성경에 가장 멋있는 회개 사건은 탕자의 비유(눅 15)와 삭개오의 사건(눅 19)일 것이다. 여기서 보는 회개는 본래의 자리에 돌아옴과 동시에 완전한 새 출발의 시작이다.

34. 랍비문학이란 무엇인가?

1. 랍비문학 총론

유대인들에게는 토라(Torah:모세오경)가 있다. 토라는 정처 없이 방황하는 나그네 유대인을 하나님의 자녀가 되게 했고 선민이 되어 세계 최고로 빼어난 민족이 되게 했다. 유대인은 말한다. 유대인들은 토라를 지켰고 토라는 유대인을 위대하게 했다.

토라는 유대인의 경전이다. 하나님이 시내산에서 모세를 통해 이스라엘 백성들께 직접 내리신 계시의 말씀이기 때문이다. 이 계시의 말씀은 보잘것없는 버려진 인간인 유대인이 하나님의 길을 갈 수 있게 해 준 생명의 지혜이다.

경전을 향해 유대인들이 가진 신념을 우리는 분명히 알아야 한다. 보잘것없는 소수 민족인 이스라엘을 위대하게 한 하나님의 계시인 토라는 이중토라(Dual Torah)로서 유대인들에게 찾아왔다는 사실이다. 시내산에서 하나님께서 유대인들에게 토라를 주실 때 성문화된 토라(Written Torah)와 구전 토라(Oral Torah)로 주셨다는 것이다. 하나님은 두 토라 속에서 자신을 계시하셨다는 뜻이다. 성문 토라에 다 기록할 수 없는 소상한 설명과 부언은 구전 토라로 주셨다. 책으로 적기에는 너무나 많은 분량이어서 말씀으로 설명하신 것이다. 물론 이것은 유대인의 기억에 맡기셨다. 대대로 아버지가 아들에게 전수시켜 암송케 하고 그 아들은 그 아들에게 전수시켜 암송케 했다.

유대인에게 있어서 성문 토라와 구전 토라에는 전혀 구분이 없다. 똑

같은 하나님의 말씀을 글로 적어 주셨고, 그리고 말씀으로 우리의 귀에 들려주신 것뿐이다. 하나님의 계시를 인간에게 주실 때 두 가지 미디어 (Media)로 주셨다는 것이다.

성문 토라는 말할 것도 없고 구전 토라를 연구하고 해석하고 생활화하는 것을 유대교(Judaism) 또는 랍비주의 (Rabbinism)라 한다. 랍비주의의 핵심내용, 연구대상은 주로 구전 토라이다. 그들은 말한다. 구전 토라 없이는 성문 토라를 정확히 해석할 수 없다고. 그러므로 유대인들은 구전토라를 성문 토라와 전혀 차별 없이 믿고 순종한다.

구전 토라의 모음집을 미쉬나(Mishina:반복하여 가르치다)라고 하고, 미쉬나의 주석을 게마라(Gemara:미쉬나의 해석서)라 한다. 미쉬나와 게마라를 합쳐 편집한 것을 탈무드(Talmud)라 했다. 물론 방대한 바벨론 탈무드가 있고 그보다 분량이 적은 팔레스틴 또는 예루살렘 탈무드가 있다. 따라서 탈무드는 성공을 위한 상술이나 인간의 처세술 정도로만 생각하는데 전혀 그런 것이 아니라 토라를 전문적으로 설명하는 보충서이다. 탈무드는 여섯 섹션에 63의 작은 책자들로 구성되어 백과사전의 분량으로 유대교대학 도서관 입구에 진열되어 있다. 후일에 편집에 빠진 것들과 학자들의 토론을 수집하여 토세프타(Tosefta:부연 역 또는 보충서)를 만들었다. 이 모두를 통틀어 탈무드라 한다. 유대학자들은 이 서적들 전부를 성문토라의 반열에 놓고 똑같은 경전으로 받아들인다고 했다.

전문적인 입장에서 말하자면 유대교는 랍비주의이며 또한 랍비주의와 함께 시작했다. 그러면 랍비문학이란 무엇인가? 유대교의 신학자인 랍비들의 신학 작품이다. 유대교는 에스라 느헤미야(주전 5세기)에 의해 시작하여 오늘날까지 내려왔다. 유대교는 시작에서부터 지금까지 제사장이나 성전에 의해 지속되어진 것이 아니라 선생이라 불린 랍비(Rabbi)들에 의해 유지되어 왔다. 랍비란 용어는 예수 전 1세기부터 시작되었다. 랍비의 직책은 전혀 직업적이 아닌 자발적 봉사직이었다. 랍비들은 농부, 나무꾼, 구두수선공, 목수, 양복재단사, 천막 제작자 등 다양한 직업인들이었다.

랍비들의 제일 책임은 토라뿐만 아니라 구전 토라의 법령들을 연구하는 것이었다. 그들의 권위는 성전이나 제의에서 나온 것이 아니라 토라의 연구에 있었다. 그래서 이들의 법전 연구는 성문 토라와는 달리 항상 유연성이 있고 현실적이어서 실제적인 생활의 길잡이가 되었다. 성문 토라는 화석처럼 굳어져 있지만 구전 토라는 항상 현실과 호흡을 함께 하여 왔기 때문에 어떤 상황 어떤 시대에서도 유대인들이 살아가기에 부족함이 없는 길잡이가 되었다. 토라가 다 그런 것이지만 특히 구전 토라는 신비세계나 밀교적인 상상 세계를 말하지 않는다. 인간이 이 땅에서 어떻게 성결되고 건강한 삶을 행복하게 영위하느냐를 말하는 생활 길잡이의 안내서이다. 다시 말해 구전토라는 종교서가 아니라 생활 안내서란 뜻이다.

랍비문학의 시작은 성전이 무너지고 나라가 패망하고 유대인이 세계로 흩어질 때, 세계 어디 가서 살더라도 선민으로 살 수 있도록 영적 무장을 하기 위해 일으킨 성서 문학 운동이다. 성서 문학 운동 같지만 실제로는 민족 정신운동으로 세상 어디를 가서 살더라도 선민으로 살면서 나라를 회복하고자 한 영적 운동이다. 세계 어디를 가도 랍비의 지도 아래서 유대인은 유대인의 아데티디를 유지하며 신앙을 보존하자는 운동이다. 물론 이 한가운데 탈무드의 가르침이 있지만 선민으로 살아가는 모든 영적 지적 운동의 내용을 포함하고 있다. 물론 이 지적 운동에 유대인 전부가 동참할 수 있는 것은 아니었다. 유대인이라고 다 배우기를 좋아하는 것은 아니었기 때문이다. 지적 랍비운동에 반대하는 유대인 서클도 있었다는 뜻이지만 대세는 유대인 정신은 랍비운동으로 유지될 수가 있었다. 결론적으로 말하면 유대인이 나라 없이 땅도 없이 세계에 흩어져 살았으나 랍비운동을 통해 2000년을 유지해 왔고 나라를 다시 세울 수가 있었다.

　유대역사의 과정 속에서 랍비들의 활동 과정은 주로 다음 여섯 단계를 거친 셈이다.
　① 서기관들의 가르침 ② 바리세파운동 ③ 미쉬나 수집과 연구과정 ④ 중세의 종교 철학 ⑤ 후기 중세기 때의 성서 해석학 ⑥ 성문 법제화 과정 요셉 카로(Joseph Caro 1565) 때까지 613조의 토라 법제화 과정(슐팡 아루프)을 필두로 유대교는 단순한 지성주의와 신비주의로 분리되어진다.
　랍비주의는 종교성이 결핍된 지극한 지성주의가 됨에 따라 성서로 돌아가자는 운동이 일어났으니 10세기를 전후하여 일어난 카발리즘(Kabbalism:랍비의 지성주의와 성서의 도움 없이 하나님과 직접 대화함으로써 세계의 모든 이치를 깨닫는다는 신비주의)과 8세기에서 15세기까지 왕성했던 카라이즘 (Karaism :성경만 읽고 쓰고 해석하여 바르게 살자는 랍비 지성주의에 반대한 아난 벤이 시작한 성서 운동)이고 18세기에 일어난 하시디즘(Hasidism:주전 그 세기경에 일어난 순정파 하시디즘이 아니라 발셈톱(Baal Sehm Tov)이 지도자가 되어 폴란드 중심으로 일어난 랍비주의의 지성주의를 반대한 운동)이다.

　랍비는 성전 종교가 종말을 보고 회당 종교로 새 출발을 할 때 교사의 역할을 담당한 교회지도자이다. 예수 이전부터 오늘날까지 랍비는 존속하여 지금도 유대교 회당의 교사 역할을 담당한다. 전문적 랍비도 있고, 랍비 자격이 있으나 변호사, 의사, 교수 직업을 가진 자들도 있다.
　앞서 언급한 여섯 단계의 유대교의 성장과정에 기여한 지도자 이름 역시 시대마다 다르게 불렀다. 에스라 시대의 서기관들은 성서편집인 미쉬나 연구를 한 사람들인데 소페림(Soferim)이라 불렀다. Sofer란 토라에서 유래된 단어인데 주로 성직을 담당한 평신도 학자들 있었다. 그리고 타나임(Tanaim)이 있다. 미쉬나를 연구하는 학자들이다. 대체로 힐렐 샴마이 이전부터 주다 하나시가 탈무드를 수집하기 전까지 활동한 학자들이다. 아모라임(Amoraim)은 미쉬나와 그 보충서적인 게마라를 정리하던 시기인 3-6세기의 학자 지도자들이다.

주로 할라카(Halakah는 Haggadah와 대비되는 용어로서 반면 할라카가 율법 규율에 관한 것이 Haggadah는 설화, 훈화 이야기를 통해 하나님의 뜻을 가르치는 것이다)를 전공하는 학자들이다.

사보라임(Saboraim)은 주로 바벨론 학자들인데 5세기 이후 8세기까지 주로 탈무드를 연구하고 가르치는 탈무드 교사들이다. 사모라임 이후는 가온 혹은 게오님(Gaon, Geonim)이 지도자의 역할을 했다. 가온은 특수하여 유대인이 사는 지역의 정부책임자들이 가온 혹 게오님에게 왕 대접을 하였다. 6세기부터 11세기까지 이들은 왕 대접을 받으면서 유대인들의 최고 지도자요 그는 그 나라의 왕이나 고위지도자를 언제든지 만날 수 있었다. 그 가운데 빌나(Vilna)의 가온은 그 세도에서 누구도 따를 수 없었다. 리스폰사(Responsa)는 특이한 학자요 유대지도자였다. 9세기부터 16세기까지 활동한 이들은 성서의 각종 문서들에 대한 질문이 왔을 때 그 내용의 해석서를 만들어 회신해주는 학자들이다. 어떤 점에서 볼 때 오늘날 랍비들의 학문적 노력도 리스폰사라 할 수 있을 것이다.

19세기에 와서 유대교 랍비주의는 큰 변화를 피할 수 없었다. 어떻게 보면 유대 신비주의인 카발리즘과 카라이즘과 하시디즘의 영향으로 난해한 랍비주의에서 벗어나 단순한 성서의 가르침으로 돌아가기 위해 미신적 요소와 자연스럽지 못한 인간 제작물들을 제거하자는 것이었다. 이에 대한 반응의 결과로 유대교는 크게 보수주의 유대교, 정통유대교, 신정통주의, 유대교 개혁주의 유대교로 나뉘어졌다.

랍비 주의 랍비 문학의 작품에 대해 잠깐 언급하겠다. 유대교는 랍비주의에서 시작했다고 말한 바 있다. 예루살렘에서 바벨론으로 끌려간 포로 집단은 왕족과 정치 지도자 내지 지식층의 종교 지도자들이다.

34. 랍비문학이란 무엇인가? 415

60여 년을 바벨론의 노예로서 지식을 낳고 살다 보니 일부를 제외한 모든 포로들은 모국어를 거의 다 잊어버렸다. 지식층의 일부만 히브리 성경을 알 뿐, 유대인들은 바벨론의 언어인 아람어밖에 몰랐다. 꿈에도 생각지 않던 놀라운 소식, '고향으로 돌아가라.' 노예들이 기다리는 귀국의 날이 선포되었다. 그들이 바벨론 수문 앞 광장에서 귀국준비 대집회를 하는데 히브리어를 아람어로 통역할 수밖에 없었다. 대부분의 히브리들이 히브리어를 거의 다 잊어버렸기 때문이다. 이 통역은 직통역이 아니라 부연역이었을 것이다. 알아듣기 쉽게 히브리 본문을 아람어로 단어를 추가하여 설명하였을 것이다. 성서 강해, 해설집 또는 설교집이라 할 수 있는 미드라쉬(Midrash)가 이때에 생겼다. 성경의 해석인 주석서라고 할 수 있는 책이다. 그 당시에는 이것을 탈굼(Targum)이라고도 하였다.

부연역 탈굼에 대해 한 마디만 하고 넘어가자. 성서를 번역하고 통역하고 해설하여 탈굼을 만들어 놓았는데 시간이 지나가면서 그 해석을 정확하게 모르게 되자 그 해석을 또 다시 해석하는 해설판이 나왔다. 이렇게 해설에 해설을 계속하다 보니 원본과는 전혀 상관없는 해설자의 사상이 들어가기 시작했다. 독자들은 무슨 말인지 충분히 이해하였으리라 믿는다. 예수 당시에 랍비들이 보던 구전 토라는 원본 토라가 아니라 주석에 주석을 붙이고 또 붙여서 진본의 뜻이 거의 없어진 장로들의 유전으로 이루어진 책이었다.

이때는 이미 본뜻은 사라져 없어지고 해석자의 뜻만 살아 있게 된 상황에서 그 해석자의 해석이 또 다시 해석되어 판을 거듭하게 되자 성서는 없어지고 사람의 주장만 남게 되었다. 이 가르침을 받고 주장하는 사람들이 바리새파들이다. 그들은 성서는 말하지 않고 탈굼에 탈굼만을 말하다 보니 앞에서 언급했듯이 예수와 충돌하게 되어버린 것이다. 결국 바리새파와 예수의 논쟁은 탈굼대 성서와의 싸움이 된 셈이다.

예수 당시 학자 내지 랍비라고 하는 사람들은 거의 모두가 성서는 보지 않고 탈굼의 해설판만 가지고 공부했기 때문에 성서와 전혀 상관없는 소리만 하고 다녔다. 예수와 그들과의 충돌은 바로 이런 문제들로 인하여 생긴 것이다.

미쉬나는 탈굼, 즉 미드라쉬 이전, 모세시대부터 전해 내려온 문서요, 그 미쉬나의 해석을 정리한 것을 탈무드라 하였다. 광의적으로 해석하면 탈무드는 미드라쉬까지도 탈무드의 일부로 보는 학자들도 있다. 따라서 미드라쉬 탈무드라고도 한다. 역사적으로 보면 미쉬나는 모세시대, 미드라쉬는 에스라 시대에서 시작되었다고 볼 수 있다.

아래의 도표는 랍비문학의 발전과정을 설명한다. 랍비 문학은 성문토라가 아닌 구전 토라의 정리, 편집, 연구, 전파를 의미한다. 성문 토라만이 하나님의 계시가 아니라 구전 토라 역시 계시된 하나님의 말씀으로 구전 토라 없이는 성문토라의 해석이 불가능하다고 유대교는 믿고 있다고 했다. 개신교는 다양한 신학의 연구 분야가 있고 특히 조직신학이 신학의 주류를 이루어 왔던 20세기까지의 신학 내용과 유대교의 신학과 비교를 하면 너무나 큰 대조를 이룬다.

유대교 신학에는 조직신학이 거의 없는 지경이고 그리고 환영도 받지 못한다. 물론 몇몇 조직신학자가 있으나 그것마저 랍비 문학적 조직신학이다. 오늘 그들의 연구과제는 2500년을 이어 온 랍비주의 즉 랍비문학 연구가 그들의 중요과제로 되어 있다. 그러면 랍비문학의 특성은 무엇인가?

랍비문학은 성서해석이다. 성서를 해석하되 항상 생활에 맞게 적절성을 유지하는 유연한 해석이 성서해석의 원리이다.

지금까지의 설명을 종합하여 아래 도표를 보면 랍비문학의 내용이 어떤 것인지를 충분히 알 수 있을 것이다.

2. 구전토라(Oral Torah)

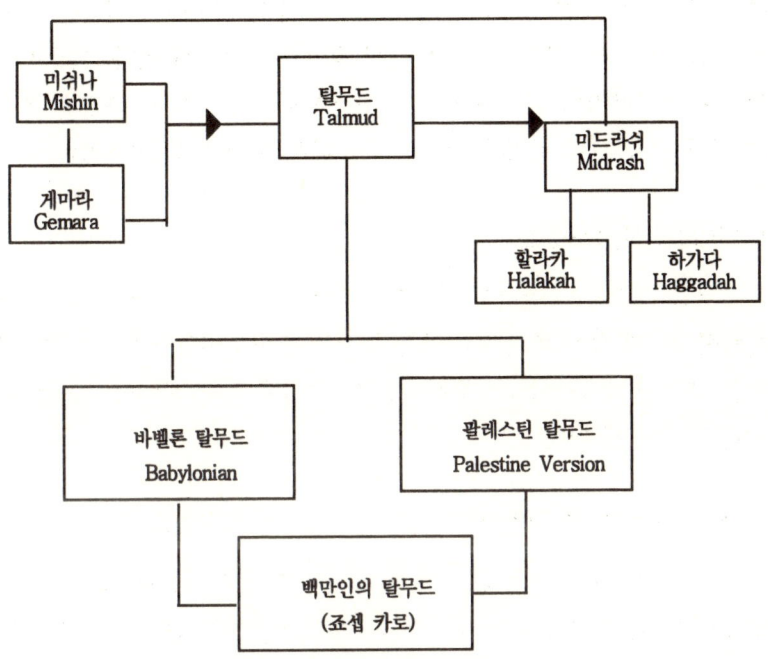

앞 장에서 언급했듯이 미드라쉬는 미쉬나와는 달리 바벨론 포로 후기 에스라의 성서정리 사역과 포로인들을 토라로 무장시키기 위한 교육과정에서 생겼다고 했다. 그 사역은 포로 귀향 시부터 제2성전시대를 거쳐 15세기 이후까지 계속되었다. 미쉬나는 구전 토라이고 미드라쉬는 토라의 해석서이다. 그 해석은 처음 토라(모세오경)에서 시작하여 성서 전반을 다루었다. 우리가 흥미롭게 생각하는 것은 오늘날 기독교의 성서주석과 미드라쉬의 성서해석이 어떻게 다르냐는 것이다.

미드라쉬란 말은 히브리어의 다랏시 즉 찾다, 조사하다에서 유래했다.

미드라쉬에는 설교집(Rabbah), 주석집(Rabbati), 석의(Exegesis) 및 강연집(discourse) 등이 있는데 그 내용을 크게 구별하면 할라카 미드라쉬와 하가다 미드라쉬가 있다. 앞에서도 언급했듯이 할라카는 규율, 법규 등을 다루고 하가다는 훈화·설화·잠언·이야기 등을 다루어 하가다는 안으로의 설득이요, 할라카는 밖으로의 행위를 요구하는 법규이다. 미드라쉬 작업은 주전 5세기에 시작하여 거의 최근까지 수집, 편집, 과정이 계속되고 있다. 지금까지 편집된 미드라쉬는 다음과 같은 책들이 있다.

1. 미드라쉬 신명기(Midrash Deuteronomy)

미드라쉬 신명기는 할라카 미드라쉬이다. 11개의 설교와 흥미 있는 성서해석과 심리학적 문제까지 다룬다. 900년경에 편집되었는데 메시야 미래를 재치 있게 해석한다. 특히 모세의 죽음에 대한 신비적 사건을 아주 아름답게 묘사한다.

2. 코헤렛 전도서, 설교 미드라쉬(Midrash Ecclesiaste Koheleth Rabbaa)

전부는 아니라 할지라도 전도서 한 절 한 절을 상세히 해석한다. 전도서를 네 파트로 구분하여 각기 다른 훈화를 설명한다. 랍비 코헤렛이 복합 미드라쉬와 탈무드 가운데서 뽑아 편집한 것이다.

3. 미드라쉬 에스더 설교집(Esther Rabbah)

에스라의 석의적 미드라쉬이다. 10장으로 나누어 성서본문에 충실하고 있다. 2세기에 편집되었는데 에스더의 묵시적 설교까지 담고 있다.

4. 미드라쉬 출애굽(Midrash Exodus)

출애굽기 주석 설교인데 52장으로 되어 있다. 처음 14장까지는 석의적인데 여러 편저자의 노력의 결합체이다. 11세기에서 12세기에 편집되었는데 그 자료는 아주 고대의 것이다. 학자 탄 후마(Tan Huma 5세기)의 작품을 11~12세기에 편집한 것이다. 오경 중 가장 중요한 미드라쉬라고 본다.

5. 미드라쉬 갈루스(Midrash Galuth)

유랑의 미드라쉬라고도 한다. 유대 백성들이 겪은 유랑의 경험 10가지를 뽑아 그 의미를 해석한 것이다. 유대인은 아브라함에서 시작하여 오늘 날까지의 유랑의 민족이라고 한다. 선민의 유랑의 삶의 뜻이 무엇인지를 알려 준다.

6. 창세기 미드라쉬(Midrash Genesis)

창세기를 백장으로 나누어 설명하는데 후반부는 상당 부분 앞에서 해석한 것을 다시 해석하고 설교한다. 힐렐 이전에 해석된 작품으로 Tanaim 교사들의 작품으로 보인다. 용어는 히브리 및 아람어로 된 훈화 교훈을 중심한 하가다 작품이다. 1975년에 영어로 번역된 창세기 미드라쉬가 있다.

7. 미드라쉬 하가돌(Midrash Hagadol)

19세기 초 거의 모든 토라의 미드라쉬를 예멘에서 발견했다. 할라카, 하가다 미드라쉬가 다 포함되어 있다.

유명한 대학자들이 쓴 것을 종합 수집했는데 심지어 중세의 대학자 마이모니데스(Maimonises)의 작품도 들어 있다. 누가 수집, 편집했는지에 대해 알 길이 없는데 최소한 14세기에 편집 완성된 듯하다. 수집 편집자들은 그들의 연구 자료가 무엇인지를 밝히지 않았는데 최근 그것을 찾는 노력이 시도되고 있다.

8. 미드라쉬 애가(Midrash Lamentations)

애가의 해석 미드라쉬인데 때로는 메길라스(Megillath)라고도 한다. 해석방법은 창세기 해설 설교와 같은 방법으로 구절구절을 설명하고 전체를 핵심요약했다. 그 내용은 제1, 제2 성전의 파괴에 대한 향수와 슬픔을 메시야 신앙으로 위로하는 것이다. 이 내용은 팔레스틴 탈무드에 속해 있었는데 아주 초기 작품인데도 7세기에 와서야 편집되었다. 1881년에 독일어로 번역되고 그 후 영어로도 번역되었다.

9. 미드라쉬 레위기(Midrash Leviticus)

레위기 설교 미드라쉬이다. 37부로 매주 읽어도 3년간 읽을 수 있는 분량이다. 레위기 의식법 뒤에 있는 영적 의미를 깊게 다루었다. 할라카의 성격이나 하가다식으로 많은 잠언과 비유, 훈화를 포함하고 있는데 7세기에 편집되었다.

10. 미드라쉬 민수기(Midrash Numbers)

베밋바 시대 설교집이라고도 한다. 23장으로 되어 있는데 첫 1~14장까지는 다음 아홉 장까지와 완전히 다르다. 책 전체를 볼 때 최소한 두 저자가 합동 제작한 것으로 보인다.

11. 미드라쉬 잠언(Midrash Proverbs)

잠언에 대한 해석학적 미드라쉬이다. 본문 해석을 중심으로 하였으나 어떤 장들은 찾을 길이 없다. 시바의 여왕이 질문한 내용에 대한 하가다적 자료가 주를 이룬다. 아키바와 가말리엘의 저작도 포함된 것 같고, 특히 31:10-31에 대한 현숙한 여인의 해석은 새롭다. 특히 성경에 나타나는 현숙한 여인 20명의 이야기가 길게 나온다. 여인 십계명도 나온다. 11세기에 편집되어 여러 대학자들의 비평도 포함되어 있다.

12. 미드라쉬 시편(Midrash Psalms)

선한 것을 부지런히 찾는다는 부제가 달려 있다. 잠언 11:27의 말씀이 미드라쉬 시편의 시작이 된다는 뜻이다. 이 미드라쉬는 탈무드 속에 포함되어 있다. 시편을 두개로 구분하여 1부는 1~118 이고 2부는 119~150편이 바로 그것이다. 편집연대는 정확한 증거가 없다.

13. 미드라쉬 설교집(Midrash Rabbah)

가장 표준적인 설교집이다. 기본적으로 모세 오경 토라에 대한 설교집인데 아가서, 룻, 애가, 전도서, 에스더의 설교도 포함되어 있다. 1930년 런던에서 영어 번역판이 출판되었다. 편집연대와 저자의 이름은 확실치가 않다.

14. 미드라쉬 룻(Midrash Ruth)

룻기에 대한 주석적 미드라쉬로서 도입부와 8장으로 형성되어 있다. 미래에 일어날 전조적 인물과 시대를 말한다. 3:13이 미래를 전조에 대한 핵심 성구로 나타나고 팔레스틴 미드라쉬 수집서에 들어 있고 또 팔레스틴 미드라쉬와도 그 방법이 유사하다. 영어로 번역되어 있다.

15. 미드라쉬 사무엘(Midrash Samuel)

사무엘 상하 전부가 하가다식으로 형성되었는데 32개의 장으로 된 이야기의 연속이다. 한나의 이야기, 엘리의 하가다, 계약의 방주 이야기, 사무엘, 사울, 그리고 다윗의 생애의 하가다가 중심이다. 그 위에 성전터를 구입하는 하가다도 포함된다.

이 미드라쉬는 팔레스틴 탈무드의 미드라쉬 편에서 찾을 수 있다. 11세기에 편집된 듯 대학자 라시(Rashi)와 마이모니데스(Maimonides)도 인용한 바가 있고, 하가다의 스토리는 애리하고 예술적이고 시적이다. 1517년 콘스탄티노플에서 처음 출판되고 1893년에 비평론이 나왔다.

16. 미드라쉬 아가(Midrash song of songs)

아가의 석의적 미드라쉬이다. 그대를 찾는 미드라쉬로 알려져 있다. 미드라쉬 시작은 잠언 22:29인데 아가의 전체를 나타내는 구절이다. 사랑의 구절들은 이스라엘과 하나님과의 아가페적 관계를 뜻한다. 해석은 비유, 우화적인 언어의 유희성을 살렸다. 팔레스틴 탈무드에 포함되어 있어 유사성이 많다. 6세기에 편집된 듯하다. 마지막 내용은 9세기에 편집된 듯하다. 1939년 영국 런던에서 영어로 번역했다.

17. 미드라쉬 소책자들(복수 Midrashim Minor)

미드라쉬의 중요책들 외에도 백 권이 넘는 소책자 미드라심이 있다. 주로 19-20세기에 편집 정리된 것들이다. 다양한 내용들이 있다. 그 중 가장 중요한 것은 여섯 권으로 된 미드라쉬의 집(Beth Midrashim)이다.

또 다른 두 권 오짜 미드라쉬가 있다(Otzar Midrashim). 최대의 히브리 단어가 집합된 책이다. 이 외 작은 소책자중 중요한 것만 소개한다.

Tanhuma Pesikta, Tanna, Debe Eliyahu, Pirke de Rabbi Eliezer, Akiba Alphabet, Sefer Hatagin, En yaakob, Ylkut, Yalkut Shimeoni 등이다.

3. 랍비문학의 세계

1) 역사적 상황

앞장에서 언급했기 때문에 여기서는 간략한 연대기만을 정리한다. 랍비문학은 엄격한 의미에서 에스라 이후 오늘날까지 연속된다고 말할 수 있으나 그것이 두드러지게 역사에 나타나게 된 것은 BC2세기 전후라 할 수 있다. 더 정확히 말하면 예루살렘 성전 파괴 시부터 바벨론 가온(Gaon:유대인의 최고학자 최고지도자)의 활동이 쇠퇴되고, 유대인의 핍박이 전 유럽에 시작된 1040년 혹은 1090년까지라고 할 수 있을 것이다.

그러면 왜 예루살렘 성전 파괴 후부터 랍비문학이 활발하게 연구된 이유는 무엇일까? 유대인은 성전민족이었다. 벌떼들이 벌집을 중심하여 활동하듯이 유대인들은 성전을 중심하여 삶의 터전을 이루었다. 그러나 성전은 파괴되고 그렇다고 해서 재건할 희망도 전혀 없게 되었다. 벌집이 없어지면 벌들이 여기저기 흩어지듯이 유대인들도 세계에 흩어져 유랑하는 신세가 되었다. 세계를 방황하게 된 신세가 된 유대인들은 성전을 대신할 거룩한 터전이 필요했다. 성서가 있었으나 성서는 그들의 생활과는 너무나 먼 거리에 있었다. 전혀 달라진 삶과 성서를 연결시키며, 그 사회와 적응할 수 있는 메시지는 탈무드(Talmud), 미쉬나(Mishina), 또 미드라쉬(Midrash)에 집착할 수밖에 없었다. 예루살렘을 떠나 세계를 유랑하는 유대인들은 위의 책들을 수집, 편찬하였고 그 책들은 2000년간 유대인을 선민으로 살 수 있도록 지켜주었다. 달리 말하는 미쉬나 미드라쉬는 유대인들에게서 성전이요 하나님과 같은 존재이다

2) 정치적 상황

우리가 읽고자 하는 내용은 그 당시의 정치적 역사 상황을 요약하는 것이다. 정치 역사적 상황의 이해 없이는 결단코 그 당시의 종교와 문학을 바로 이해할 수 없기 때문이다. 그 당시 유대인들의 생활 중심은 바벨론과 팔레스타인이었다. 랍비문학은 이 두 지역에서 예외적으로 발전하여 그 분야 연구에 관심 있는 자는 이 지역에 모여들 수밖에 없었다.

앞에서 말했듯이 주후 70년 예루살렘의 멸망은 유대인의 정치와 종교적 독립의 종말, 즉 성전파괴는 유대라는 국가와 사제들의 권력의 종말이라고 할 수 있다. 더 이상 유대국가와 종교 사제직은 유대 땅에서 사라진 셈이다. 유대의 자치정부의 재조직은 야브네(yabneH)에서 천천히 진행되어 유대교육의 중심지가 되어갔다. 주후 70년, 성전이 무너진 즉시, 대 랍비 벤 자카이(yohanan ben Zakkai)는 야브네(yabneh)로 이사하여 주위에 있는 학자들을 불러 모았다. 야브네는 유대인 학자들이 주후 90

년경 구약의 정경을 결정한 곳이다. 야브네는 얌니야라고도 불렸는데 지금의 욥바 부근이다. 바리새인과 서기관 그리고 당대의 최고 유대교를 재건하는데 힘을 모았다. 유대인 지도자들은 법정과 학원을 설립하여 학문의 체계가 서게 하였고 제2 성전시대의 최고 의뢰기관인 산헤드린 (Sanhedrin 유대인의 최고 헌법 및 율법기관인데 두 타입의 산헤드린이 있었다)을 계승하는 데까지 가게 되었다.

주후 115-117년 사이에 일어난 로마 정권을 향한 이산 유대인 (diaspora)은 대거 참여했으나 팔레스틴 유대인들은 동조하지 않았다. 그 당시 유대 메시야로 자처한 지도자 바 코흐바(Bar Kohbha)가 주도한 폭동 (132-135)에는 팔레스틴 유대인들 대부분이 참여했다. 이 로마정권을 향한 이 폭거는 엄청난 비극으로 끝났다. 로마정부와의 화해는 하드리언(Hadrian)황제가 죽은 138년 이후에나 가능했다. 평화스런 유대정신의 복구운동은 138년 이후 대랍비 하나시(Ha Nasi)의 지도하에서 이루어졌다. 그 당시 대부분의 유대인들은 예루살렘이 아니라 갈릴리 땅으로 이동하였고 바 코흐바의 반로마 폭동 이후 야브네도 더 이상 유대인 중심이 되지 않고 우사(Usha)로 이동하였다.

170년 이후 벧 세림(Beth Shearim) 세포리스(Sepphoris) 그리고 3세기 중반까지 티베리아스(Tiberias)로 옮겨갔다. 이 만큼 유대인들은 어느 한 곳에서도 정착하지 못한 채 이동에 이동을 거듭하였다.

3세기에 와서야 비로소 세습제인 랍비 제도의 정착으로 팔레스틴 유대인들은 통합되어 체계 있는 질서를 유지할 수 있었다. 그 후 로마제국의 정치 혼란과 경제적 세력의 쇠퇴로 인해 팔레스틴 유대인의 발언권은 강하여지기 시작했다.

두 가지 요소가 두드러지게 나타났다. 로마제국의 힘이 약하여 지면서 먼 곳까지 로마의 권력이 미치지 못하게 되자 로마 제국 내에 사는 모든 사람들에게 시민권을 주게 되자 자연 유대인들도 로마 시민이 되었다.

2세기 중반의 정치 상황이었다. 따라서 팔레스틴과 디아스포라 유대인들도 로마의 정치, 문화에 엄청난 영향을 받아 로마화되어 갔다.

콘스탄틴 황제의 로마제국의 기독교회는 기독교계뿐만 아니라 세계사의 흐름에 큰 전환점이 되었다. 313년에 발표한 밀란(Milan)의 칙령은 기독교를 국가종교로 한다는 것인데 324년부터 콘스탄틴 황제의 유일한 신앙 통치는 팔레스틴 지역에까지 큰 영향을 끼쳤다. 이후 기독교의 발전은 급물살을 탄 듯 진행되고, 따라서 팔레스틴과 디아스포라(흩어진 유대인) 회당들 역시 방어적인 자세를 취할 수밖에 없었다.

율리아누스(Julian 361-363. 세례를 받았으나 이교도를 따라 기독교를 박해한 황제)는 기독교의 발전에 방해가 되었지만 회당 건립은 허락하였다. 율리아누스 이후는 기독교의 활발한 발전이 계속되었고, 모든 사람들의 신앙의 일치를 위해 380년에 니케아(Nicene)회의가 개최되어 새 신조를 발표했으나 유대교의 족장제도는 429년에 폐지되었다. 529년과 534년에 와서는 법적으로 유대인을 우호적으로 인정하지 않기로 결의했다. 그 후 614-628년에 페르시아 통치(614)가 시작될 때 엄청난 기대를 가졌으나 그것마저 유대인들에게 큰 실망을 안겨주고, 아랍의 침입으로 예루살렘은 638년에 완전히 무너져 버렸다.

실제 바벨론으로 잡혀 온 유대인의 숫자는 겨우 만 명 정도였다. 유대인의 대표급 학자와 지도자들이 대부분이었다. 그러나 주전 586-538년 이후 바벨론은 유대인의 고향이 되다시피 하여 많은 유대인들이 그곳으로 몰려들었다. 주후 70년까지 바벨론 유대인들은 유대인 자치 기구를 통해 평화스런 생활을 할 수 있었다. 주후 70년이란 예루살렘 성전이 로마제국에 의해 완전히 파괴된 해이다. 이때부터 유대인들은 결사단을 조직하여 봉기하기 시작했다. 로마제국을 향한 가장 큰 역사적 봉기는 앞에서 언급한 바 코흐바(Bar Kokhbar : 별의 아들, 132-135년)였다.

이 사건 이후 많은 유대인들이 바벨론으로 피신하여 팔레스틴 지역이 안정된 주후 200년까지 그곳에서 살았다. 주 후 226년경 바벨론 정부는 파르디안(고대 이란 북부의 나라)에서 페르시아 사산니드(Sassanid)로 옮 겼고 그곳 사람들은 불의 종교인 조아리스트 사상을 국가종교로 만들려 고 했다. 따라서 유대인들은 다소의 박해를 받았으나 250년경 이후 사퍼 1세(Shapur I) 통치하에서는 유대인 자치 기구를 허락받아 살게 되었다.

유대인의 안정된 삶과 번영은 오래 가지 않았다. 5세기 중반 엄청난 박해가 유대 사회에 닥쳐왔다. 그 박해의 정점은 468년이었다. 유대인 자치 기구는 완전히 사라졌다. 로마황제 안테미누스가 모든 이교종교의 제식을 전면으로 금지하므로 유대교 역시 이교로 취급 받아 엄청난 박해 를 피할 수 없었다. 다시 유랑은 시작되고 회당은 문이 잠겼고 많은 랍 비들이 죽음을 당했다. 6세기 반 상황이 호전되어 평화의 시대가 왔지만 유랑의 삶은 이전 같이 회복되지 않고 팔레스틴 유대인처럼 바벨론의 유 대인들도 강력한 지도력이 없이 방황했다.

바벨론 땅의 결정적 역사 전환의 포인트는 64년 아랍의 정복사건이었 다. 그때 유대인의 중심지 두 곳이 설정 되었다. 유마야드국(Umayyads)의 수도 다메세(Damascu)이었는데 팔레스틴 유대인들은 그곳과 인접해 있었 다. 그 다음 바그다드(Baghdad)가 유대인 중심 거주지였는데 이때 유대교 는 바벨론을 중심하여 번창하였다. 그 이후 바벨론(바그다드)에 랍비 라브 (Rav)가 수라(Sura) 랍비 학교를 설립하여 왕성하게 활동하며 유대교의 중심지 역할을 하게 되었다.

그러나 정치적 약세로 인하여 바벨론의 유대인들은 숫자가 점차 줄어 들어 에티오피아, 북아메리카, 그리고 스페인 등지로 이동하기 시작했 다. 따라서 유대유민들의 중앙 집권세력이 약화되고 또한 랍비학교 역시 쇠약해지기 시작했다. 십자군의 출현으로 예루살렘이 완전히 붕괴된

1099년은 유대인 세계의 종말이요, 또한 새 출발이 되기도 한 해이다. 예루살렘의 붕괴는 유대인 역사의 비극적인 큰 사건이요, 랍비 문학의 왕성기로 획을 긋는 사건이다. 랍비 문학의 활동이 한 번이라도 중단된 적은 없었지만 그때부터 랍비 문학은 연구와 비평의 대상이며 또한 방대한 저술들을 압축 요약하는 학자들의 연구대상으로 떠올랐다.

4. 랍비 문학의 서막

오늘날의 관점에서 볼 때 주후 70년은 유대인 역사에 있어서 중요한 전환점이라 할 수 있다. 오늘 우리들도 성전과 회당, 성전의 제사장과 랍비, 그리고 70년 전후가 분명한 분수령으로 받아들여지고 있을까? 랍비란 말은 '나의 선생님' 혹은 '나의 주인'이란 뜻인데 이 말의 등장으로 인하여 새로운 시대가 도래했다는 뜻이 비추어지는가? 랍비는 대랍비(rabban)의 제자이고 제자의 제자가 그 이름을 잊어버리면 그냥 대랍비라고만 부른다. 70년 이후, 외부적인 시대변화만 온 것이 아니고 그들의 자각의식이 새로워졌다는 사실이다. 민중들 사이에서는 랍비란 말이 갑자기 정착된 것이 아니라 70년 이후 천천히 인식되기 시작하여 2세기 중반 경에는 랍비가 유대 대중의 지도자란 것이 보편화되었다.

랍비의 자아의식에도 큰 변화가 생겼다. 성전이 없어진 시대였기 때문에 당연히 그들은 제사장의 자리를 대신한 지도자가 되었다. 이런 사실이 미쉬나(Mishina:유대인들의 구전 토라)의 여러 곳에 기록되어 있다. 예수 당시 생존했던 힐렐(Hillel, 자유개방주의자)과 샴마이(Shammai:힐렐과 더불어 당대 최고 석학으로 정통 보수주의 입장을 고집한 사람)의 작품 속에서도 언급되어 있다. 힐렐과 샴마이는 서로 상충하는 입장을 취하고 있었으나 토라의 해석과 그 적용에서 쌍벽을 이룬 대학자였다. 결국 힐렐과 샴마이는 서로 결별했고 그 뒤를 이어 요나단 벤 자카이(Yohanan ben Zakkai:유랑하는 유대인의 정신적 지주가 되어 유대인의 장래는 교육에 있다 하여 첫 유대인 대학 예쉬바를 세운 인물)가 랍비 전통을 이어갔다.

현존하는 학자 야곱 네우스너(Jacob Neusner)는 이와 같은 현상을 야브네 회의가였는데 90년경 전까지는 현저하게 나타나지 않았다고 강조한다. 물론 연속성 없이 하루아침에 그런 일이 생긴 것은 아니지만 야브네에서 멀리 떨어지지 않은 우샤(Usha)에서 그 증거가 명확히 나타났다. 성전과 제사장 제도의 회복은 전혀 보이지 않았고 바리세파 랍비 운동은 70년까지 확연하지는 않았지만 끊임없이 계속되어 왔다. 바 코흐바의 메시야 운동이 끝난 140년경 남 팔레스틴이 초토화되니 랍비운동과 유대인 자치제도는 필연적이었다. 70년에 예루살렘 파괴를 생생이 본 유대인들은 그 회복은 전혀 불가능하다고 인식했다. 그러나 모세의 토라 전통만은 살리기 위해 에스라의 노력을 흠모했다. 특히 힐렐학파와 샴마이 학파는 토라 전통을 복원함으로써 조상들의 신앙을 지키고자 했다.

벤 자카이(Ben Zakkai, 70년경)가 예루살렘을 떠나 아브네로 가서 그의 학당을 개설한 시간을 랍비문학과 랍비 유대교의 출발이라고 보는 관점은 아주 후대의 일이다. 그 당시에는 벤 자카이의 활동이 무슨 의미가 있는 줄을 몰랐기 때문이다. 정치적 독립성 그리고 족장 중심의 자치제도와 예루살렘 성전의 분실은 랍비제도를 필요로 할 수밖에 없는 상황이었다. 다양한 유대인의 신앙의 활동이 중지되고 세계로 뿔뿔이 흩어지는 시점에서 랍비 유대교 외에는 대안이 없었다. 랍비 유대교가 생활을 통해 나타나기까지는 퍽 오랜 시간이 필요했다. 성전 유대교의 습관에 젖어 천년 이상 살아오다가 하루아침에 회당 종교로서의 전환은 시간이 걸릴 수밖에 없었기 때문이다. 회당은 가는 곳마다 유대인이 세울 수 있는 이동식 성전이지만 예루살렘 성전은 유대인이 가는 곳마다 함께 할 수 없었어도 어디를 가나 유대인들은 예루살렘 성전을 사모하면서 회당활동을 하게 되었다. 회당이 우리의 성전이라는 의식으로 바꾸어지기까지는 꽤 오랜 세월이 필요했다.

자료들

랍비 시대의 시작과 활동에 대한 자료는 불확실하고 다양하다. 그럼에도 불구하고 랍비 유대교에 대한 자료는 거기서 얻을 수밖에 없다. 랍비 시대의 정치적 상황에 대한 자료는 유대역사에서가 아니라 오히려 세속 역사 자료가 더 정확하다.

그러나 앞서 언급했듯이 랍비들의 활동과 작품에 대한 정보는 랍비들의 자료에 의존할 수밖에 없다. 랍비들의 자의식과 사상이 유대인들의 생활과 전통을 새롭게 이해하기 시작했는데 고고학의 발견에 의해 그 내용을 상세히 이해할 수 있게 되었다. 그렇다고 해서 고고학의 발견에 더 무게를 두지 않고 당시 랍비들의 그 자체에 더 무게를 두고 연구한다. 가오님(Geonim:유대최고의 랍비, 유대지도자)과 타나임 그리고 아모라임(Tannaim, Amoraim:랍비 문학을 연구하고 전파하는 학자들. 주전 2-3세기 때 활동했음)들의 작품 속에 소상하게 그 내용과 상황을 설명하여 준다. 꼭 일치한다고는 볼 수 없으나 그들의 작품들이 랍비들의 활동과 작품들의 내용을 비교적 잘 설명한다. 그래서 우리는 탈무드 시대(주전2-12세기경까지)의 랍비들의 활동과 유대인들의 생활을 조심성 있게 연구해야 한다. 분명한 사실은 랍비들의 지도력과 학문연구가 정치적으로 발전하여 유대인 중심이 되어 갔다는 것이다. 뿐만 아니라 랍비들의 작품이 유대인의 작품 가운데서 경전적인 수준으로 인정을 받아가게 되었다. 다시 말하면 랍비들의 작품 역시 경전적인 수준으로까지 높게 평가되었다.

이용 가능한 자료들에 의하면 랍비시대의 구분은 랍비 자신들의 역사적 관심에 따라 결정되었다. 이 시대 구분의 중요한 의미는 전통과 가르침의 변화와 관계한다. 이 말은 전통과 가르침의 내용에 따라 시대구분이 결정되었다는 것이다. 그래서 타나님 시대는 주전 2세기부터 힐렐과 샴마이 시대까지 연장된다. 타나님 시대 이후는 아모라임 시대가 되는데 주후 500년까지이다.

사보라임 시대는 가이오님 시대에서 시작하여 11세기까지로 본다. 내용인즉 큰 차이가 없지만 타나님, 아모라임, 사보라임, 가이오님은 그 기능이 조금씩 달랐다. 이 역사 구분을 시대로 이해하게 된 것은 아주 오래된 옛날 일이다. 예를 들면 탈무드 게마라(Talmudic Gemara:탈무드의 보충 설명서)와 미드라쉬가 다르듯 그것을 가르치고 전파하는 자를 타냄이라 했고, 그 다음 시대는 선생이라 불렀다. 미쉬나 시대에 선생들은 단순한 의미로 타나(Tanna)라고도 했다. 이들의 교훈을 전달하는 자를 동사화하여 불렀다. 예컨대 찾다, 반복하다와 같은 것이다. 이 같은 시대구분은 타나임, 아모라임 시대에 이미 되어 있었다.

5. 랍비적 교육 체제

1) 총론

교육에 대해 성경이 우리에게 분명히 가르치는 교훈은 이것이다(신 11:19). 아들의 종교적 문제는 아버지의 책임이고 교육은 어머니의 책임이다. 신명기 미드라쉬에도 다음과 같이 가르치고 있다. 아버지는 아들과 대화를 하되 반드시 경건한 용어로 하고 토라를 가르쳐야 한다. 딸들의 교육은 전적으로 배제되고 가정교육에 국한 되어 있었다. 고대 이스라엘 시대의 상황이었다. 남자 중심, 가부장적 사고방식 때문이다. 남자 외에는 인간의 숫자에 계산되지 않았다. 그렇다고 해서 아버지가 자식을 가르칠 수 있는 입장도 아니고 또한 가정 교수를 채용하여 자식을 교육할 형편도 못 되었다. 그래서 아주 초기부터 남자들을 위한 학교는 설립되어 있었다. 이 같은 민족의 공립학교가 제일 먼저 시작된 곳이 알렉산드리아였다. 70년 경의 형편이었다. 여기서부터 랍비교육의 전통이 시작된 셈인데 여호수아 벤 가마라(Jehoshua ben Gamala)가 바로 그다. 그는 대제사장이었는데 로마를 향한 유대인 폭동이 일어나기 전 유대인의 모든 시와 마을마다 학교를 세웠다. 6세-7세의 소년들이 입학하여 전문적인 랍비 교육체제에서 공부를 할 수 있었다. 로마를 향한 폭동운동이 일어난 후 몇 년간은 활동이 거의 중지되었다가 새롭게 시작하여 메시야 운동의 상징적 대표인 바 코크바(Bar Kokhba)가 로마를 향한 반대운동을 하므로 학교활동은 박해자 하드리안 황제(117-138)가 죽을 때까지 중지되었다. 바 코크바의 메시야 폭동운동은 실제로 하드리안 황제의 박해 때문에 일어난 봉기였다. 2세기 중반까지 소년학교는 정상적으로 운영되었으나 교사들이 부족하여 그 많은 학생들을 다 수용하지 못한 상태였다.

당시 초등학교는 책의 집(House book bet safer)이라 불렀는데 대부분 유대인 회당 안에서 운영되었다. 학생들은 히브리어의 알파벳을 석판에 쓰고 성서 원전을 외우는 것이 주된 학습이었다.

토라의 작은 두루마리를 교재로 택하여 쓰고 외우는 과정이 숙달되면 토라의 각 책의 두루마리를 주어 쓰고 암송케 했다. 토라 가운데 초등학생들이 읽어야 할 책은 레위기였다. 공부를 진행하는 과정에서 그들은 탈쿰(talgum: 히브리 성서를 아람어로 번역책, 해석 한 미드라쉬의 일부로 받아들임)과 성서 전체를 배우게 된다. 유대교의 교육방법은 어디를 가나 변함없는 단순한 것이다. 크게 읽어 영혼이 그 소리를 듣게 하고 그리고 계속 반복하여 읽고 외우는 것이다.

초등학교는 12-13살에 끝이 나고 공부를 더하고 싶은 학생은 미쉬나 학교로 진학한다. 미쉬나 학교에서는 이스라엘 전통과 역사 그리고 할라카(Halakhah)를 배운다. 초등교육을 마치고 중등과에 가지 않을 경우 회당의 강론 및 설교 교실과 안식일 강론에서 배운다.

지금까지 말한 교육의 내용에서 가장 중시한 것은 따로 있다. 선악을 구별하는 판단력과 지혜 훈련이다. 이것은 매일의 생활에서 피할 수 없는 인간의 숙제이기 때문에 이것은 선한 것이냐 악한 것이냐를 훈련하고 그 위에 지혜의 길이 무엇인지를 가르친다. 이것이 유대인 교육의 핵심이다. 부과제로 유대인들이 배워야 하는 중요한 과목은 외국어이다. 그들은 어려서부터 외국어 교육을 의무적으로 한다. 그 이유는 그들의 미래가 어떻게 될지 모르는 형편에서 언제 어디로 끌려가는 신세가 된다 해도 그곳에서 살아갈 수 있는 방편은 외국어이기 때문에 랍비 문학의 공부만큼 중요하게 가르친다.

대체로 6세에 초등학교에 가지만 그 이전에는 가정교육이 실시된다. 아버지에 의해 진행되는 가정교육의 교재는 레위기서이다. 레위기서의 주제는 유대인들의 모든 제의를 설명하는 것이다. 제의는 민족의 정신과 전승이 함께 하는 역사 교육인 동시에 그것을 실천하므로 생활하는 것이다. 그것도 아주 어려서부터 제의적 행동 교육을 실천케 한다. 우리는 대체로 레위기서는 제의서라고만 생각하지만 그 제의의 영적 의미는 심원하다.

하나님을 향한 경외심과 인간에 대한 사랑이다. 그것을 가장 어렸을 때 제의적 행위로서 가르치는 것은 지극히 지혜로운 교육이라고 생각한다. 생각건대 성경에서 하나님을 믿고 경외하고 인간을 사랑하는 인애 이상 더 무엇이 있겠는가? 레위기서의 기본 제의적 진리를 가르치지 않고서는 유대인들은 아들들을 학교에 보내지 않는다.

2) 팔레스틴의 랍비적 교육 상태

팔레스틴에서 기본교육과 중등 교육을 미드라쉬의 집이라 했고 예쉬바(Yeshibar) 또는 메팁타(Metibta)라 했는데 그 후 전부 통일하여 미드라쉬의 집이라 했다. 팔레스틴의 경우 미드라쉬집 랍비학교는 나이는 별 문제로 삼지 않았다. 그래서 나중에는 대학 혹은 아카데미라 했다.

34. 랍비문학이란 무엇인가? 433

성전시대 학교 제도가 어떠했는지 누가 그것을 선구적으로 시작했는지 서기관들인지 바리새파 사람들인지 알 길은 전혀 없다. 성전,산 위에 있던 미드라쉬 학교에 대한 내용은 더 복잡하여 이해할 길이 없다. 그곳은 학교라기보다는 종교 법정 산헤드린 같은 느낌을 주었다. 교육방법에 대한 단편적인 증거가 나타나기는 했는데 성전이 완전히 파괴되기 전 (70년) 요하난 벤 자카이(Yohanan ben zakkai:첫 예쉬바를 창설하여 민족 신앙의 교육적 초석을 놓은 사람)의 교육의 흔적이 나타났는데 지극히 암시적인 것뿐이었다.

어떻게 보면 힐렐과 샴마이학교의 교육제도가 어떠했는지는 제도화된 학교들의 그것과는 비교할 수 없는 정도이다. 두 학원이 진보적이고 보수적이란 관점 외에는 차이가 없었고 전설적인 이야기긴 하지만 힐렐학원은 80명의 많은 학생들이 있었다는 것이다. 이 말은 조직적이고 체계적인 교육과정을 위해 80명의 학생들을 훈련시켰다는 것이다. 70년대 이후 교육에 대한 방향을 이렇게 선명하고도 유익하게 표현해 놓았다.

의롭게, 의로움을 따라(신16:20) 예쉬바 대학의 선생님의 말씀을 듣고 따르라, 엘리제(R Eliezer), 리다(Lydda), 벤 자카이(Ben Jakkai)대랍비 가마리엘(Rabbai Gmaliel)은 너희들의 선생님이시다.

이 본문은 고 문서 속(Sahn 326)에 있는 일부의 인용이지만 의견이 상반되는 랍비들을 구별 없이 나열한 것을 보면 모두가 인정하는 바른 정보인 것 같다. 이와 같은 학교의 흐름은 200년까지 지속되었다. 언급한 바 있는 벤 자카이의 유대인 교육 발상은 천재적이고 위대한 예언적 사건이다. 예루살렘이 포위되어 풍전등화같이 되었을 때 그는 관 속에 들어가서 후일에 황제가 될 티네이우스(Tineius)에게 유대인이 항복하는 대신에 학교를 허락해 달라는 사화는 오늘날까지 유대인 민족 신앙을 존속케 한 유명한 사건이다.

그 당시 학교 운영에 대해서는 구체적으로 알 길은 없다. 특히 타나틱들이 전승 자료수집 시기인 하나시 때(Tannaitic:힐렐에서 탈무드까지 활약한 학자들)의 학교 운영에 관한 자료는 거의 없다. 타나틱 초기시대는 이미 조직된 학교 운영이 가능했는데 이 학교는 주로 족장들과 랍비들의 가족을 위한 특권학교였다.

이 학교는 특히 법원의 법전 연구(Halaka)에 중심을 두었지만 산헤드린(지금 국회 같은 기구)과 관계를 가진 교육기관은 아니었다. 그 외 소규모의 학원이 있었는데 주로 유명한 교사들이 사는 주변에 있었다. 그러나 유명한 선생님이 죽고 나면 학교도 함께 없어졌다. 3세기경에는 유대인 부족장이 없는 시외에도 학교가 설립되어졌다. 교육방법은 모든 랍비 학교가 다 함께 성경 복창, 독서법과 반복법이었다. 앞에서 이야기했듯이 성경낭독을 할 때는 크게 읽어 영혼이 그 소리를 들을 만큼 해야 했다.

아모라임시대(4-8세기)는 갈릴리에 있는 랍비학교가 가장 이름 높은 명문이 되었다. 갈릴리에 있던 티베리우스(Tiberia)학원은 그 유명한 랍비 마이어(R. Meir)가 가르치고 있었다. 그리고 요하난 바 나파하 랍비는 갈릴리 학원을 최고로 만들었다. 족장들의 학교가 티베리우스로 옮기기 전에 설립되었는데 그 명성은 이슬람 시대인 8세기까지 계속되었다. 그 후 모슬람 시대는 예루살렘이 학문의 중심지가 되었다.

3) 바벨론 랍비 학원들

바벨론 학원의 역사는 9-10세기의 가온들(Geomic:6-13세기까지 왕성하게 활약한 종교교육 시대)의 자료에서 나온 것이다. 19세기와 20세기의 학자들의 활동에 대해서는 세리라(Sherira)자료에서 나왔는데 예외 없이 탈무드 자료와 함께 사용되어졌다. 이 자료들의 의하면 바벨론 학원은 3세기까지 왕성하게 활동했다. 수라학원의 개설은 바벨론 지역의 학원의 효시가 되는데 수라 학원 이후 많은 학원들이 개설되는데 더러는 259년에 없어지고 또 다시 예후다 바 에저켈(Yehudah bar Yehezqiel)이 학원장이 되었다.

그러나 가온(중세유대의 최고학자 및 정치지도자)들의 역사 기록은 학원운영에 관한 신빙성 있는 기록으로 받아들일 수는 없다. 실제 가온들은 유대인 대표학자 지도자로 받아들이는 것보다 오히려 정치 지도자였기 때문에 가온들의 기록은 정치적인 선입관이 포함될 수밖에 없었다. 가온들은 수라학원(The school of Sura)의 복구를 위해 끊임없이 간청했다. 수라학원(Academy of Sura)과 거의 동시대에 설립된 학원 품베디타(Pumbeditha)는 유대전통을 그대로 보존하고 있었기 때문이다.

가온들의 모든 작품들은 위에 언급한 학원들의 작품인 바벨론 탈무드에 비추어 수정되어졌다. 아모라임시대(탈무드 수집이후 3-6세기)까지는 바벨론 대학원(Great Academies)들의 작품들이 명확히 밝혀지지 않았다. 학교에 대한 명칭도 시대에 따라 달라졌다. 바벨론 시대에는 예쉬바나 메팁타(yeshibah, Metibta:유대인들의 대학 명칭). 그러나 바벨론 후기에 대교사의 집(Master's House)이란 용어 랍비들이 가르치는 학원으로 알려졌다. 실제로 큰 학원 수라나 폼베의타 같은 학원도 있었지만 대부분의 학원은 작은 학생 그룹으로 형성되어 있었는데 대랍비들의 자택이나 회당을 빌려서 학교로 사용했다. 대랍비가 죽으면 학교가 해산되거나 유수한 랍비가 학원을 승계했다. 승계가 안 될 경우 보조 교사를 채용하여 학교를 확장하기도 했다. 그러나 탈무드 시대(3-7세기까지)에 와서는 그 유명했던 수라(Sura), 네하디아(Nehardes). 폼베디타(Pumbeditha) 학원들은 교육의 중심지 역할도 못했고 학생들도 뿔뿔이 헤어졌다. 랍비들의 정리한 학원들의 이름은 성서에 한두 번 나오는 것도 있는데 이럴 경우 당시 학원들을 이해하는데 또한 랍비들의 설명이 성서 해석에 상호간에 도움을 준다. 여기서부터 토라가 토라를 해석한다는 해석학의 기본원리가 설정 되었다(Interpret the Torah From Torah).

성경본문을 두 개로 하는 원칙, 즉 맛소라 성서(Massorah:전승이란 뜻, 10세기 경 유대인들이 가장 정확한 맛소라 성서를 성서라고 내놓은 본문인데 기독교도 따르고 있다.)

와 사해사본(Dead Sea Scrolls:1947년 사해 북부 쿰란 지역에서 발견됨, 성서의 고사본)을 대조해 가면서 조사해 봐도 이 학원들의 연대를 더 이상의 고층대로 끌어올릴 수는 없었다. 그럼에도 불구하고 두 본문 모두 다 정확하고도 분명한 정보를 주는데 결론은 동일하다는 사실이다.

사실 쿰란 공동체의 유적지의 발굴은 대단한 사건이다. 구약성서와 신약성서 해석과 본문 연구에 혁명적 영향을 주었다. 쿰란 발굴에서 얻은 구약성서 본문은 오늘날 우리가 사용하고 있는 성서에 엄청난 신빙성을 주었고 그 당시의 유대인의 삶과 예수와의 연결성도 어렴풋이나마 어떤 힌트를 주는 것이었다. 그 당시 사용한 언어는 당시 사람들이 사용한 평상 언어였으며, 외국의 언어 영향도 상당히 받은 흔적이 있었다.

당시의 문장은 아주 단순 명료하여 오직 이것 저것으로 아주 명확한 내용을 주는 것이었다. 그럼에도 불구하고 내용은 문학성이 풍부하여 하가다적(Haggada는 Halaka와 상반되는 내용으로 아주 설화적임)이었다. 그렇다고 해서 이것을 후기 랍비 문학의 발전된 상태라고는 보지 않는다. 오히려 성서의 다양한 편집서를 종합한 탓이 아닌가 하고 생각한다. 이 분야의 여러 석학들의 견해이다. 여하간 쿰란 랍비 문학은 여러 면에서 특이하다.

앞에서 언급했거니와 하가다와 할라카의 구별을 확실히 할 수 있는 해석의 원칙을 보여주기도 하는 것이다. 할라카(Halaka)는 성서의 정당성을 위해 이미 융통성 없이 규정된 원리를 주장한다. 성서 속에 있는 할라카적 요소를 옹호하기 위해 철저히 율법적으로 규정된 원리를 따라야 한다.

그래서 할라카는 성서의 율법에 철저하고 문학보다는 전통에 철저히 따라야 한다. 할라카는 철저히 율법의 규정과 전통을 지키면서 그 다음 현실을 본다. 어떤 변화하는 상황 속에서도 할라카는 할라카의 전통과 통일성을 최우선으로 한다. 할라카는 끊임없는 전통의 지속을 유지하면서 현실을 바라본다.

하가다는 실제 삶과 의식에 끼친 영향은 크지가 않다. 그렇다 하더라도 할라카의 영향을 받은 것도 아니다. 그러나 실제로 많은 논쟁을 일으켰고 전통과 율법에 대해 엄청난 도전을 시도한 셈이다. 그래서 설화적인 하가다는 율법적인 할라카보다는 논쟁적이고 도전적이긴 하나 설득적이고 강압적이 아니었다.

4) 히렐의 일곱 가지 해석원리

히렐(Hillel)의 일곱 가지 해석의 법칙은 히렐의 고안이 아니라 그 당시 학자들이 논쟁하고 있는 주제들을 히렐의 이름으로 수집한 것이다. 랍비문학의 해석법은 탈무드(Pesahim 6:1)에서 나온 비유들과 연관성이 있는 것이다.

히렐은 당시에 일어난 질문들에 대해 아주 적절한 해답을 준 학자이다. 유월절 희생제물과 제사는 반드시 1월(오늘날 3,4월) 14일 오는 안식일날에 준비되어야 한다고 주장했다. 그의 논설은 작은 문제에서 큰 문제로 발전하여 갔다.

물론 성서가 명령하지 않는다 할지라도 매일 드리는 제물이지만 안식일 날에는 면제되었다. 유월절 제사처럼 매일 드리는 희생 제물은 반드시 정해진 시간에 드려져야 한다(Num9:2). 그럼에도 불구하고 히렐이 모든 종족들을 만족시킨 것은 아니다. 그래서 히렐은 그의 선생인 샤마야(Shemayah)와 압타리오(Abtalion)에게 요청하여 그의 가르침을 전승화하기로 했다. 이것이 후일에 유대인의 랍비 전승이 되어 오늘날 까지 흘러내려오고 있다.

색 인

(ㄱ)

가마리엘   29, 200, 433
가말리엘   420
가온   341
가온들   434
갈루스   419
갈릴리   16
개종   164
개혁파   86, 152, 174, 229, 274
개혁파 유대교   71
거룩   28, 54, 253
게르솜   67
게마라   82, 84, 411, 430
게토   16, 30, 30, 45, 242
게토(ghetto)   26
경전화   29
경향성   113
계시   20, 122, 246, 314
계시록   394
계시성   256, 315, 315, 316, 410
계약   19, 56, 133, 181, 208, 218
고레스   28
고모라   407
고해성사   22, 117
고행신학   257
그노시스   385, 388, 395
그룹섹스   385
그리스도   3, 50, 63, 116, 318
근본주의   285
근친상간   375

(ㄴ)

나그 함마디   388, 391
나사렛   59, 64, 280
나사렛사람   192
나치   16, 179
나치시대   235, 382
나파하   434
나훔서   29
네비임   28
네비임   26
네하디아   435
노모스   81, 82
노스텔지어   29, 355
노아   186
노아법전   57
노예   42, 107, 283, 415
농사법   82, 306, 306
느부갓네살   57, 376
느헤미야   28, 411
니느웨   29, 401, 407
니케아   425
니케아회   61

(ㄷ)

다니엘서   73, 312
다락방   150, 157
다신교   75
다윗   29, 66, 110, 210, 263, 294, 367
다윗왕   135
다이몬트   236
단일신론   45, 399
대량학살   323
대속죄일   198, 249, 404, 408
대학살   16, 63, 140, 236, 376
도케티즘적   399
두라노   6
디아스포라   20, 236, 310, 378

색 인 439

(ㄹ)

라브　　　173, 174, 426
라시　　　185, 421
라하밈　　263
랍비대학　276, 279
랍비문학　57, 100, 125, 321, 368,
　　　　　410, 416, 423, 437
로고스　　74, 80, 373
로마제국　376, 424
로마제국의 424
루터　　　201, 233, 239
루터 킹　381
룻　　　　421

(ㅁ)

마르틴 루터 33
마사다　　376
마이모니데스 69, 162, 164, 224, 367,
　　　　　419, 419, 421
마이어　　434
마카비　　32, 72, 136, 160, 197,
　　　　　232, 322, 376
마카비시대 198
마틴 부버 18
막스　　　236
만민구원　295
말투스　　379
맛사다　　151
맛소라　　273, 435
메길라스　419
메삭　　　376
메시아　　63, 428
메시아사상 67, 72
메시야　　16, 18, 59, 59, 60, 60,
　　　　　67, 68, 70, 79, 166, 216,
　　　　　379, 395, 420
메시야 전승　　　284

메시야 폭동운동 431
메시야,　3
메시야관　59
메시야사상 59, 66, 73, 80
메시야신앙 70
메시야운동 62, 279
모세　　　331
모슬람　　381, 434
묵시적　　68, 166, 418
미니안법　331
미드라쉬　81, 92, 223, 272, 415,
　　　　　417, 420
미드라쉬 신명기　418
미드라쉬 탈무드　416
미드라쉬집 432
미쉬나　　30, 82, 176, 223, 271,
　　　　　306, 413, 416, 423, 423,
　　　　　430
미쉬나학교 431
민족주의　68, 293
민족차별　187
민학　　　274, 275

(ㅂ)

바리새인　20, 160, 197, 201
바리새인적 205
바리새파　136, 161, 198, 200
바리새학파 160
바리세파운동 413
바벨론　　28, 45, 151, 308, 308,
　　　　　414, 415, 422, 426, 426,
　　　　　434
바벨론 포로 309
바벨론대학원 435
바벨론포로 309
바티칸　　356
박해사건, 45
반셈적　　21

반셈주의 158
반셈주의적 156, 201
반유대주의 231, 357
방주 127, 245, 331
배화교 160, 386
번제 142
법궤 152, 303
벤 자카이 423, 428, 433
벤시라서 30
벤아자이 290
벨포어 선언 140
벨하우젠 371
보편성 19, 65, 296
보편진리 156
부버 387, 399
분서갱유 16
불가지론 384
불가지론자 398
불교 255
불교적 262
불트만 386, 399
비타훈 121
빅뱅 182

(ㅅ)
사두개파 160
사드락 376
사라 350
사보라임 414, 430
사울 421
사탄 156, 377, 377
사탄적 396
사해 136
사해 그룹 136
사해 사본 388
사후세계 159, 172, 182
산업혁명 16
산헤드린 59, 198, 424, 433

삼마 274
삼위일체 49, 390
삼위일체 교리 318
삼위일체론적 101, 106
삼위일체신학 107
삼위일체적 65
새 이스라엘 15
샤마야 437
샴마이 199
석의 418
석의적 422
선민 3, 412
선민계약 193
선민권리 192
선민사상 185, 191, 193, 195
선민의식 65, 140
선민특권 193
성경율법 84
성력법 306
성령 3
성문법 30, 81, 350
성문서 28
성문율법 84
성문토라 82, 411
성육신 45, 49, 99
성육신적 258
성전파괴 423
성체 363
성체의식 363
성화기도 368
세계교회협의회 356
세례법 306
세마 274
세파딕 341
세파딕 관습 275
세파르딕 153
셈 156
소돔 407

색인 441

소페림　413
속죄　118, 404
속죄양　239
속죄예배　198
수덕훈련　258
수도원　260, 336, 389
수라학원　435
순교　160, 245, 298, 375, 376, 379
순교자　183
쉐마　31, 134, 244, 261
쉐마기도　341
스가랴서　76, 77
스룹바벨　135
스페인　275
시내산　122, 218, 291, 315
시내산 계약　212
시민혁명　16
시온주의　71, 234, 235, 353
신년 축제　403
신명기서　27
신명기적 개혁　27
신비주의　31, 256, 273, 316
신비주의자　129
신시내티　276
신정론　113
신크리티즘　386
심리학　108
심리학자　97
심리학적　418
십계명　20, 205, 420
십자가　49, 89, 116

(ㅇ)

아가서　29, 421
아가페　63, 240, 266, 270
아가페적　422
아기페　268
아담　186
아람어　122
아말렉　231
아멘　121, 131
아모라임　84, 414, 429
아모라임시대　435
아브람　341
아미다　341
아부야　40
아브라함　186, 253, 294, 350
아스케나　275
아우슈비츠　17, 323
아카비서　30
아키바　56, 290, 322, 420
아하바　270
안식일　40, 74, 119, 332, 368, 437
안식일의 축제　249
알렉산드리아　65, 87, 151, 226, 386, 430
알파시　84
압타리오　437
애가　421
야곱　47, 85, 132, 186, 209, 253, 294, 350, 355, 369
야곱 네우스너　428
야곱의 별　66
야브네　423
얌니야　27, 33, 424
양자설　46
어거스틴　238, 258
에로스　266, 270
에무나　121
에스겔　160
에스겔서　29
에스라　27, 151, 341, 411, 416, 417, 422, 428

에스라시대 250
엘리야 150
엘리야, 331
엘리야의 승천 173
엘리에제르 403
여호수와 352
연옥 169
연옥설 296
열방 67
영성 22, 95, 200, 243, 252, 255
영성=동료체 139
영성운동 262
영성체 140
영지주의 384, 390, 391, 393, 398
영지주의자 384
예레미야 193
예루살렘 67, 88, 151, 185, 244, 330, 424, 428
예루살렘성전 29
예쉬바 432, 435
오바댜 29
오하이오 276
온전하니 253
왕조 352
외경 32, 33
요나 190
요나단 263, 427
요나서 29, 288
요나스 392
요세푸스 151
요셉 85, 263
요시아 27
요시아왕 27
요하난 434
요한복음 75, 127, 237, 259, 318, 379
욤기푸르 199

욤키파 249
욥기 159
욥바 424
우상숭배, 375
원죄 23, 112, 117, 210, 402
유다 38, 322
유대인 대학살 16
유대전승 280
유월절 233, 249, 278, 378, 437
유일신관 38
유카리스트 347, 363
율법 20
율법문서 85
율법사 282
율법자 281
율법적 437
율법조문 290
율법주의 20, 86, 361
율법준수 290
율법체계 202
율법학자 281, 282
율법해석 198
은혜계약 218
음부 173
의의신학 23
이단 40, 197, 226, 384, 384, 394, 398
이단자 384
이단적 29
이만 122
이사야 51, 103, 247, 291, 294, 312, 331
이사야서 77
이사야서, 134
이삭 209, 253
이삭, 186
이상향 67
이스라엘 5, 15, 44, 56, 79, 135,

　　　　　　　　155, 188, 211, 234, 303,
　　　　　　　　306, 321, 350, 351, 354,
　　　　　　　　371, 372, 430
이스마엘　199
이슬람　434
이신론적　370
이원론　105, 253, 370, 395
이중토라　410
인류보편성 141
인카네이션 49, 107, 267
일신론　288

(ㅈ)

자유개방주의자 427
자카이　433
전도서　29
전승　18, 35, 272, 306
전승교훈　277
전승적　124
전승화　437
정경화　28
제자도　335
제황시　64
조로아스트교 386, 387
조직신학　21, 224, 416
조직신학자 416
조직신학적 6
종말　3, 169, 297
종말론　155, 159
종말론적　74, 134, 250
종말사건　146
종말사상　164
종말적　134, 337
주석집　418
주의날　164
진화론　369

(ㅊ)

창조설화　368, 394
청결법　306
축제기도　331

(ㅋ)

카라이트　276
카라이트운동 285
카로　85, 282, 413
카발라　176, 272, 274, 285, 391,
　　　　399
칼케톤회의 65
캔트　153
케투넴　28
케투빔　26
코헤렛　418
코흐바　67, 424, 428
콘스탄티노플 61, 421
콘스탄티누스　　　16
쿰란　436
쿰란파　280
크리소스톰 2 27, 238

(ㅌ)

탈굼,　416
탈무드　16, 30
토라　19, 26, 30, 56, 81, 87,
　　　112, 197, 225, 264, 283,
　　　315, 372, 410, 417, 427,
　　　431
토라(Torah) 26
토세프타　411
트렌트회의 33
티베리우스 434

(ㅍ)

파국의 날 164

팔레스틴 421, 432
폼베의타 435
프로이드 97, 98
플라톤 103, 389, 395
플라톤적 219
필레아 268
필로 46, 73, 224
필리아 266

(ㅎ)

하가다 82, 228, 248, 273, 402, 419, 437
하가다적 436
하가다편 82
하나시 413, 433
하낙 394
하드리안 431
하만 231, 241
하스몬가 72, 135, 136, 136, 206
하스몬가시대 241
하시딤 68, 136, 176, 198, 360
학개 135, 316
한나 421
할라카 81, 93, 243, 322, 323, 418, 418, 418, 431, 436

할라카보다 437
할라카적 82
할레비 38, 322
할례 155, 212, 323
할하라 282
할하라카이 213
헤겔 239
헤로디안 352
헤세드 263
헤즐 353
헬라 386
헷셀 100, 289
홀로코스트 17, 232, 248, 406
홀로코스트 184, 361, 377, 378, 378
회당 3
후마 418
히랍말 266
히렐 199, 265, 290
히렐의 437
히렐이 269
히틀러 233
히파엘 344
힐렐 419

유대교와 기독교의
신학적 비교연구

2014년 7월 20일 1판 1쇄 인쇄
2014년 7월 25일 1판 1쇄 발행

지은이 최한구
펴낸이 심혁창
편집위원 원응순
디자인 홍영민
마케팅 정기영

펴낸곳　　　**한글**
서울특별시 서대문구 신촌로 27길 4호
☎ 02) 363-0301 / FAX 02) 362-8635
E-mail : simsazang@hanmail.net
등록 1980. 2. 20 제312-1980-000009

GOD BLESS YOU

정가 **20,000원**

*

ISBN 97889-7073-401-9-14190